YINHANGKA YEWU
FALU FENGXIAN FANGKONG LILUN YU SHIWU

银行卡业务法律风险防控
理论与实务

刘泽华 梅明华 陈 云◎著

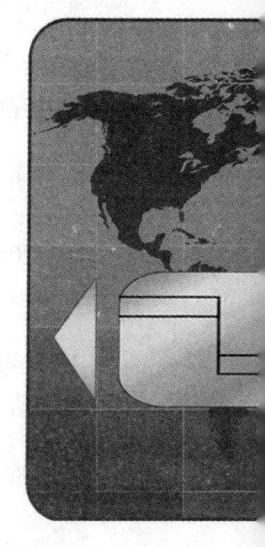

中国金融出版社

责任编辑：戴　硕　李　融
责任校对：李俊英
责任印制：陈晓川

图书在版编目（CIP）数据

银行卡业务法律风险防控理论与实务（Yinhangka Yewu Falü Fengxian Fangkong Lilun yu Shiwu）/刘泽华、梅明华、陈云著．—北京：中国金融出版社，2013.4

ISBN 978-7-5049-6797-8

Ⅰ.①银…　Ⅱ.①刘…②梅…③陈…　Ⅲ.①信用卡业务—风险管理—银行法—研究—中国　Ⅳ.①D922.281.4

中国版本图书馆 CIP 数据核字（2013）第 033902 号

出版
发行　中国金融出版社

社址　北京市丰台区益泽路2号
市场开发部　（010）63266347，63805472，63439533（传真）
网上书店　http：//www.chinafph.com
　　　　　　（010）63286832，63365686（传真）
读者服务部　（010）66070833，62568380
邮编　100071
经销　新华书店
印刷　利兴印刷有限公司
尺寸　169毫米×239毫米
印张　21.5
字数　362千
版次　2013年4月第1版
印次　2013年4月第1次印刷
定价　49.00元
ISBN 978-7-5049-6797-8/F.6357
如出现印装错误本社负责调换　联系电话（010）63263947

序　言

　　法律风险[①]是商业银行经营管理过程中面临的主要风险之一，有效防控法律风险对于保障商业银行健康持续发展具有十分重要的意义。从风险转换的角度看，商业银行经营管理过程中面临的各种风险，无论是信用风险、市场风险，还是操作风险等，都与法律风险密切相关，甚至可能最终会转化为法律风险。法律风险在商业银行风险组合中的重要性在不断上升，对风险总量的影响也越来越大。如何有效防范银行业务创新和市场竞争中的相关风险，识别与控制法律风险，并运用法律手段的独特作用和效果确保银行业安全、稳健运行，是我国银行业法律工作者应当认真思考的问题。

　　近年来，在我国商业银行集团化、综合化和国际化深入发展的大背景下，银行卡业务不断发展创新，银行卡产业国际化进程快速推进，实现了跨越式发展。与此同时，银行卡业务依赖的内部与外部市场环境和法律环境发生了较大变化，相应的法律风险日趋复杂和多元，银行卡业务法律风险防控工作面临着诸多新的挑战和困难。因此，研究和探讨我国商业银行银行卡业务法律风险防控机制，分析和梳理银行卡业务法律实务问题，具有重要的现实意义。《银行卡业务法律风险防控理论与实务》一书对银行卡业务法律风险防控进行了全景式

---

　　① 何谓商业银行法律风险，目前金融界争议较大。本书认为，商业银行法律风险是指由于银行经营管理行为不符合有关法律法规、行政规章、监管规定及其他相关规则的要求，提供的产品、服务、信息或从事的交易以及签署的合同协议等文件存在不利的法律缺陷，与客户、交易对手及利益相关方发生法律纠纷（诉讼或仲裁），有关法律法规、行政规章、监管规定及其他相关规则发生重要变化，以及由于内部和外部发生其他有关法律事件而可能导致法律制裁、监管处罚、财务损失或声誉损失等不利后果的风险。

的研究和论述,对银行卡业务全流程经营管理中普遍关注的热点问题所涉及的法律风险及有关法律、法规做了比较透彻的分析,并注意业务操作与法律理论相结合、案例分析与操作实例相结合,理论研究与实证分析各有兼顾。通览全书,给人耳目一新之感,并有以下几个显著特点:

第一,选题全面、论述深入。本书既对银行卡产品、功能、发展趋势及其法律规制作了全面介绍,也对银行卡业务主体、章程和领用合约等主要法律关系及重要法律文件作了深入分析;既对银行卡发卡、收单、业务合作、欠款催收、呆账核销、反洗钱、消费者权益和客户信息保护等银行卡业务经营管理环节的法律风险防控措施进行认真探讨,也对银行卡民事欺诈、信用卡犯罪及相关纠纷解决机制进行了多角度、深层次的研究。本书试图通过全景式的介绍,让读者更加全面、系统、深入地了解银行卡业务及其法律风险防控工作。

第二,注重实践、面向实务。本书注重结合案例分析总结经验教训,以近年来国内外典型或新型的银行卡业务案件为素材,采用实证比较法,采取案例剖析、业务操作与法律分析相结合的方法,深入分析争议焦点问题,结合商业银行工作实际提出解决问题的思路和方案,具有较强的实务操作性。

第三,大胆创新、体裁新颖。从本书的体例和框架结构看,其本身就是一个创新。全书前十二章以银行卡业务经营管理流程为主线,逐章进行介绍和分析,每章又分别高度概括业务核心内容、提炼法律关系及法律风险点、有针对性地提出法律风险防控措施。各章之间结构匀称、脉络清晰、作者的思考和观点一目了然,赏心悦目。第十三章为案例分析和点评,既准确地点出了案例的闪光点,又针对典型案例反映的突出风险问题,做了必要的风险提示,其意义和作用在于触类旁通。

第四,聚焦热点、启发思考。鉴于银行卡业务的多样性和法律问题的复杂性,本书在尽可能全面反映银行卡业务法律问题的同时,有意识地关注社会热点问题,着力探讨具有普遍和重大影响的银行卡业务法律问题与法律风险。同时,有选择地对银行卡业务的创新、疑难法律问题与法律风险进行剖析。例如,本书对银行卡国际合作与竞争、银行卡服务收费及银行卡消费者权益保护等热点问题进行了专门论述。由于本书的题材和资料来自于目前商业银行的工作实际和业务前沿,其中关于银行卡业务与法律风险控制的认识和思考,无论对银行内部业务人员、管理人员还是银行外部的读者，都具有较强的启发和参考意义。

本书三位作者供职于中国工商银行总行法律事务部，具有比较丰富的银行业务和法律工作经验，拥有法学硕士、博士学位和高级专业技术职称。他们对银行卡业务法律风险防控经验的概括和总结，不仅是一次有益的探索，也为商业银行银行卡业务稳健发展提供了具有建设性的法律指导意见。希望本书的出版对于加强和改进商业银行银行卡业务法律风险防控工作有所裨益。

中国工商银行监事　法律事务部总经理

2013 年 3 月

目 录

第一章 银行卡业务与法律规制 ························· 1
一、银行卡产品及功能概述 ························· 1
（一）银行卡的定义及分类 ························· 1
（二）银行卡与银行账户关系分析 ························· 3
（三）银行卡与存折关系分析 ························· 4
（四）银行卡新产品介绍 ························· 5
二、银行卡主要业务操作介绍 ························· 7
（一）银行卡的申领及发卡 ························· 7
（二）无卡支付个性化定制 ························· 8
（三）银行卡挂失业务 ························· 8
（四）密码重置业务 ························· 9
（五）换卡业务 ························· 9
（六）银行卡销卡（销户） ························· 10
三、我国银行卡业务发展及趋势 ························· 10
（一）我国银行卡市场发展概述 ························· 10
（二）我国银行卡市场发展趋势 ························· 12
四、我国银行卡业务法律规制 ························· 14
（一）我国银行卡业务法律规范概览 ························· 14
（二）我国银行卡法律规制存在的主要问题 ························· 18
（三）完善我国银行卡法律规制的建议 ························· 19

第二章 银行卡交易法律主体 ························· 21
一、银行卡交易主体 ························· 21
（一）发卡机构 ························· 21
（二）持卡人 ························· 22
（三）代理银行 ························· 23

（四）收单机构 · 24
　　（五）特约商户 · 26
　　（六）银行卡组织 · 26
　　（七）其他交易主体 · 27
二、银行卡主要交易类型 · 29
　　（一）银行卡柜台交易 · 29
　　（二）商户POS交易 · 30
　　（三）银行卡网络支付交易 · 31
三、银行卡交易主体主要法律关系分析 · 32
　　（一）发卡行与持卡人的法律关系 · 33
　　（二）持卡人与特约商户的法律关系 · 33
　　（三）收单机构与特约商户的法律关系 · 34
　　（四）发卡行与收单机构的法律关系 · 35
　　（五）其他主要法律关系 · 36

第三章　银行卡章程及领用合约法律分析 · 37
一、借记卡章程 · 37
　　（一）借记卡章程概述 · 37
　　（二）国内银行借记卡章程体例及内容分析 · 38
　　（三）国外借记卡合约分析 · 39
二、信用卡章程和领用合约 · 41
　　（一）信用卡章程与领用合约概述 · 41
　　（二）国内银行信用卡章程和领用合约主要内容 · 43
　　（三）国外银行信用卡合约比较分析 · 45
三、银行卡章程及领用合约有关问题法律分析 · 46
　　（一）借记卡与信用卡章程及领用合约共同条款 · 46
　　（二）借记卡章程（合约）相关问题法律分析 · 50
　　（三）信用卡章程和领用合约有关问题法律分析 · 51

第四章　银行卡发卡业务法律风险控制 · 56
一、银行卡发卡业务概述 · 56
　　（一）银行卡发卡业务之界定 · 56
　　（二）银行卡发卡业务主要流程 · 57

二、银行卡发卡业务监管法律分析 ·· 58
　　（一）银行卡发卡业务准入监管 ·· 58
　　（二）银行卡发卡业务监管问题法律分析 ···································· 61
　三、信用卡发卡业务若干监管问题法律分析 ···································· 63
　　（一）信用卡发卡营销监管问题 ·· 63
　　（二）信用卡申领人资质审核问题 ··· 65
　　（三）信用卡信用额度管理问题 ·· 66
　　（四）学生信用卡发卡问题 ·· 67
　四、银行卡发卡业务法律风险防控 ·· 69
　　（一）加强银行卡发卡业务操作风险管理 ···································· 69
　　（二）强化资本约束，完善信用卡授信额度管理 ·························· 70
　　（三）妥善处理银行卡发卡业务相关法律问题 ····························· 71

第五章　银行卡收单业务法律风险防控 ·· 74
　一、银行卡收单业务概述 ·· 74
　　（一）银行卡收单业务之界定 ·· 74
　　（二）银行卡收单业务的特点 ·· 75
　　（三）国内银行卡收单网络主要模式 ·· 76
　二、银行卡收单业务监管法律分析 ·· 78
　　（一）银行卡收单业务准入监管 ·· 78
　　（二）银行卡收单业务监管 ··· 79
　三、银行卡收单业务若干问题法律分析 ·· 82
　　（一）银行卡收单业务监管问题 ·· 82
　　（二）银联直联收单模式有关问题分析 ······································· 83
　　（三）银行卡收单争议解决机制 ·· 84
　四、银行卡收单业务法律风险防控 ·· 86
　　（一）建立健全收单业务风险管理体系 ······································· 86
　　（二）加强特约商户风险管理 ·· 87
　　（三）有效防控退单拒付损失风险 ··· 89
　　（四）审慎防范收单业务外包风险 ··· 90

第六章　银行卡业务合作与竞争法律风险防控 ··································· 91
　一、联名发卡业务合作法律分析 ·· 91

（一）联名发卡业务概述 …………………………………………… 91
　　（二）合作发卡业务需注意的法律风险 …………………………… 92
　二、银行卡收单市场合作法律分析 …………………………………… 94
　　（一）特约商户对银行卡的审核义务 ……………………………… 94
　　（二）商业银行与专业收单机构的业务合作竞争 ………………… 95
　三、银行卡组织业务合作竞争法律分析 ……………………………… 96
　　（一）境外银行卡组织限制竞争行为的反垄断法律规制 ………… 96
　　（二）中国银联与境外银行卡组织转接清算路由争端 …………… 97
　四、中美银行卡跨行转接清算服务世界贸易组织争端解决及其影响
　　　法律分析 …………………………………………………………… 98
　　（一）中美银行卡跨行转接清算服务争端及世界贸易组织裁定 … 99
　　（二）世界贸易组织裁定对国内银行卡市场的影响 ……………… 101
　五、银行卡业务合作与利益分配——银行卡交换费及法律规制 …… 103
　　（一）银行卡交换费的性质及定义 ………………………………… 103
　　（二）我国银行卡交换费的发展演进 ……………………………… 104
　　（三）国外银行卡交换费的反垄断法律规制 ……………………… 104
　　（四）我国交换费定价机制改革 …………………………………… 108

第七章　信用卡违约透支催收与呆账核销法律风险防控 ………… 110
　一、信用卡违约透支催收 ……………………………………………… 110
　　（一）概述 …………………………………………………………… 110
　　（二）信用卡欠款催收应注意的法律限制 ………………………… 113
　　（三）信用卡欠款催收业务外包有关问题法律分析 ……………… 116
　　（四）信用卡欠款催收业务法律风险防控 ………………………… 118
　二、信用卡呆账核销 …………………………………………………… 120
　　（一）信用卡呆账核销概述 ………………………………………… 120
　　（二）发卡银行信用卡呆账核销法律风险防控 …………………… 122
　　（三）发卡银行信用卡呆账核销面临的现实困境及监管政策之完善 … 126

第八章　银行卡业务中的消费者权益保护 ………………………… 129
　一、银行卡业务中"消费者"之界定 ………………………………… 129
　二、银行卡消费者权益保护相关法律问题 …………………………… 131
　　（一）银行卡消费者权益保护的基本原则 ………………………… 131

（二）银行卡消费者安全权保护 ·················· 132
　　（三）银行卡消费者知情权保护 ·················· 134
　　（四）银行卡消费者的选择权与公平交易权保护 ········· 137
三、完善我国银行卡消费者权益保护机制研究 ············ 140
　　（一）我国银行卡消费者权益保护存在的主要问题 ······· 140
　　（二）完善我国银行卡消费者权益保护机制建议 ········ 142

第九章　银行卡客户信息保护 ···················· 153
一、银行卡客户信息保护概述 ···················· 153
　　（一）银行卡客户信息之界定 ················· 153
　　（二）个人信息保护与隐私权之关系 ·············· 155
二、银行卡客户信息保护相关法律问题 ················ 156
　　（一）个人信息保护的基本原则 ················ 156
　　（二）持卡人对其个人信息的控制权 ·············· 158
　　（三）发卡银行对外披露持卡人信息的法律规制 ········ 160
三、加强我国银行卡客户信息保护研究 ················ 162
　　（一）我国银行卡客户信息法律保护概述 ············ 162
　　（二）我国银行卡客户信息保护存在的主要问题 ········ 166
　　（三）加强我国银行卡客户信息保护对策建议 ·········· 168

第十章　银行卡业务反洗钱法律风险防控 ············ 172
一、洗钱与反洗钱法律规制概述 ·················· 172
　　（一）洗钱的概念 ······················ 172
　　（二）金融机构与反洗钱 ··················· 173
　　（三）反洗钱法律规制 ···················· 175
二、利用银行卡洗钱的主要手法 ·················· 177
三、银行卡业务对洗钱风险防控带来新的挑战 ············ 178
四、商业银行银行卡业务反洗钱一般操作规程 ············ 179
　　（一）客户身份识别 ····················· 180
　　（二）客户身份资料和交易记录保存 ·············· 182
　　（三）大额与可疑交易报告 ·················· 182
五、我国银行卡业务反洗钱面临的主要法律风险 ··········· 184
　　（一）银行卡反洗钱法律法规体系不完善 ············ 184

（二）银行卡非面对面的交易给反洗钱工作带来了难度 …………… 184
　　（三）发卡行银行卡管理和洗钱风险管理还存在不足 ……………… 185
　　（四）反洗钱系统建设不完善制约了银行卡反洗钱开展 …………… 185
　　（五）银行卡防伪技术不够高和信息安全问题使银行卡潜藏着
　　　　　洗钱风险 …………………………………………………………… 185
　　（六）银行卡反洗钱工作环境有待改善 ………………………………… 186
　六、加强银行卡反洗钱法律风险防控 ……………………………………… 186
　　（一）加快银行卡反洗钱法律法规体系建设 …………………………… 186
　　（二）加大银行卡业务反洗钱监管力度 ………………………………… 186
　　（三）充分发挥商业银行在银行卡反洗钱中的重要作用 …………… 187

第十一章　银行卡民事欺诈与信用卡犯罪 ………………………… 189
　一、银行卡民事欺诈与法律风险防控 ……………………………………… 189
　　（一）伪卡欺诈民事案件法律关系分析 ………………………………… 189
　　（二）银行如何承担民事责任 …………………………………………… 191
　　（三）伪卡欺诈案件银行间责任分配问题 ……………………………… 192
　　（四）当前法院审理伪卡欺诈类民事案件存在的突出问题 ………… 194
　　（五）伪卡欺诈类民事案件法律风险防控建议 ………………………… 195
　二、信用卡犯罪及其惩治与预防 …………………………………………… 196
　　（一）当前我国信用卡犯罪总体情况 …………………………………… 196
　　（二）我国信用卡犯罪的表现形式 ……………………………………… 197
　　（三）当前我国惩治信用卡犯罪面临的主要问题 …………………… 202
　　（四）加强我国预防和惩治信用卡犯罪建议 ………………………… 203

第十二章　银行卡纠纷及其解决机制 …………………………………… 205
　一、银行卡纠纷概述 ………………………………………………………… 205
　二、持卡人与特约商户之间的纠纷 ………………………………………… 206
　三、银行与特约商户之间的纠纷 …………………………………………… 208
　　（一）特约商户欺诈风险导致的纠纷 …………………………………… 208
　　（二）特约商户与银行之间因责任不明确引发的纠纷 ……………… 209
　　（三）银行和特约商户由于在刷卡结算费率确定上存在分歧导致的
　　　　　纠纷 ……………………………………………………………………… 209
　四、持卡人与发卡银行之间的纠纷 ………………………………………… 212

（一）银行单方面修改合同引起的纠纷 ………………………………… 212
　（二）持卡人对合同的理解偏差而造成的纠纷 …………………………… 213
　（三）由于银行卡在使用过程中存在诸多风险，一旦发生损失，由于
　　　　持卡人与银行权利与责任界定不清晰，很容易出现纠纷 ………… 213
五、银行卡纠纷解决机制 …………………………………………………… 214
　（一）客户投诉处理机制 …………………………………………………… 214
　（二）行业调解机制 ………………………………………………………… 215
　（三）诉讼和仲裁机制 ……………………………………………………… 216

第十三章　银行卡业务典型案例实证分析 ……………………………… 218
　典型案例一：全额计收信用卡透支利息纠纷案 …………………………… 218
　典型案例二：跨行取款手续费纠纷案 ……………………………………… 223
　典型案例三：信用卡无卡收单业务纠纷案 ………………………………… 227
　典型案例四：信用卡外卡收单业务纠纷案 ………………………………… 232
　典型案例五：贷记卡计收复利纠纷案 ……………………………………… 237
　典型案例六："克隆卡"（伪卡）纠纷案 ……………………………………… 242
　典型案例七：客户银行卡不良信用记录纠纷案 …………………………… 248
　典型案例八：被他人冒领信用卡消费致使信用受损申请精神损害
　　　　　　　赔偿纠纷案 ……………………………………………………… 253
　典型案例九：银行卡账户代理转账纠纷案 ………………………………… 256
　典型案例十：丢失银行卡后存款被冒领责任承担纠纷案 ………………… 260

附录　我国银行卡业务相关法律法规、监管规定及规范性文件汇编 ……… 266

第一章 银行卡业务与法律规制

近年来,随着经济社会发展,特别是互联网和电子商务的迅速发展,银行卡已日益成为现代生活不可或缺的消费支付工具及综合化金融服务平台,银行卡业务也已成为我国商业银行客户数量最多、对社会经济生活影响最广泛的产业之一。本章简要介绍我国银行卡产品功能及银行卡业务主要操作规程,分析我国银行卡业务发展趋势,阐述我国银行卡业务法律规制的总体概况、存在的主要问题,并对完善我国银行卡法律规制提出若干建议。

一、银行卡产品及功能概述

(一)银行卡的定义及分类

所谓银行卡,是指由商业银行等特定金融机构(发卡银行)向社会发行的,具有消费信用、转账结算、存取现金及衍生增值服务等全部或部分功能的非现金支付工具。银行卡是传统银行业务与现代信息技术相结合的产物,也是发卡银行提供金融产品和服务重要的电子平台。

在我国银行卡业务实践中,根据银行卡功能及特点,银行卡可分为借记卡、贷记卡及准贷记卡。

1. 借记卡

借记卡是发卡银行面向个人客户或符合特定要求的非个人客户发行的、先存款后使用,并具备消费结算、转账汇款、存取现金及其他衍生增值服务(如投资理财等)全部或部分功能的银行卡。一般而言,借记卡可以通过网上支付、移动支付、POS 终端消费或者通过 ATM 转账和存取现金(单位卡除外),但不能透支使用,卡内存款(芯片卡电子现金除外)按照中国人民银行规定的相应存款利率及计息办法计付利息。借记卡一般需凭密码交易。借记卡按等级可以分为普通卡、金卡和白金卡;按使用范围可以分为国内卡和国际卡;按发卡对象分为个人卡和单位卡；按信息存储介质不同分为磁条卡、芯片卡（IC卡）及磁头与芯片复合卡等。

在银行卡业务中，还有联名（认同）卡以及主题借记卡等。联名（认同）卡借记卡是发卡银行与联名单位合作发行的借记卡，其中与营利性联名单位合作发行的称为联名借记卡，与非营利性联名单位合作发行的称为认同借记卡；联名（认同）卡持卡人可享受联名单位提供的附加服务。主题借记卡是发卡银行针对特定客户群发行、具有一定主题内涵的借记卡。

2. 贷记卡

贷记卡是指发卡银行向社会公开发行的、给予持卡人一定信用额度，持卡人可在信用额度内先消费后还款的信用支付工具，并具有消费支出、分期交易、信用贷款、存取现金和转账结算等金融服务功能。除非另有特别说明，本书所称"信用卡"，均指贷记卡。

贷记卡按参加的信用卡联合组织不同分为维萨贷记卡、万事达贷记卡、银联贷记卡等；按发卡对象分为个人卡和单位卡，其中个人卡分为主卡和附属卡，单位卡可分为商务卡、公司卡等①；按信息存储介质不同分为磁条卡、芯片（IC）卡、磁条和芯片复合卡等；按信用等级和产品功能、服务不同分为白金卡、金卡、普通卡以及其他种类；按账户币种不同分为人民币卡、外币卡、双币种卡和多币种卡等，其中双币种卡根据外币种类的不同又可分为美元双币种卡、欧元双币种卡、港元双币种卡及其他外币双币种卡等。

贷记卡一般具有以下特点：先消费后还款，享有免息缴款期（最长可达56天），并设有最低还款额，持卡人透支消费后可根据约定自主分期还款。另外，持卡人须依照约定向发卡银行交付一定金额的年费，年费标准各发卡银行不尽相同。

贷记卡与借记卡的主要区别：一是借记卡存款有息，而贷记卡内存款无息；二是贷记卡可以根据银行授予的信用额度透支消费，并享有约定的透支还款免息期，而借记卡不能透支取现或消费；三是由于借记卡与贷记卡的功能差异，发卡银行对借记卡和贷记卡分别规定了不同的申领条件和申领手续，较之借记卡，贷记卡的申领条件和申领手续更为严格。

---

① 除特别说明外，本书所称借记卡和贷记卡，均仅包括向个人（自然人）客户发行的借记卡和贷记卡。

3. 准贷记卡

准贷记卡是一种存款有息、刷卡消费以人民币结算的单币种单账户信用卡，具有转账结算、存取现金、信用消费及发卡银行提供的其他服务功能。当刷卡消费、取现账户存款余额不足支付时，持卡人可在规定的有限信用额度内透支消费、取现，并收取一定的利息。不存在免息还款期。

一般认为，准贷记卡是我国国内银行卡市场特有的信用卡种类。准贷记卡兼具贷记卡和借记卡的部分功能，一般需要缴纳保证金或提供担保人，使用时先存款后消费，存款计付利息。持卡人购物消费时可以在发卡行核定的额度内进行小额透支，但透支金额自透支之日起计息，欠款必须一次还清，没有免息还款期和最低还款额，其基本功能是转账结算和购物消费。

准贷记卡具有以下特点：申请准贷记卡一般需要缴纳保证金或提供担保人；在准贷记卡内存款计付利息；准贷记卡可以透支，但是透支款项没有免息还款期，从透支当日起计算利息，且必须一次还清，没有最低还款额的规定。[1]

（二）银行卡与银行账户关系分析

所谓银行账户，是指银行机构根据监管规定并依客户申请设立的用于全面、系统记录和反映客户存取款、转账汇款等各项金融交易行为所引起的资产变动情况的账目实体。就账户功能区分，银行账户可以分为储蓄账户和银行结算账户，前者仅限于办理现金存取业务，不得办理转账结算，后者则除了办理现金存取业务外，还可办理转账汇款等资金收付结算业务。[2]

银行卡与银行卡账户相互关联，但也存在一定差异，两者关系简要分析如下：

1. 银行卡是银行账户的介质，两者相互关联又各自独立

客户向发卡银行申请银行卡时，即同时向银行申请开立银行账户（一般为银行结算账户）。银行卡是银行账户的介质和载体，两者相互关联：持卡人使用银行卡而发生的存取款、消费、对外转账等业务明细均在其对应的银行账户中载明。但是，在载体上，银行卡与银行账户相互独立，银行卡介质与银行账户

---

[1] 作为我国信用卡产业发展过程中推出的过渡产品，准贷记卡正在逐步退出历史舞台，在我国现实生活中，准贷记卡的使用量、使用意义都在逐步减小。因此，除特别说明，本书所称银行卡，仅指借记卡和贷记卡，不包括准贷记卡。

[2] 中国人民银行《人民币银行结算账户管理办法》（中国人民银行令〔2003〕第5号）第四十三条。

分别采用不同的编码规则，不同银行卡介质可以共用同一银行账户（如银行卡的主卡与副卡），而同一银行卡下可以下挂多个银行账户（如借记卡账户下挂不同期次的定期存款账户）。另外，除特别规定外，银行卡与银行账户之间的对应关系并不因银行卡介质的变更而受影响，因此，持卡人因银行卡（原卡）遗失而补办新卡的，新卡对应的银行账户仍为原卡对应的账户。

2. 银行卡为银行账户组合管理及银行金融创新创造条件

由于银行卡是发卡银行提供金融产品和服务的电子平台，发卡银行通过银行卡持卡人名下各银行账户进行集合管理和业务创新，满足持卡人不同的金融业务需求。例如银行通过在同一银行卡下挂多个银行账户，实现多个银行账户之间的关联；通过银行卡系统与银行以外其他主体相应业务系统（如交通管理系统等）的对接，实现银行账户与其他系统的对接，拓展银行账户功能及受理环境。

（三）银行卡与存折关系分析

银行存折是银行授予客户用于记载银行账户交易明细的纸质业务凭证。银行存折的发展历史较长，但在银行卡面世并被大量推广使用之后，银行卡已经成为大部分客户首选支付工具，存折业务呈逐年萎缩态势。

实践中，一些商业银行为维护存折持有人合法权益，逐步扩展存折使用范围，除向活期存折客户提供存取款、代扣代缴等基本服务外，能够支持活期存折办理业务的其他渠道或服务基本均予以支持。例如，为满足存折客户理财的需要，持有银行活期存折可以购买基金、国债、理财产品；为方便存折客户使用自助设备，银行在自助终端上开发实现了存折查询、缴费等功能；为满足存折客户实时对账的需求，支持存折账户的余额变动手机短信提醒；等等。

由于银行卡与银行存折均为银行账户的外在载体，因此，同一账户下既可分别选择以银行卡或存折之一作为介质（卡折分离），或者同时选择银行卡及存折作为银行账户介质（在此种方式下，银行卡与银行存在关联关系，具有"一个账户，两种介质"的特点，也即卡折一体或卡折合一）[①]。但是，由于银行卡同时具有银行业务电子平台的属性，银行卡的使用途径及应用方式均大大突破了传统银行存折的限制，例如，存折持有人只能在银行柜面办理相关业务，而

[①] 由于卡折合一或卡折一体方式存在"一个账号，两种介质"，加大了银行账户欺诈风险，许多银行现已取消该项业务。

银行卡持卡人则可以在银行柜面之外通过自助柜员机、网上银行以及第三方支付方式等途径办理业务。银行基于银行卡发展起来的电子银行等业务模式，彻底摆脱了银行业务办理的时间和地域限制。

（四）银行卡新产品介绍

近年来，我国商业银行加快业务创新，不断完善银行卡产品体系建设，持续提升产品功能与服务，市场反响良好。下面介绍几款近年来国内商业银行（包括外资银行）推出的银行卡新产品和新服务：

1. 工商银行逸贷信用卡

逸贷信用卡是工商银行发行的一款面向代发工资客户、链接商户，可直接用于消费的信用卡产品，是国内首张专用消费分期信用卡。客户在工商银行指定商户直接使用逸贷信用卡进行刷卡消费，分期付款，无须再到银行办理审批手续。牡丹逸贷卡具有以下特点：一是使用范围广；二是优惠幅度大；三是量身定制准；四是交易流程快；五是分期方案优；六是还款选择多；七是还款便利，逸贷信用卡直接与客户在工行代发工资账户关联，还款方便。

2. 工商银行多币种信用卡

2012 年 6 月，工商银行在同业中率先推出多币种信用卡，该信用卡是在双币卡的基础上再增加 9 个外币币种账户，共计 11 个币种账户：币种为人民币 + 10 种外币，其 10 种外币为美元、欧元、港元、英镑、日元、新加坡元、加拿大元、澳大利亚元、瑞士法郎和新西兰元。银行为客户核定一个总外币额度，每个外币币种都可以在总外币额度范围内灵活使用。多币种信用卡可以最大程度地帮助持卡人避免支付过多的货币兑换手续费。

3. 汇丰银行多币种借记卡

汇丰银行（中国）有限公司（以下简称汇丰银行）在中国境内发行本外币多币种借记卡，主账户为人民币结算账户，并可同时关联不超过两个人民币结算账户或其他币种的个人储蓄账户（非联名账户）作为附属账户。与借记卡相关联的账户由持卡人在申请借记卡时指定，如果持卡人需要变更与借记卡相关联的账户，则应持本人有效身份证件和借记卡，向汇丰银行书面申请。

如果在持卡人借记卡下管理的人民币结算账户与外币储蓄账户（如有）之间以及外币储蓄账户（如有）之间进行资金划转，可能产生汇兑费用及相关服务费用。有关兑换汇率由汇丰银行全权确定，与该等折算相关的汇兑风险由持卡人承担。

4. 花旗"逸支付"业务

花旗"逸支付"业务是在花旗银行（中国）借记卡业务基础上延伸的全新业务。持卡人可通过互联网、手机等方式在信誉商户中开展非面对面交易，从而极大地拓展了持卡人的用卡渠道。花旗借记卡持卡人通过提供卡号、PIN、手机号等交易要素给发卡机构进行信息验证和交易授权的银行卡支付业务。

花旗"逸支付"主要提供以下支付服务：一是掌上支付的多种实用功能。通过手机号码与借记卡账号进行绑定，持卡人可通过手机短信息或手机上网，查缴手机话费、借记卡余额查询、手机购买商品、公用事业缴费（水、电和煤气等）、手机预付卡充值等，满足持卡人随时随地个性化理财及支付交易的需求。二是银联在线支付平台提供多重支付方式，包括认证支付和快捷支付。

5. 中国银行"长城借贷合一卡"

2009年6月，中国银行携手中国银联向市场推出了国内首张集借记卡和贷记卡功能于一体的创新金融新品——"长城借贷合一卡"。该产品有别于传统意义上的信用卡或借记卡，具备一卡双磁条、一卡双账户、银行卡功能全覆盖等显著特点，既可在信用额度内进行透支消费，享受最长56天的免息还款期，又可用于多币种储蓄及基金、外汇、黄金等理财投资，还可享用中国银行网络银行和电话银行系统，轻松实现查询、交易、网上支付等各项专业服务。长城借贷合一卡自开卡之日起，即自动拥有了贷记卡账户和借记卡账户之间的自动关联还款功能，贷记卡账户支付的消费账款可每月从借记卡账户中自动扣款归还，为持卡人按时还款提供便利。

6. 工商银行"卡贷通"

工商银行推出的"卡贷通"是指将借记卡与个人循环贷款相联结，以借记卡作为支付介质，在卡贷通业务最高循环额度及使用有效期内，通过商户POS、电子银行渠道、自助设备及银行柜面办理消费、转账时，若卡内基本账户余额不足，系统实时触发贷款功能，将用款差额部分发放至卡内基本账户，连同自有资金一并支付，实现贷款额度的循环使用。"卡贷通"业务是工商银行在银行卡功能及个人贷款方面的一项重要业务创新，实现了客户的自助用款功能，能够为客户提供 7×24 小时不间断的贷款服务。

7. 兴业银行 DIY 信用卡

兴业银行为满足年轻时尚族群的个性化需求，倡导低碳理念，于 2011 年 12 月 1 日联合北京环境交易所发行 DIY 信用卡。该产品包含横版和竖版两个版面。客户可通过 DIY 卡网站注册登录后，根据自己的喜好自行设计个性化卡面。DIY 信用卡持卡人每刷卡一笔，兴业银行即出资一分钱，于每年 4 月 22 日世界地球日集中向北京环境交易所购买自愿碳减排量。

8. 华夏银行 SMART 信用卡

2011 年 8 月 29 日，华夏银行推出一款专门为年轻人设计的专属信用卡华夏银行 SMART 信用卡，该信用卡体现了年轻人的年轻、时尚、智慧、潮流感和精明消费的特点。目标客户群体为在大中城市生活的、具有独立生活能力和固定收入来源的社会青年人。根据性别，华夏银行 SMART 信用卡分为女性卡和男性卡。

9. 工银闪酷卡

2012 年 7 月，工商银行推出"工银闪酷卡"。闪酷卡是工行银联信用卡的附属卡，该卡通过非接触方式用于小额快速支付，所有支付款项均计入所依附的信用卡账户，并按照信用卡还款规则还款。闪酷卡产品特点如下：①产品时尚，形式多样；②申请便捷，立等可取；③快捷支付，便利安全；④卡不离手，携带方便；⑤万家商户，随心支付。

二、银行卡主要业务操作介绍

为规范银行卡业务操作，促进业务健康发展，发卡银行一般详尽地规定银行卡业务的管理制度和操作规程，建立健全银行卡业务风险防控机制。银行业务人员在办理银行卡业务时，须遵守执行。下文简要介绍银行卡发卡、换卡、挂失、密码重置及销卡等主要业务操作内容。

（一）银行卡的申领及发卡

发卡银行一般规定，凡自愿遵守本银行借记卡章程或信用卡章程及领用合约规定，并符合发卡银行条件的个人客户，均可凭本人有效身份证件向发卡银行申领借记卡或信用卡，并在经发卡银行审查合格后可领卡。银行卡的申领应符合国家实名制规定，开户应使用实名。

在此环节，银行应审核客户申请书填写姓名、身份证件类型及号码等内容正确，确保实名开户；审核客户是否选择开通自助设备取现、自助设备转账、POS机转账消费等功能，并向持卡人充分提示开通上述业务可能存在的风险。

一般而言，由于涉及信用额度的授予问题，信用卡的申领条件及发卡要求严格于借记卡的条件和要求，例如，发卡银行在受理信用卡申请时，发卡机构可根据申请人资信情况决定是否发卡，并核定信用额度，确定是否要求申请人采取担保及具体的担保方式等。而对于借记卡的申领，除非申请人未能满足客户身份识别要求或有足够证据证明申请人申领借记卡用于非法目的，发卡银行一般不会拒绝申请人的申请。

另外，信用卡（也包括借记卡批量办理业务）还涉及卡片启用环节，发卡银行授予申请人信用卡并将信用卡送达申请人（持卡人）后，持卡人应及时办理卡片启用，立即在卡片背面签名栏签名，并在用卡时按规定使用此签名，否则应自行承担由此产生的后果和损失。

（二）无卡支付个性化定制

无卡支付是指银行卡持卡人通过互联网、手机、电视等方式开展非面对面交易，在安全技术保护和特约商户环境下，提供银行卡账号、PIN（或银行卡有效期等）、手机号和证件信息等交易要素给发卡机构进行信息验证和交易授权的银行卡支付方式。近年来，无卡支付方式已被越来越多的持卡人接受。如持卡人申请开通或关闭银行卡无卡支付功能，或申请设置无卡支付功能的交易限额，客户须提供本人对应的银行卡、本人有效身份证件，填写相关业务申请书并手写有关申请事项，如，"本人申请开通/关闭无卡支付开关功能""本人申请设置无卡支付境内单笔消费限额××元、无卡支付境外单笔消费限额××元"，等等。

银行受理持卡人申请后，除应审核持卡人申请书有关要素外，还应审核持卡人提交的银行卡介质及身份证件真实有效，并向持卡人充分提示开通无卡支付业务的风险。交易成功后，银行应将有关业务凭证交持卡人签字确认。

（三）银行卡挂失业务

在银行卡使用过程中，如持卡人遗失银行卡，应立即通过发卡银行指定的渠道或方式办理挂失手续，挂失手续办妥，挂失即生效。挂失后如需补办新卡，可按照发卡银行的规定办理补办手续。一般而言，借记卡的挂失可分为临时挂失和正式挂失，但信用卡一般不设临时挂失程序。

1. 临时挂失

借记卡的持卡人如需办理临时挂失，应通过银行指定的渠道或方式办理，并提供卡号、户名、证件号码、余额、住址、开卡日期等信息供发卡银行验证；临时挂失15个自然日内（自挂失当日算起），须补办正式挂失手续，否则临时挂失将自动失效。

2. 正式挂失

正式挂失为书面挂失，持卡人须持本人有效身份证件，并提供卡号、户名、证件号码、余额、住址、开卡日期等信息，到发卡银行营业网点办理；持卡人在正式挂失后可在规定期限后办理补发新卡或销卡手续。

（四）密码重置业务

密码是银行卡的必备要素之一（除非发卡银行与持卡人约定以密码以外方式验证客户身份）。持卡人遗忘密码，可凭本人有效身份证件和对应的银行卡办理密码重置。以借记卡为例，在办理银行卡密码重置业务时，银行须重点审核以下内容：

首先，身份核实。审核密码重置处理是否为存款人本人办理、所提供的存款人身份证件是否真实、有效。对客户使用居民身份证办理密码重置业务的，应按照联网核查公民身份信息的有关要求办理居民身份证件验证。对于联网核查无法准确判断证件真实有效的，不得进行即时生效的实时重置，应通过密码重置延时生效方式处理。

其次，对于账户状态为挂失的，银行还须核对客户所提供的挂失申请书客户收执联与网点留存联的相关业务要素是否相符，并核实该笔挂失业务明细。

最后，交易成功后，发卡银行应要求持卡人对交易凭证进行核对并签名确认。

（五）换卡业务

持卡人因银行卡磁条或芯片受损等原因申请更换银行卡卡片时，须向发卡银行提起换卡申请，并提供受损银行卡、本人有效身份证件办理。

由于信用卡卡片一般设定有效期，如持卡人在有效期届满后需继续使用，也应办理更换新卡手续。但发卡银行对信用卡到期换卡业务作了一些限制性规定，主要包括：（1）对有效期内未启用的信用卡，发卡机构有权不提供到期换卡服务；（2）已过期的信用卡，持卡人在按照发卡机构规定办理有关手续前不能继续使用（收入款项除外），如持卡人未及时办理更换新卡手续而造成信用卡无法正常使用，由此产生的损失由持卡人承担，但发卡机构继续保留对已过期信用卡的管理权、追索权等权利；（3）持卡人不补换新卡或中途停止使用信用卡的，仍须清偿该卡所欠债务；（4）如因发卡机构与合作单位、信用卡组织或公司合作终止等原因导致无法补换卡的，发卡机构可发放其他同信用等级卡片。

（六）银行卡销卡（销户）

持卡人终止使用银行卡时，应按发卡银行有关规定办理销卡或销户手续；另外，持卡人如对发卡银行修改银行卡章程或领用合约有异议而决定不继续使用该种银行卡的，也可按照发卡银行的规定办理销户手续。

持卡人申请银行卡销卡时，应向发卡银行提供对应的银行卡及本人有效身份证件。银行受理持卡人销卡（销户）申请时，应审核持卡人申请书所填写姓名、身份证件类型及号码等内容是否正确，对应的银行卡是否真实有效；如涉及大额取款的，还应审核持卡人身份证件真实有效并摘录相关信息；审核银行卡内是否存在未结清欠款（就信用卡而言）或销户剩余资金（就信用卡和借记卡而言）及其利息（就借记卡而言），关联账户或关联协议是否终止等。销卡交易成功后，发卡银行应将相关业务凭证交持卡人核对并要求签名确认。

三、我国银行卡业务发展及趋势

（一）我国银行卡市场发展概述

近年来，我国银行卡实现了跨越式发展，联网通用工作不断深化，应用环境得到根本改善。与此同时，我国银行卡业务的风险管理日益加强，银行卡安全防控机制得以有效落实，银行卡监管法律体系日益完善。我国银行卡市场发展呈现以下突出特点：

1. 起步较晚，发展迅速

我国银行卡市场虽然起步较晚，但经过 20 多年跨越式发展，已取得了举世瞩目的成绩。截至 2012 年第三季度末，我国国内总共发行银行卡 34.00 亿张，其中，借记卡发卡量为 30.82 亿张，信用卡发卡量为 3.18 亿张，银行卡渗透率达到 46.3%。[①]与此同时，银行卡消费呈现快速增长态势，银行卡渗透率逐年快

---

① 数据来源：《2012 年第三季度支付体系运行总体情况》，可参见中国人民银行网站：http://www.pbc.gov.cn/image_public/UserFiles/goutongjiaoliu/upload/File/2012年第三季度支付体系运行总体情况.pdf。

速提升,对现金在零售消费市场的主导地位形成有力替代,已成为居民个人最主要的零售支付工具。截至2011年末,全国银行卡卡均消费金额和笔均消费金额分别为5 529元和2 373元,与2010年相比分别增长28.0%和10.3%。另外,2011年全年银行卡渗透率达到38.6%,比上年提高3.5个百分点。①

2. 借记卡占比高,信用卡发展潜力大

截至2011年末,借记卡累计发卡量为26.64亿张,信用卡累计发卡量为2.85亿张,全国人均拥有银行卡2.20张、信用卡0.21张。借记卡累计发卡量与信用卡累计发卡量之间的比例约为9.33:1②。总体来看,借记卡在整个银行卡市场中仍占有主体地位,但随着居民信用消费意识的提升以及信用卡安全保障机制的健全与完善,信用卡市场未来发展的潜力巨大。

3. 用卡环境逐步改善,银行卡支付方式向多元化纵深发展

近年来,随着我国银行卡用卡环境逐步改善,我国银行卡支付范围不断拓展,支付形式日益丰富;同时,银行卡在便民支付及快捷支付领域的推广应用,不断满足持卡人多层次和多元化的支付需求。以银联便民支付点为例,它既可以让持卡人方便地缴纳公共事业费、通讯费等日常生活费用,又提供了跨行转账、信用卡还款、购买保险等多项便民支付服务。这类便民支付终端不仅分布于便利店、超市、卖场、地铁等公共场所,而且还进了社区服务居民。截至2010年10月,银联便民支付点实现的交易笔数达545万笔,交易金额近1.27亿元。③

与此同时,随着电子商务的迅速发展,网上银行、电话银行、手机银行以及第三方网上支付等电子支付方式蓬勃兴起,为银行卡产业的发展提供新的市场基石和有利条件。

4. 银行卡产业国际化进程快速推进

近年来,中国银联以及国内大型商业银行积极拓展银行卡的国际化业务,在国际业务领域与更多的全球机构开展合作不断延伸境外受理网络,并积极开展境外用卡营销,扩大境外交易规模。

---

① 数据来源:中国人民银行《2011年支付体系总体运行情况》。参见:http://www.pbc.gov.cn/image_public/UserFiles/goutongjiaoliu/upload/File/2011年全年支付体系运行总体情况.pdf。
② 数据来源:中国人民银行《2011年支付体系总体运行情况》。参见:http://www.pbc.gov.cn/image_public/UserFiles/goutongjiaoliu/upload/File/2011年全年支付体系运行总体情况.pdf。
③ 苏宁、许罗德:《中国银行卡产业发展研究报告》,5页,上海,同济大学出版社,2011。

中国银联秉持"把中国的成长带向世界"理念拓展国际化业务,并取得了重要进展。截至2012年8月,银联卡受理网络已延伸至亚太、欧美、非洲等130个国家和地区,在全球拥有联网商户1 200多万户,联网ATM机具终端140万台,覆盖全球主要区域和重要国家;同时,银联卡的境外发卡初见成效,截至2012年8月,已在境外26个国家和地区发行银联卡,发卡总量近1 500万张。银联卡已成为全球具有较大影响力的银行卡品牌之一。[①]

国内大型商业银行也加快推进银行卡业务的国际化进程,除境外发卡业务外,还通过设立境外分支机构、开展跨境机构合作以及海外投资并购等形式,全面推进银行卡海外业务的发展。例如,截至2012年8月,我国最大商业银行——中国工商银行已实现在10个境外国家和地区发卡,境外发卡机构已达20家,在境外设立信用卡(海外)业务中心及信用卡VIP客户服务中心,并成为全球首家与中国银联、维萨、万事达、美国运通、JCB、大莱国际等机构建立合作关系的全品牌银行。[②]

(二)我国银行卡市场发展趋势

创新是银行卡业务发展的永恒主题。近年来,我国银行卡市场面对瞬息万变的金融创新环境,不断发掘市场热点和需求,依托信息技术进步创新,在完善风险防范机制的前提下,推进银行卡业务发展创新。我国银行卡市场未来发展将呈现以下趋势:

1. 银行卡产业的扩张推进银行卡经营方式的转变

随着我国银行卡受理环境及消费信用环境的不断改善,我国银行卡交易量尤其是消费交易量仍将保持稳步发展态势。银行卡经营方式将由目前粗放式扩张转向集约式经营,商业银行在发展银行卡业务中,将更加注重产品和服务的专业化和个性化。银行卡个性化产品层出不穷,精准营销渐成趋势。

例如,商业银行与商户合作发行联名卡,或为特定持卡人采购第三方服务或产品,为银行卡持卡人提供增值服务。银行还可以细分客户并根据不同客户群体特点提供差异化服务,以俱乐部、联谊会等形式,加强银行与客户的沟通,定制符合客户需求的金融投资产品,并为客户之间交流搭建平台,以此深化银行客户合作关系,提高客户体验的满意度。

[①] 许罗德:《把中国的成长带向世界》,载《中国信用卡》,2012(9)。
[②] 崔艳红:《工银卡:工商银行拓展海外市场的利器》,载《中国信用卡》,2012(9)。

另外,随着中高收入阶层的兴起,针对高端个人客户的铂金卡、白金卡、财富卡、私人银行卡等高端银行卡产品将成为新的市场热点。商业银行将通过专业的高端客户服务队伍,开发和完善银行卡相关服务功能,以满足高端客户个人、家庭和事业的综合需求。

2. 银行卡与其他金融业务及其他行业卡功能组合创新

为优化银行卡产品功能,满足客户多方需求,商业银行将银行卡与保险业务、基金、理财等金融产品组合,或与政府组织或其他社会组织合作,在银行卡上加载其他功能或服务,从而实现银行卡与其他行业卡或具有社会公共职能的卡片(如社会保障、交通管理、医疗保险等)的逐步融合、相互渗透,使银行卡有效承载了社会功能,这将促使银行卡产业发展实现质的飞跃。

例如,根据人力资源和社会保障部、中国人民银行《关于社会保障卡加载金融功能的通知》(人社部发〔2011〕83号)要求,有关政府主管部门与商业银行合作推行"社会保障一卡通",在社会保障卡上加载金融功能,加载金融功能后的社会保障卡,作为持卡人享有社会保障和公共就业服务权益的电子凭证,具有信息记录、信息查询、业务办理等社会保障卡基本功能的同时,可作为银行卡使用,具有现金存取、转账、消费等金融功能。

3. 依托信息科技进步不断推进银行卡业务创新

技术创新推动我国电子支付渠道的多样化,网上支付、移动支付(移动POS、手机支付等)以及第三方支付等支付形式深刻地改变着我国银行卡业务发展模式,并对发卡银行与其他市场参与方的竞争合作关系产生深远影响。

与此同时,信息科技的发展进步为加强银行卡应用安全、拓展银行卡社会功能创造了条件。在此背景下,金融IC卡(芯片卡)千呼万唤始出来,而网上支付、手机支付以及第三方支付等新型支付方式则加快推动银行卡芯片化(迁移)进程。2011年,中国人民银行发布《关于推进金融IC卡应用工作的意见》,金融IC卡应用推广工作全面展开。金融IC卡的推广应用,有利于提高我国银行卡的整体风险防控能力,有利于增强银行卡在公共服务领域的拓展能力,有利于提升银行卡各类交易与管理的信息化和智能化,并有利于带动银行卡产业升级。但由于金融IC卡的应用推广涉及面广大,耗时耗力,社会成本高,需各方统筹协调,解决金融IC卡推进中遇到的重大问题。例如,尽快出台银行卡风险转移政策，协调处理不同 IC 卡标准的协调衔接及标准迁移①问题，协调出台 IC 卡补贴激励政策，等等。

4. 银行卡业务国际化面临新挑战

随着我国银行卡市场对外开放以及银行卡业务国际化进程的加快，我国银行卡市场已成为全球银行卡市场的重要组成部分，我国银行卡市场相关主体在国际银行卡产业中的地位和影响力也将迅猛上升。但与此同时，我国银行卡业务国际化将面临新挑战和新问题，应引起广泛关注，并通过完善有关监管制度妥善解决，例如，中国银联与其他国际卡组织之间的竞争与合作问题、跨境交易涉及的客户信息保护与交易安全保障问题等。

四、我国银行卡业务法律规制

随着我国银行卡产业不断发展创新，我国银行卡业务监管法律制度也日臻完善，形成了涵盖银行卡监管、业务规范及风险管理等多维度多层级的银行卡业务法律框架体系，对银行卡业务的健康发展发挥了重要作用。

（一）我国银行卡业务法律规范概览

1. 银行卡业务民事法律规范

（1）《民法通则》。《民法通则》是调整民事主体之间权利义务的基础法律规范，它强调平等自愿、诚实信用、公序良俗、意思自治及等价有偿等基本原则，银行卡业务中有关民事主体之间的权利义务关系均在《民法通则》的规制范围内。

（2）《合同法》。在银行卡法律关系中，发卡银行、持卡人以及特约商户在业务交往中均须通过合同形式明确彼此之间的权利义务。如信用卡发卡银行与持卡人签署的领用合约，约束借记卡或信用卡持卡人与发卡银行持卡人的银行卡章程，持卡人与特约商户之间存在的合同关系，发卡银行与特约商户之间签署的委托协议等，均受《合同法》的调整和规制。

（3）《担保法》及《物权法》。银行卡业务中，特别是在信用卡业务中，发卡银行通常会根据持卡人的申请及资信状况要求持卡人提供第三方保证或质押

---

① 标准迁移是按照特定的 IC 卡标准（如 Pboc2.0 标准或 EMV 标准），在发卡、业务流程、安全管控、受理市场、信息转接等各个环节从磁条卡向 IC 卡迁移过程的总称。

等形式的担保。有关担保行为均受《担保法》及《物权法》规范。

（4）《消费者权益保护法》。作为我国消费者保护的基本法律，该法有关消费者保护基本原则、消费者权利、经营者义务以及争议解决等方面规定适用于银行卡交易中持卡人权益的保护。

2. 银行卡刑事法律规范

（1）《刑法》。近年来，银行卡犯罪数量呈不断上升势头，境外银行卡犯罪团伙也开始向境内逐步渗透。为遏制银行卡犯罪，并为银行卡产业发展创造良好的外部环境，我国先后在《刑法》中增列有关银行卡犯罪的规定，明确了银行卡犯罪的主要表现形式和定罪量刑标准。1997年修订的《刑法》规定了"信用卡诈骗罪"，并将伪造信用行为纳入"伪造金融票证罪定罪"处罚。2005年2月28日颁布的《刑法修正案（五）》对信用卡犯罪做了补充规定，增加"妨害信用卡管理罪"、"窃取、收买、非法提供信用卡信息罪"，并增加了"使用以虚假的身份证明骗领的信用卡"进行诈骗活动作为"信用卡诈骗罪"行为的规定：凡具有"使用伪造的信用卡，或者使用以虚假的身份证明骗领的信用卡的"、"使用作废的信用卡的"、"冒用他人信用卡的"或"持卡人以非法占有为目的，超过规定限额或者规定期限透支，并且经发卡银行催收后仍不归还的恶意透支"等行为的，均可构成"信用卡诈骗罪"。

（2）《关于办理妨害信用卡管理刑事案件具体应用法律若干问题的解释》。2009年12月15日，针对信用卡犯罪风险不断增加的现实情况，最高人民法院、最高人民检察院印发《关于办理妨害信用卡管理刑事案件具体应用法律若干问题的解释》，对打击信用卡虚假申请、信用卡诈骗、信用卡套现等犯罪提供了更为具体的法律适用标准，对于保护商业银行和持卡人合法利益起到了积极的作用。

3. 银行卡业务监管规范

（1）《银行卡业务管理办法》。1999年1月，中国人民银行出台《银行卡业务管理办法》，旨在全面规范和调整银行卡业务，对银行卡的分类以及发卡银行、持卡人和特约商户的权利义务等作出了明确规定，为合理界定银行卡相关当事人民事权利义务关系提供了监管法律依据，对规范和监督发卡银行的业务行为、推动银行卡业务健康有序发展创造了条件。

（2）《商业银行信用卡业务监督管理办法》。2011年1月13日，银监会发布《商业银行信用卡业务监督管理办法》（银监会令2011年第2号），从管控风险的角度对商业银行信用卡业务进行了全面规范，明确了从受理信用卡申请、发放信用卡、持卡交易、信用卡收单直至信用卡贷款收回的信用卡活动全过程的监管要求，进一步规范了商业银行与持卡人、特约商户、信用卡服务机构之间的相关经营行为。与中国人民银行1999年《银行卡业务管理办法》主要规定信用卡计息结息规则、透支利率、授信额度等不同，《商业银行信用卡业务监督管理办法》主要明确商业银行信用卡的业务环节、信息披露要求、日常运营管理、风险监测控制、保护消费者等具体经营行为规则，侧重于规范市场经营行为和督促银行开展风险管理工作。

(3)《关于加强银行卡发卡业务风险管理的通知》。为有效防控虚假申领银行卡进行商户POS套现行为引发的欺诈风险事件，防范银行卡业务面临的信用风险、操作风险及合规风险，2007年2月26日，银监会办公厅发布《关于加强银行卡发卡业务风险管理的通知》（银监办发〔2007〕60号），要求银行卡发卡业务应执行严格的资信审批程序及授信额度管理制度，要求发卡银行高度重视合规性管理，充分利用有效的风险管理系统，采取有效方式密切监测并防范银行卡欺诈交易等。

(4)《关于加强银行卡安全管理预防和打击银行卡犯罪的通知》。2009年5月，人民银行、银监会、公安部、国家工商总局联合印发《关于加强银行卡安全管理预防和打击银行卡犯罪的通知》（银发〔2009〕142号），就加强银行卡安全管理、预防和打击银行卡犯罪等作出新的规定，例如，要求发卡机构对申领首张信用卡客户要亲访亲签；不得将信用卡发卡营销业务外包；禁止单位代办信用卡；不得擅自对信用卡透支利率、计息方式、免息期计算方式等进行调整；等等。

(5)《关于进一步规范信用卡业务的通知》。为进一步规范信用卡经营行为，改进银行卡服务，防范相关业务风险，2009年7月，银监会发布《关于进一步规范信用卡业务的通知》（银监发〔2009〕60号），主要从信用卡的发卡营销管理、收单业务与特约商户管理、催收外包管理以及客户投诉等四个方面提出了规范要求。

(6)其他规范性文件。为维护银行卡交易安全，保障银行卡各方当事人的合法权益，人民银行、银监会等监管部门还制定了一系列部门规章及规范性文件，包括《银行业金融机构做好个人金融信息保护工作的通知》（银发〔2011〕17号）、《关于信用卡套现活跃风险提示的通知》（银监办发〔2008〕74号）及

《关于加强银行卡安全管理有关问题的通知》（银监发〔2004〕13号），对银行卡发卡、用卡等环节可能出现的风险及防控作出规定，加强对银行卡违法行为的监控和处罚，依法保护持卡人合法权益，规范并促进银行卡业务的健康发展。

4. 促进银行卡市场发展规范性文件

（1）《关于促进银行卡产业发展的若干意见》。2005年4月，中国人民银行、国家发改委、公安部、财政部、信息产业部、商务部、税务总局、银监会、国家外汇管理局九部委联合发布《关于促进银行卡产业发展的若干意见》，全面系统地提出了促进银行卡产业发展的政策措施，明确了银行卡发展的指导思想、原则、目标及工作重点。

（2）《关于规范和促进银行卡受理市场发展的指导意见》。2005年6月，为贯彻实施九部委《关于促进银行卡产业发展的若干意见》，中国人民银行制定了《关于规范和促进银行卡受理市场发展的指导意见》，对规范和促进受理市场发展进行具体的政策指导。例如，明确银行卡受理市场主要参与方的职责；明确收单业务中的平等自愿、公平竞争、联网通用原则，以及收单业务外包、商户终端网络连接方式应遵循的原则；此外，对建立人民币银联卡的国际受理网络以及银行卡跨行网络服务等工作进行了规范。

（3）《关于改进个人支付结算服务的通知》。为满足公众日益增长的金融服务需求，进一步提高银行支付结算服务效率和服务质量，中国人民银行于2007年5月1日发布《关于改进个人支付结算服务的通知》（银发〔2007〕154号），本着简化手续、便利操作、规范管理的原则，就改进个人支付结算服务，加强对支付结算业务的监督管理对人民银行分支机构及商业银行提出了明确要求，主要内容包括：优化个人银行账户服务；推广非现金支付工具；充分利用小额支付系统，实现跨行资金转账、代理收付和通存通兑；完善电子支付服务功能，推动自助、居家服务发展；整合网点柜台资源，加强对柜员的培训，切实提高柜台业务办理效率；做好宣传工作，培育良好的非现金支付环境；等等。

（4）《关于推进金融IC卡应用工作的意见》。2011年3月11日，为促进金融服务民生，保障银行卡应用安全，推动银行卡产业升级和可持续发展，中国人民银行发布《关于推进金融IC卡应用工作的意见》，决定全面推进金融IC卡应用工作。该意见除了明确推进金融IC卡应用的重要意义之外，还规定了推进金融IC卡应用的工作任务及相关职责分工。该意见提出如下要求：

一是优先改造受理环境。自2013年1月1日起，实现境内所有受理银行卡的联网通用终端都能够受理金融 IC 卡。在小额快速支付环境中布放的联网通用终端应同时具备受理接触式、非接触式金融 IC 卡的能力。

二是积极推进卡片发行。自 2015 年 1 月 1 日起，在经济发达地区和重点合作行业领域，商业银行发行的、以人民币为结算账户的银行卡应为金融 IC 卡；自 2013 年 1 月 1 日起，全国性商业银行应开始发行金融 IC 卡。

三是切实保障联网通用。金融 IC 卡跨行转接与清算系统应根据金融 IC 卡发展情况，及时补充完善相关规则，扩充系统承载能力，保障转接与清算及时、安全和高效。

5. 非金融机构支付监管规定

近年来，随着非金融机构支付服务范围、规模的扩大，新型电子支付工具的推广以及市场竞争的日趋激烈，该领域的一些固有问题逐渐显现，新的风险隐患接踵而来，例如，预付卡发行和受理业务中的违规问题、支付服务相关信息系统安全问题以及无序竞争等问题。这些问题须通过必要的法规制度和监管措施及时进行预防和纠正。

为促进支付服务市场健康发展，规范非金融机构支付行为，保护消费者的合法权益和资金安全，中国人民银行于 2010 年 6 月 14 日颁布了《非金融机构支付服务管理办法》（中国人民银行令〔2010〕第 2 号）；为配合该办法的实施，中国人民银行于 2010 年 12 月 1 日颁布《非金融机构支付服务管理办法实施细则》（中国人民银行公告〔2010〕第 17 号）。《非金融机构支付服务管理办法》及其实施细则从非金融机构从事支付服务的范围、支付业务许可证的申请和许可、从事支付业务的非金融机构监管和管理等方面提出了诸多具体监管要求，将非金融机构从事支付服务活动正式纳入人民银行金融监管体系。

（二）我国银行卡法律规制存在的主要问题

1. 银行卡规范的立法层级有待进一步提升

在现代社会，银行卡已成为人们日常生活不可或缺的金融工具，银行卡交易行为也成为基本的民商事法律行为之一，但是，我国尚无专门全面调整银行卡及银行卡交易的基本法律规范，完善我国银行卡交易法律规范已刻不容缓。目前，银行卡业务法律关系的调整和适用，一般仅能依照《民法通则》、《合同法》、《担保法》、《物权法》等法律所确定的原则性规定，或者依据银行卡监管部门制定的《银行卡业务管理办法》、《商业银行信用卡业务监督管理办法》及相关风险提示等监管文件进行规范，而相关监管办法或文件的法律层级偏低。

2. 银行卡立法滞后，缺乏系统性和前瞻性

我国银行卡法律规范性文件散见于监管部门制定的各项管理办法、指引或通知要求。这些规范性文件形式散乱，且多为事后警示性的应急处理规范，缺乏系统性、全局性和前瞻性，并片面强调发卡银行对持卡人的安全保障义务及片面强调银行卡的责任，不利于提高银行卡产业链中其他参与主体的风险防范意识，不利于保护持卡人的合法权益，不利于银行卡产业的长远发展。①

此外，我国与银行卡业务相关的政策和法律法规建设工作，明显滞后于市场和业务发展的客观需要。例如，作为调整银行卡业务主要监管规定的《银行卡业务管理办法》已制定实施十年有余，受当时银行卡业务的客观限制，存在覆盖范围较窄、部分业务环节缺乏规范、许多内容滞后于实务等问题，已不适应我国银行卡业务发展的客观要求，亟须修订完善。

3. 银行卡配套立法亟待完善

从各国银行卡业务实践看，建立有效的征信制度及失信惩戒机制，加强客户信息及客户隐私权保护，完善相关配套制度，提振市场信心，是银行卡业务健康发展的必要条件。但是，我国信用环境还有待进一步改善，征信体系建设也还处于起步阶段，客户信息安全及隐私权的法律保护不足，这些因素均对我国银行卡业务发展产生消极影响。

（三）完善我国银行卡法律规制的建议

1. 推进银行卡专门立法，提升银行卡法律规范效力层级

为有效全面规范银行卡业务及银行卡市场相关当事人权利义务，理顺银行卡监管体制，维护健康有序的市场竞争环境，有必要立足于我国银行卡业务现状和未来发展趋势，整合、修订并完善现行银行卡监管规定，推进银行卡专门立法，贴上银行卡法律规范效力层级。

一是在法律位阶上，将现有银行卡部门规章提升到国家法律或行政法规的高度，例如制定专门的银行卡业务法或银行卡条例。

二是在内容上，银行卡法律法规应对银行卡业务以及银行卡产业（包括银

---

① 中国银行业协会银行卡专业委员会：《中国信用卡产业发展蓝皮书（2011）》，76页，北京，中国金融出版社，2012。

行卡清算、市场准入、市场竞争等）所涉问题进行系统规范，主要包括：明确监管主体，理顺监管体制，避免监管重叠或监管真空；规范客户信息保护、消费者保护的基本原则；对银行卡市场准入、银行卡交易当事人权利义务、银行卡风险管理、银行卡交易清算等环节作出系统性规定；统一银行卡发行、受理及使用规则，实现各方利益的相对平衡；银行卡法律纠纷处理机制；等等。

2. 完善银行卡业务发展配套法律制度建设

一是要立法规范个人信用征信管理。为促进和规范我国征信市场发展，尽快出台征信管理法规，对个人信用信息的收集、移交及征信记录查询、征信异议处理、征信信息的披露及使用以及征信信息主客体的权利义务及行为规范作出明确规定。

二是要强化对客户信息安全及隐私权的法律保护。加大对违法使用客户信息侵犯客户隐私权的法律处罚力度，保障银行卡市场及交易安全，改善银行卡市场基础环境。

三是要完善持卡人法律保护制度。适时修订《消费者权益保护法》或借鉴国外及我国台湾地区的立法经验，制定专门针对金融领域的消费者权益保护法律，全面保护包括持卡人等交易主体在内的金融消费者合法权益。同时，修改《银行业监督管理法》，将保护金融消费者权益纳入金融监管目标，明确消费者和金融机构的责任；加强对持卡人等金融消费者公平交易权、自由选择权、知情权等切身利益的保护。[①]

3. 完善和改进银行卡法律监管方式

为增强银行卡法律规范的适应性和灵活性，银行卡法律法规可授权银行卡监管部门对银行卡业务中所涉具体问题制定规范性文件。银行卡监管部门可根据法律授权，适时发布有关银行卡业务风险管理的监管指引或风险提示，规范市场竞争，加强消费者教育。例如，银行卡监管部门可根据市场需要，统一制定信用卡格式合同范本，指导发卡银行订立公平合理、科学规范的信用卡使用合同，防止合同内容不公平和严重遗漏，避免用语含糊不清或有歧义；同时，可赋予某些与持卡人利益关系重大的重要条款以强制力，要求发卡银行制定的信用卡使用合同必须按规定订入该等条款，以切实保护持卡人利益。

---

① 张炜：《银行业法制年度报告（2012）》，346 页，北京，中国金融出版社，2012。

第二章 银行卡交易法律主体

银行卡持卡人通过银行卡交易实现银行卡的消费信用、转账结算、存取现金等业务功能。在银行卡交易中,涉及多个法律主体,这些主体共同构成银行卡业务体系,也构成了完整的银行卡交易产业链条。

一、银行卡交易主体

在银行卡交易中,一般包括银行卡的发卡机构、持卡人、代理银行、收单机构、特约商户、银行卡信息转接及清算组织以及相关外包服务机构等。

(一)发卡机构

发卡机构或发卡人,是指具有法定发卡资质,并向特定客户发行银行卡的机构或其代理人。例如,美国《诚实信贷法》规定,所谓发卡人(card issuer),是指发行银行卡的任何主体或其代理机构;[1]新加坡2004年《银行卡信用卡条例》规定,该条例所称发卡人,是指从事银行卡发卡业务的机构。[2]

根据中国人民银行《银行卡业务管理办法》及银监会《商业银行信用卡业务监督管理办法》相关规定,银行卡发卡人可界定为向社会发行银行卡的商业银行及其他被依法核准发行银行卡的银行业金融机构,包括中资商业银行、外资法人银行、邮政储蓄银行、城市商业银行、城市信用社及其他经银行监管部门批准设立的其他银行业金融机构。在我国,由于发卡人一般仅包括银行业金融机构,因此,发卡人一般也可统称为发卡银行或发卡行。

---

[1] Truth in Lending Act, 可参见: http://www.occ.gov/publications/publications-by-type/comptrollers-handbook/truth-in-lending-handbook.pdf。

[2] 新加坡 Banking (Credit Card and Charge Card) Regulations 2004. 可参见: http://www.mas.gov.sg/-/media/resource/legislation_guidelines/banks/sub_legislation/Banking%20Credit%20Card%20and%20Charge%20Card%20Regulations%202004.pdf。

我国对银行发卡业务实行严格的业务准入制度。银行业金融机构在开办发卡业务之前，应根据有关监管规定向银监会（或向银监会当地派出机构）提出申请，在经银监会审核批准后方可办理发卡业务。① 银行业金融机构申请发卡行资质，应满足相应的基本条件，包括：（1）具有办理零售业务的良好业务基础；（2）经营状况良好，主要风险监管指标符合要求；（3）已就该项业务建立了完善的风险管理和内部控制制度；（4）有合格的管理人员和技术人员、相应的管理机构；（5）有安全、高效的计算机处理系统；（6）监管部门规定的其他审慎性条件。出于审慎监管需要，对于申请开办信用卡发卡业务的银行机构，除满足前述基本条件之外，还应具备以下条件：其一，注册资本为实缴资本，且不低于人民币1亿元或等值可兑换货币；其二，具备开办收单业务的良好业务基础；其三，具备办理收单业务的专业系统支持及专业化运营基础设施；其四，符合商业银行业务经营总体战略和发展规划。②

（二）持卡人

所谓持卡人，从法律角度分析，是指符合银行卡监管法律规定及发卡银行资质要求，为银行卡交易或消费信贷之需求，向发卡银行申请且被核发银行卡，受银行卡章程或领用合约等法律文件约束，并对银行卡项下交易或债务承担责任的自然人。③ 从银行卡市场角度分析，持卡人是银行卡的最终使用者，是银行卡市场存在的根基，也是整个银行卡产业产生利润的主要来源。④ 从消费者权益保护角度看，持卡人则可称为消费者或金融消费者。

由于信用卡一般有主卡和副卡（附属卡）之分，信用卡持卡人还可分为主卡持卡人和副卡持卡人。主卡持卡人可依据发卡银行要求，为其指定的人员办理副卡，并可申请调整、停止或取消副卡的使用；除发卡机构与持卡人另有约定之外，主卡持卡人须承担副卡项下全部债务及由此引起的相关费用；部分发卡银行还特别约定，具有完全民事行为能力的副卡持卡人对主副卡项下债务承

---

① 银监会《中资商业银行行政许可事项实施办法》（银监会2006年第7号令）第一百零一条和第一百零二条、银监会《信用卡业务监督管理办法》第十七条和第十八条。
② 银监会《商业银行信用卡业务监督管理办法》第十七条、第十八条及第二十条。
③ 本书所称银行卡均不包括向单位等非自然人核发的银行卡。
④ 陈刚主编：《银行卡新生活》，150页，上海，上海交通大学出版社，2012。

担连带清偿责任。①

持卡人的资质特别是信用卡持卡人资质是各国银行卡业务监管的重要内容，许多国家根据当地实际对持卡人资质作了特别规定。例如，根据新加坡《银行信用卡条例》的规定，年龄在55岁以下（含）且年收入在3万新元以上，或年龄在55岁以上（不含）且年收入在1.5万新元以上的新加坡公民或新加坡永久居民，均可申请信用卡；不具备上述条件的新加坡公民或永久居民申请信用卡的，可核发附担保信用卡（a card with a secured credit limit），但银行存款总额不足1万新元的新加坡公民或永久居民除外；另外，不得对不满18周岁的自然人核发任何形式的附属卡（Supplementary cards），但用于海外旅行并附使用期限的附属卡除外。②

我国银行卡监管法规从发卡银行风险管理的角度，对持卡人资质提出若干原则要求：（1）根据《民法通则》的基本原则，要求持卡人（申请人）具有完全民事行为能力。不具备完全民事行为能力的未成年人申请借记卡的，可通过民事代理原则由其监护人代为办理；要求不得向未满18周岁的学生发放信用卡（附属卡除外）③；（2）要求对信用卡申请人进行资信调查，确认"（信用卡）申请人拥有固定工作、稳定的收入来源或可靠的还款保障"④；（3）对年满18周岁的学生等特殊主体，要求提供第三方保证或其他担保机制，有效落实第二还款来源⑤；等等。

（三）代理银行

代理银行，或称代理行，是指根据协议约定或银行卡组织会员规则，利用自身银行系统网络或银行卡组织网络，使用银行受理终端（包括自助柜台终端、发卡行指定或授权的其他受理终端）为其他发卡银行持卡人办理转账汇款、现金存取、账户查询业务等跨行业务服务，并向发卡银行收取代理手续费的银行机构。

例如，我国部分商业银行通过开展"柜面通"业务代理合作，实现合作银

---

① 例如，《中国工商银行牡丹信用卡章程》（2011年12月18日修订版）第六条规定：牡丹信用卡主卡持卡人"可为符合发卡条件的具有完全民事行为能力自然人或限制民事行为能力自然人（必须得到其法定代理人的许可）办理不超过两张的副卡；……主卡持卡人须承担副卡项下全部债务，具有完全民事行为能力的副卡持卡人对主副卡项下债务承担连带清偿责任"。
② 新加坡 Banking（Credit Card and Charge Card）Regulations 2004.
③ 银监会《关于进一步规范信用卡业务的通知》（银监发〔2009〕60号）。
④ 银监会《商业银行信用卡业务监督管理办法》第四十一条。
⑤ 银监会《商业银行信用卡业务监督管理办法》第四十五条。

行之间柜面（包括自助柜员机）系统资源共享，在合作银行之间为持卡人提供跨行柜台查询、存款、取款、转账业务服务，为持卡人提供更便捷的优质服务。在这种模式下，各合作银行均可互为代理银行。

根据中国银联统计，截至 2012 年 7 月，天津市办理"柜面通"业务的发卡银行已扩大到 16 家，天津市近 400 个银行网点开通了"柜面通"业务，具体包括天津农商银行、光大银行、民生银行、渤海银行、兴业银行、华夏银行、深圳发展银行、浙商银行、大连银行、上海银行、北京银行、平安银行、齐鲁银行、广东发展银行、滨海农商银行和锦州银行。[①]

（四）收单机构

所谓收单机构，是连接持卡人、发卡银行与特约商户的专业服务中介，特指依据合同之约定，为特约商户提供银行卡收单交易处理、商户档案及信息管理、资金结算等收单服务，并承担收单业务风险管理等相关责任的银行业金融机构及其他具有业务资质的专业机构。银行卡的生命力取决于银行卡受理环境，收单机构提供的收单业务极大地改善了银行卡受理环境，提高银行卡使用便利程度，是整个银行卡体系运行必不可少的基础。[②]

一般而言，收单机构提供以下专业服务：一是发展并管理特约商户，包括商户签约（审核、开户并建档等）管理、对商户的培训及维护（包括对 POS 等受理终端的布放和维护）以及商户交易监控及现场检查等；二是交易清分及资金清算等服务，即对交易日志中记录成功的交易，逐笔计算交易本金及交易费用（交易手续费及分润处理等），按清算对象汇总轧差形成应收或应付金额，并按照约定的清算途径和方式，完成应收应付资金的划转等服务；三是对账查询和差错处理等相关服务。[③]

在国外发达国家的收单市场中，由于存在不同的业务发展模式，收单机构的主体也存在较大差异：

一是以美国和加拿大为代表，银行与非银行类专业收单机构并存发展，该模式下，银行卡收单、交易处理及外包服务等可交由专业收单机构提供，银行则负责提供销售支持，尊重银行对商户的控制权，从而实现专业收单机构与银行的优势互补。美国收单市场的巨头是 FDC、摩根大通和美国银行，其中 FDC

[①] 数据来源：银联（天津）网站，http://cn.unionpay.com/tianjin/col_62226/file_94195425.html。
[②] 陈刚主编：《银行卡新生活》，150 页，上海，上海交通大学出版社，2012。
[③] 中国人民银行《关于规范和促进银行卡受理市场发展的指导意见》（银发〔2005〕153 号）第一条。

是全球最大的银行卡专业化服务机构,其业务领域跨越银行卡收单、交易处理、外包服务等各个方面。在加拿大,位居其收单市场前五位的分别是 Moneris Solutions、全球支付公司、TD、Scotiabank 和 FDC。

二是以英国、法国及澳大利亚为代表,以银行收单为主的收单业务模式。例如,英国有 Stream-line、巴克莱银行、汇丰银行等 8 家收单银行,其中前三大收单银行在该国收单市场占比高达 90%。

三是以德国和日本为代表,以专业化收单机构为主。德国的专业收单机构主要包括 ConCardis、Card Service、GZS、Easycash 及 Telecash(FDC 子公司)等。[1]

在我国,收单机构以商业银行为主,但收单机构既可以是发卡银行,也可以是发卡银行之外的其他商业银行或非金融支付机构等专业收单机构。在我国银行卡实现联网通用之前,我国尚无专门的收单机构,一般由发卡银行自行处理收单业务。发卡银行投资布放 POS 机具等受理终端并经营收单业务主要是为了配合发卡业务,吸收客户存款,以及发展商户的存贷业务,收单范围仅限于本行或若干合作银行之间,收单成本通常以存贷和发卡业务的收益抵补。但是,在我国实现联网通用之后,商户 POS 机具等受理终端成为整个行业的共享资源,再加上近年银行卡市场各方当事方(以发卡银行与收单银行尤为突出)利益分配机制的逐步完善,收单业务逐渐成为一项相对独立的银行卡专业服务,并成为银行卡业务的重要基础。

近年来,我国非银行类专业收单机构发展迅速,第三方支付机构等非金融机构也获监管许可经营银行卡收单业务[2]。国内最大的专业化收单机构为成立于 2002 年 12 月的银联商务有限公司(银联商务)。银联商务总部设在上海,是中国银联附属子公司,专门从事银行卡受理市场建设和提供综合支付服务。截至 2011 年底,银联商务已在全国除台湾以外的所有省级行政区设立机构,市场网络已经覆盖全国所有 336 个地级以上城市,服务特约商户超过 135 万家,维护 POS 终端近 190 万台,分别占银联联网商户和联网 POS 终端的 45.7%、44.7%,服务 ATM 及自助终端 9.5 万台。[3]

---

[1] 姚伟、赵晓丹:《透析中国 POS 收单市场的发展》,载《金融电子化》,2007(9),44~45 页。
[2] 中国人民银行《非金融机构支付服务管理办法》第二条。
[3] 数据来源:银联商务网站,http://www.chinaums.com/Channel/4725(最后浏览日:2012 年 10 月 20 日)。

（五）特约商户

特约商户，是指与收单机构签订协议，受理银行卡并接受银行卡资金清算等服务的企事业单位或其他组织。特约商户应当是依法设立、内部管理规范、经营状况良好的商户，具体而言，应至少满足以下基本条件：（1）合法设立的法人机构或其他组织；（2）从事的业务和行业符合国家法律、法规和政策规定；（3）商户、商户负责人（或法定代表人）未在征信系统、银行卡组织的风险信息共享系统、同业风险信息共享系统中留有可疑信息或风险信息；等等。

在银行卡市场中，银行卡作为交易平台，有效连接特约商户与持卡人双边市场，共同为持卡人（消费者）与商户提供服务。对于消费者而言，使用银行卡可以带来支付便利，减少携带现金的不便，而随着受理银行卡的特约商户的增加，选择银行卡支付方式的消费者也会越来越多；对于商户而言，银行卡消费不但可以使消费者更多的潜在需求转变为现实需求，增加商户的销售量，并可以降低商户现金管理的风险和成本，而随着持卡消费数量的增加，受理银行卡的商户的收益也随之增加，进而促使更多的商户受理银行卡。

（六）银行卡组织

银行卡组织，又称为第三方信息转接机构，是指在特定区域内依法为发卡银行、持卡人、收单银行、特约商户等进行银行卡交易提供信息交换、资金清算及风险防范等服务的组织，如中国银联、维萨、万事达、美国运通、JCB等。银行卡组织既可以直接与特约商户签约，也可以不与特约商户直接签约，而是通过与发卡银行或收单银行发生直接的业务关系，间接地为特约商户与持卡人提供信息转接、资金清算等服务。

银行卡组织在银行卡交易及银行卡产业中发挥着基础性作用，发卡银行通过银行卡组织（如中国银联）跨行清算系统，实现系统间的互联互通和资源共享，推进银行卡跨银行、跨地区和跨境使用。

银行卡组织一般有开放式和封闭式之分。

1. 开放式银行卡组织

开放式银行卡组织中，最有代表性的当属维萨（Visa）和万事达（Master）。维萨前身是1966年成立的美洲银行联合协会，万事达前身是1966年成立的美国银行卡协会。维萨和万事达组织均实行会员制，不直接发卡，其持卡人和商户之间的业务需要通过央行认证系统和清算系统进行；发卡会员银行可以独立规定发卡利息标准，收单服务商也可以自行规定回佣标准，系统决定回佣和其他收入的分配机制。

2. 封闭式银行卡组织

封闭式银行卡组织中，最具代表性的有美国运通（全称美国运通国际卡国际股份有限公司）、大莱国际（全称大莱信用卡有限公司）和JCB（全称日本JCB国际信用卡公司）等银行卡组织。由于它们以提供网络服务为主要资源，并拥有独立的业务规则、技术标准以及品牌，故被称为封闭式信用卡公司；其本身是发卡机构，持卡人和商户数量远远小于维萨和万事达组织。运通、大莱主要定位于高端客户，其扣率、单卡利润率要比维萨和万事达高得多；而JCB是一个民族色彩较强的国际性信用卡公司，在国际信用卡市场上的交易份额相对较小。[①]

3. 中国银联

中国银联，全称中国银联股份有限公司（英文名称：China UnionPay Co., Ltd.），成立于2002年3月26日，总部设在上海，是经国务院同意、中国人民银行批准，由我国国内八十多家金融机构共同发起设立的银行卡联合组织。其经营范围包括：建设和运营全国统一的银行卡跨行信息交换网络，提供银行卡跨行信息交换服务；提供先进的电子化支付技术和与银行卡跨行信息交换相关的专业化服务；开展银行卡技术创新；管理和经营"银联"标识；制定银行卡跨行交易业务规范和技术标准，协调和处理银行间跨行交易业务纠纷；组织行业培训、业务研讨和开展国际交流；等等。

（七）其他交易主体

在银行卡交易中，除上述交易主体外，还包括以下交易主体。

1. 发卡业务服务机构

发卡业务服务机构，是指根据与发卡银行之间协议约定，依法协助发卡银行提供银行卡业务服务的法人机构或其他组织，例如，根据发卡银行的委托，协助调查银行卡申请人的资信状况，对发卡市场及客户细分进行调查研究，对欠款持卡人进行催收等。发卡业务服务机构主要包括银行卡片生产商及系统维护服务商、信息咨询服务机构等专业服务机构。

---

① 边慧：《五大国际银行卡组织的挑战与中国银联的对策》，载《中国标准导报》，2008（6），19页。

但是，根据银监会的规定，在我国信用卡业务中，发卡银行不得将信用卡发卡营销、领用合同（协议）签约、授信审批、交易授权、交易监测、资金结算等核心业务外包给发卡业务服务机构；本行或他行的发卡业务服务机构不能成为收单银行签约的特约商户。①

2. 收单业务服务机构

收单业务服务机构，是指根据与收单银行或其他收单机构之间协议约定，依法协助收单机构提供银行卡收单业务服务的法人机构或其他组织。在我国银行卡市场中，收单业务服务机构主要包括技术咨询服务公司、POS 等受理终端的生产商及系统维护服务商、电信运营商以及从事资金转移收付服务的第三方支付机构等。

但是，根据银监会的规定，在我国信用卡收单业务中，收单机构不得将特约商户审核和签约、资金结算、后续检查和抽查、受理终端密钥管理和密钥下载工作外包给收单业务服务机构②。

3. 外包服务机构

外包服务机构是指接受银行卡发卡银行、收单银行、银行卡组织等交易主体的委托，依法从事部分银行卡业务的法人机构或其他主体。前述发卡业务服务机构、收单业务服务机构在接受发卡银行和收单银行之委托，从事发卡业务及收单业务中的非核心业务的机构，均可成为相关业务的外包服务机构；发卡银行、收单机构也可接受其他发卡银行或收单机构的委托，成为发卡业务外包服务机构或收单业务外包服务机构，但应防止利益冲突，并履行客户信息保密等义务。

从法律关系角度分析，外包服务机构是发卡银行、收单机构或其他委托人的代理人，外包服务机构其在代理权限内的行为法律后果应由委托人承担。例如，收单业务中，收单机构对特约商户承担的风险管理责任不因外包关系而转移，因收单机构对特约商户和外包服务机构管理不善造成的所有风险责任，仍应由收单机构承担。又如，在信用卡欠款催收业务外包中，催收机构如采取违法不当的催收行为，造成欠款客户损失的，委托银行应对此后果承担法律责任。

---

① 银监会《商业银行信用卡业务监督管理办法》第七十一条和第七十五条。
② 银监会《商业银行信用卡业务监督管理办法》第九十条。

二、银行卡主要交易类型

根据持卡人使用银行卡的途径和介质,银行卡交易主要包括柜台交易、ATM 交易、商户 POS 交易、网上银行交易(包括电脑端网上银行和手机端网上银行)等类型。不同交易类型所涉交易主体存在差异,分述如下。

(一)银行卡柜台交易

银行卡柜台交易是指持卡人通过银行柜台与发卡行柜员进行面对面方式实现的交易。柜台交易是最传统的银行业务模式,随着银行卡的广泛使用及银行卡受理环境的日益改善,大部分银行业务可以通过离柜方式进行交易,但柜台交易依然是银行卡业务受理的重要途径。

在银行卡柜台交易中,一般只有持卡人和发卡行两方当事人。但随着"柜面通"等业务模式的发展,银行柜台交易也可能涉及跨行业务处理,所涉当事人除了持卡人与发卡行之外,还包括代理银行及负责银行卡跨行信息转接及清算的银行卡组织(如中国银联)。

近年来,随着自助柜员机的普及以及网上银行的迅猛发展,出现了新型柜台交易模式,主要包括银行卡自助柜员交易以及网上银行交易等。

1. 自助柜员模式

随着银行自助柜员机(ATM)及其他受理终端[①](统称自助柜员)的快速发展,银行柜台业务也突破了原有模式,除了持卡人与银行柜台面对面方式办理业务外,持卡人还可通过与发卡行或代理银行的自动柜员以人机对话方式办理银行卡相关业务。但是,从法律角度分析,传统银行柜台交易与自助柜员交易并无本质区别,所涉交易主体也是一致的。

自助柜员交易方式按交易的自助柜员机是否由发卡行布放,可分为本行交易方式与跨行交易方式。在本行交易方式中,自助柜员机即可视为发卡行的柜员,所涉交易主体为持卡人与发卡行;在跨行交易中,自助柜员机即为代理银行的柜员,所涉交易主体除了持卡人与发卡行外,还应包括代理银行及负责信

---

① 例如,近年来,我国部分银行机构在广大农村地区推出银行卡助农取款服务,通过本行或代理银行在农村乡镇、村庄区域指定的合作商户服务点布放银行卡受理终端,向借记卡持卡人提供小额取款和余额查询等业务。

息跨行转接及清算的银行卡组织（如中国银联）。

2. 银行卡网上银行交易

网上银行，又称为网络银行、在线银行，是互联网上虚拟的银行柜台，是指银行利用互联网技术，为持卡人提供账户查询、账户管理、转账汇款、信贷、投资理财等服务的业务受理通道。

从法律性质而言，网上银行交易与传统银行柜台交易无本质区别（但网上银行可能产生客户身份识别与认证、电子交易安全保障等新问题），网上银行交易主体一般仅包括发卡行与持卡人（通过网上银行提供第三方服务的除外）。但在新型网上银行交易模式下，可能会引入发卡行与持卡人之外的其他第三方机构，交易主体也随之多样化。例如，在超级网银[①]中，持卡人可在登录发卡行网上银行后进入其他银行的网上银行办理跨行转账及跨行账户查询等业务；此时，银行卡交易主体除了发卡行与持卡人之外，还应包括参与超级网银的其他银行机构，而发卡行则成为受理其他银行网银业务的代理银行。

（二）商户POS交易

商户POS交易是指持卡人通过商户POS机具等受理终端进行的交易。在商户POS交易中，POS机具一般设在特约商户处，通过专线与收单机构或银行卡组织的主机系统连接，收单机构系统则通过银行卡信息转接机构与发卡行系统相联。

一般而言，银行卡商户POS交易流程可概括如下：持卡人在特约商户购买商品或服务，并在特约商户的POS机上刷卡，经发卡行在线授权后，持卡人签单确认；特约商户凭持卡人签名的签账单与其收单机构结算；收单机构审核无误后，垫付账单金额并扣除手续费；收单机构与发卡行资金结算，如收单机构与发卡行为不同主体，则须通过跨行交易清算系统或其他指定清算系统进行信息转接，并办理资金结算；发卡行收到收单机构的结算信息后，对持卡人账户进行扣款（或在持卡人信用卡透支额度内向持卡人发放贷款，并扣除相应手续费）。

商户POS交易流程如图2-1所示。

在典型的商户POS交易中，涉及持卡人、发卡行、收单机构、特约商户以及银行卡组织等交易主体。但是，在银行卡交易实践中，由于各交易主体充当

[①] 超级网银是2009年研发的标准化跨银行网上金融服务产品，通过构建"一点接入、多点对接"的系统架构，实现用户一站式网上跨银行财务管理，实现实时跨行转账以及跨行账户查询等功能。

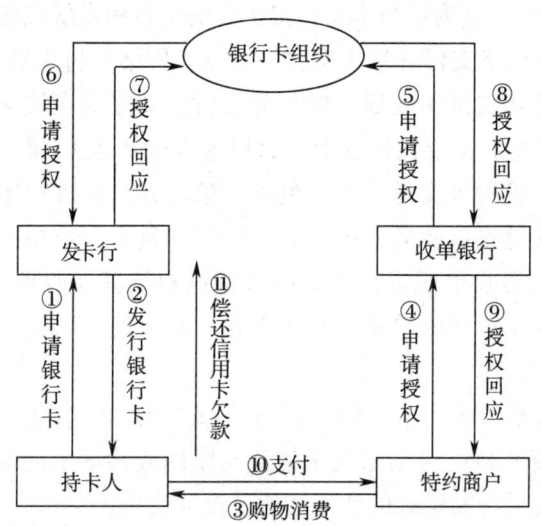

图 2-1　商户 POS 交易主要流程示意图

角色上的差异，银行卡交易流程也存在差异，具体表现在：

（1）收单机构可能与发卡行为同一商业银行，且在此情况下，银行卡交易清算无须通过跨行信息转接与清算组织即可完成，此时，银行卡 POS 交易仅涉及特约商户、银行及持卡人三方当事人。

（2）银行卡收单业务实践中，根据 POS 终端是否与银联系统直接联接，可分为直联模式和间联模式。在直接联接模式下，特约商户 POS 终端直接与银联网络系统联接，银联（如通过银联商务）实际上承担收单机构的角色；在间联模式下，特约商户 POS 终端通过收单系统再接入银联网络的联接方式，收单机构为银行机构，银联网络提供跨行信息转接及清算等服务。

（三）银行卡网络支付交易

近年来，随着互联网和电子商务的迅猛发展，以及电子交易安全技术的进步，依托公共网络或专用网络为电子交易各方提供资金支付服务的网络支付手段越来越多，非金融机构支付（如支付宝、银联在线支付、银联手机支付等"第三方支付平台"）服务市场蓬勃兴起，而第三方支付平台办理支付业务仍需依托商业银行办理①，这为银行卡支付提供新的平台和发展机遇。

较之传统的非网络支付（线下支付）交易，网络支付交易需要利用互联网、移动电话（包括近场支付和远程支付）等支付终端完成在线交易。在典型的银行卡网络支付交易中，主要包括发卡行、持卡人（买家）、商户（卖家）、收单机构及第三方支付机构等交易主体。另外，第三方支付机构还通过与商业银行合作，开展网络支付收单业务，第三方支付机构负责商户拓展、支付安全保障以及收单风险承担等收单职责，银行则负责商户结算及收单交易处理等职能；在很多情况下，商业银行收单职能有所弱化，甚至仅充当商户的资金结算银行角色。

从法律角度分析，银行卡网络支付方式仅是延伸或改变了线下支付终端的受理环境，如由商户 POS 终端拓展至依托互联网或移动电话等受理终端，这并未根本改变传统支付交易模式的法律结构及交易流程。

但是，第三方支付机构的兴起，使银行卡支付交易主体更趋多元化，各方权利义务关系更趋复杂，风险防控要求更为严格。例如，持卡人如需开通第三方支付平台的网络支付功能，须与第三方服务平台服务商签署相关用户协议，开通相关支付服务，并将其在第三方支付平台的账号、用户名等与银行卡建立关联关系，确保可通过第三方支付平台进行全部或部分银行卡业务操作；同时，持卡人使用银行卡的卡号、密码、手机验证码、持卡人的姓名、申领银行卡所使用的证件及证件号码、手机号码、固定电话、通信地址等"校验信息"的部分或全部要素进行银行卡关联及银行卡交易所产生的电子信息记录，视同该项交易的有效凭据，并作为正式记账凭证。

三、银行卡交易主体主要法律关系分析

如前所述，银行卡交易主要涉及发卡行、持卡人、收单机构、特约商户及银行卡组织等多方当事人，不同当事人之间存在不同的民事法律关系：发卡行与持卡人之间基于银行卡章程或领用合约形成的银行卡法律关系；收单机构与特约商户之间的多重法律关系；持卡人与特约商户之间的商品买卖或服务合同关系；发卡行与收单机构之间的混合委托代理关系。银行卡主要交易主体涉及

---

① 例如，中国人民银行《非金融机构支付服务管理办法》（中国人民银行〔2010〕第 2 号令）第四条规定，第三方支付机构之间的货币资金转移应当委托银行业金融机构办理。

的法律关系分述如下：

（一）发卡行与持卡人的法律关系

由于银行卡业务功能的多样性，发卡行与持卡人之间的法律关系也具有多重性。具体而言，主要包括以下内容：

1. 储蓄法律关系

银行卡具有储蓄功能，持卡人凭卡可以在发卡行指定的营业网点及具备存取款功能的自助柜员机办理存取款业务。对于借记卡账户中存款余额，发卡行应按储蓄存款的利率计付利息。

2. 借贷法律关系

信用卡具有消费信贷功能，允许持卡人在信用额度内透支消费，此时发卡行与持卡人形成借贷法律关系，其中发卡行是债权人，持卡人是债务人，发卡行有权要求持卡人按期足额清偿透支款项，逾期不还的，发卡行还可根据约定向持卡人收取复利和滞纳金等。

3. 资金结算及委托付款等关系

持卡人开立银行结算账户，实现银行卡对应账户资金收付结算等功能。持卡人在特约商户刷卡消费时，与发卡行形成委托付款关系，即持卡人不直接向特约商户支付现金，而是委托发卡行将交易款项通过指定清算系统划至特约商户账户。

（二）持卡人与特约商户的法律关系

持卡人与特约商户之间的法律关系是一般的商品买卖关系或服务合同关系，银行卡的介入只是付款方式发生变化，但不影响双方法律关系的性质，且这种关系独立于信用卡交易关系而存在。持卡人与特约商户之间的买卖合同关系是银行卡交易的基础法律关系，但这种基础法律关系相对独立于信用卡交易关系：只要持卡人签字或输密确认交易，发卡行就应向特约商户支付款项，持卡人应对发卡行承担还款责任；当持卡人因商品质量或服务质量与特约商户之间发生纠纷（基础交易纠纷）时，持卡人不得因此拒绝偿付款项；对于基础交易纠纷，持卡人可根据商品买卖合同或服务合同之法律关系，另行向特约商户交涉。

根据我国《合同法》的规定[①]，持卡人作为商品或服务的买受人有权利在支付相应款项后获得该商品的所有权或者享受此项服务，如出卖人提供的商品或服务存在瑕疵，买受人得依此瑕疵商品或服务对抗出卖人，要求其返还价款、更换、维修并赔偿损失；特约商户作为买卖合同中的出卖人有权要求持卡人按照约定支付商品或服务的价款，同时向买受人承担质量瑕疵担保义务及权利瑕疵担保义务。

（三）收单机构与特约商户的法律关系

收单机构与特约商户的法律关系基于商户受理终端POS交易而形成。关于收单机构与特约商户之间法律关系的性质，存在不同观点，主要包括以下几种：一是债权让与说，认为特约商户将其对持卡人刷卡消费形成的债权让与收单机构后，收单机构（或通过发卡行）向持卡人请求还款则是其行使受让债权。二是独立担保说，认为收单机构与特约商户的法律关系具有独立担保的性质，即收单机构向特约商户担保，在收到符合规定使用的银行卡签账单后，一般即应向特约商户付款，而不问持卡人与特约商户之间的法律关系是否有瑕疵或者存在其他抗辩事由。三是混合法律关系说，认为收单机构与特约商户的法律关系是存款合同关系、委托代理结算关系等法律关系的混合[②]。

本书认为，收单机构依其与特约商户签署的合同约定，为特约商户提供银行卡收单交易处理、业务培训、系统维护、资金结算等专业服务，收单机构与特约商户之法律关系也具有多重性。收单业务的实质是收单机构为特约商户提供的资金清算服务，而其他诸项收单业务服务则是为顺利实施资金清算服务及交易安全所必备的前提（如商户拓展与维护）或安全保障措施（如商户交易风险管理等），因此，收单机构与特约商户之间的法律关系可界定为基于资金清算目的而形成的委托代理关系。收单机构与特约商户委托代理关系的法律基础，除了双方签署的特约商户服务协议之外，还应包括收单业务监管规则或行业规范（如服务费标准及支付方式等）。

---

① 我国《合同法》规定了买卖合同瑕疵担保制度（包括物的瑕疵担保和权利瑕疵担保）。例如，《合同法》第一百四十八条规定："因标的物质量不符合质量要求，致使不能实现合同目的的，买受人可以拒绝接受标的物或者解除合同。买受人拒绝接受标的物或者解除合同的，标的物毁损、灭失的风险由出卖人承担。"第一百五十条规定："出卖人就交付的标的物，负有保证第三人不得向买受人主张任何权利，但法律另有规定的除外。"第一百五十二条规定："买受人有确切证据证明第三人可能就标的物主张权利的，可以中止支付相应的价款，但出卖人提供适当的担保的除外。"

② 侯春雷：《信用卡交易的民法分析》，35~42页，北京，法律出版社，2010。

（四）发卡行与收单机构的法律关系

在我国银行卡实现联网通用之前，发卡行与收单机构的角色是重合的，即发卡行同时充当收单机构的角色。但是，随着我国银行卡实现联网通用以及银行卡收单市场的快速发展，发卡行与收单机构的角色逐渐分离，而且随着新型收单机构的发展，非银行收单机构蓬勃兴起。因此，发卡行与收单机构可能为不同法律主体。

银行卡交易中，发卡行通过收单机构与特约商户建立联系，发卡行与收单机构一般通过共同参加的信用卡组织之章程以及联网联合业务规范等文件确定形成委托代理关系。[①]发卡行与收单机构之间的权利义务关系除受双方合作协议约定外，还受银行卡跨行交易监管规定以及双方共同参加的银行卡组织或资金清算系统运行规则等规定的调整。

1. ATM 跨行交易的委托代理法律关系

ATM 跨行交易（主要包括跨行取款和跨行查询交易）中，涉及持卡人所属的发卡行和受理持卡人业务申请的收单银行，两家银行之间存在互为委托代理关系，这种法律关系性质是由银行跨行资金结算机制以及银行卡联网通用的监管要求决定的。

2. POS 交易的法律关系

对于 POS（跨行）收单，发卡行与收单机构之间除了资金结算制度形成的委托代理关系之外，还包括其他约定或法定的权利义务关系，主要包括：

（1）关于委托特约商户进行持卡人身份识别之约定。收单机构既受违约商户的委托，也受发卡行的委托对银行卡使用者（未必是持卡人）的身份进行识别，发卡行委托收单机构进行身份识别是发卡行向收单机构承诺付款的前提。

（2）关于收单机构先行支付款项以及发卡人付款的约定。在收单机构按程序及约定义务对持卡人身份识别的前提下，收单机构与发卡行约定收单机构先行向特约商户支付款项，之后由发卡行再向收单机构支付。

[①] 关于发卡行与收单机构的法律关系，理论和实务一直存有争议，其中有代表性的观点是委托代理说（包括与该学说相似的行纪说或履行辅助人说），以及从发卡行与收单机构业务合作内容的多样性角度提出的混合法律关系说等。参见前引侯春雷：《信用卡交易的民法分析》，49~54页。本书采通说，即委托代理说，认为发卡行与收单机构之间乃基于共同参加的信用卡组织之章程以及联网联合业务规范而确定的委托代理关系。

（五）其他主要法律关系

1. 发卡银行与担保人之间的法律关系

在信用卡业务中，发卡银行通常需要根据实际情况，采取规避风险的措施，有的发卡银行要求持卡人提供必要的担保，担保方式包括申请人或当事人持有的定期存单等质押，第三人保证担保等，从而形成担保法律关系。

2. 主卡持卡人与副卡持卡人之间的法律关系

银行信用卡业务中存在主卡和副卡。根据信用卡业务安排，从副卡持卡人领取副卡时起，其使用信用卡而发生的一切债务或相关费用由主卡持卡人清偿。在这种情形下，主卡持卡人与副卡持卡人之间可能存在财产共有、赠与或其他法律关系，但其内部约定不能对抗发卡银行对主卡持卡人的债务清偿主张。[①]

[①] 张炜：《银行业务法律合规风险分析与控制（上）》，263 页，北京，法律出版社，2011。

第三章 银行卡章程及领用合约法律分析

银行卡的核心法律文件包括章程及领用合约，两者共同构成规范银行卡当事人的基础法律文件，其核心内容是对发卡行与持卡人之间权利义务的规范。在我国银行卡业务实践中，借记卡一般采用单一的借记卡章程形式约定发卡行与持卡人之间的权利义务，而信用卡则在章程基础上，另行约定领用合约。由于借记卡与信用卡在章程及领用合约应用形式、条款设计、规则约定等方面存在较大差异，故有必要对借记卡与信用卡的章程及领用合约分别论述。

一、借记卡章程

（一）借记卡章程概述

借记卡章程是指为规范借记卡发行、使用及风险管理，明确持卡人与发卡行权利义务关系，由发卡行单方面制定发布并共同约束发卡行与持卡人的格式合同，是发卡行借记卡业务的基础法律文件。

我国借记卡章程的制定与我国银行卡监管法制有密切关系。中国人民银行1999年制定的《银行卡业务管理办法》明确规定，商业银行开办借记卡等银行卡业务，应当制定统一的章程，载明借记卡的申领手续、使用范围及使用条件、账户适用的利率、发卡行与持卡人权利义务、持卡人的收费项目及标准等。

另外，由于银行借记卡一般具有储蓄、结算等银行服务功能，有关银行储蓄以及结算等监管法律法规应当适用于借记卡业务，因此，借记卡章程的制定依据除了上述《银行卡业务管理办法》外，还主要包括国务院《储蓄管理条例》、中国人民银行《人民币银行结算账户管理办法》等规定。

(二) 国内银行借记卡章程体例及内容分析

1. 国内银行借记卡章程体例比较

(1) 章程体例安排模式。比较国内主要发卡银行①的借记卡章程体例安排情况，大多数国有控股大型商业银行采用单一条款方式，直接将条款罗列于章程中，而不对章程内容进行任何分类归纳。中国银行、中国农业银行、中国工商银行和中国建设银行等发卡银行均采用这种模式。部分股份制商业银行及外资银行的借记卡章程②则采取章节与条款相结合的方式，在对章程内容进行整合的基础上，将章程分为八章至九章不等，各章节的具体内容以条款方式排列，分条对相关内容予以规定。

(2) 章程系统架构关系。随着借记卡产品的多元化，借记卡章程已趋于多样化。发卡银行在统一品牌项下发行不同类型借记卡系列品种，大多数发卡银行采用借记卡章程伞状结构，即制定统一的借记卡章程（总章程）统揽适用于不同类型借记卡卡种，但不同类型卡种可根据特别需要，制定各自卡种的借记卡章程或用卡合约（统称自有章程），并应同时遵守自有章程和总章程的规定，唯两者出入之处，应以自有章程的特别约定为准③。

2. 借记卡章程主要条款分析

国内银行借记卡章程一般依据中国人民银行《银行卡业务管理办法》的要求设置条款，主要条款包括：

(1) 借记卡的申领条件。一般而言，国内银行借记卡申领人应为符合有关法律法规规定的境内自然人（包括中国公民、境内的外籍人士、港澳台同胞），符合国家实名制有关规定，开户应采用实名。申请人申领借记卡，应按发卡银行要求提供有关真实信息，并承诺遵守履行借记卡章程等文件的各项规定。

(2) 借记卡的存款利息及有关服务收费标准。借记卡账户内的存款有息，发卡银行将根据持卡人申领的卡片种类及功能，按照中国人民银行规定的相关存款利率和计息办法计付利息，并依法代扣代缴利息税。发卡银行有权按照规定标准对持卡人收取各项服务费用。若持卡人未支付有关费用，发卡银行有权

---

① 本书主要选取了中国银行、中国农业银行、中国工商银行、中国建设银行、招商银行、民生银行、渣打银行（中国）和汇丰银行（中国）等发卡银行的借记卡章程。
② 例如，招商银行"一卡通"章程、渣打银行（中国）借记卡章程（2012年2月修订版）。
③ 例如，中国建设银行《龙卡借记卡章程》与其附属《乐当家理财卡章程》、渣打银行（中国）借记卡章程与附属系列借记卡的自有章程。

直接从持卡人在本行开立的账户中主动扣收,或有权终止提供相关服务。

(3) 借记卡账户使用及交易管理。账户使用以及交易管理是借记卡业务的核心,也是借记卡风险管理的重要组成部分,借记卡章程对此应予以特别约定,主要涉及密码使用规则、现金存取、转账交易、交易限额(又分取款限额、转账限额及交易限额等)、电子银行交易或第三方支付认证、挂失及补领卡、销卡等相关规则。

(4) 持卡人的主要权利义务。概括而言,持卡人享有的权利主要包括:依照约定接受发卡行承诺之服务并对有关服务进行监督;账务查询及对不符账务的更正权等;知悉借记卡服务相关费用标准及支付方式等。持卡人承担的义务主要包括:妥善保管借记卡及密码;不得出租、转借借记卡,不得将借记卡用于非法交易;提供真实有效信息,并在信息发生变更后及时告知发卡行;自行解决持卡人与特约商户的交易争端;等等。

(5) 发卡行的主要权利义务。概括而言,发卡银行享有的权利主要包括:调查了解并核实申请人身份及有关背景;拒绝受理或支付发卡行认为涉嫌违法的借记卡交易;依法协助有权机关对持卡人借记卡账户进行查询、冻结和扣划;依据法律法规及有关约定,收取借记卡相关服务费用;单方面变更、修改、终止章程的权利;等等。发卡行承担的义务主要包括:按照约定为持卡人提供借记卡服务;对持卡人相关信息保密;受理持卡人投诉;对持卡人账务查询要求给予答复;等等。

(6) 其他规定(附则)。主要规定借记卡章程修订及其解释、借记卡章程与对应银行账户协议的关系、争议解决方式、章程修订及其效力问题、章程生效日等事项。

(三) 国外借记卡合约分析

从本书选取的国外发卡机构[①]发布的借记卡合约看,国外借记卡合约具有以下特点:

1. 国外借记卡合约主要特点

(1) 从形式上看,国外发卡机构一般通过单方面制定的借记卡合约方式明

[①] 本书主要选取了新加坡星展银行(DBS)、渣打银行(VISA 国际借记卡)、美国合众银行(Bancorp Bank)、巴基斯坦 MCB 银行、美国 Star One 信贷联盟、汇丰银行(印度)等发卡机构发布的借记卡合约。本章有关国外借记卡合约内容的论述均基于上述发卡机构发布的借记卡合约。

确发卡行与持卡人之间的权利义务关系，并对借记卡用卡及风险管理等作出规定。国外发卡机构制定发布的借记卡合约在性质上等同于国内发卡行制定的借记卡章程。

（2）从合约内容上看，国外发卡机构都比较注重在借记卡合约中寻求发卡银行和持卡人之间权利义务的平衡。

（3）从合约体例上，国外发卡机构一般采用小标题条目下列相关具体条款的方式，条理比较清晰，且合约所用语言通俗易懂，尽量避免使用法言法语，以便持卡人阅读和理解；对于重要条款，一般均以黑体字加粗等形式进行特别强调，以起到提示作用。

2. 国外借记卡合约的主要条款

从借记卡合约内容分析，国外借记卡合约条款一般包括：定义条款、借记卡的申请、使用（包括使用限额、密码或签名使用规则、无卡支付的特别规定、借记卡被盗或冒用的救济及处理等）及相关费用、持卡人的权利义务、发卡机构权利义务、（发卡机构）免责条款、隐私条款及信息披露（持卡人对发卡机构披露相关信息的总体授权）、投诉处理、借记卡使用的终止（包括持卡人主动终止和发卡机构依情势需要而终止）、发卡机构变更或修订合约及相关程序（如公告及公告方式等）、合约适用的业务范围、法律适用及争议解决条款等。部分特别条款略述如下：

（1）持卡人信息的授权披露。对于信息披露范围，应受适用法律限制，各发卡机构的规定存在差异。但是，借记卡合约一般均要求持卡人授权发卡机构在适用法律许可范围内，为提供产品、服务及催收之目的，将持卡人相关信息（包括通过第三方获取之持卡人信息）披露给第三方，包括发卡机构集团内的任何附属机构、业务合作伙伴、特约商户以及与相关第三方服务机构以及依法设立的信息处理机构等。但为平衡信息共享与持卡人隐私权利保护的关系，部分借记卡合约规定，经持卡人特别说明，在适用法律许可范围内，持卡人有权拒绝特定信息被共享或披露。

（2）借记卡交易限额及借记卡透支问题。一般而言，借记卡不提供透支服务，借记卡交易应以借记卡账户余额为限（但发卡机构可在此限额内对交易限额作进一步限制，如取现限额、转账限额或大额交易限额等），但国外发卡机构在合约中也特别提示，在特定情况下，对于可能超出持卡人账户余额的交易，发卡机构有权自行决定是否授权持卡人临时透支交易；若发卡机构授权持卡人透支交易，持卡人应支付因此产生的费用或利息，并应在约定期限内还清该透支款项，发卡机构也有权对持卡人其他账户扣收以清偿透支款项。

反观国内借记卡章程规定，国内发卡行一般不允许借记卡透支交易，如借记卡账户余额不足，发卡行有权拒绝交易，但也有部分发卡行的约定较为灵活。例如，招商银行"一卡通"章程规定，由于国际银行卡组织特有的交易模式、汇率波动等原因导致"一卡通"金卡、"金葵花"卡等国际借记卡在扣款过程中发生透支，招商银行有权向持卡人追索透支款项及透支利息，并停止卡片使用，直至持卡人完全归还透支款项及透支利息。

(3) 借记卡业务连续性的例外情形及其免责。发卡机构应按适用法律及借记卡合约要求，为持卡人提供借记卡相关服务，确保业务连续性；若因发卡机构系统维护、网络故障、第三方原因或其他情形导致借记卡全部或部分服务临时中断，发卡机构应提前以适当方式告知持卡人，但发卡机构无须因此可能给持卡人造成的损失承担责任。

国内借记卡章程对此问题也有类似规定。例如，中国工商银行《借记卡章程》(2012年6月18日施行版) 规定，因供电、通讯、系统故障等原因导致持卡人用卡受阻的，发卡银行可视情况协助持卡人解决问题或提供必要的帮助，但不承担因此可能给持卡人造成的损失。

二、信用卡章程和领用合约

(一) 信用卡章程与领用合约概述

1. 信用卡章程和领用合约的法律属性

如同借记卡章程之制定，在我国，信用卡章程和领用合约的出现也与我国金融法制环境有密切关系。根据中国人民银行《银行卡业务管理办法》的规定，商业银行开办信用卡业务，应当制定统一的章程，载明信用卡的申领手续、账户适用的利率、持卡人的收费项目及标准等；银监会2011年《商业银行信用卡业务监督管理办法》也基本延续了上述要求[①]。基于上述规定，国内商业银行在发行相关信用卡时，均按监管要求制定了信用卡章程；同时，为了进一步细化发卡银行与持卡人之间的权利义务，明确持卡人使用时应注意的重要事项，发

---

① 银监会《商业银行信用卡业务监督管理办法》第二十三条。

卡银行还在信用卡章程的基础上、结合信用卡实务自行拟制领用合约或领卡合约（本书统称领用合约）。[①]

信用卡章程与领用合约共同构成规范信用卡各方当事人的基础法律文件，两者在本质上均属发卡银行为方便使用、提高服务效率而单方事先拟就的格式合同。信用卡章程和领用合约的制定，应兼顾公平与效益、平衡发卡行与持卡人利益：既要考虑信用卡业务的发展实际，也要照顾持卡人的合法权益；既要保证发卡行的交易安全，也要着力为客户提供优质高效的信用卡服务。

2. 信用卡章程与领用合约的关系

信用卡章程与领用合约（包括发卡行向持卡人提供的信用卡用卡指南等有关文件）是调整持卡人与发卡行之间权利义务关系的核心法律文件，领用合约是章程的补充和解释，两者在内容上有诸多重合之处，但两者在内容格式和适用对象等方面也存在一定差异。

（1）在内容上，信用卡章程更具概括性，领用合约则更具操作性。信用卡章程载明的事项涵盖信用卡业务整个流程，关注业务流程与当事人权利义务的衔接，相较于领用合约更具概括性、程序性；领用合约则由发卡行自行拟就，在不违反章程的前提下，结合信用卡业务的实际，对发卡银行和持卡人的具体权利义务作出的更有针对性的约定，提示申领人注意对其权益发生重大影响的条款，避免申领人对有关风险和责任的漠视或忽略。因此，领用合约的内容相较于章程而言，更具操作性。

（2）在适用关系上，部分发卡行存在"一章程，多合约"的业务模式。信用卡章程适用发卡行发行的所有类型信用卡，但针对不同类型信用卡，发卡行制定各自领用合约，以作为信用卡章程的补充和解释。

（3）在适用对象上，信用卡章程与领用合约存在差异。对信用卡章程而言，如发卡行对章程进行修改，在经过公告及异议程序[②]后，新章程对新章程生效后申请办卡的持卡人（新持卡人）和未对新章程有异议的老持卡人均具有法律效力。如果老持卡人当时签订的领用合约中没有约定新章程中规定的内容或与新

[①] 董建军、周慧、张大治、肖亮亮：《国内外商业银行信用卡章程及领用合约的比较法律研究》，载《上海金融》，2009（11）。

[②] 实践中，国内发卡行一般约定，发卡行如对章程进行修改，应通过营业网点或发卡行网站等途径进行公告；新章程自公告期届满之日起生效。在公告期内，持卡人可以选择是否继续使用信用卡，持卡人如对新章程有异议而决定不再使用信用卡，可按照规定办理销户手续。公告期满，持卡人未办理销户手续的，视为同意新章程。

章程规定的内容不一致,以新章程为准。因此,信用卡章程对持卡人具有普遍适用性,其适用对象一般不受章程修订的影响。但是,对于领用合约而言,如果发卡行的领用合约历经多次修订,存在不同版本,则持卡人所适用的领用合约应为经其签署的对应版本的合约,未经持卡人签署的其他版本合约对持卡人并无法律约束力,因此,领用合约的适用对象具有特定性,不同版本的合约适用对象可能存在差异。

(二) 国内银行信用卡章程和领用合约主要内容

1. 信用卡章程主要内容

通过对国内主要商业银行[①]信用卡章程的比较分析,国内信用卡章程的主要内容包括:

(1) 信用卡的核发对象。信用卡核发对象应具有完全民事行为能力,有合法稳定收入来源及偿付能力,且资信状况良好(信用卡副卡条件可适当放宽)。

(2) 信用卡的使用。持卡人可在发卡银行指定的境内外特约单位、营业网点或指定卡组织(如银联、维萨、万事达、运通等)标识的受理点使用信用卡。持卡人在境内外使用信用卡,须遵守国家法律法规规章,以及发卡机构、特约商户和有关信用卡组织的相关规定。

(3) 信用卡的账户管理、计息及费用。发卡银行为人民币卡持卡人设立人民币账户,为双币卡(或多币种卡)持卡人设立人民币账户和指定的外币账户;发卡银行有权对持卡人名下的多个信用卡账户授信额度进行合并管理。同时,信用卡章程一般详细规定信用卡(包括不同类型信用卡)的计息和费用条款,部分发卡银行还在信用卡章程结尾处以表格形式将具体费用和金额列出;为便于持卡人理解,部分发卡银行还特别制定信用卡使用指南,对信用卡计息及费用收取进行列举或图解说明。

(4) 发卡银行的主要权利义务。概括而言,发卡银行享有的权利主要包括:调查了解申请人资信情况;确定信用卡的种类和信用额度;主动调整信用额度;要求持卡人提供担保、变更和终止信用卡免费增值服务;暂停或终止信用卡的使用;拒绝受理或支付发卡行认为涉嫌违法的信用卡交易;等等。发卡行承担的义务主要包括:向持卡人提供有关资料(包括信用卡章程、领用合约、使用

---

① 本书主要选取了中国银行、中国农业银行、中国工商银行、中国建设银行、招商银行、民生银行、中信银行以及花旗银行(中国)等发卡银行的信用卡章程。

说明、收费项目及标准等）；按照约定为持卡人提供信用卡服务；对持卡人相关信息保密；公平有效受理持卡人投诉；定期账单服务，并对持卡人账务查询和改正要求给予答复；等等。

（5）持卡人的主要权利义务。概括而言，持卡人享有的权利主要包括知悉信用卡使用方法等信息，依照约定使用信用卡，要求发卡行提供约定的信用卡服务、了解账目变动情况并提出查询或更正要求等。持卡人承担的义务主要包括：承担信用卡项下发生的全部债务（包括交易款项、利息与费用）；妥善保管信用卡及密码；不得出租、转借信用卡；提供真实有效信息，并在信息发生变更后及时告知发卡行；不得以与商户或第三方的纠纷为由拒付所欠信用卡项下款项；等等。

2. 信用卡领用合约主要内容

国内商业银行的信用卡领用合约包括名词定义，信用卡申请、领卡及激活，信用卡使用，信用额度，交易，利息与费用，对账，还款，欠款催收及抵销，挂失，账户终止及其他条款。涉及内容主要包括：

（1）信用卡的申领。信用卡申请人应向发卡银行提供真实、完整、准确的资料，并积极配合发卡银行向有关方面了解和查询其财产、资信及其他情况。申请人同意并授权发卡银行为业务或管理的需要收集、处理、传递、披露及应用其个人资料；如联系方式及申领人资料发生变更，应及时通知发卡银行。持卡人领取信用卡时，应立即在其背面的签名栏内签署与申请表载明的持卡人相同的姓名，并在用卡时使用此签名。

（2）信用卡的对账。持卡人信用卡发生收付交易后，发卡银行应向持卡人提供对账服务。持卡人应及时对账，如持卡人在约定日期内未收到对账单，应及时向发卡银行索要对账单，持卡人不得以未收到对账单、未接到通知为由拒付透支本息及相关费用。持卡人有权在约定时间内要求发卡银行对不符的账务进行查对，但应说明理由并按发卡银行的要求提供证明文件，或请求发卡银行向收单机构调阅签账单或退款单。

（3）欠款催收及抵销。如果持卡人未在发卡银行规定的还款期限内偿还欠款的，发卡银行有权自行或委托第三方通过信函、短信、电子邮件、电话、上门、公告或司法渠道等方式向其催收欠款，且有权从持卡人在发卡银行任何分支机构开立的任何账户中直接抵销，因催收及抵销产生的费用由持卡人承担。

（4）信用卡的有效期。国内发卡银行规定的信用卡有效期从三年至五年不等；到期后持卡人如需继续使用信用卡，应办理更换新卡手续；持卡人在有效期满后不愿继续用卡的，应在期满前通知发卡银行，否则发卡银行将视为持卡人到期自愿同意更换新卡。信用卡有效期届满后，持卡人继续使用信用卡的，发卡银行与持卡人不再另行签订领用合约；持卡人从发卡银行领取并使用新卡所产生的权利义务，将继续适用原领用合约以及由发卡银行不时发布的章程及其他相关公告。①

（三）国外银行信用卡合约比较分析

1. 国外信用卡合约主要特点

从本书选取的国外发卡机构②发布的信用卡合约看，国外信用卡合约具有以下特点：

（1）从形式上看，国外发卡机构一般通过信用卡合约或信用卡会员合约等单方面制定的格式合同方式明确发卡行与持卡人之间的权利义务关系，但不再在合约之上另行制定章程，这一点与国内商业银行的做法不同。

（2）从合约体例上看，国外发卡机构一般采用小标题条目下列相关具体条款的方式；在合约内容方面，也比较注重在信用卡合约中合理平衡发卡银行和持卡人之间权利义务关系。这与前述国外借记卡合约基本一致，不再赘述。

2. 国外信用卡合约主要条款分析

从信用卡合约内容分析，国外信用卡合约条款与借记卡合约条例诸多条款重合。一般而言，信用卡合约条款主要包括定义条款、信用卡申领与使用、信用额度、费用与缴交、持卡人的权利义务、责任限制或免责条款、隐私保护与信息披露、信用卡账户终止、合约修订、发卡机构权利转让、基础交易争议的处理机制、信用卡合约争议解决与法律适用等条款。部分特别条款略述如下：

（1）利息、费用。信用卡的使用成本是持卡人重点关注的内容。国外发卡机构均重点对信用卡利息和收费的项目、内容、标准、计算以及缴付规则等作出详细规定，主要收费包括年费、挂失费、账户服务费、逾期费、超限费、现金提款费、服务费用以及汇兑费（如以外币交易）等。

---

① 董建军、周慧、张大治、肖亮亮：《国内外商业银行信用卡章程及领用合约的比较法律研究》，载《上海金融》，2009。

② 本书主要选取了美国第一资本银行、CITI（美国花旗银行）、美国大通银行（Chase）、汇丰银行、UBS、美国银行（Bank of America）、新加坡星展银行（DBS）、JCB以及美国Discover等发卡机构发布的信用卡合约。本章有关国外信用卡合约内容的论述均基于上述发卡机构发布的信用卡合约。

(2) 账单核对及争议处理。持卡人有义务主动核对账单，如发现账单有误，应在收到账单之日起规定期限（如 60 日）内书面通知发卡机构，并配合发卡机构的调查，若经调查，账单不存在错误，持卡人需支付对应款项及相关利息和费用。部分发卡机构还约定，若持卡人对所购商品不满意，可根据商品买卖争议处理条款之规定，在向发卡机构偿付该笔交易对应款项之前，书面通知发卡机构，可无须偿付该笔交易款项，但应将其对特约商户的请求权等相关权利转让给发卡机构。

(3) 违约情形及违约救济。发卡机构一般较详细列举构成持卡人违约的主要情形，如持卡人逾期还款、超信用限额使用、破产或进入破产程序、持卡人死亡或丧失行为能力、持卡人提供虚假信息以及其他未遵守合约规定之情形。发生违约的，发卡机构可在法律规定的范围内，采取以下救济措施：采取终止持卡人用卡，调减信用额度，调增最低还款额，宣布信用卡项下债务到期并要求持卡人提前清偿，等等。

三、银行卡章程及领用合约有关问题法律分析

（一）借记卡与信用卡章程及领用合约共同条款

借记卡与信用卡作为持卡人银行账户的介质及银行服务的载体，在监管要求以及风险管理等方面存在诸多共性。下文结合国内外发卡银行借记卡及信用卡章程及合约规定，对借记卡与信用卡章程及合约部分共同条款作简要法律分析。

1. 银行卡密码使用规则

根据借记卡与信用卡章程或领用合约的约定，持卡人应设置银行卡的交易密码，并凭此密码作为核实持卡人身份并据以交易之依据，但部分发卡行约定，信用卡持卡人可以签名作为核实身份要素的除外（凡无须使用密码进行的交易，则以记载有与信用卡签名栏内的持卡人姓名相同签名的交易凭证为该项交易的有效凭证）。

为保障交易安全，厘清法律责任，发卡行均规定，借记卡与信用卡等银行卡的密码须由持卡人本人保管和使用，持卡人有义务妥善保管和使用密码，以保护信用卡账户的资金安全。如果持卡人将密码告知他人，或在操作时不注意防范导致密码被他人窥视，均属于因持卡人对密码保管不善之行为，由此造成

的风险损失，应由持卡人本人承担责任。

从法律责任角度分析，在凭密码办理的银行卡交易中，只要密码相符，除特定情形外均视为持卡人本人所为，相应的后果亦应由持卡人本人承担，也即所谓"密码交易视为本人交易"规则。但是，在银行卡业务实践中，出于公平考虑，"密码交易视为本人交易"规则也有例外情形，主要包括：银行卡信息乃因不可归责于持卡人的原因被侧录而泄露，银行交易系统被黑客或病毒攻击而导致持卡人信用卡信息泄露，等等。

2. 银行卡章程或合约的单方面修改问题

银行卡章程或领用合约中一般均规定，发卡行可根据社会、经济及法律环境变化以及发卡行经营情况，在遵从法律法规要求的前提下，单方面修订（包括增补、删减或修改条款等形式）银行卡合约或章程，但如适用法律有特别要求，发卡行须履行相应的通知义务[①]。实践中，发卡行可根据合约或章程之约定采取信函、短信、电子邮件、电话、公告等通知方式，并保留相应通知证据。同时，授予持卡人相应的异议选择权，持卡人如不同意修改，可在通知规定的期限内（一般为30日到60日）销卡；期限届满持卡人如继续保留或使用银行卡，则视为持卡人同意修改，并接受新章程或领用合约的约束。

3. 银行卡遗失、冒用等情形的救济

持卡人发现借记卡或信用卡遗失、被盗或被他人冒用后，应立即通知发卡银行，并通过发卡银行提供的挂失渠道办理挂失手续。持卡人对挂失生效后银行卡发生的交易损失不承担责任，除非持卡人对该交易存在欺诈、与他人合谋或其他不诚信行为，或者不配合发卡行进行相关调查；挂失手续办妥之前发生的所有银行交易责任，须由持卡人自行承担，不论持卡人对该项交易是否知悉或经其授权，发卡行存在法律法规规定的过错或发卡行另有特别约定的除外。例如，根据新加坡星展银行（DBS）借记卡合约规定，因不可归责于持卡人之原因导致银行卡被盗用、密码泄露，在持卡人通知发卡机构之前，银行卡发生非授权交易，造成持卡人损失的，持卡人如同时满足下列条件，则其承担该等损失的限额为100新元：（1）立即通知发卡机构；（2）配合发卡机构补偿非授权交易产生的费用；（3）提供警察署相关报告及非授权交易的损失证明等相关

[①] 我国《合同法》第六十条规定，当事人应当按照约定全面履行自己的义务。当事人应当遵循诚实信用原则，根据合同的性质、目的和交易习惯履行通知、协助、保密等义务。

材料；(4) 持卡人无过失及其他违约行为。① 我国国内部分发卡银行也就银行卡冒用等非授权交易情形规定了类似的损失分担机制。②

从银行角度看，如发生银行卡欺诈、伪冒或盗用等情形，发卡银行有权根据风险控制方面的考虑或需要，随时暂停或终止向持卡人提供章程或领用合约约定的有关服务，且无须事先征得持卡人同意也无须通知持卡人（虽无约定之义务，但在实践中，发卡银行一般会事后及时告知持卡人）。

4. 对涉嫌违法交易的处理

发卡银行一般规定，持卡人不得利用银行卡及相关账户进行套现、虚假交易、洗钱、非法赌博等行为，且有义务配合发卡银行进行相关调查。一旦发现持卡人拒绝配合进行相关调查或存在套现、虚假交易、洗钱等可疑行为，发卡银行有权主动对银行采取停止用卡等措施，因可能涉及非法交易所导致的风险和损失由持卡人自行承担责任，持卡人还须承担其他相应的法律责任。

5. 银行卡所有权归属

发卡机构一般明确规定，借记卡或信用卡之财产权归发卡机构所有，在持卡人终止用卡后，发卡机构有权通过收回或销毁等方式处置银行卡③。该约定在实践中易引起争议，但由于银行卡具有银行介质及银行服务载体之法律属性（而绝非物理意义上的卡片），故而依法律分析，发卡机构享有银行卡之所有权，持卡人则可根据银行卡章程或合约之约定，占有并使用银行卡，但无权任意处分银行卡（如转让、出借、变造或改造等）。另外，从风险管理角度考量，明确银行卡所有权归属，有利于厘清发卡机构与持卡人之间的责任边界：发卡机构应负责保障银行卡交易系统之安全，并负责识别银行卡真伪；持卡人则应当妥

---

① *DBS Debit Card Agreement*，可参见：http://www.dbs.com.sg/Resources/personal/docs/cards/form_debit_agreement.pdf.

② 近年来，国内一些银行针对挂失前损失采取了新的保障方式，例如挂失前72小时失卡保障服务，在满足一定条件并办理规定手续的前提下，对于持卡人在挂失前72小时内的实际资金损失，银行将在赔偿限额内给予相应补偿，具体赔偿限额为不超过持卡人信用卡固定信用额度上限，且最高不超过人民币5万元。可参见平安银行信用卡网站：http://www.pingan.com/creditcard/72hours.jsp。

③ 例如，中国建设银行龙卡借记卡章程规定："龙卡借记卡属于发卡银行所有，发卡银行保留收回……的权利。"又如，2012年7月修订的美国第一资本银行公司《消费者用卡合约》（*Capital One Customer Agreement*）也规定："本卡属敝公司财产，敬请见索奉还或依敝公司之要求销毁。"另外，国内部分发卡行未在章程或合约中明确约定银行卡所有权规定发卡行，而在银行卡介质背面特别标注："本卡属发卡机构所有。"

善保管银行卡密码及相关信息,并依照约定使用银行卡。①

6. 章程与合约的解释权

为确保灵活处理银行卡业务中面临的问题,国内部分发卡行在银行卡章程或合约中规定,发卡行对有关章程或合约享有最终解释权或由发卡行负责解释银行卡章程或合约。

由于银行卡章程或合约本质上属于我国《合同法》规制的"格式合同"范畴,应遵循《合同法》第四十一条关于格式合同(条款)的特殊解释规则,对格式条款的理解发生争议的,应当按照通常理解予以解释;对格式条款有两种以上解释的,应当作出不利于提供格式条款一方的解释。一般认为,合同法的上述规定属于强制性规定,不允许当事人以约定排除其适用,若格式条款按照通常理解存在两种以上解释,则无需任何前提条件,应作出不利于提供格式合同一方的解释。国家工商行政管理总局 2010 年颁布的《合同违法行为监督处理办法》也明确规定,经营者不得在格式条款中排除消费者"解释格式条款的权利";若有违反者,工商行政管理机关可在法律法规授权范围内,视其情节轻重,分别给予警告,处以违法所得额 3 倍以下,但最高不超过 3 万元的罚款,没有违法所得的,处以 1 万元以下的罚款。②

鉴于上述法律及监管规定,部分发卡行章程或合约中不再单方面约定章程或合约的解释权归属,同时采取以下措施规范章程或合约的理解和适用:(1)加强和规范合同管理,制定内容完备、权利义务关系明确、用语无疑义的银行卡章程或合约,避免因格式条款含义不明确引起争议。(2)在法律允许范围内,明确规范发卡行单方面修订章程或合约的权利(但不应限制持卡人的解约权),以灵活应对不断完善的银行卡监管法制及瞬息万变的市场经营环境。

7. 关于银行卡增值服务

发卡行出于经营需要,对持卡人市场进行细分,并对不同类型持卡人提供差异化服务,在提供普遍金融服务基础上,为部分客户(如白金卡、黑金卡、铂金卡等贵宾客户)提供特别优待及特殊增值服务,例如,全年无休的专线客户经理服务、网点贵宾通道服务、年终财务报表服务、机场贵宾厅室服务、航

---

① 盛雅琴:《从信用卡所有权看发卡行与持卡人的责任边界》,载《中国信用卡》,2012 (5),50~52 页。
② 国家工商行政管理总局《合同违法行为监督处理办法》第十一条和第十二条。

空意外保险服务、差旅保险、医疗、道路救援服务等。需要注意的是，贵宾客户取得发卡行提供的优待及相关增值服务，须向发卡行支付相应对价或履行约定的义务，例如，办理大额存款、大额交易或者缴纳相应服务费（包括增值服务费、会员费及银行卡年费等）。银行在不违反法律法规强制性规定和侵害他人合法权益的前提下，向贵宾客户提供的特殊增值服务并不构成对其他普通客户的歧视。贵宾客户与普通客户与发卡行分别建立的合同关系相互独立和平等，发卡行在为贵宾客户提供任意网点贵宾通道服务时，不应妨碍其他普通客户（特别是排队的普通客户）正常办理业务，应尽量通过特殊的专用服务窗口（而不是针对普通客户开放的服务窗口）办理。

（二）借记卡章程（合约）相关问题法律分析

1. 借记卡业务代理问题

国内借记卡章程一般规定，借记卡持卡人在遵守银行代理业务规定前提下，可委托他人代办借记卡部分业务（特别是存取款业务）。银监会《关于进一步加强银行卡服务和管理有关问题的通知》（银监发〔2009〕17号）也明确规定，对借记卡存款、取款、挂失申请等业务，银行业金融机构应开放代办业务；5万元以上（含）取款、挂失申请，代理人提供双方身份证件即可办理。

借记卡代理业务，应依照我国《民法通则》关于"代理"的相关规定[①]办理。但在借记卡业务实践中，也存在一些特殊情形，例如，持卡人丧失行动能力或在重病期间（持卡人尚未丧失民事行为能力或因情况紧急，无法鉴定其民事行为能力），其所持借记卡账户资金如何通过代理方式办理支取，需要发卡行根据具体情况，并遵循"特事特办"的原则灵活处理。对此，前述银监会《关于进一步加强银行卡服务和管理有关问题的通知》规定，对于因老弱病残、出国、意外事件等特殊原因，无法办理须由持卡人本人亲自办理业务的特殊客户，要求各银行开设绿色通道，做到特事特办，急事急办，做好柜台延伸服务，必要时要提供上门服务。

2. 借记卡账户资金继承支取问题

若持卡人死亡，其所持借记卡账户资金发生继承法律关系。根据《储蓄管理条例》及中国人民银行《关于执行〈储蓄管理条例〉的若干规定》规定，如

---

① 《民法通则》第四章第二节。

果继承人持持卡人（被继承人）借记卡及密码办理支取或转账业务，应视为正常支取或转账业务，嗣后引起的存款继承争议，发卡行不承担责任。但是，如果继承人不掌握被继承人借记卡账户信息（包括账户密码及账户金额）或有关继承存有争议时，则可以选择（以不存在继承权争议为前提）公证继承或（若存在继承权争议）法院确权之诉等方式，银行依据公证机关出具的继承权证明书或法院生效判决书、裁定书或调解书，办理被继承人银行卡账户资金过户或支付手续。

（三）信用卡章程和领用合约有关问题法律分析

1. 信用额度及超限使用信用额度问题

关于信用额度问题，国内信用卡章程或合约均规定，发卡行可根据信用卡申领人的申请及资信情况确定授予持卡人的信用额度（不同性质的交易可约定不同的信用额度），但发卡机构有权不时调增、调减、限制或撤销该信用额度。

（1）授信额度的性质。信用卡授信额度是信用卡透支的最高限额，也即持卡人在发卡机构所有账户（含主卡与副卡，本币账户及外币账户）的最高透支限额（含预借现金额度）。从发卡机构资本充足管理及资产风险权重角度分析，信用卡授信额度属于发卡行表外授信承诺，是发卡机构授予持卡人的有条件可撤销的循环授信承诺。

（2）超额使用授信额度及法律规制。发卡行要求持卡人注意不要超限使用信用额度，如发生超限使用信用额度情形，发卡行则可自主决定是否同意该笔交易，且持卡人应承担因超限使用信用额度而产生的超限费。根据银监会《商业银行信用卡业务监督管理办法》的规定，超限使用授信额度，须由持卡人事先主动向发卡行申请[①]，发卡行亦应事先告知持卡人超限费的计算标准及计算方式，且持卡人享有取消超授信额度用卡权利；发卡行在一个账单周期内只能提供一次超授信额度用卡服务，在一个账单周期内只能收取一次超限费；如果在两个连续的账单周期内，持卡人连续要求支付超限费以完成超过授信额度的透支交易，发卡银行必须在第二个账单周期结束后立即停止超授信额度用卡服务，直至信用卡未结清款项减少到信用卡原授信额度以下，方可依持卡人之再次申

[①] 银监会上述规定是否排除了因扣收信用卡年费、滞纳金等费用导致持卡人被动"超额使用"信用额度而被计收超限费之情形，尚不明确。实践中，根据部分发卡银行信用卡章程规定，因利息、费用等其他原因导致超过信用额度的，属于超额使用信用额度，如持卡人未能在超限当日偿还超限部分，则须计付"超限费"。

请，为持卡人提供超额使用信用额度服务。①

（3）信用卡保证人对发卡行调增信用额度及持卡人超限使用授信额度之抗辩权。如信用卡涉及第三人保证担保，则该保证当属最高额保证担保，保证人对信用卡授信额度内对持卡人债务承担连带保证责任。根据最高人民法院有关司法解释，如未经保证人同意，发卡行调增信用卡授信额度或持卡人超限使用授信额度，保证人对增加部分授信额度发生之交易款项不承担责任。②银监会《信用卡业务监督管理办法》也明确规定，在提高学生信用卡额度之前，发卡银行必须取得保证人（父母、监护人或其他管理人等）表示同意并愿意代为还款的书面担保材料。③

2. 信用卡滞纳金问题

国内信用卡章程和合约均规定了滞纳金条款，即持卡人在到期还款日前还款金额不足最低还款额时，持卡人除承担"逾期"还款责任外，还须按不足最低还款额部分的一定比例向发卡行支付滞纳金。中国人民银行《银行卡业务管理办法》第二十二条对滞纳金及计收标准作了明确规定④，而银监会《商业银行信用卡业务监督管理办法》则再次强调滞纳金问题，要求发卡行应将滞纳金条款列为信用卡申请材料中的重要条款，并向持卡人披露滞纳金的收取方式⑤。

从法律角度分析，滞纳金是一种行政处罚措施，其课征主体是行政机关，产生基础是当事人未履行行政机关依法作出的金钱给付义务，具有法定性、强制性和惩罚性的特点。但在我国，滞纳金的适用范围被人为扩大，相关概念被随意使用。⑥作为规范平等民商事主体法律关系的信用卡章程和合约，其约定的滞纳金显然不是行政法意义上的滞纳金，而应为"具有惩罚性质的违约金"，即持卡人因按约定履行最低还款义务，而向发卡行支付约定或法定的一定数额的金钱。

---

① 银监会《商业银行信用卡业务监督管理办法》第五十三条和第五十四条。

② 最高人民法院《关于适用〈中华人民共和国担保法〉若干问题的解释》第三十条规定："保证期间，债权人与债务人对主合同数量、价款、币种、利率等内容作了变动，未经保证人同意的，如果减轻债务人的债务的，保证人仍应当对变更后的合同承担保证责任；如果加重债务人的债务的，保证人对加重的部分不承担保证责任。"

③ 银监会《信用卡业务监督管理办法》第四十五条。

④ 根据中国人民银行《银行卡业务管理办法》第二十二条，对信用卡持卡人未偿还最低还款额之行为，发卡行有权按最低还款额未还部分5%收取"滞纳金"。

⑤ 银监会《商业银行信用卡业务监督管理办法》第三十七条。

⑥ 平一：《信用卡滞纳金相关法律问题研究》，载《中国城市金融》，2012（4）。

对于惩罚性的违约金条款，国外信用卡合约也有相应规定，如部分发卡机构规定的所谓惩罚性年利率（Penalty APR）机制。例如，美国发现金融服务机构（Discover）2012年9月28日实施的《信用卡合约》（*Cardmember Agreement*）①规定，若持卡人在还款日前还款金额低于最低还款额，发卡机构可对自通知持卡人之日起14日后发生之交易执行惩罚性年利率，并终止此前给予的利率优惠；惩罚性年利率为基准利率或市场参考利率（Prime Rate）另加11.74%至24.74%的利率；执行惩罚性年利率无期限限制，但发卡机构可根据持卡人账户情况不时调低惩罚性年利率标准。

3. 信用卡全额计息问题

国内部分发卡行在章程或领用合约中约定了信用卡全额计息（或称全额罚息）规则，即持卡人未能在信用卡账单规定的到期还款日之前（含）全额还款时，该期账单项下所有交易不享受免息还款期待遇，持卡人已偿还部分仍需被计收记账日至还款日的利息（如还款金额不足最低还款额，还需另行计收滞纳金）。

近年来，信用卡全额计息规则颇受争议，认为该规则导致持卡人承担不合理的高额利息，缺乏对发卡行的有效约束，显失公平。为此，国内部分发卡行主动调整计息规则，以平衡与持卡人的利益关系。例如，2009年2月，中国工商银行在国内银行率先适用余额计息规则，即持卡人若未能在到期还款日前全额还款，发卡行仅对持卡人未清偿部分计收从银行记账日起至还款日止的透支利息（但还款额低于最低还款额的，须另计收滞纳金）。②

另外，中国银行业协会于2013年2月修订的《中国银行卡行业自律公约》③也对银行卡还款计息规则进行了统一规范。该公约要求各成员银行（发卡银行）在符合监管政策要求前提下，建立信用卡还款"容差容时"机制，为持卡人提供更加人性化的用卡服务：一是要求成员银行为持卡人提供"容时服务"，为持

---

① 参见http：//www.discovercard.com/assets/Prime_Combined_it.pdf。
② 实践中，还有容差全额计息规则，即持卡人未能在到期还款日前还清透支总额，若未还清透支额超过发卡行允许的数额，发卡行则对透支总额自记账日按规定利率计息。从本质上讲，容差全额计息规则只是对全额计息规则的微调，仍属全额计息规则范畴。
③ 《中国银行卡行业自律公约》自2013年7月1日起实施。该自律公约虽不具有法律约束力，但有关要求对加强银行卡行业自律，规范市场秩序和维护持卡人权益起到积极作用，被认为是"我国银行卡市场规范化发展的又一重要里程碑"。参见中国银行业协会网站：http：//www.china-cba.net/do/bencandy.php？fid=42&id=10941。

卡人提供一定期限的还款宽限期服务，还款宽限期自到期还款日起至少 3 天；持卡人在还款宽限期内还款时，应当视同持卡人按时还款。二是要求成员银行为持卡人提供"容差服务"，如持卡人当期发生不足额还款，且在到期还款日后账户中未清偿部分小于或等于一定金额（至少为等值人民币 10 元）时，应当视同持卡人全额还款，此部分未偿还金额自动转入下期账单。

4. 信用卡复利计收问题

在信用卡交易中，发卡行对不符合免息条件的交易款项、费用等从银行记账日开始计算透支利息，有权按月计收复利并从持卡人账户中扣收①。中国人民银行《银行卡业务管理办法》规定，信用卡"贷记卡透支按月计收复利"，但未明确解释透支的具体含义。

为避免歧义，国内发卡行一般将计收复利的范围界定为信用卡应付款项，包括不符合免息条件的交易款项及相关费用（包括但不限于超限费、滞纳金、年费、手续费、追索费）。发卡机构对持卡人不符合免息条件的交易款项（除预借现金外）从银行记账日开始计算利息，按月计收复利；以信用卡办理预借现金（预借现金一般不享有免息还款期）交易的，发卡机构从预借现金交易日起至清偿日按日计收利息，按月计收复利。

发卡行根据信用卡章程或合约的规定，对持卡人透支利息和费用等计收复利，属于发卡行在为持卡人提供免息还款期等多种服务基础上针对其未及时还款行为作出的特殊安排，未违反法律强制性规定，符合平等互惠、公平合理及诚信原则。

5. 信用卡预授权交易问题

信用卡预授权是一项近年来发展较快的业务，适用于消费和结算不在同一时间完成的刷卡交易（例如酒店、汽车租赁公司或医院等），通常包括预授权和预授权完成两个交易环节：预授权指特约商户通过 POS 受理终端或其他方式，就持卡人预计支付金额向发卡行索取付款承诺的过程；预授权完成指持卡人对已取得预授权的交易，在预授权金额或超出预授权金额一定比例的范围内，进行支付结算的过程。

需要注意的是，预授权业务所涉发卡行与持卡人之间、持卡人与特约商户

---

① 根据中国人民银行《银行卡业务管理办法》第二十三条的规定，贷记卡透支按月计收复利，准贷记卡透支按月计收单利，透支利率为日利率万分之五，并根据中国人民银行的此项利率调整而调整。

之间、发卡行与特约商户之间三种法律关系的相对独立特性与普通信用卡业务并无不同：就持卡人而言，持卡人不得以商户纠纷或与其他第三方的纠纷等为由拒绝支付所欠信用卡项下的款项；就发卡行而言，在持卡人因预授权交易与特约商户之间发生纠纷的情况下，发卡行可根据有关交易凭证，要求持卡人支付交易款项。

6. 信用卡欠款偿还顺序问题

信用卡欠款偿还顺序规则，直接影响到持卡人偿付的利息及相关费用支出，是信用卡章程或合约的重要内容之一。例如，美国大通银行（Chase）2011年版信用卡合约中规定，持卡人还款金额若高于最低还款额（但未全额还款），则高出部分先用于偿付年利率最高的欠款，并以年利率自高而低依次偿还；若还款金额不高于最低还款额，则发卡机构有权自主确定还款顺序。

实践中，国内发卡行一般按照以下原则确定欠款偿还顺序：（1）对于未逾期账户，先偿还已过免息还款期或不享受免息还款期的欠款，后偿还未过免息还款期欠款。（2）对于逾期1~90天（含）的信用卡账户，先偿还利息或各项费用，后偿还本金（除利息、费用以外的交易款项，下同）；对于逾期91天（含）以上的信用卡账户，先偿还本金，后偿还利息或各项费用。[①]（3）同类欠款按银行记账先后顺序偿还。另外，发卡行一般保留根据法律、法规或监管要求单方变更上述还款顺序的权利。

---

① 银监会《商业银行信用卡业务监督管理办法》第五十七条。

第四章　银行卡发卡业务法律风险控制

银行卡发卡业务是发卡机构与持卡人建立业务关系，并为持卡人提供相关银行卡金融服务的重要前提，也是银行卡业务发展的法律基础。本章结合国内外银行卡发卡业务法律监管规定，分析银行卡发卡业务中所涉若干法律问题，并结合我国银行卡业务实际，对银行卡发卡业务法律风险防控提出若干建议。

一、银行卡发卡业务概述

（一）银行卡发卡业务之界定

关于银行卡发卡业务具体内涵，尚无统一界定。根据我国银行卡业务实际，银行卡发卡业务一般是指具有银行卡发卡资质的发卡机构依据客户申请，通过客户身份识别、客户资质审核及审批授信等流程，向符合条件的客户（持卡人）核发银行卡，与客户签署银行卡章程或合约，并为客户提供法定或约定的银行卡服务等相关业务的总称。

从广义上讲，银行卡发卡业务涵盖银行卡营销推广、卡片制作发放、交易授权、审批授信、交易处理、交易监测、资金结算、账务处理、争议处理、增值服务和欠款催收等业务环节。但从狭义上讲，银行卡发卡业务包括银行卡业务营销、客户身份及资质审核、授信管理、银行卡账户开立以及银行卡介质（卡片）制作发放及交易授权等涉及发卡银行与持卡人建立法律关系的相关业务。

根据银行卡类型，银行卡发卡业务主要可以分为借记卡发卡业务和信用卡发卡业务。由于借记卡与信用卡在功能及风险管理等方面存在较大差异，借记卡发卡业务与信用卡发卡业务的具体内涵也有差别：对于借记卡发卡业务，一般适用银行账户开立的监管要求，且有关法律法规一般不就借记卡发卡业务作出单独规定；而对于信用卡发卡业务，由于信用卡具有透支消费或透支转账等功能，除适用银行账户开立等监管要求外，还应遵守银行卡客户资质审核、授信管理、循环信贷、欠款催收等方面更为严格的监管要求。

（二）银行卡发卡业务主要流程

1. 银行卡发卡业务一般流程

结合我国银行卡发卡业务实践，借记卡与信用卡的发卡业务一般包括以下流程：

（1）受理申请。申领人向发卡银行申请开立银行卡时，须向发卡银行提供本人有效身份证件，填写业务申请书等文件。发卡银行受理申领人申请后，应以适当方式向申领人解释银行卡章程或合约重要条款等内容，提示银行卡业务有关风险，并要求申领人对此进行书面确认。

（2）申领人身份审核。发卡银行通过联网核查等必要方式审核申领人提供的身份证件是否真实有效，是否符合实名制规定，并应审核申请书填写姓名、身份证件类型及号码等内容是否正确。若申领人申请以其已有的个人结算账户为银行卡账户，发卡银行还需审核客户提供的个人结算账户是否真实有效。

（3）受理结果反馈，同意或拒绝核发银行卡。发卡银行对申领人提交的申请进行必要审核后，对符合发卡银行条件的，同意核发银行卡；对不符合条件的，拒绝核发银行卡。对于信用卡申请，发卡银行还应结合申领人的资信状况，确定授信额度，但一般保留对该授信额度进行调整的权利。

（4）卡片启用。发卡银行核发银行卡后，发卡银行应提示申领人（持卡人）在银行卡背面签名，及时办理卡片启用，并遵守银行卡有关章程及领用合约的有关约定。

（5）交易授权。持卡人在办理银行卡业务时，发卡银行在接受特约商户或其他受理终端（包括柜台、网上银行等渠道）向发卡银行提出的受理请求（索授权）后，经核实持卡人账户及身份后作出批准或拒绝该笔授权交易。交易授权决定银行卡交易能否进行，也是银行卡业务风险管理（如识别并控制欺诈、洗钱或其他非法交易等）的关键环节。

2. 信用卡发卡业务特别流程

（1）申领人资信调查。信用卡发卡银行在受理信用卡申领人申请后，须核对申领人相关信息，除核对申领人身份信息外，还需核对社会往来交易记录材料（包括金融资产、贷款、已有银行卡、质押物等），申领人收入证明、工作情况、学历等个人基本信息,并查询客户征信系统等信用系统,全面了解申领人的信用记录。对于经调查,不符合发卡银行信用卡发卡条件的(如申领人有不良信用记录、申领人提供虚假资料或未能提供发卡银行所需担保等),发卡银行按规定拒绝申领人的发卡申请。

(2)授予信用额度。对于经资信调查符合发卡银行信用政策的申领人,发卡银行可按申领人资信状况及发卡银行风险管理要求,确定发放卡种(普通卡或白金卡等),核定申领人信用额度,制卡并核发信用卡。

二、银行卡发卡业务监管法律分析

(一)银行卡发卡业务准入监管

1. 借记卡发卡业务准入

由于借记卡具有储蓄结算等银行业务功能,一般而言,具有吸收存款业务资质的银行业金融机构均可申请开办借记卡发卡业务。根据我国《商业银行法》及《外资银行管理条例》等法律法规规定,经银行业监督管理部门批准,银行业金融机构可以从事银行卡业务,其中包括借记卡发卡业务;但财务公司、汽车融资公司[1]等非银行业金融机构不得从事银行卡业务,也不得从事借记卡的发卡业务。因此,我国借记卡发卡业务经营主体均为商业银行,包括外资商业银行。截至2010年末,我国国内共有217家商业银行发行借记卡,其中包括区域性银行业机构191家,外资银行机构11家。[2]

我国目前[3]尚未出台专门规范借记卡发卡业务的监管法律规定,仅在不同监管规定中零散规定银行卡发卡业务准入要求〔例如,中国人民银行《银行卡业务管理办法》以及银监会《中资商业银行行政许可事项实施办法》(2006年12月28日修订)等〕。鉴于上述监管规定所界定的银行卡包括借记卡,其中关于银行卡业务准入条件的规定,亦应适用于商业银行借记卡发卡(发行)业务。根据上述监管规定,借记卡发卡业务准入条件主要包括:(1)开业3年以上,

---

[1] 汽车金融公司,是指经银监会批准设立的,为中国境内的汽车购买者及销售者提供金融服务的非银行金融机构。根据银监会《汽车金融公司管理办法》(银监会2008年1号令)规定,汽车金融公司可以提供"购车贷款业务"等金融服务,但未包括银行卡服务。
[2] 苏宁、许罗德:《中国银行卡产业发展研究报告2011》,8页,上海,同济大学出版社,2011。
[3] 更新至2012年12月。

具有办理零售业务的良好业务基础；(2) 符合银行监管部门规定的风险监控指标，经营状况良好；(3) 建立科学完善的借记卡发卡业务内部控制制度，有明确的内部授权审批程序；(4) 具备合格的管理人员和技术人员、相应的管理机构；(5) 安全、高效的计算机处理系统；(6) 发行外币借记卡的，还须具备经营外汇业务的资格和相应的外汇业务经营管理水平；(7) 银行监管部门规定的其他条件。①

2. 信用卡发卡业务准入

由于信用卡具有透支消费或透支转账等功能，就性质而言，信用卡发卡机构在信用卡信用额度内对持卡人提供贷款或相关融资服务。较之借记卡发卡业务，信用卡发卡业务准入监管规定亦有其特殊之处。

(1) 非银行机构可获准从事信用卡发卡业务。从信用卡发卡市场发展情况分析，除了传统商业银行参与信用卡发卡之外，非银行类专业发卡机构也根据适用法律监管规定，获准从事信用卡发卡业务。

例如，美国信用卡发卡机构除了商业银行、储蓄机构、信用社等银行业金融机构外，还包括附属于大型企业的财务公司（如通用汽车承兑公司、福特汽车信用公司、通用电器资本公司等）以及零售商及加油站等机构。②

又如，澳大利亚审慎监管局（APRA）2003 年 7 月发布的《专业信用卡机构授权指引》③ 规定，专门经营信用卡发卡等业务的"专业信用卡经营机构"（SCCI）可以经营信用卡业务，该指引还对信用卡发卡等业务准入条件及程序等作了规定。主要内容包括：第一，SCCI 须获得澳大利亚审慎监管局授权许可后，方可从事信用卡发卡等业务；第二，SCCI 及其子公司仅能从事信用卡发卡等相关业务（包括收单业务），不允许吸收公众存款；第三，除澳大利亚审慎监管局另有规定者外，在资本充足率、公司治理、流动性、大额风险、业务外包、内外部审计及风险管理等方面，SCCI 须同受澳大利亚对存款机构（ADI）的审慎监管要求；第四，SCCI 不能在其名称上冠以"银行"字样（称自己为 ADI 时，

---

① 中国人民银行《银行卡业务管理办法》第十三条及银监会《中资商业银行行政许可事项实施办法》第一百零一条。

② 美国一些零售商和加油站为了加强客户关系及降低成本，发行私有标识信用卡（Private label credit card，或称私标卡），该类信用卡仅可在发行机构系统内部使用。参见孙毅坤、欧阳琛、黄晓艳：《银行卡产业监管：国际经验》，19~20 页，北京，中国金融出版社，2009。

③ Guidelines on Authorisation of Specialist Credit Card Institutions，可参见：http://www.apra.gov.au/adi/Documents/cfdocs/Guidelines-on-Authorisation-of-Specialist-Credit-Card-Institutions.pdf。

须说明其仅从事信用卡发卡等相关业务，不得经营吸收存款业务）。

另外，根据我国台湾地区 2010 年修订的《信用卡业务机构管理办法》的规定，经营信用卡发卡业务的"信用卡业务机构"除了商业银行、信用合作社之外，还包括经主管机关许可专营信用卡业务之机构，如信用卡公司（包括外国信用卡公司）等。①同时，该办法还规定，信用卡业务机构经营信用卡业务实行业务许可制，包括设立许可和增加业务种类之许可，并对不同信用卡业务机构明确不同的市场准入要求。其中，兼营信用卡业务的银行、信用合作社及其他机构在申请经营信用卡业务（包括发卡业务）时，应提交以下法律文件：申请书；营业执照复印件；公司章程或相当公司章程文件；营业计划书：载明业务范围、业务经营原则与方针及具体执行方法、市场展望及风险、效益评估；董事会或理事会会议记录；信用卡业务章则及业务流程；信用卡业务各关系人间权利义务关系约定书或合同书；其他经主管机关规定的法律文件。申请设立专营信用卡公司的，发起人亦应向主管部门申请批准，所提交法律文件与前述兼营信用卡业务机构提交材料大体一致，唯申请设立专营信用卡公司之发起人，须另外提交"发起人名册及证明文件"、"发起人会议记录"、"发起人之资金来源说明"等法律文件；申请"外国信用卡公司"（指外国信用卡公司在台湾本地设立的分公司）的，申领人须另行提交其总公司"法人资格证明文件及经母国主管机关核发之许可证照认证书"等文件。②

（2）我国目前仅允许银行业金融机构经营信用卡发卡业务，故不存在兼营信用卡发卡业务的专业信用卡公司，但信用卡发卡业务准入一般高于借记卡发卡业务准入要求。例如，根据银监会《商业银行信用卡业务监督管理办法》的规定，经营信用卡发卡业务，除满足一般发卡业务准入要求之外，还应符合注册资本、零售业务基础、信用评级及征信管理、授信业务、催收管理等方面的监管要求；商业银行新增信用卡业务产品种类、增加信用卡业务功能等情形，应在开办业务之前一个月，向银监会及其相关派出机构报告。另外，商业银行申请开办信用卡发卡业务之前，应当根据需要就拟申请的业务与监管部门沟通，说明拟申请的信用卡业务运营模式、各环节业务流程和风险控制流程设计、业务系统和基础设施建设方案，并根据沟通情况，对有

---

① 《信用卡业务机构管理办法》第二条。
② 我国台湾地区《信用卡业务机构管理办法》第四条至第六条。

关业务环节进行调整和完善。①

（二）银行卡发卡业务监管问题法律分析

1. 客户身份识别问题

发卡银行通过向符合条件的银行卡申领人核发银行卡，与申领人建立银行业务关系。根据我国《反洗钱法》、《个人存款账户实名制规定》、《人民币银行结算账户管理办法》等法律法规监管规定，发卡银行在为申领人发卡开户过程中，应切实履行客户身份识别义务，要求申领人（客户）出示真实有效的身份证件或者其他身份证明文件，利用联网核查公民身份信息系统及其他必要渠道，验证客户身份信息，确保申领人开户资料真实、完整、合规。对银行卡申领人而言，申领人在申领银行卡时，亦应向发卡银行提供真实有效的身份信息及相关证明材料，否则，申领人应对此产生的后果承担约定和法定的法律责任。

近年来，随着发卡银行电子银行业务快速发展，部分发卡银行通过网上银行、自助柜员机（ATM）等电子受理终端受理申领人的银行卡申请。对首次申请本行信用卡的申领人，若通过电子受理终端等渠道提交银行卡申请，发卡银行还应通过亲访面谈等方式，对申领人的身份进行识别、核实和确认，发卡银行不得采取全程系统自动发卡方式核发银行卡。②

2. 客户信息安全保护问题

在银行卡发卡业务中，发卡银行有权要求申领人提供真实、完整、准确的身份信息及相关申请资料，但是，对发卡银行在发卡营销过程中获取的客户个人信息，发卡银行亦负有保护信息安全之义务。

根据我国《商业银行法》第四条及第二十九条的规定，商业银行应当保障存款人的合法权益不受任何单位和个人的侵犯，并承担为存款人保密的义务。中国人民银行《银行卡业务管理办法》第五十二条也规定，发卡银行对持卡人的资信资料负有保密的责任。因此，在银行卡发卡业务中，发卡银行应当严格遵守对客户资料保密的原则，不得泄露客户信息；实行严格的文档管理和客户信息保护制度，妥善管理银行卡申领文件等重要文档；未经银行卡申领人同意，发卡银行不得将申领人资料用于其他产品和服务的交叉销售。③

---

① 银监会《商业银行信用卡业务监督管理办法》第十八条、第二十一条及第二十八条。
② 关于客户身份识别及发卡机构反洗钱义务，本书第十章将作专门论述，本章不予赘述。
③ 关于银行卡申领人（客户）信息保护问题，本书第九章将作专门论述，本章不予赘述。

3. 代理办卡及批量办卡问题

银行卡发卡业务中，代理办卡及相关服务普遍存在。就法律效力而言，除非法律法规或当事人另有特别约定，代理办卡行为应受法律保护。但在我国银行卡发卡业务中，代理办卡服务经常被滥用，成为银行卡犯罪特别是银行卡诈骗的温床。若处理不当，既不利于保障持卡人财产安全，也可能对发卡银行声誉造成不良影响，因此，有必要加强制度监管，完善业务流程，切实防控代理办卡业务中存在的风险。

(1) 银行卡代理办卡业务监管法律规制。国务院《个人存款账户实名制规定》规定，代理他人在金融机构开立个人存款及结算账户的，代理人应当出示被代理人和代理人的身份证件。由于借记卡账户实质上属于银行结算账户，因此，借记卡发卡业务中，申领人可以委托他人代理申领借记卡。但借记卡代理办卡亦须遵照有关监管规定的限制性规定，例如，根据中国人民银行、银监会等银行卡监管部门等有关规定[1]，无正当理由不允许个人代理多人办卡；个人代理多人办理借记卡的，发卡机构应全面了解和审查代理人的职业背景、代办目的和代办性质等，并据此判断个人代理多人办卡的理由是否正当，如理由明显不正当，发卡银行不得为其办理借记卡；原则上，个人一次性代理办理借记卡的数量不得超过3张。

在信用卡发卡业务中，有关监管规定对代理办卡作出更严格的限制性规定，例如，银监会《商业银行信用卡业务监督管理办法》第四十二条规定，对于信用卡申请材料中，存在"他人代办（主卡持卡人代办附属卡除外）、他人代签名、申请材料未签名"等情况的，发卡银行不得核发信用卡。

(2) 银行卡批量开卡业务的特别监管。在办理单位代发工资、军人保障卡、社会保障卡等银行卡发卡业务时，根据发卡银行与合作单位（如代发工资单位、社会保障主管部门等）约定，为多人批量开立银行卡，此即批量办卡业务。在批量办卡业务中，银行卡申领人身份核实程序不同于一般柜面办卡或单一申领办卡，如被滥用，容易导致被发卡问题，故有必要对此作出特别监管要求。发卡银行在办理批量办卡业务时，应审核代理人和被代理人的真实身份，并要求申领人（如代发工资单位员工）所在单位对员工身份的真实性承担责任；申领

---

[1] 主要包括：中国人民银行、银监会、公安部、国家工商行政管理总局《关于加强银行卡安全管理预防和打击银行卡犯罪的通知》（银发〔2009〕142号）、中国人民银行办公厅《关于贯彻落实〈关于加强银行卡安全管理、预防和打击银行卡犯罪的通知〉的意见》（银办发〔2009〕149号）。

人通过批量办卡业务受领银行卡后，须本人持身份证原件到发卡银行网点办理激活并当场修改密码后方能正常使用。①

三、信用卡发卡业务若干监管问题法律分析

信用卡具有透支信贷功能，较之传统借记卡业务，信用卡业务面临较大持卡人违约等风险，且信用卡风险具有滞后性、分散性和基数大（由于持卡人数量众多）及风险构成多样化等特点。为此，有关监管法律法规一般对信用卡发卡业务实施更严格的监管，要求发卡银行加强客户准入管理，从源头上阻断业务风险，加强对信用卡发卡业务的监管，保障信用卡发卡业务的健康发展。因此，有必要专门对信用卡发卡业务若干监管法律问题进行分析。

（一）信用卡发卡营销监管问题

信用卡发卡营销是指发卡机构通过一定方式向潜在目标客户推荐信用卡产品及服务功能，并促成目标客户购买发卡机构服务等系列活动的总称，包括市场调研、市场细分、目标市场选择、市场定位、产品设计与开发、产品定价、渠道选择以及促销组合的运作。随着我国信用卡市场日渐成熟，市场竞争日益加剧，发卡机构越来越重视发卡营销工作。但我国信用卡发卡营销业务也存在一些问题，如营销手段同质化、营销渠道单一、营销激励机制不完善等，亟待监管规范。针对信用卡发卡营销中存在的问题，我国银行卡监管部门不断加强信用卡发卡营销行为监管，维护信用卡发卡市场竞争秩序。

1. 明确外部营销监管要求

根据我国银监会规定，银行在经监管部门批准的固定营业场所以外，可以通过"上门造访"尚未与本银行建立业务关系的客户或"设立临时性摊位或路演地点、租用相对固定场所"等方式向潜在目标客户"推介"（而非实际性交易）个人银行业务（或零售银行业务）各类产品和服务，但外部营销场所不得长期持续存在，摊位使用或租用时间一个季度累计不得超过15天，连续使用或租用时间不得超过48小时。但在外部营销中，银行不得对客户进行误导性和欺

---

① 参见中国人民银行办公厅《关于贯彻落实〈中国人民银行、中国银行业监督管理委员会、公安部、国家工商总局关于加强银行卡安全管理、预防和打击银行卡犯罪的通知〉的意见》（银办发〔2009〕149号）及中国人民银行、中国人民解放军总后勤部《关于军人保障卡银行业务应用的指导意见》（银发〔2009〕339号）有关规定。

骗性的宣传解释；等等。①

根据文义解释，银监会上述外部营销的监管规定适用于银行信用卡发卡营销，因此，发卡机构在街头以临时摆摊等方式向客户营销推介信用卡，不在银监会禁止之列。但是，根据我国台湾地区《信用卡业务机构管理办法》的规定，信用卡发卡机构"营销人员于街头（含骑楼）营销"属监管禁止之营销行为。②另外，美国《2009年信用卡改革法》（以下简称《美国信用卡改革法》）③ 虽未概括性禁止信用卡发卡营销，但特别禁止发卡机构在高等学校校园内、校园周边一定区域内④以及高等院校组织的活动现场以馈赠T恤、匹萨赠券、礼品卡、杂志征订赠券等礼品方式向学生营销信用卡，但不以学生办理信用卡为条件之馈赠礼品行为不在此限。

2. 改进信用卡发卡营销激励机制

实践中，部分发卡机构片面追求发卡量，采取发卡量提成的考核机制，向无真正信用卡需求的客户核发信用卡，或以捆绑销售等方式搭售信用卡，从而产生大量的亲属卡、任务卡及睡眠卡，既造成信用卡资源浪费，也不利于发卡机构风险管理。为改进和完善信用卡发卡营销激励机制，银监会《商业银行信用卡业务监管办理办法》规定，发卡银行应建立信用卡营销管理制度，对营销人员进行系统培训、登记考核和规范管理，应建立科学、合理、均衡的信用卡营销激励机制，不得对营销人员采用单一以发卡数量计件提成的激励机制和考核方式。

3. 强化信用卡营销中的客户告知义务

发卡机构应建立发卡营销行为规范机制，在营销过程中必须履行必要的信息披露，切实保障客户的知情权。根据银监会《商业银行信用卡业务监管办理办法》的规定，发卡机构的营销宣传材料真实准确，不得有虚假、误导性陈述或重大遗漏，不得有夸大或片面的宣传；应当由持卡人承担的费用必须公开透明，风险提示应当以明显的、易于理解的文字印制在宣传材料和产品（服务）申请材料中，提示内容的表述应当真实、清晰、充分，示范的案例应当具有代表性。

---

① 银监会《商业银行外部营销业务指导意见》（2005年4月25日发布）。
② 我国台湾地区《信用卡业务机构管理办法》第十九条第二款。
③ Credit Card Accountability Responsibility and Disclosure Act of 2009（或称 the Credit CARD Act of 2009）。
④ 根据美国联邦储备局的界定，该周边区域的范围是指校园外1 000英尺内之区域。

4. 规范信用卡营销市场竞争秩序

在信用卡发卡业务中，部分发卡机构利用赠送礼品等方式吸引客户，部分客户为了获取礼品而申领信用卡，但在获得信用卡礼品后便销卡，造成发卡机构营销成本增加，不利于发卡业务市场的培育和发展。为此，银监会特别要求，发卡机构应规范发卡营销的市场竞争行为，积极维护良好、公平的市场竞争机制；不得以赠送礼品、换取积分、提高授信额度等为条件强制或诱导客户注销他行信用卡；[①]不得向客户承诺发卡，不得以"快速发卡"、"以卡办卡"、"以名片办卡"等名义营销信用卡；在持卡人激活并使用信用卡之前，发卡机构不得向持卡人发放任何礼品或礼券。[②]

另外，我国台湾地区《信用卡业务机构管理办法》除禁止以"快速核卡"、"以卡办卡"、"以名片办卡"及其他未审慎核卡之营销行为外，还禁止发卡机构在办卡、核卡、开卡、预借现金及动用循环信用时，给予申领人、持卡人或其他第三人赠品或奖品等优惠。[③]

（二）信用卡申领人资质审核问题

加强信用卡申领人资质审核，提高信用卡申领门槛，从严授信，有助于提升信用卡风险的管理能力，有效防范信用卡业务系统性风险。

1. 申领人年龄要求

我国银监会规定，申领信用卡的最低年龄为18岁（附属卡除外）；对于年满18岁的申领人，可根据申领人具体情形，要求补充提供担保。我国台湾地区《信用卡业务机构管理办法》则规定，信用卡主卡（正卡）申领人应年满20岁，副卡（附属卡）申领人应年满15岁。

2. 申领人资信调查

关于申领人资信调查问题，一方面，信用卡申领人应当向发卡机构提供真实有效的收入或财力等证明材料，以供发卡机构资信调查之用；另一方面，发卡机构应通过尽职调查，查询相关征信记录，分析申领人的资信状况，为合理确定授信额度提供依据。

银监会《商业银行信用卡业务监督管理办法》规定，发卡银行应当建立健

---

① 银监会《关于进一步规范信用卡业务的通知》（银监发〔2009〕60号）。
② 银监会《商业银行信用卡业务监督管理办法》第三十九条和第四十九条。
③ 我国台湾地区《信用卡业务机构管理办法》第十九条第二款。

全信用卡申领人资信审核制度，明确管理架构和内部控制机制，对信用卡申领人开展资信调查，充分核实并完整记录申领人有效身份、财务状况、消费和信贷记录等信息，并确认申领人拥有固定工作、稳定的收入来源或可靠的还款保障。

我国台湾地区《信用卡业务机构管理办法》也规定，发卡机构在受理信用卡申请时，应确认申领人"所得或财力等可证明还款能力之相关处理"，但"发卡机构因与申领人"有其他业务往来而持有其最近一年内之所得或财力等可证明还款能力之相关证据，且经申领人同意作为申请信用卡使用者，不在此限。

（三）信用卡信用额度管理问题

信用卡信用额度是发卡机构授予持卡人的有条件可撤销的循环授信承诺，也是发卡机构对特定持卡人承担的最大风险暴露。信用卡信用额度管理是信用卡风险管理的核心。

1. 信用卡授信额度管理的基本原则

发卡机构授予信用卡信用额度，应遵循审慎审核原则。发卡机构在核实申领人真实身份，确认具有独立稳定经济来源及充分还款能力，并了解申领人举债情形的基础上，依据申领人申请时的还款能力核准初始信用额度。

2. 信用卡授信额度管理具体要求

根据银监会《商业银行信用卡业务监督管理办法》的规定，信用卡信用额度管理应遵循以下规定：（1）授信额度动态调整。发卡机构应根据持卡人资信状况、用卡情况和风险信息对信用卡授信额度进行动态管理，并及时按照约定方式通知持卡人。（2）信用卡授信额度合并管理。发卡机构应当对持卡人名下的多个信用卡账户授信额度合并管理，并设定总授信额度上限。（3）信用卡授信额度调减管理。在事先约定的情况下，发卡机构可以对超过6个月未发生交易的信用卡调减授信额度。当持卡人身份证件存在还款能力下降、资信状况恶化、有非正常用卡行为等风险信息时，发卡机构有权立即停止上调额度等可能扩大信用风险的操作，并视情况采取提高交易监测力度、调减授信额度、止付、冻结或落实第二还款来源等风险管理措施。（4）信用卡超授信额度管理。发卡银行提供超限额用卡服务、收取超限费等必须以持卡人开通此项服务为前提。

我国台湾地区《信用卡业务机构管理办法》也规定，发卡机构如主动调高持卡人信用额度，应事先通知持卡人，并须经其书面同意后，始得为之；若涉及保证人,还应事先通知保证人并经其书面同意,且于核准后应通知保证人及持卡人。持卡人主动申请调整信用额度时,发卡机构应于核准后通知正卡持卡人;涉及保证人担保的,除调高信用额度应事先通知保证人并获其书面同意外,应于调整核准后通知保证人。

关于超限使用信用额度问题,《美国信用卡改革法》明确规定,未经持卡人书面同意,不得为持卡人提供超限服务,并对持卡人计收超限费。如持卡人同意使用超限服务,发卡机构可根据约定对持卡人计收超限费,但一个账单周期内只能收取一次超限费;且在其随后两个账单周期的任一账单周期内,亦仅能分别计收一次超限费,除非发卡机构调增信用额度覆盖超限部分之额度或持卡人偿还超限部分款项。①我国银监会《商业银行信用卡业务监督管理办法》第五十四条关于计收超限的规定与之相似。

3. 信用卡授信额度与资本监管要求

信用卡授信额度是发卡银行授予持卡人的可撤销的循环授信承诺,应纳入风险加权资产计量并计提资本。根据银监会《商业银行资本管理办法(试行)》②的规定,已使用部分授信额度构成发卡机构对个人的债权,其风险权重为75%;未使用部分授信额度属于银行表外项目资产,在计量风险加权资产时,其信用转换系数为50%;对于同时符合以下条件的未使用授信额度的信用转换系数为20%(该转换系数与"原始期限不超过1年贷款承诺"的信用转换系数相当):第一,授信对象为自然人,授信方式为无担保循环授信;第二,对同一持卡人的授信额度不超过100万元人民币;第三,发卡银行应至少每年一次评估持卡人的信用程度,按季度监控授信额度的使用情况;若持卡人信用状况恶化,发卡银行有权降低甚至取消授信额度。③上述监管规定,特别是对信用卡未使用部分授信额度"信用转换系数"的差异化监管要求,既体现了监管部门强化发卡银行资本约束的监管取向,也反映了监管部门引导发卡银行加强对信用卡个人消费信贷支持的监管思路。

(四)学生信用卡发卡问题

在信用卡发卡市场竞争日趋激烈的环境下,发卡机构均把学生特别是高校

---

① 《美国信用卡改革法》第102条。
② 银监会2012年第1号令。本书下称《商业银行资本管理办法》。
③ 银监会《商业银行资本管理办法》第六十五条和第七十一条。

学生作为潜在发卡对象，并通过各种途径向高校大学生推介并核发信用卡。由于高校学生尚不具有稳定独立的收入来源，还款能力有限，发卡机构向高校学生核发信用卡后，如果学生未能及时还款，不仅造成学生信用记录严重受损，也影响银行卡市场的健康稳定发展。

为规范学生信用卡发卡业务，银监会《商业银行信用卡业务监督管理办法》除禁止对18周岁以下未成年人发卡（附属卡除外）外，还提出以下监管要求：(1) 要求向符合条件的同一申领人核发学生信用卡的发卡银行不得超过两家（附属卡除外）；(2) 在发放学生信用卡之前，发卡银行必须落实第二还款来源，取得第二还款来源方（父母、其他监护人或管理人等）愿意代为还款的书面担保材料，并确认第二还款来源方身份的真实性；(3) 发卡银行应当在银行网站上公开披露与教育机构以向学生营销信用卡为目的签订的协议。发卡银行在任何教育机构的校园内向学生开展信用卡营销活动，必须就开展营销活动的具体地点、日期、时间和活动内容提前告知相关教育机构并取得该教育机构的同意。

我国台湾地区《信用卡业务机构管理办法》对发卡机构办理学生信用卡作了严格限制规定，例如：(1) 信用卡主卡申领人应年满20岁；(2) 禁止对学生营销；(3) 全职学生申请信用卡以3家发卡机构为限，每家发卡机构信用额度不得超过新台币2万元（约合人民币4 260元）；(4) 以学生身份申请信用卡者，发卡机构应将发卡情事通知其父母或法定代理人，且该通知事项应于申请书及合约中载明。

加强对学生信用卡的监管也是《美国信用卡改革法》的重要内容。《美国信用卡改革法》从以下几个方面加强对学生信用卡发卡业务的监管：

(1) 提高办卡门槛。除非满足以下情形之一者，发卡机构不得向未满21周岁的自然人发行信用卡：①该自然人（申领人）之信用卡联署人（cosinger）（包括父母、法定监护人、配偶或其他已满21周岁的自然人）书面同意在申领人年满21岁前为申领人信用卡项下债务承担连带责任；信用额度调增时，亦须征得联署人之同意。②申领人提交相关财务信息，证明其有能力独立偿还未来信用卡账户下的所有债务。

(2) 限制向21岁以下学生"要约发卡"（prescreened offers）。信用报告机构不得将不满21岁自然人的信用报告提供给信用卡公司，除非该自然人另有特别要求。此举可有效杜绝信用卡发卡机构通过邮件等形式主动向学生寄送预先核发的信用卡等营销行为。

（3）提高校方与发卡机构合作的透明度。如校方与发卡机构协议允许发卡机构到校园内营销或合作发行"大学认同卡"（College Affinity Card），必须将协议内容公开。①

四、银行卡发卡业务法律风险防控

（一）加强银行卡发卡业务操作风险管理

银行卡发卡业务中的操作风险是指发卡银行在发卡业务营销、客户资信调查、授信管理以及交易授权等环节，因内部程序不完善或存有问题或因员工管理和信息科技系统不规范，以及外部事件所造成损失的风险。②针对我国银行卡发卡业务中存在的操作风险问题，发卡银行应切实加强发卡业务操作风险管理。重点关注以下问题：

1. 建立健全发卡业务操作风险管理体系

发卡银行应将发卡业务操作风险的管理纳入全面风险管理范畴，建立和完善与发卡业务规模相适应的操作风险管理体系，有效地识别、评估、监测和控制发卡业务中的操作风险。在发卡银行操作风险管理体系建设中，应当加强和完善发卡银行董事会的监督控制、高级管理层的执行落实机制，并通过适当的组织架构，制定切实可行的操作风险管理政策、方法和程序，积极培育稳健的操作风险管理文化。

2. 完善银行卡发卡业务内部控制

发卡银行应完善银行卡业务流程，制定实施覆盖银行卡发卡营销、目标客户识别与筛选、制卡、客户身份识别、授信管理以及交易授权等环节的发卡业务风险管理制度。完善银行卡发卡激励机制，建立相应的行为失范监察制度。同时，应切实保护银行员工对违法违规行为的揭发和举报行为，完善案件查处

---

① 《美国信用卡改革法》第 301 条、第 302 条及第 304 条。其中所谓"大学认同卡"是指发卡机构与大学机构、大学校友会或基金会等合作组织签订协议，合作向大学生、校友会成员或基金会成员发行的信用卡；发卡机构依据协议约定向合作组织捐赠发卡收益，并为持卡人提供特定优惠；认同卡上应标注合作组织的名称、徽章或其他标识。

② 关于商业银行操作风险的定义，可参见巴塞尔委员会《关于稳健操作风险管理及监管的若干原则》（2011 年修订版）（Principles for the Sound Management of Operational Risk and the Role of Supervision）。http://www.bis.org/publ/bcbs195.pdf. 银监会有关监管规定（如《商业银行资本管理办法》第九十四条）也大体引用该定义。

及相应的信息披露制度，增强市场约束。

发卡银行要加强对目标客户的识别和筛选，实施精准营销，重点向资产实力较强的优质个人客户和成长性好的潜力客户发卡，避免盲目追求规模而发放无效卡、低效卡。另外，为提升银行卡发卡质量，发卡银行应改变单一以发卡数量为指标的考核方式，要将银行卡卡内存款、消费额、动卡率、业务收入等指标作为分析和考核重点，优化经营分析和业绩考核指标体系。

3. 改进银行卡发卡业务科技创新操作风险管理

银行卡是计算机与通信技术结合的高科技产物，也是依托现代科技实现银行服务功能最理想的金融产品，如银行卡发卡、风险管理、自助服务、银行卡授权交易等业务均需依托信息科技。但是，信息科技的创新和应用以及银行业务的创新均可能增加发卡机构的操作风险，因此，发卡机构应当加强科技创新和业务创新中的操作风险管理。在银行卡业务电子化、网络化及全球化的背景下，发卡机构应当提高信息科技系统应对突发事件的能力，保障银行卡业务的持续性，并特别关注电子银行、信用卡交易中的欺诈和信息安全等问题。对于提供跨境银行卡服务的发卡机构，有必要将境外机构的信息科技系统纳入全行信息系统管理范畴，及时解决境内外系统对接以及数据跨境转移中出现的操作风险问题。

4. 加大银行卡发卡业务创新操作风险管理力度

在银行卡发卡业务创新中，发卡银行应加强客户识别、银行卡业务风险提示、消费者利益保护等方面的操作风险管理。例如，部分发卡银行推出一介质两账户的借贷合一卡，其中借记卡账户与信用卡账户之间存在关联，但在持卡人向通过 ATM 等自助终端办理还款时，除非持卡人特别指定，所还资金自动记入借记卡账户，可能导致持卡人未按时偿还信用卡账户欠款之情形；对于此类业务创新，发卡银行应向持卡人解释该等银行卡交易与一般银行卡交易的不同之处，提示存在的风险以及应注意的风险防范措施，保障持卡人合法利益。

（二）强化资本约束，完善信用卡授信额度管理

根据巴塞尔资本协议Ⅱ[①]及银监会《商业银行资本管理办法》的规定，信用

---

① 巴塞尔委员会于 2006 年颁布巴塞尔资本协议 Ⅱ，即 *International Convergence of Capital Measurement and Capital Standards: A Revised Framework – Comprehensive Version*。可参见：http://www.bis.org/publ/bcbs128.pdf。

卡业务面临的信用风险及操作风险均应纳入资本监管框架，并分别按照监管要求计量风险加权资产并计提资本。发卡银行资本约束机制的强化，有助于推动发卡银行从高资本消耗的信用卡规模扩张模式转向资本节约的信用卡内涵发展模式，提升信用卡发卡质量。为此，发卡银行应主动采取以下措施积极应对：

1. 主动调整发卡战略

发卡银行亦应顺应银行资本监管新环境，主动调整信用卡发卡业务发展战略。例如，加强信用卡市场调查分析，加快信用卡业务创新，提高信用卡客户忠诚度，完善信用卡授信额度授权管理机制，提高信用卡授信额度使用率，降低未使用信用额度对银行资本的无效占用，节约银行资本。

2. 利用现有监管要求，细分信用卡发卡目标客户

从银监会《商业银行资本管理办法》的规定可看出，监管部门对商业银行发展零售银行及个人信贷业务持支持及积极引导态度。例如，发卡银行对自然人不超过100万元人民币的无担保循环授信，在计量风险加权资产时，可适用较低的信用转换系数。发卡银行可以充分利用上述监管规定，进一步细分信用卡发卡目标市场，积极向符合上述监管要求的目标客户营销信用卡业务。同时，为确保信用卡发卡业务中的资本节约监管效果，发卡银行亦应根据相关监管规定，在信用卡章程或合约等法律文件中明确规定，发卡银行有权至少每年一次评估持卡人的信用程度，并监控授信额度的使用情况；若持卡人信用状况恶化，发卡银行有权降低甚至取消授信额度。

（三）妥善处理银行卡发卡业务相关法律问题

1. 完善客户身份识别及代理办卡机制

加强客户身份识别，切实防控相关风险，既有助于保障银行卡交易安全，维护持卡人利益，也有利于维护发卡银行的声誉。发卡银行在办理银行卡发卡业务时，应根据有关监管规定，认真审核客户的真实身份信息，确保办卡客户身份的真实性。

发卡银行还应严格执行有关监管规定，加强对代理办卡业务的管理力度，规范代理开卡业务操作流程，防范银行卡申请的受理、核实、开卡、卡片激活启用等环节存在的风险。

（1）受理环节。代理人办理代理开卡业务时，须注明代理人与被代理人的姓名、证件类型、证件号码、联系方式和真实代办理由等内容，并向发卡银行

申明确认，如在规定时间内未能联系到被代理人而无法核实"代理"关系，或者经核实非被代理人真实意愿的，代理人应承担相应责任。

（2）开卡环节。经核实无误可代理开卡的，代理人须提供代理人和被代理人基本身份信息，并签字确认："代理人承诺代理开卡行为是被代理人的真实意愿，并承担由此产生的相应法律责任。"

（3）卡片启用。代理开立的借记卡须由被代理人持本人有效身份证件和借记卡办理卡片启用业务（法定监护人代理16岁以下客户申领借记卡的，不在此限）。未启用前仅支持存款、转入、代付等贷方交易和批量代扣交易，不支持取款、转出等交易。对于因特殊原因无法本人办理启用的，须提供经公证的代理开卡或启用委托书或由受理网点或支行上门核实后，由原代理人代启用。

另外，发卡银行还应根据监管要求，限制代理开卡数量和个人客户开立借记卡数量，同一代理人或被代理人在同一地区累计开立同一类型借记卡的数量不超过3张。同时，应加强银行业务系统监测，提高风险识别能力和防范能力，密切监测一人开立多卡、一人代理多人开卡、多次被代理开卡、代理开立的借记卡交易等可疑情况，发现异常，应立即与持卡人联系确认，必要时应及时报告监管部门。

2. 严格规范批量办卡业务

在处理批量办卡业务时，发卡银行应明确银行卡批量办卡的业务范围和审批权限，规范业务审批、营销受理、数据上传、业务复核、制卡发卡、卡片管理和资料保管等批量办卡关键环节的业务操作，加强对批量办卡业务的内部控制和有效管理。

发卡银行应加强与代发工资户等合作单位的合作关系，签署批量办卡合作协议书，并理顺相关法律关系，厘清法律责任：（1）申领人在向用人单位（发卡银行代发工资户）提交银行卡申请表时，应书面承诺其提交的个人信息资料完整准确有效；（2）约定合作单位应对核实银行卡申领人身份真实有效性承担法律责任；（3）发卡银行核发银行卡后，合作单位如未及时向申领人实际交付银行卡，合作单位亦应承担相应的违约责任；（4）规范批量办卡业务中的柜台激活手续，在发卡银行系统中实行硬控制，凡未经本人办理激活手续的，应限制对应银行卡的转出或取款等功能；（5）为保障持卡人信息安全，除监管部门另有规定外，发卡银行不应使用密码信封办理批量办卡业务；（6）除法律法规另有规定，发卡银行不得受理单位代办或批量办理信用卡。

3. 依法使用持卡人（申领人）信息

发卡银行应加强个人客户信息保护，在受理银行卡申请过程中，发卡银行（及其代理机构）不得恶意篡改、出卖、违法使用个人客户信息，未经客户书面授权，不得向任何第三方泄露；发卡银行收集、使用和管理个人客户信息要遵循合法、合规、合理原则，不得采取不正当方式收集、使用个人客户信息；不得在客户不知情的情况下，违规使用个人客户信息开立借记卡或信用卡账户。

4. 依法合规开展银行卡发卡营销行为

在银行卡发卡营销活动中，发卡银行应根据监管要求，履行信息披露及客户告知义务，不得使用诱导（如以申请信用卡为条件馈赠礼品）、误导（如刻意回避银行卡交易风险）、欺诈（如其他不法手段套取客户信息）或捆绑搭售（以客户申领信用卡作为审批客户贷款申请的条件）等手段，对目标客户进行营销。在发卡业务外部营销中，发卡银行还应注意不得违反银行业务及机构准入监管，以外出营销为名，变相将银行营业网点办理的部分业务或交易扩展或延伸至网点经营场所之外的特定场所办理。

5. 审慎发展高校学生信用卡发卡业务

高校学生是银行卡的重要目标客户，是银行未来优质客户的重要来源，但由于高校学生尚无稳定的收入来源，还款能力不足，因此，发卡银行应妥善处理学生银行卡市场培育与短期风险的关系，审慎开展学生信用卡业务。在发展学生信用卡发卡业务时，发卡银行应与高校签署合作协议，明确合作高校在学生身份核实等方面应承担的责任；对于不能提供有效财力证明或落实第二还款来源的学生信用卡申领人，发卡银行应严格把好准入关。

第五章　银行卡收单业务法律风险防控

近年来，我国银行卡收单市场发展迅速，收单机构的专业化水平不断提升，促进了居民消费，拉动了内需。如果说银行卡发卡业务是发卡机构与持卡人的联系纽带，是银行卡业务的基础，银行卡收单业务则可说是维系发卡机构、收单机构、特约商户、银行卡组织以及持卡人等银行卡业务当事人的共同纽带，是促进银行卡使用、增加银行卡业务收入及利润的主要保障，也是推动银行卡业务创新的原动力。

本章结合国内外银行卡收单业务法律监管规定，分析银行卡收单业务中所涉若干法律风险问题，并结合我国银行卡市场实际，对加强银行卡收单业务法律风险防控提出若干建议。

一、银行卡收单业务概述

（一）银行卡收单业务之界定

关于银行卡收单业务的内涵，尚无统一界定。中国人民银行《银行卡业务管理办法》将银行卡收单业务界定为"签约银行向商户提供的本外币资金结算服务"，但该界定与我国银行卡收单市场发展现状脱节，稍显过时。《非金融机构支付服务管理办法》（中国人民银行令〔2010〕第2号）从规范非金融机构的银行卡收单业务角度，将银行卡收单界定为"通过销售点（POS）终端等为银行卡特约商户代收货币资金的行为"，但该界定不适用于从事收单业务的商业银行，有其片面性。银监会《商业银行信用卡业务监督管理办法》则根据商业银行从事信用卡收单业务监管需要，将收单业务界定为"商业银行为商户等提供的受理信用卡，并完成相关资金结算的服务"，且包括"商户资质审核、商户培训、受理终端安装维护管理、获取交易授权、处理交易信息、交易监测、资金垫付、资金结算、争议处理和增值服务"等业务环节，但该定义仅适用于商业银行的信用卡收单业务，并不适用于非银行收单机构收单业务，也未涵盖借记卡收单业务，仍有其不周之处。我国台湾地区《信用卡业务机构管理办法》则将"收单业务"限定为"签订特约商店及办理相关事宜"及"代理收付特约商店信用卡消费账款"的相关服务①，但该界定仅限于"信用卡收单业务"，也未包括借记卡的收单业务，且该界定的收单业务外延未包括收单交易授权及清算等服务，较之银监会的规定，稍显狭隘。

本书认为，所谓银行卡收单业务，是指具有银行卡收单资质的收单机构通过受理终端为特约商户提供的受理借记卡或信用卡等银行卡，并完成相关资金结算服务，以及由此引起的特约商户拓展、受理终端安装维护管理、交易监测、风险管理、交易差错处理、争议裁决及其他增值服务等相关业务。广义的银行卡收单业务包括使用银行卡柜面取现、ATM取现和消费收单等业务，狭义上的银行卡收单业务特指通过POS机等受理终端的消费收单业务。

根据银行卡发行机构与收单机构是否属于同一司法管辖区，银行卡收单业务分为国内收单和跨境收单。国内收单，在我国通常也称为内卡收单，是指收单机构受理本国（地区）发卡机构发行的银行卡并以本币清算的收单业务。跨境收单则是在收单机构受理非本国（地区）发卡机构发行的银行卡进行的收单业务。就我国而言，跨境收单包括外卡收单和境外用卡：前者是境外发卡机构发行的银行卡（包括境外发行银联卡）在国内特约商户、自助机具和营业网点发生的，且通过国际银行卡组织清算或以人民币清算的收单交易；后者是指国内发卡银行发行的银行卡（包括人民币卡和外币卡）在境外特约商户、自助机具或营业网点发生的，并通过人民币清算或其他国际银行卡组织外币清算的收单交易。

另外，根据银行卡类型，银行卡收单业务还可分为借记卡收单和信用卡收单。但从收单业务流程及风险管理等角度分析，借记卡收单与信用卡收单并无实质差异，故除另有特别说明外，本书不作特别区分。

（二）银行卡收单业务的特点

银行卡收单业务与发卡业务均属银行卡核心业务，但较之银行卡发卡业务，我国银行卡收单业务具有以下特征：

---

① 我国台湾地区《信用卡业务机构管理办法》第二条。

1. 发展历史进程不同

我国国内银行卡收单业务起步早于银行卡发卡业务。1979年8月，香港东亚银行与中国银行广东省分行签订代理境外信用卡协议，中国银行负责发展商户、培训商户、受理国外的信用卡，并通过东亚银行和国际信用卡公司或组织进行清算，此举标志着我国内地银行卡收单业务开始发展；而国内首次发行银行卡则晚至1985年3月，当时中国银行率先在广东珠海发行"中银卡"，方才填补了国内银行卡发卡市场的空白。[①]

2. 银行卡收单业务准入门槛相对较低

银行卡发卡业务严格限定于银行业金融机构，而具有银行卡收单业务资质的主体除了银行业金融机构外，还包括银行卡专业收单机构（如具有收单资质的非金融支付机构等）。另外，从注册资本要求看，开办银行卡发卡业务申请人的资本要求高于银行卡收单业务申请人的资本要求。[②]

3. 收单业务法律关系更为复杂

银行卡发卡业务一般涉及发卡机构与持卡人（或潜在持卡人），法律关系较为简单，但银行卡收单业务几乎涉及银行卡产业各主要主体，除发卡机构与持卡人外，还主要包括收单机构（收单机构可能与发卡机构重合）、特约商户、银行卡信息转接与清算组织及其他收单专业服务机构等，既涉及持卡人与特约商户的基础交易关系，还涉及银行卡支付与清算、争议裁决等问题，法律关系较为复杂。

（三）国内银行卡收单网络主要模式

1. 闭合型收单网络模式

我国银行收单网络早期主要采取闭合型模式（见图5-1）。在该模式下，发卡银行各自发展收单业务，收单机构与发卡机构实为同一机构（银行），收单银行受理终端仅能受理本行发行的银行卡，不支持跨行交易转接。

[①] 中国银行发行的"中银卡"当时仅能在广东珠海地区使用，且须先存款后支付，属借记卡范畴。陈刚主编：《银行卡新生活》，40页。

[②] 例如，根据《商业银行信用卡业务监督管理办法》的规定，开办信用卡发卡业务的商业银行应持有不低于人民币5亿元或等值可兑换货币的实缴注册资本，而对申办收单业务商业银行的资本要求为不低于1亿元或等值可兑换货币的实缴注册资本。

第五章　银行卡收单业务法律风险防控

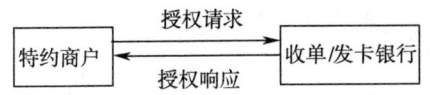

图 5-1　闭合型收单网络模式

2. 开放共享型收单网络模式

为改善银行卡收单受理环境，我国实施联网通用工程，实现了银行卡（银联卡）跨行交易转接，银行卡收单网络模式由原来的闭合型转为共享型收单模式，其中充当第三方网络联接机构的是中国银联（银联）。根据我国收单市场实际，银联参与的共享型收单网络模式可细分为银联直联模式和银联间联模式①。分述如下：

（1）银联直联收单模式。在银联直联模式下，持卡人在特约商户 POS 终端交易后，该交易信息不经过收单机构系统，而是直接发送至银联（即使部分收单机构在获得交易信息后保留该信息，但未对该信息作实质处理），并通过银联将交易信息传送至发卡银行。发卡银行对交易信息进行确认后，按原路径通过银联反馈至收单机构。如图 5-2 所示。

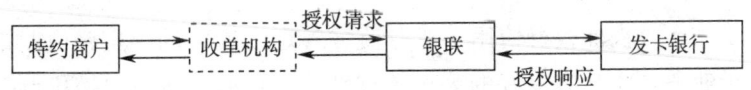

图 5-2　银联直联收单网络模式

（2）银联间联收单模式。在银联间联模式下，特约商户 POS 受理终端通过收单机构系统连接后再与银联系统连接。持卡人交易信息经由收单机构系统处理后，再根据不同情况将有关交易信息转至银联系统。对于本行机构发行的银行卡，收单机构可以通过本行交易清算系统进行清算。若为非本行卡（他行卡），收单机构须通过银联系统将交易信息转送至发卡银行，交易被发卡银行确认后，按原路径返回。如图 5-3 所示。

---

① 徐志宏主编：《商业银行信用卡业务》，67 页，北京，中国金融出版社，2007。

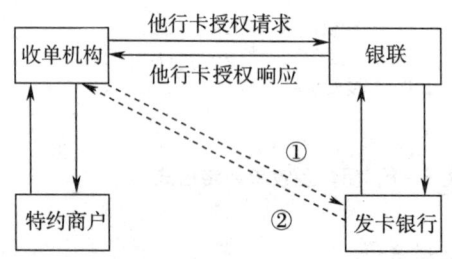

①本行卡授权请求（该等情形下，收单机构与发卡银行为同一主体）
②本行卡授权响应

图 5-3　银联间联收单网络模式

二、银行卡收单业务监管法律分析

（一）银行卡收单业务准入监管

如同银行卡发卡业务，银行卡收单业务也实行严格的业务准入许可制度；同时，银行卡监管部门还针对不同收单机构主体，制定不同的准入要求。

1. 商业银行收单业务准入

根据银监会《商业银行信用卡业务监督管理办法》的规定，商业银行从事银行卡收单业务，应具有良好的公司治理结构、从业信誉、内控机制、案件防控体系，具有合格的高管人员、员工队伍、经营场所、技术设施、业务系统及外汇资质（如申办外卡收单业务）。除具备上述一般条件外，并应具备以下特别要求：(1) 实缴注册资本不应低于1亿元人民币；(2) 具备开办收单业务的良好业务基础；(3) 具备办理收单业务的专业系统支持，特别是有能力保障客户资料和业务数据的完整性和安全性；(4) 能够根据业务发展实际情况，持续开展业务成本计量、业务规模监测和基本盈亏平衡测算等工作及盈亏平衡测算等工作。另外，商业银行为其他合作机构（非特约商户）开展收单业务提供结算服务，还应履行以下特别程序：商业银行应提前30个工作日向当地银监会派出机构报告一系列材料，如银监会批准文件、合作机构相关资料、业务流程设计材料、书面合同、负责对合作机构进行合规管理的承诺书、风险事件和违法活动的应急处理制度等相关材料。①

2. 非金融支付机构收单业务准入

中国人民银行《非金融机构支付服务管理办法》首次明确规定，非金融支付机构经批准，可经营银行卡收单业务，突破了以往仅允许商业银行经营银行卡收单业务的限制。

根据《非金融机构支付服务管理办法》，非金融机构申请开办银行卡收单等支付业务，应申请支付业务许可证，并符合以下主要条件：（1）注册资本要求。全国性非金融收单机构的实缴注册资本均不应低于1亿元人民币，在省级区域内从事支付业务的，其实缴资本不应低于3 000万元人民币。（2）主要出资人②须为依法设立的有限责任公司或股份有限公司，并应满足信息服务经验、连续盈利能力及最近3年内未因利用支付业务实施违法犯罪活动或为违法犯罪活动办理支付业务等受过处罚等条件。（3）具备符合要求的高级管理人员。（4）有符合要求的反洗钱措施、支付业务设施、营业场所及安全保障措施。（5）具备完善的组织机构、内部控制制度和风险管理措施。

（二）银行卡收单业务监管

根据银监会《商业银行信用卡业务监督管理办法》、中国人民银行《非金融机构支付服务管理办法》等相关监管规定以及银联③、维萨④等银行卡组织业务规则，收单机构经营银行卡收单业务，应主要遵循以下要求：

1. 特约商户管理要求

特约商户管理是指收单机构对特约商户进行的商户拓展、资质审核、签约、布放受理终端及后续对特约商户和受理终端进行档案管理、培训教育、监测检查等活动。

（1）特约商户审核入网监管要求。收单机构应当加强对特约商户资质的审核，实行商户实名制，不得设定虚假商户。收单机构应当对特约商户进行定期或不定期现场调查，认真核实并及时更新特约商户资料。对于非法设立、从事

---

① 银监会《商业银行信用卡业务监督管理办法》第十七条、第十九条及第三十条。
② 特指"拥有申请人实际控制权的出资人和持有申请人10%以上股权的出资人"。
③ 《银联卡业务运作规章之第二卷业务规则》（2010年12月版）。
④ 《VISA银行卡国际操作规章》（*Visa International Operating Regulations*）2012年10月15日修订版。可参见：http://usa.visa.com/download/merchants/visa - international - operating - regulations - main.pdf。

非法经营活动以及商户或商户法定代表人负责人已被列入有关不良信息共享系统（如在征信系统、银行卡组织的风险信息共享系统、同业风险信息共享系统中留有可疑信息或风险信息）的商户，收单机构不得与之签约拓展为特约商户。

（2）收单协议安排。收单机构必须与商户签订收单协议，明确各方权利义务关系、业务流程、收单业务管理主体、移动受理终端和无卡交易行为的管理主体等条款，并特别明确以下事项：向商户开放的交易和业务类型及相关受理要求；收单结算手续费率；受理终端的使用及管理要求；账户信息（持卡人卡号、PIN和磁条信息等）和交易数据保密条款；交易凭证的管理要求；资金结算、账务核对、差错处理、纠纷处置等要求；收单服务的终止和续展条件；相关业务风险承担方式和违约责任；等等。此外，如果收单机构与收单业务服务机构开展业务合作的，则应在协议中明确收单业务营销主体、各方权利义务关系及法律责任、移动受理终端和无卡交易的相关法律责任和经济责任等。

（3）商户受理银行卡的义务。除适用法律另有特别规定外，特约商户应按照联网通用原则受理银行卡，不得拒绝受理符合联网通用管理要求的银行卡、因持卡人使用银行卡而向持卡人收取附加费用（但当地业务监管机构允许且对其他品牌银行卡已经收取额外费用除外）或附加条件（如设定最低或最高交易限额等），或提供低于采用现金支付水平的服务。

2. 银行卡收单业务风险控制

（1）要求通过分类管理、及时核查提升业务管理水平。收单机构应建立商户分类管理制度和不定期现场检查制度，严格控制交易处理程序和退款程序，不得因与商户有业务往来而降低要求。收单机构应及时掌握商户信息变更的情况，完善交易监控机制；重点核对其银行卡受理终端使用范围、装机地址、装机编号是否与原有信息一致。

考虑到采取邮寄、电话、电视和网络等销售方式的商户具有较大风险，收单机构应对该类商户采取特殊的风险控制措施，加强交易情况监测，增加现场核查频率。

（2）要求运用多种指标提升风险管理水平。收单机构应对商户设定动态营业额上限。对特约商户交易量突增、频繁出现大额交易、整数金额交易、易额与经营状况明显不符、争议款项过高、退款交易过多、退款额过高、拖欠退款额过高、出现退款欺诈、非法交易、商户经营内容与商户类别码不符或收到发卡银行风险提示等情况，收单机构应及时调查处理、采取有效措施，降低风险。

(3) 强化收单受理终端机具管理。为了应对 POS 挪机移位、机具克隆等问题，收单机构应加强对机具管理，建立健全收单业务受理终端管理机制，设立管理台账，及时登记和更新受理终端安装地点、使用情况和不定期检查情况。除航空、餐饮、交通罚款、上门收费、移动售货、物流配送确有需求的商户外，其他商户如需安装移动受理终端，须经收单机构总部审批。如收单机构发现商户移机使用、出租、出借或超经营范围使用受理终端等情况，应立即撤除受理终端，并将特约商户、商户负责人姓名及身份证件等信息录入风险信息共享系统。

3. 网络收单业务特别监管要求

收单机构应加强对从事网上交易的商户及第三方支付平台的审核评估及监督管理，并应确保数据安全和资金安全。对于网站上未明确标注客户联系方式、安全管理声明、退货（退款）政策与具体流程及客户信息保护规定等方面信息的网络商户或第三方支付平台，收单机构不得与之签订收单业务协议。对于与第三方支付平台签约的商户，收单机构应进行不定期的资质审核情况或交易行为抽查，确保为从事合法业务的商户提供服务。

4. 银行卡收单业务外包监管

（1）收单业务外包基本原则。收单机构可将收单非核心业务外包，但收单机构作为特约商户管理主体的责任不因外包关系而转移，收单机构仍须承担因对特约商户和外包服务机构管理不善造成的所有风险责任。

（2）收单业务外包范围。对于以下收单核心业务，应由收单机构自主办理，除监管部门另有特别规定外，不得外包：一是特约商户实名制审核资质审核和签约；二是特约商户档案和信息管理；三是收单交易处理；四是特约商户资金结算；五是收单业务差错和争议处理；六是收单交易监测风险管控和处理。

（3）收单业务外包服务合同。收单机构应与外包服务机构签订书面协议，明确双方的权利义务，书面协议中应明确规定，外包服务机构在外包服务关系存续期间及终结后的安全管理责任保密责任及风险损失赔偿责任等。

（4）外包中的禁止性行为。外包服务机构不得实施下列行为：一是受理终端主密钥生成及其管理，二是向其他机构转让转包业务（但外包服务机构总部向子公司转让转包业务的除外），三是存储银行卡密码有效期卡片验证码等交易验证信息，四是自主设置交易路由或加载未经收单机构同意的程序，等等。

5. 规范银行卡收单业务定价机制

银行卡收单业务市场竞争主要涉及收单业务价格的竞争。关于收单业务定价及收费分配机制，2004年1月开始实施的《中国银联入网机构银行卡跨行交易收益分配办法》是国内银联卡收单市场（境外银行卡收单收益分配依相关银行卡组织业务规则确定）基本定价依据。该办法根据不同类型商户的不同利润水平，规定了不同的扣率标准，并提出了收单业务手续费按7∶2∶1之比例在发卡银行、收单机构及提供跨行信息转接的银联之间进行分润的利益共享机制。2012年11月19日，经国务院批准，中国人民银行发布《关于切实做好银行卡刷卡手续费标准调整实施工作的通知》（银发〔2012〕263号），规定自2013年2月25日起对境内发卡银行发行的银行卡在境内银行卡受理终端（但不包括互联网渠道）发起的消费交易手续费（商户手续费）进行大幅下调。

近年来，为规范银行收单市场竞争，监管部门加强了收单业务定价机制的监管，主要包括：（1）按照《价格法》的规定对收单成本进行测算，规范收单业务手续费类别与基准价格，并根据市场竞争原则，适当降低商户结算手续费费率标准。（2）建立弹性定价机制，对商户采取差别定价下的浮动定价，促进产业链的良性发展。（3）规定收单机构不得采取不计成本地降低手续费等恶性竞争行为，并规定违规设置商户类别码和手续费率的处罚措施以及其他市场参与方的追偿机制，抑制收单机构的违规冲动。

三、银行卡收单业务若干问题法律分析

（一）银行卡收单业务监管问题

1. 银行卡收单业务监管的重合与冲突问题

对于我国银行卡收单业务，中国人民银行及银监会等均有一定监管权，但监管标准和监管对象有所区别，监管合力尚未形成。[1]银监会《商业银行信用卡业务监督管理办法》关于商业银行收单业务的监管规定比较明确细致，可操作性较强。中国人民银行《非金融机构支付服务管理办法》等规定，主要从业务准入等方面对非银行类收单机构实施监管，有关监管标准及要求还不够细化和

---

[1] 丁康吉、吕立恒：《信用卡收单监管机制基本建立》，载《中国信用卡》，2011（3）。

明确。因此，需要监管部门之间加强协调，解决银行卡收单业务监管重合与冲突问题，克服多头管理体制的缺陷，制定适用于所有收单业务机构的银行卡收单业务监管规定，确保银行类收单机构与非金融收单机构收单业务监管口径趋于一致，营造公平的竞争环境。

2. 银行卡收单业务监管方式问题

加强和改进我国银行卡收单业务市场监管，应确保监管部门的中立性和独立性，有效协调银行卡收单市场各方参与者的利益关系，而这必然触及中国银联的独特地位以及中国银联与银行监管部门的特殊体制联系。

根据目前体制，中国人民银行是作为维护支付体系稳定的主要监管机构，主要负责监管银行卡组织服务价格、协调各方利益、制定服务质量标准等。中国银联的主要职责是统一全国各自为政的银行卡信息交换和资金清算结算，推动银行卡的联网通用。由于中国银联是由中国人民银行牵头组建的，其与中国人民银行存在模糊的管理关系，甚至在一定程度上代行人民银行的监管职责，造成了职责混乱。完善银行卡市场监管，须切断中国银联与主管部门之间过分密切的体制联系，从权力配置上消除对中国银联不合理的行政保护和行政特权。[1]

（二）银联直联收单模式有关问题分析

1. 银联与收单银行的收单责任界定问题

银联直联收单模式下，如何界定收单风险管理责任，是国内从事银联卡收单业务的商业银行普遍遇到的一个难题。在银联直联收单模式下，收单交易链中包括特约商户、银联和发卡银行三个节点，其不同于间联模式下四个节点（另加收单机构）的交易结构。在间联收单模式下，作为收单机构的商业银行能够对交易进行实时监控，并能对可疑交易进行实时拦截，切实履行收单风险防控义务。但在直联收单模式下，银联机构（如"银通商务"）直接参与商户拓展、商户培训、机具布放及维护等服务，成为专业收单机构，而商业银行"仅提供后台资金结算服务"，若要求商业银行承担收单风险管理职责，则不合逻辑。[2]因此，在直联收单模式下，收单风险管理主体当属何方，确有明确之必要，否则，倘若收单主体不明确，直联收单风险损失的责任归属不明确，则将直接

---

[1] 程桂孙：《我国银行卡产业市场结构重组的分类管制政策研究》，载《上海金融》，2010（11）。
[2] 陈涛：《外资银行在中国银行卡市场的机遇、挑战和前车之鉴》，载《中国信用卡》，2012（5）。

影响直联收单风险的防控。①

2. 收单业务价格竞争规制问题

关于收单价格及收益分配问题，中国人民银行《关于〈中国银联入网机构银行卡跨行交易收益分配办法〉的批复》（银复〔2003〕126号）及中国人民银行《关于切实做好银行卡刷卡手续费标准调整实施工作的通知》（银发〔2012〕263号）所规定的分润比例均体现了向发卡银行倾斜鼓励发卡的目的，发卡银行也有动力积极拓展商户，并以收单银行身份受理本行卡，无须经过银联清算，从而提高收单业务手续费分润。因此，从收单银行角度分析，银行一般倾向于以间联网络模式办理收单业务。

但是，在间联模式下，因囿于"一柜一机具"的监管限制，部分收单银行为维系商户关系，采取以降低商户手续费等方式不当竞争，放宽了对商户准入及业务风险的监督管理，影响了收单市场的健康发展。为规范市场竞争，部分地方银行监管机构强制要求商业银行采取直联模式，并要求在规定时间内终止间联签约商户，并全部重签直联商户，②却有矫枉过正之嫌。银行卡收单市场各方应有权根据市场需求，选择采用间联收单还是直联收单，而不宜采用行政命令的方式强制性要求。从规范收单市场发展角度看，既要防止市场无序竞争，也要防范行政垄断，否则，不仅可能恶化银行卡产业链，甚至导致产业整体处于不能盈利的窘境。③

银行卡收单市场属典型的双边市场。为规范银行卡收单业务市场竞争规制，有必要制定合理的银行卡交易手续费和商户扣率的定价机制，完善特约商户、收单机构、发卡银行和银行卡组织等相关主体的利益分配协调机制。

（三）银行卡收单争议解决机制

1. 银行卡收单争议处理规则

在银行卡收单业务中，收单机构与发卡银行之间可能因交易授权、欺诈、

---

① 欧阳卫民：《进一步加强银行卡风险管理，促进银行卡产业又好又快发展》，载《中国信用卡》，2009（11）。

② 据媒体报道，中国人民银行深圳中心支行和深圳银监局2008年联合下发《关于清理间联POS机具的通知》，要求各商业银行对已布放间联POS机进行清理。对既有间联POS机又有直联POS机的特约商户，间联POS机直接撤销；对只有间联POS机的特约商户，要将其更换为直联POS机。该通知引发市场的广泛争议。参见：http://finance.sina.com.cn/roll/20080506/02102197692.shtml。

③ 崔素芳：《关于规范信用卡业务市场监管的若干建议》，载《中国信用卡》，2009（2）。

清算差错、跨行信息转接失误、账单错误、一方违反银行卡组织运行规则等发生争议。在发生争议时，收单机构及发卡银行应当通过自主协商方式解决；自主协商不成的，则可依据双方共同参加的银行卡组织制定的运行规则或争议解决机制（如中国银联制定的银联卡业务运作规章及银联卡争议处理规定、维萨组织制定的《维萨银行卡国际操作规章》）在银行卡组织内部解决。有关银行卡组织的操作规章及争议解决规定体现了高效安全便捷等原则。

（1）中国银联争议解决机制。根据中国银联 2011 年 10 月修订的《银联卡争议处理实施细则》的规定，银联成员机构及其他入网机构之间因跨行收单交易发生争议，可通过差错处理程序（如查询、调单等）协商解决；若协商解决无效，可向中国银联争议处理委员会[①]申请裁判；争议处理机构作出的裁判为终局裁判，但对符合申诉条件的裁判结果，争议相关方可向申诉受理机构提起申诉的除外。

（2）维萨争议解决机制。根据 2012 年 10 月修订的《维萨银行卡国际操作规章》的规定，在处理收单机构与发卡机构之间银行卡收单交易等产生的争议时，应遵循高效处理、友好协商、相互协助、尊重并平衡各方利益（包括持卡人及特约商户）以及拒绝不当得利（如对持卡人重复扣款）等原则；如各入网机构不能通过协商方式解决争议，该争议应提交维萨裁决；维萨作出的裁决为最终裁决，各方不得再行申诉。

（3）万事达组织争议处理机制。根据万事达 2012 年 6 月 29 日修订的《万事达退单拒付操作指南》[②]，发卡机构在收到收单机构的请款（索款通知）要求后，如发现该交易符合指南规定之争议事项，应及时启动退单拒付程序；收单机构在收到发卡机构的退单拒付通知后，可视情况再次向发卡机构"再请款"要求；若发卡机构再次退单拒付（二次退单或拒付），收单机构即可根据万事达规定的争议处理规则，将系争交易提请万事达组织裁定。在有关争议处理规则中，万事达也强调指出，争议任何一方不得因有关争议而获取不当得利。

2. 银行卡组织裁判（仲裁）法律效力问题

在银行卡收单争议中，发卡机构与收单机构作为银行卡组织的成员或协议

[①] 根据《银联卡争议处理实施细则》，中国银联争议处理委员会是中国银联董事会下设的专门委员会，是解决中国银联成员机构之间银行卡跨行交易争议的机构，设在中国银联。争议处理委员会由中国银联成员机构、中国银联以及部分社会机构的银行卡业务、技术和法律等专家组成，每届任期两年。委员主要由中国银联、中国银联成员机构等推荐，经中国银联董事会审核同意后聘任。

[②] 万事达 *Chargeback Guide*，参见：www.mastercard.com/us/merchant/pdf/TB_CB_Manual.pdf。

入网机构，应当接受并遵守银行卡组织的有关业务规章及争议解决规则，其中包括仲裁条款。在发生争议时，发卡机构与收单机构在平等基础上将争议提交银行卡组织以非诉方式解决，并依据银行卡组织的规则进行裁定，该裁定应对争议双方具有约束力。对于银行卡组织主持的仲裁，其表面上看是合意性仲裁，实际上为强制性仲裁，凡接受银行卡组织的业务规则的参与方，均须承认该仲裁条款及仲裁裁定的法律效力。[①]

关于银行卡组织等商事调解机构所作裁定的法律效力问题，最高人民法院有关司法解释也特别指出，经商事调解组织、行业调解组织或者其他具有调解职能的组织调解后达成的具有民事权利义务内容的调解协议具有民事合同性质，当事人可申请公证机关赋予其强制执行效力；债务人不履行或者不适当履行具有强制执行效力的公证文书的，债权人可以依法向有管辖权的人民法院申请执行。[②]

四、银行卡收单业务法律风险防控

在银行卡发卡业务中，发卡银行可以通过控制持卡人额度，降低授信风险，但是，在银行卡收单业务中，特约商户却"有效地拥有银行无限额授信"——理论上可以在持卡人授信额度内获取刷卡交易资金。如果特约商户发生欺诈等行为套取银行信用，不仅会给收单行带来收单扣率损失，还可能使发卡银行及收单银行承担巨额资金损失。因此，加强和规范银行卡收单业务风险管理，是银行卡业务健康发展的重要条件和基础。

（一）建立健全收单业务风险管理体系

1. 完善收单机构公司治理架构

收单机构特别是银行类收单机构应建立完善稳健的公司治理架构及相关制度，规定收单业务发展战略、收单业务风险管理组织架构、内部控制体系、收单机构管理层对银行卡收单业务承担的职责等内容。收单机构的公司治理相关政策制度应与收单机构承担的风险状况相匹配。

[①] 杨振东：《信用卡法律理论及适用》，179页，北京，社会科学文献出版社，2012。
[②] 最高人民法院《关于建立健全诉讼与非诉讼相衔接的矛盾纠纷解决机制的若干意见》（法发〔2009〕45号）。

2. 健全收单机构的风险管理制度

收单机构应建立与其收单业务市场规模及地位相匹配的全面风险管理制度（包括风险监督管理制度等），有效识别、评价、监测、控制银行卡收单业务中可能面临的信用风险（包括商户及发卡机构的信用风险）、流动性风险（如收单机构垫资而发卡机构拒付退单等）、操作风险（如员工违规操作、持卡人或商户欺诈风险等）、合规风险（包括违反银行卡组织业务规章）以及信誉风险（如收单机构被卷入银行卡欺诈等违法行为等）。在此方面，2000 年美国伊利诺伊州立国民银行（National State Bank, Metropolis, Illinois）倒闭案即是前车之鉴：该行因未能有效控制银行卡收单业务的信用风险及交易风险等风险，致使出现流动性危机，最终不得不申请停业并被美国联邦存款保险公司（FDIC）接管。[①]

另外，收单机构有必要制定收单业务风险管理政策及监控程序，保障数据完整及客户资料安全（包括数据保留与保密），并制订适当的灾备及复原计划，定期测试，慎防系统失灵及意外中断；加强对欺诈交易的识别、监控及调查分析，并采取其他适当措施处理违规商户。

（二）加强特约商户风险管理

1. 强化特约商户准入资质审核

收单机构在拓展特约商户时应该严格落实特约商户实名制，充分利用人民银行征信系统及公安部公民身份核查系统，核实特约商户及特约商户法定代表人或负责人、授权经办人的个人身份，查询中国银联风险信息共享系统及同业往来风险信息共享系统，不发展有不良记录的商户。另外，收单机构发展特约商户要实行新申请商户现场调查制度，实地勘察商户经营场所，查验商户营业执照原件，了解商户经营情况及财务状况，避免拓展虚假设立及资质不良的商户。对于采用直联模式拓展商户的，应特别明确银联商务应承担对特约商户的入网审核职责。

2. 加强现场检查及业务监控

收单机构应定期对商户进行现场检查，及时发现商户风险隐患。收单机构可以在对商户进行风险等级分类的基础上，通过对不同风险等级商户进行定期

---

① 美国货币监理署（OCC）与联邦存款保险公司（FDIC）2000 年 12 月 14 日新闻公报 [PR - 90 - 2000 (12 - 14 - 2000)]：*FDIC approves the assumption of the insured deposits of national state bank METROPOLIS, ILLINOIS*。http://www.fdic.gov/news/news/press/2000/pr0090.html。

及不定期现场检查的方式，掌握特约商户的经营状况，检查信用卡受理是否规范，及时发现商户风险隐患，并采取有效措施杜绝风险的发生。

此外，收单机构还应加强对高风险商户的交易及商户账户资金的监控，有效防范收单业务风险。收单机构应完善商户交易的风险监控制度及监控系统，实现业务风险的集中控制，提高风险甄别率，提升银行卡风险监控水平。

3. 妥善处理商户风险事件，防止资金损失

如果特约商户发生风险事件，收单机构往往会因商户欺诈金额及笔数超标、持卡人拒付比率超标等面临罚款处罚；如果发卡银行调单，商户逃逸，收单机构会因无法提供交易单据而须承担相应的经济责任。在这种情况下，收单机构采取及时有效的风险防控措施，可以有效降低其危害程度，减少资金损失。

4. 建立健全风险信息共享机制

收单机构首先应实现系统内商户风险信息的共享，并加强与同业机构以及银行卡组织之间的信息交流与协调合作，共享风险信息和风险案例，共建联合防控机制。

在银行卡收单业务中，各收单机构既有竞争，又有合作。竞争主要体现在商户拓展等方面；而合作应着重于风险管理、市场秩序维护等领域。收单机构加强风险管理的经验交流，共同防范不合格商户或欺诈商户、假卡犯罪等风险交易，有助于提高风险管理能力，避免恶性竞争。

5. 开展账户信息安全评估，防范信息泄露风险

收单机构应严格防范经营风险，确保持卡人账户信息及交易数据安全，防止信息泄露事件发生。例如，收单机构组织商户开展账户信息安全评估，可以在一定程度上防范商户发生账户信息和交易信息泄露事件。账户信息评估可以采用自查方式，也可以聘请有资质的评估公司进行外部评估。通过访谈被评估单位的信息安全管理人员，了解账户信息安全管理基本情况，查阅被评估单位信息安全岗位设置、人员管理、工作流程、应急处理等方面的规章制度，识别分析特约商户在账户信息安全方面可能存在的安全隐患，有利于特约商户加强信用卡账户信息安全管理，防范信息泄露事件的发生。[①]

6. 加大对特约商户的业务培训

收单机构应定期或不定期组织对商户收银员进行分级式、差异化的培训，

---

① 潘晶：《加强收单业务管理 有效防范商户风险》，载《中国信用卡》，2012（2）。

提高收银员的操作技能；及时对商户进行风险提示，包括近期卡欺诈的特点、范围等情况；积极与商户联系沟通，及时了解商户在使用POS机等银行卡受理机具及资金清算过程中存在的问题，并给予实际解决。

（三）有效防控退单拒付损失风险

1. 利用银行卡组织业务规则维护自身正当权益

目前，国内主要收单机构特别是银行类收单机构均已加入国内外银行卡组织。为维护收单机构的正当权益，收单机构应加强学习和培训，研究并熟练应用有关银行卡组织不时发布修订的银行卡业务运行规则及争议处理机制，如相关银行卡的受理程序、交易单据的保存、退单拒付操作流程、交易清算、争议处理程序（包括提起争议仲裁的时效等）等方面规定，避免因不熟悉规则而遭受不必要的损失。必要时，收单机构可根据银行卡组织运行规则，制定相应的收单业务操作手册，供相关业务人员学习使用。

2. 寻求司法途径，追偿风险

如发生退单拒付等情形，收单机构应积极寻求司法途径，追偿先行偿付的资金，特别是持卡人与商户涉嫌勾结套现、恶意透支等信用卡诈骗行为，要及时报案，准备相关证明材料提起诉讼，通过法律途径挽回损失。

3. 建立银行卡收单业务风险基金

在我国现行信用体系下，收单业务本身存在较高的风险。收单机构可考虑从每年的盈余中按一定比例提取并建立风险基金，先行弥补风险损失，提高收单机构的风险抵御能力。

4. 追加特约商户保证金或其他担保

收单机构可视特约商户风险状况及市场竞争状况，在必要时，要求特约商户提供保证金（可以一次性支付或在额度内按收单交易量按日计收）或其他方式担保，为收单机构因收单交易退单拒付所致损失提供担保；也可以采取以独立第三方监管账户方式，依据持卡人、发卡机构或银行卡组织的要求，对商户获取交易资金的方式及条件作出规定，尽可能避免因特约商户未按约定提供商品或服务等情形下，收单机构面临商户信用风险。

5. 利用保险方式缓释收单业务风险

实践中，收单机构通过购买第三方责任险、财产险等保险产品，可以在一定程度上补偿因退单拒付造成的损失。但是，收单机构应正确认识通过保险方式转移或缓释收单业务风险的局限性。例如，保险合同中的免责条款或除外条款等均可能限制或营销收单机构在发生损失获得的保险赔偿；又如，在发生大规模退单拒付情形时，保险公司偿付能力不足也可能影响收单机构的受偿。因此，商业银行在购买有关保险产品时，应当评估该保险产品能否有效弥补收单业务风险损失，并尽可能选择购买资质、信用良好的保险公司开发的保险产品；否则，商业银行在转移收单业务风险的同时，可能需要承担更大的交易对手信用违约风险。

（四）审慎防范收单业务外包风险

为规范收单业务外包，防控相关风险，收单机构应根据有关监管要求，制定与收单外包业务有关的风险管理政策，并应注意以下问题：

1. 外包服务机构的资质审核

收单机构在选择外包服务机构时，应充分审查评估外包服务机构的经营状况、财务状况及实际风险控制和责任承担能力。

2. 合理规范业务外包的范围

除根据监管要求不得将收单核心业务外包之外，对涉及收单交易或客户信息安全等业务的外包，收单机构亦应审慎处理。

3. 外包服务机构的管理和监督

作为发包方的收单机构应与外包服务机构订立外包服务协议，明确规定各方的权利义务、对第三方的责任承担以及纠纷解决机制等问题。收单机构还应注意防范外包服务机构潜在的利益冲突问题（如外包服务机构同时为收单机构竞争对手提供相同或类似的外包服务），并避免因过度依赖外包服务而引发的系统风险。

4. 防范同业外包风险

如果收单机构作为外包服务机构，受其他收单机构委托提供收单外包服务，外包服务机构也应当建立有效的收单业务风险管理机制，有效隔离自营收单业务与代理收单业务风险，防控由于对外提供收单外包服务而增加收单业务风险。

第六章 银行卡业务合作与竞争法律风险防控

银行卡市场是由发卡银行、收单机构、持卡人、特约商户、银行卡组织以及相关专业服务机构多方主体共同参与的产业链条,参与银行卡市场的各方主体既存在业务合作关系,也存在竞争关系。同时,银行卡市场还具有双边市场的特征,由持卡人与发卡机构供需关系构成的发卡市场一方参与者以及由收单机构与特约商户供需关系构成的收单市场一方参与者通过中间平台进行交易,而且任何一方参与者加入平台的收益取决于该平台另一方参与者的数量,双方参与者相互作用、相互依存,既有竞争,又有合作,市场各方利益需通过银行卡监管特别要求或银行卡交易平台有关规则共同维护和平衡。

本章通过分析银行卡业务各主要市场主体的业务合作与竞争法律关系,阐述银行卡市场规范及风险管理相关问题,并结合我国银行卡市场实际,对防控银行卡业务合作与竞争法律风险提出若干建议。

一、联名发卡业务合作法律分析

(一)联名发卡业务概述

为了满足其不同细分市场需求,拓展金融产品服务领域,实现优势互补,发卡银行加强与营利性机构、非营利性机构以及其他社会组织合作发展发卡业务,以提高发卡机构的品牌形象及社会认知度,扩大其银行卡发卡市场份额。

发卡机构按照客户群体的不同属性以及合作机构的特点设计不同的联名卡项目,联名发卡的主要形式包括联名卡、认同卡等。

所谓联名卡,是指以发卡银行与营利性机构合作(如航空公司、汽车经销商、加油站、大型商业机构等)发行的具有银行卡基本服务功能,并融合联名方的特定增值服务功能,为客户提供个性化服务的银行卡附属产品。

所谓认同卡,是指发卡机构与大学机构(包括校友会等)、慈善基金会等非营利性机构合作向大学生、校友会成员或基金会成员或认同慈善事业的人士发行的，发卡机构依据协议约定向合作组织捐赠部分收益，并为持卡人提供特定优惠的银行卡，如中国工商银行"嫣然基金卡"、招商银行"清华校友认同卡"等。

(二) 合作发卡业务需注意的法律风险

1. 合作机构的资质及商誉问题

联名卡合作各方应当对各自具有的资质、依法合规经营等方面进行承诺，确保相关业务符合法律法规及监管规定。此外，发卡银行还应关注合作机构的商誉及社会责任问题，如发生合作机构社会形象（如合作机构发生重大产品责任事故、重大安全事件等）负面影响事件，可能导致合作银行的声誉受损。

因此，在推出联名发卡产品前，发卡银行应对合作单位进行慎重的选择，否则，不仅该产品本身难以取得成功，而且会对所依托的银行卡，甚至对发卡机构的声誉产生不良影响。发卡银行在遴选合作单位时，应关注以下方面问题：

(1) 品牌的社会形象。发卡银行须考察合作单位在其所在行业的位置，客户对其产品和服务的需求程度以及其提供的产品和服务的质量水平；了解合作单位可能用于该联名卡产品的各种资源的配置情况，包括金融资源和人力资源等。

(2) 客户基本情况。发卡银行须了解合作单位拥有的忠诚客户的规模，客户群体层次水平、构成情况和最常用的消费方式，在此基础上发现目标客户并为其量身定制适合银行卡产品。

2. 知识产权保护及非竞争原则

(1) 知识产权保护。发卡银行与合作机构发行联名卡，应取得合作机构商标、商号及其他知识产权的使用许可，并对该等知识产权的授权期限、使用费及条件等问题作出明确约定。若联名卡涉及第三方知识产权，还须取得该第三方的书面同意或授权。

(2) 商业秘密保护。在联名发卡业务中，合作双方应关注业务合作中所涉商业秘密的保护问题，并通过签署保密协议等形式，明确合作各方对合作中获取的他方非公开商业信息承担的保密责任，尤其应特别约定商业秘密的范围及例外情形、商业秘密保护期限、保护方式以及相应的违约责任等。

(3) 非竞争原则或排他性合作安排。合作双方在发卡业务合作协议中，应明确该等合作发卡安排是否具有排他性,即是否限制合作一方与其他存在竞争关系的第三方开展类似或相同的合作事项;如果发卡业务合作不具有排他性,则有必要约定,合作双方应明确最惠合作待遇条款,即一方给予任何第三方的优惠,在约定期限内,不得优于该方给予合作对方的条件或便利,但双方另有特别约定的除外。

3. 联名机构主体变更问题

在联名发卡合作期间,若联名合作机构因股权转让、重组兼并或分立等情形发生联名机构主体变更及权利义务关系之承继,发卡银行有权要求并协助联名机构采取必要措施,处理持卡人善后事宜。发卡银行在不损害持卡人利益的前提下,可采取更换银行卡、要求合作机构的继受主体依法继续承担相应的法律责任和义务等方式,尽力避免因联名机构主体变更等事由对联名持卡人及发卡银行造成负面影响,并以双方共同客户的利益为核心,做好相关服务工作。

4. 持卡人用卡争议处理

若联名卡或认同卡持卡人在用卡过程中出现问题,特别是联名合作机构提供的服务出现问题(例如依约履行承诺的优惠便利等),合作双方接到客户的询问或投诉,应给予耐心解释并协助其找到解决问题的途径,不应相互推脱或推诿。如有关争议涉及发卡银行的业务问题,则按照发卡银行业务流程处理;如争议涉及合作机构的业务,联名机构应承担相应的责任,但是,如果联名机构不能妥善处理争议或问题涉及合作双方,发卡银行应根据发卡合作协议的约定,加强与合作机构的协调,切实保证持卡人的权益,维护发卡银行及合作机构的声誉。

5. 联名发卡慈善捐赠相关问题

根据认同卡联名发卡合作安排,认同卡一般特设捐赠功能。发卡银行根据持卡人签署的捐赠协议及持卡人的特别授权,定期从持卡人账户中扣收一定金额,向非营利性联名发卡合作机构(如慈善基金会等)进行捐助;或者根据发卡合作协议安排,由发卡银行根据认同卡持卡人消费情况,并按消费金额的一定比例,向合作机构或合作机构指定的公益基金定向捐赠。[①]对于认同卡所涉捐

---

① 例如,根据招商银行"清华校友认同卡"的业务规则,凡持"清华校友认同卡"刷卡消费者,除获得正常招行刷卡积分外,还可直接为清华大学的教育事业发展作贡献。招商银行将根据持卡人年度消费情况,向"清华教育基金"额外捐赠持卡人消费金额(有积分消费)的1‰。可参见招商银行网站:http://creditcard.cmbchina.com/products/info/8343.htm。

赠事宜，发卡银行与合作机构应注意以下问题：

（1）明确捐赠主体。如捐赠人为持卡人，则应在相关协议中明确授权发卡银行按约定从指定账户扣款，受捐机构应提供必要的捐资证明；除非另有约定，持卡人有权终止或中止捐赠。

（2）明确捐赠资金的管理主体。根据我国《公益事业捐赠法》的有关规定，认同卡所涉捐赠项目的受捐人为发卡合作机构或其指定机构，该受捐人应依法负责善款的使用、管理及信息披露等事宜，发卡银行仅应负责执行持卡人款项支付的有关指令。在联名发卡营销宣传环节及与持卡人签署的捐款协议中，应明确捐赠资金的管理主体。另外，根据《公益事业捐赠法》第八条的规定，如涉及对捐赠人的公开表彰，应当事先征求持卡人（捐赠人）的意见。

（3）捐赠资金税前扣除。根据我国《公益事业捐赠法》的有关规定，自然人和个体工商户依照本法的规定捐赠财产用于公益事业，依照法律、行政法规的规定享受个人所得税方面的优惠；财政部、国家税务总局、民政部在《关于公益性捐赠税前扣除有关问题的通知》（财税〔2008〕160号）中也进一步明确，个人通过社会团体、国家机关向公益事业的捐赠支出，按照现行税收法律、行政法规及相关政策规定准予在所得税税前扣除。发卡银行与合作机构应明确告知持卡人善款捐助如何申报和享受上述税收优惠政策，合作机构应承担协助和配合义务。

二、银行卡收单市场合作法律分析

（一）特约商户对银行卡的审核义务

1. 特约商业银行卡审核义务的法律依据

关于特约商户对银行卡审核义务，其法律依据是中国人民银行《银行卡联网联合义务规范》（银发〔2001〕76号）。根据该规范文件规定，特约商户应审核卡片签名条上无"样卡"或"专用卡"等非正常签名的字样，卡片无打洞、剪角、毁改或涂改的痕迹以及信用卡的有效期、照片等记载事项，要求特约商户收银员在POS机上刷卡，输入交易金额，要求持卡人通过密码键盘输入6位个人密码，如发卡行不要求输入密码的，由收银员直接按确认键，并要求在交易成功后，收银员须核对单据上打印交易账号和卡号相符后交持卡人签名确认，并对信用卡交易核对签名与卡片背面签名是否一致后，将银行卡、签购单回单等交持卡人。

2. 特约商户对银行卡的审核标准

关于特约商户对银行卡的审核标准，一般依据收单机构与特约商户签署的收单业务协议之约定，并根据诚实信用原则，要求特约商户尽善良注意义务，不能苛求为专业鉴定人员的严格注意义务。

（1）对银行卡基本要素的审核。一般来讲，特约商户对信用卡的审核应该包括以下内容：信用卡为特约商户可以受理的信用卡，非没收卡、伪冒卡；信用卡在有效期内，未列入止付名单；信用卡签名条上无"样卡"或"专用卡"等非正常签名的字样；信用卡无打洞、剪角、毁坏或涂改的痕迹；持卡人身份证或卡片上的照片与持卡人相符；POS机显示的卡号同受理的信用卡卡号一致等。

（2）对信用卡密码的审核。如果持卡人的信用卡设定密码，持卡人在刷卡消费时应输入正确的密码，特约商户应注意审核POS机上是否有持卡人密码输入错误的提示，如密码输入错误，应提示持卡人重新输入密码。

（3）对信用卡签名的审核。特约商户对信用卡签名的审核主要包含以下三个方面：一是审核持卡人签名的拼音与信用卡正面的拼音是否一致，二是持卡人所签姓名与信用卡背面签名条所签姓名是否一致，三是持卡人所签姓名与信用卡背面签名条所签姓名的笔迹是否存在显而易见的重大差异。当然，特约商户的审核仅是一种形式审核，并不要求特约商户具有专业鉴定人员的审核标准，只要能够达到上述三方面要求，就可以认定特约商户已经尽到谨慎注意义务。

（二）商业银行与专业收单机构的业务合作竞争

近年来，我国收单市场日趋多元化，银行卡收单市场从原先由商业银行主导，逐步发展为商业银行、银联商务及其他专业收单机构多方主体共同参与竞争的市场，其中银联商务已发展成为国内最大的银行卡专业收单机构。收单业务市场的开放与多元化，收单市场各方主体利益须进行重新分配，竞争格局须重新调整，亟须监管部门及行业自律机制的协调和规范。在此方面，应注意防控以下法律风险：

1. 明确收单风险承担主体

由于专业收单机构成立发展历史较短，风险承受能力相对不足，因此，在实践中，特别是在银联直联模式下，采取商业银行和专业收单机构联合收单的模式，由专业收单机构提供商户拓展、终端机具，并提供机具维护等服务，但部分收单核心业务，如商户风险管理及交易监控、争议处理等问题，仍需商业银行负责处理。但是，由于商业银行与专业收单机构在收单业务中存在竞争关系，两者合作存在一定潜在冲突，因而，在收单业务合作中，明确合作双方收单责任承担主体至关重要。

2. 完善收单业务市场监管与规范

随着收单市场主体多元化，各方利益关系亦趋复杂化，亟待监管部门规范。但是，如果监管部门不能切割与部分收单市场主体之间的特殊体制联系，不能以市场规则制定者及守护者之身份公正客观地处理收单市场竞争中出现的问题，则可能扭曲收单市场竞争秩序，不利于收单市场的良性竞争和健康发展。

例如，中国人民银行2012年6月发布的《银行卡收单业务管理办法（征求意见稿）》中有关收单机构分支机构数量要求、不得跨省开展商户拓展及相关收单业务、线下银行卡交易不得转变为互联网交易等规定[①]，被认为是为商业银行及银联商务等具有机构网络优势的收单机构"量身定制"，而限制了其他第三方支付机构等收单机构的业务拓展能力；对不同类型收单机构，监管部门"亲疏有别"，偏袒商业银行及银联商务，而有"打压第三方支付机构的味道"。[②]

三、银行卡组织业务合作竞争法律分析

在银行卡产业链条中，银行卡组织是协调并平衡发卡市场与收单市场各方利益的重要桥梁和纽带。银行卡组织通过管理、推广自有支付品牌，授权发卡机构和收单机构使用其标识，运营受理银行卡交易所必需的基础设备及网络，提供银行卡跨行交易信息转接及清算服务，并制定卡片技术标准及其他有关要求，促进银行卡产业链的纵深发展。从历史发展看，银行卡组织之间的合作与竞争关系比较复杂，银行卡组织的竞争行为也是各国银行卡市场监管特别是反垄断监管的重要内容之一。

（一）境外银行卡组织限制竞争行为的反垄断法律规制

境外一些银行卡组织根据竞争需要，在其业务规章中规定排他性规则，即

---

① 《银行卡收单业务管理办法（征求意见稿）》第四十七条、第五十二条等规定。
② 宋滟泓：《央行严管银行卡收单业务惹争议　亲疏有别第三方支付企业欲哭无泪》，载《IT时代周刊》，2012。

限制其会员机构申请成为其他银行卡组织的成员。在美国以及欧盟区域，一些银行卡组织因其排他性规则，多次受到有关反垄断当局的处罚。例如，2007年10月3日，维萨银行卡组织因拒绝接纳摩根斯坦利成为其会员，而被欧盟委员会处以2 010万欧元罚款。欧盟委员会认为，2000年3月至2006年9月期间，维萨在没有任何客观依据的情况下，一直拒绝摩根斯坦利成为其会员，导致后者无法向欧盟各国的商业机构提供维萨卡结算服务。维萨的上述行为构成了限制性商业行为，违反欧盟反垄断法律规定。2006年9月，维萨与摩根斯坦利达成和解，并接纳后者为其会员。

又如，1998年，美国运通公司向美国司法部指控维萨、万事达等银行卡组织禁止其会员机构发行美国运通卡，有关行为违反了美国的反垄断法（即《谢尔曼法》），致使美国运通丧失诸多商业机会，要求维萨及万事达赔偿；维萨与万事达后来分别于2007年11月、2008年2月与美国运通达成和解，维萨与万事达两大银行卡组织共向美国运通公司支付40亿美元的和解补偿金。[①]

（二）中国银联与境外银行卡组织转接清算路由争端

在银行卡联网通用之前，我国银行卡支付清算主要由发卡行（同时也是收单行）自行清算，在办理外卡收单业务以及发卡行与境外银行卡组织联合发行的银行卡在我国境外使用（境外用卡）时，则通过境外银行卡组织清算系统进行转接清算。在我国银行卡联网通用之后，特别是在2002年银联成立后，国内银行卡跨行支付清算须通过银联系统转接清算，外卡收单及境外用卡交易仍通过境外银行卡组织清算系统转接清算。近年来，随着银联国际化进程的加快，银联境外受理商户网络日益完善，国内银行发行的银联银行卡也可以在境外受理使用，并通过银联清算系统转接清算。但与此同时，银联与境外银行卡组织在银行卡交易路由的争议冲突逐渐浮出水面，并日益激化。

1. 双标识卡 BIN 权属及路由争端

银行卡的卡 BIN 由国际标准化组织（ISO）分配给从事跨行转接交换的银行卡组织，并据以区分银行卡交易网络转接清算路径的技术依据，也是银行卡组织品牌的核心构成要素。

2002年中国银联成立后，加大了对国内银行卡市场的规范力度，要求所有国

[①] 孙毅坤、欧阳琛、黄晓艳：《银行卡产业监管：国际经验》，37～38页；杨振东：《信用卡法律理论及适用》，165～168页。

内银行卡带有银联标识，各发卡银行为了持卡人在境内和境外刷卡便利，发行了同时带有"银联"和维萨或万事达、JCB、运通等国际组织标识的双标识双币卡，维萨等境外银行卡组织虽没有与中国银联签订规范协议，但默许了这种做法，这是在中国大陆以外国家和地区尚未遇到的历史遗留问题。

由于维萨/银联双标识卡的卡BIN是4开头，该卡BIN属于维萨品牌，根据维萨运作规章，所有跨境交易应由维萨转接；但同时双标识卡也带有银联标识，根据中国人民银行《关于规范和促进银行卡受理市场发展的指导意见》（银发〔2005〕153号）、银联规则以及银联与境外收单机构的协议，跨境交易的转接清算也可由银联完成。因此，银联和维萨对维萨/银联双标识卡转接权都有各自的解释基础，双方未就双标识卡权益达成一致，导致双方在双标识卡路由问题上产生争议。

2. 转接清算路由争端的实质是国内人民币支付服务市场开放问题

虽经多年努力，维萨及万事达等国际银行卡组织仍未能取得在中国境内建立人民币卡交易转接和清算网络的权利，其在中国市场的收入依赖其在国内双币种（或多币种）银行卡跨境交易带来的收益补偿。但与此同时，银联近年来不断加快境外银行卡市场拓展。截至2012年3月，银联境外受理网络已遍及125个主要国家和地区，已成为全球最大的借记卡受理网络和全球主要ATM受理网络；银联还创建具有自主知识产权的"银行卡跨行交易清算系统"及银联卡产品（卡号以62开头，卡面有"银联"标识）①，已成为国际卡产业的新兴竞争者。因此，一方面，我国国内银行卡人民币支付转接清算市场未向境外银行卡机构开放；另一方面，银联通过国际化业务拓展，不断蚕食维萨等卡组织的跨境交易份额，这是引发银联与维萨等银行卡组织矛盾的根本原因。

四、中美银行卡跨行转接清算服务世界贸易组织争端解决及其影响法律分析

随着银联业务的快速发展，其与维萨等银行卡组织之间的利益冲突日益凸显。银联与维萨的矛盾逐步演变为中美两国之间的金融服务贸易争端。

2010年9月，美国驻世界贸易组织代表就中国电子支付服务（基本等同于国内所称的银行卡跨行转接清算服务，以下简称银行卡跨行清算服务）市场开

---

① 许罗德：《银联十年：与中国经济共成长》，载《金融博览·财富》，2012（4）。

放问题向中国提出磋商请求,中美双方于2010年10月在日内瓦进行磋商,但未达成一致意见。2011年2月11日,因外交磋商未取得进展,美国正式将上述争端提交世界贸易组织争端解决机构(DSB)裁决。2011年5月,世界贸易组织成立三人专家组,案件正式进入审理阶段。欧盟、澳大利亚、日本、韩国、印度、危地马拉和厄瓜多尔等国作为第三方参与本案。2012年7月16日,世界贸易组织专家组作出初审裁决。① 2012年8月31日,世界贸易组织在其官网公告称,中美双方均已放弃上诉,专家组报告正式生效。②

(一) 中美银行卡跨行转接清算服务争端及世界贸易组织裁定

1. 美方主要诉求

美方请求世界贸易组织专家组确认,中方采取的相关措施违背了世界贸易组织《服务贸易总协定》(GATS)第16条和第17条,并请求专家组建议中国采取措施履行世界贸易组织项下的义务。

(1) 中方违背GATS关于市场准入及数量限制的规定。美方提出,中方加入世界贸易组织时明确承诺开放"包括信用卡、赊账卡和借记卡在内的所有支付和汇划服务"③,但仍在提供银行卡支付服务方面采取相关措施限制人民币项下银行卡支付服务提供商的数量,违背了GATS第16条相关规定(根据该条,成员国一旦就服务清单项目作出市场准入承诺,该成员国即不得限制相关服务提供商的数量)。④ 美方认为,中方采取的以下措施违反了上述规则:

一是要求使用银联并将银联设定为人民币项下国内银行卡支付服务唯一提供商。中方要求所有人民币项下的交易必须通过银联进行处理和清算,而所有

---

① 世界贸易组织专家组初步裁定报告(2012年7月16日):*CHINA – CERTAIN MEASURES AFFECTING ELECTRONIC PAYMENT SERVICES*(WT/DS413/R)。http://www.wto.org/english/tratop_e/dispu_e/413r_e.pdf。

② 根据世界贸易组织争端解决程序规定,中美双方在2012年8月下旬至9月中旬之间均可提出上诉。若双方均未上诉,则本次裁决为终局裁决。

③ 中国《服务贸易具体承诺减让表》(简称《承诺减让表》)第7条"金融服务"项下B"银行及其他金融服务"的d子项承诺内容为:"所有支付和汇划服务,包括信用卡、赊账卡和借记卡、旅行支票和银行汇票(包括进出口结算)"。

④ 美方援引了GATS第16条"市场准入"项下1和2(a)的规定:"1.有关通过本协定第一条所确定的提供服务方式的市场准入,每一成员方给予其他成员方的服务和服务提供者的待遇应不低于根据其承诺计划安排中所同意和规定的期限、限制和条件。2.在作出市场准入承诺的服务部门,一成员方除了在其承诺细目表中规定的外,不应在其某一地区或在整个国境内维持或采用下述措施:(a)限制服务提供者的数量,不论是采用数量配额、垄断、专营服务提供者等方式或进行经济需要调查的要求……"

通过双币卡进行的境内交易如果选择人民币计价，也必须采用银联的人民币支付清算网络。

二是要求在中国发行的任何银行卡（包括双币卡）必须使用银联标识，而其他银行卡组织的标识无此待遇，发卡行必须接入银联系统并为此付费。

三是要求国内所有的 ATM、商业卡处理设施以及 POS 终端贴有银联标识，并能够接受银联卡，而非银联卡则无此待遇。

四是要求收单机构使用银联标识，能够接受银联卡，并要求所有的跨行交易通过银联进行处理，大范围禁止非银联卡进行跨区域和跨行交易。

（2）中方违背 GATS 关于国民待遇的规定。美方还主张，中方已就所有支付和汇划服务（包括信用卡、赊账卡和借记卡在内的）作出国民待遇承诺，但仍在银行卡支付服务领域实施支持银联垄断地位、影响外国供应商的措施，违反了 GATS 第 17 条国民待遇要求（根据该条，一旦成员国作出国民待遇承诺，其对于其他成员国的服务及服务提供商的待遇不得低于其给予本国同类服务及服务提供商的待遇）①，具体表现为：一是实施限制措施，银联成为处理特定银行卡交易（如国内人民币银行卡交易）的唯一实体，外国银行卡服务提供商无法提供同类服务。二是实施一些强化银联市场地位的行政措施，例如，要求银行卡支付交易涉及的主要实体（包括发卡银行、收单机构、特约商户和银行卡服务提供商等）使用银联标识。

2. 中方抗辩理由

中方认为，涉案服务电子支付服务（银行卡跨行清算服务）属于跨行支付卡网络运营商提供的网络服务，而这类服务并未列入中国承诺开放的所有支付和汇划服务清单，中国也未就本案所涉服务作出市场准入和国民待遇承诺，而美方就中方实施的相同措施同时依据市场准入和国民待遇原则提出诉求，不符合 GATS 相关规则，因此请求专家组驳回美方的全部诉求。

3. 世界贸易组织专家组的裁决

根据专家组报告内容，专家组主要裁决如下：

---

① 美方援引了 GATS 第 17 条"国民待遇"项下的下述规定："1. 每一成员方应在其承诺细目表所列服务部门中，根据该表内所述任何条件和资格，给予其他成员方的服务和服务提供者，就所有影响服务提供的措施而言，其待遇不低于给予其本国相同的服务和服务提供者。2. 一成员方可以根据本条第一款的规定要求，对其他成员方的服务和服务提供者给予与其国内相同的服务和服务提供者以形式上相同的待遇和形式上不同的待遇。3. 如果一成员方相关服务与服务提供者的竞争条件有利于本成员方的服务和服务提供者，则形式上相同或形式上不同的待遇应被认为是对其他成员方的同类服务和服务提供者不利。"

（1）对涉案服务的性质认定。裁定涉案的电子支付服务（银行卡跨行清算服务）属于中方加入世贸组织时承诺开放的所有支付和汇划服务，中国有遵照承诺开放相关市场的义务。

（2）关于国民待遇的裁决。驳回了美方关于银联市场地位的指控，认定涉案的中方监管措施没有确立银联的垄断地位，但违反了国民待遇原则，使外国服务提供商处于不利的市场地位。

（3）关于市场准入的裁决。驳回美方关于外国服务提供商可以通过跨境方式提供电子支付服务的主张，外国服务提供商必须以在中国设立独立法人公司的形式，通过境内交易处理系统提供服务，并裁定外国服务提供商提供涉案服务须满足中方服务贸易减让表的有关条件要求，通过其在华设立的机构从事3年外币业务，且连续2年盈利的情况下，方能申请从事人民币业务。

（4）对中方的要求。根据专家组上述认定以及世界贸易组织争端解决规则，专家组裁定，中方采取的与 GATS 规则不符的涉案措施侵害了美方在有关协议项下的利益，并建议争端解决机构要求中方采取相应措施，切实遵守 GATS 项下的相关义务。

（二）世界贸易组织裁定对国内银行卡市场的影响

世界贸易组织专家组裁决正式生效后，我国代表于 2012 年 9 月 28 日发表声明，承诺在我国承担世界贸易组织义务限度内认真执行世界贸易组织专家组裁决，但应给予合理的期限。[①] 因此，我国将根据世界贸易组织专家组裁决删除或修改涉案有关措施，这势必对国内银行卡市场相关主体及银行卡业务合作产生重大影响。

1. 对银联的影响

银联在国内银行卡跨行清算服务领域的各项政策保护或被削弱，境外银行卡组织在国内银行卡跨行清算业务的竞争环境得以改善。在银行卡市场（尤其是增量市场）中，银联不得不面临来自国际银行卡组织的竞争；国际银行卡组织通过在国内设立机构（商业存在）的方式进行运营，将增强其在国内市场的营销力度，发挥其技术领域的比较优势。从短期来看，由于银联在国内存量银行卡市场已占绝对优势，即使其他银行卡组织进入国内市场的政策壁垒消除，也难以对银联造成根本性冲击。但从长远来看，尤其是在人民币国际化的大背

---

① 世界贸易组织网站：http://www.wto.org/english/tratop_e/dispu_e/cases_e/ds413_e.htm。

景下，国内银行卡跨行转接清算服务市场将更趋多元化，银联也将面临越来越大的挑战和竞争压力。但银联也可以此为契机，化压力为动力，加强与国内商业银行及外资、民营资本的合作，加快国际化进程，不断增强其竞争力。

2. 对发卡银行的影响

发卡银行的发卡业务中与银联相关的行政强制要求或被解除，发卡银行增量银行卡业务在银行卡跨行清算服务方面将有更大的选择余地，有助于提升银行卡发卡业务的市场竞争与业务创新。对于一些跨境经营的发卡银行集团机构，则可在现有集团业务系统基础上，开发适用于集团内成员的银行卡跨境清算系统，而不再通过银联通道进行清算，提升集团银行卡风险管理能力和业务协同效果。

另外，在发卡银行与银联相关的强制要求被解除后，发卡银行与其他国际银行卡组织开展合作的空间将进一步增大，发卡银行也可以借助国际银行卡组织的强大网络加快国际化进程。

例如，对于国内发卡银行发行的双标识（银联标识及某一国际银行卡组织标识）银行卡，是继续通过银联网络进行清算，还是由持卡人选择通过何种网络（如银联、维萨）进行清算，抑或是直接根据卡 BIN 来决定清算网络，取决于监管部门拟采取何种措施来落实世界贸易组织专家组的裁决。倘若监管部门许可通过非银联网络进行清算，发卡银行应积极和国际银行卡组织合作来新设或改造相关银行卡收单系统及跨行信息转接及清算网络，避免持卡人用卡受阻；倘若国际银行卡组织获准在国内发行单标识银行卡，发卡银行则可加强与国际银行卡组织开展合作，加大银行卡产品创新力度，为持卡人提供更好的银行卡服务。

3. 对收单机构及特约商户的影响

世界贸易组织专家组裁决对收单机构的影响比较复杂。根据世界贸易组织专家组的裁定，我国监管部门须修改或撤销以下收单业务强制规定，即要求收单机构使用银联标识并且加入银联网络，遵循统一的跨行信息交换的商业标准和技术规格，并要求收单机构使用或提供的终端设备能够接受载有银联标识的银行卡；也可能引入银联标准以外的技术规格，或采用统一的技术规格，抑或采用多种技术规格同时并存的监管要求。

我国监管部门若允许两种以上的跨行信息交换技术规格并存，抑或许可国际银行卡组织在我国境内发行单标识，银行卡收单机构则需改造或更新现有终端设备，确保机具能够受理相关银行卡，避免给持卡人用卡造成不便，特约商户应予协助配合。

另外，银行卡跨行清算市场的开放与竞争，有助于提升收单机构与特约商户在银行卡收单业务中的议价能力，降低商户扣率，有利于进一步改善我国银行卡受理市场环境。

五、银行卡业务合作与利益分配——银行卡交换费及法律规制

（一）银行卡交换费的性质及定义

所谓银行卡交换费（interchange fees），是指在开放式银行卡支付平台下，每完成一笔银行卡跨行交易而由收单机构支付给发卡机构的费用。交换费的费率主要由发卡机构和收单机构共同参与的银行卡组织统一集中制定，由银行卡组织确定的交换费又称为多边交换费（Multilateral Interchange Fees，MIF），如图6-1所示。

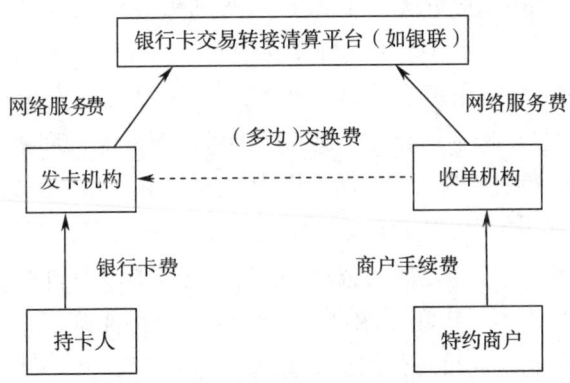

图6-1 银行卡交换费示意图

在开放式银行卡支付平台中，交换费扮演着双重角色：一方面，交换费可以间接影响持卡人与特约商户支付的交易成本或价格；另一方面，通过调整交换费，实现资源在收单机构和发卡机构之间的移转，并确保银行卡交易网络参与者均可得到适当的补偿。因此，在制定交换费时，应权衡发卡机构与收单机构的利益，确保双方均有参与银行卡交易的积极性。在银行卡跨行交易平台中，发卡机构和收单机构之间的交换费不仅是弥补银行卡跨行交易成本的定价，还是平衡市场各主体之间价格结构的工具。

(二) 我国银行卡交换费的发展演进

1. 我国银行卡交换费的制定方式

目前，我国对POS机交易手续费采取的是一次分配的办法，即在交易清算时依交易模式的不同直接将商户扣率分解为几个部分，然后分别划转到发卡机构、收单机构和作为转接清算机构的银行卡组织的账户上，其中支付给发卡机构的费用即为交换费，或称为商户回佣。

2. 我国银行卡交换费率的演进

根据1999年人民银行公布的《银行卡业务管理办法》，我国对商户扣率采用了8:1:1的分润模式，即把从特约商户处收取的手续费按发卡银行、收单银行和信息交换中心按8:1:1的标准分配，其中的"8"就是交换费在商户扣率中的占比。这一方案给予了发卡银行较大的利益分成，而收单机构的利益分成则较低，因此忽视了通常作为POS机投资主体的收单机构利益。

2004年，人民银行发布《中国银联入网机构银行卡跨行交易收益分配办法》（126号文件），规定POS机跨行交易的商户结算手续费收益分配采用固定发卡行收益和银联网络服务费方式。根据该分配办法，发卡机构、转接机构（即中国银联）和收单机构的分配比例为7:1:X，即发卡行和银联从交易额中提取的交换费与转接费之比为7:1，收单机构的收益由其和商家以谈判方式确定。7:1:X的分润机制保持了银联的收益分成比例，但降低了发卡机构的收益分成比例，即降低了交换费率。在这种利益分配下，银行卡收单机构在开发商户的过程中，可根据自身成本、市场需求状况与特约商户协商确定扣率水平，此举是我国银行卡定价机制走向市场化的重要标志。

2012年11月19日，经国务院批准，中国人民银行发布《关于切实做好银行卡刷卡手续费标准调整实施工作的通知》（银发〔2012〕263号），对境内发卡银行发行的银行卡在境内银行卡受理终端（但不包括互联网渠道）发起的消费交易手续费（商户手续费）进行大幅下调，商户手续费根据发卡行服务费、网络服务费、收单服务费标准（该标准为基准价，可上下浮动10%）之总和确定，不同商户类型（主要分为餐娱类、一般类、民生类及公益类等四大类）执行不同银行卡刷卡手续费标准，该收费标准自2013年2月25日起全面执行。

(三) 国外银行卡交换费的反垄断法律规制

在国外银行卡市场中，银行卡交换费一般由发卡机构和收单机构共同参与

第六章　银行卡业务合作与竞争法律风险防控

的银行卡组织通过市场手段统一确定交换费标准，以有效避免分散定价的协商成本问题，确保发卡机构和收单机构间建立双赢的合作关系。但是，由于交换费的存在，发卡银行或收单银行可能将此成本转嫁至持卡人或特约商户，从而提高了商户及持卡人的交易成本，并可能扭曲银行卡交易价格及市场竞争秩序。因此，银行卡组织对交换费的定价机制通常须受有关国家反垄断法律规制。

1. 美国关于银行卡交换费的反垄断诉讼及裁定

对于银行卡交换费的合法性及合理性等问题，美国各界一直存在争议。在1979年美国国民银行卡公司（National Bancard Corporation）诉维萨一案中，原告认为维萨固定交换费的定价方式，使其在与其他同时经营银行卡发卡和收单业务银行机构的竞争中，处于劣势地位，遂要求裁定维萨通过统一定价机制形成的固定交换费违反了美国反垄断法，即《谢尔曼法》。原告一审败诉后提起上诉，上诉法院驳回其上诉。该案确认了银行卡交换费定价方式是合法且必要的，且基于成本的定价方式也是合理的。该案表明，银行卡组织统一定价形成的交换费不一定限制竞争，而需要从银行卡产业发展效率以及持卡人与商户利益保护等角度判断交换费是否合理。① 2009年11月，美国政府责任署（Government Accountability Office，GAO）在对美国银行卡交换费问题进行审查后认为，交换费率的提升将加重商户成本，但为降低银行卡交换费率而采取的各种措施（如规定交换费上限、提高收费透明度、鼓励银行卡组织与商户个别协商确定费率等）除了难以落实外，可能还会产生新的问题，如银行卡组织或发卡银行可能会提高其他项目收费标准（如提高年费、提高透支利息等），最终可能导致持卡人用卡成本的不降反升。②

但近年来，美国国内仍一直质疑维萨和万事达等银行卡组织规定银行卡交换费等费用的合法性和合理性，立法及监管机构对此也颇为关注，相关市场主体也多次以反垄断为由提起集团诉讼。其中以2005年美国四大商户组织（统称美国商户联盟）对维萨、万事达及有关发卡银行提起的"支付卡交换费和商户扣率反垄断诉讼案"最具历史意义。

在该案中，美国商户联盟提出以下指控：一是银行卡组织规定的交换费属

---

① 孙毅坤、欧阳琛、黄晓艳：《银行卡产业监管：国际经验》，39~40页。
② 美国政府责任署（U.S Government Accountability Office）报告：Rising Interchange Fees Have Increased Costs for Merchants, but Options for Reducing Fees Pose Challenges. http://www.gao.gov/assets/300/298664.pdf。

于垄断价格限定，增加了商户成本，并损害持卡人利益；二是与世界其他地方相比，美国的银行卡交换费水平过高，不合理；三是发卡市场的集中度提高，降低商户与卡组织谈判交换费水平的议价能力；四是卡组织成本下降（近年来支付卡数据处理、卡信贷、反欺诈等成本均在下降），而交换费率不降反增，也是不合理的。该诉讼一直持续多年，其间美国参众两院还分别于 2006 年 7 月与 2007 年 7 月举行听证会，但未就有关问题达成一致。2012 年 7 月，原被告双方达成和解协议，维萨、万事达及有关发卡银行同意向原告商户支付 72.5 亿美元的和解费，承诺降低银行卡交换费及商户扣率，并允许商户使用成本更低的支付方式，促进银行卡支付价格竞争。①

2. 欧盟关于交换费的反垄断调查及处罚

（1）对维萨交换费反垄断调查及裁定。欧盟委员会对维萨组织（特指维萨欧洲，下同）规定的交换费问题先后进行多次调查。2000 年 12 月和 2001 年 2 月，欧盟委员会裁定，维萨规定的交换费违反欧盟竞争法。经与欧盟委员会妥协，维萨组织对交换费定价机制作了以下调整：一是大幅下调交换费率，从平均 1.1% 下调至 0.7%；二是采用以成本为基础设定交换费的封顶价（cap fee）；三是允许会员银行披露交换费，提高交换费的透明度，以及各项成本在交换费中的比例等信息；四是由欧盟委员会认可独立机构审计交换费的各项成本；等等。欧盟委员会同意上述调整方案后，授予维萨 5 年豁免期，有效期至 2007 年 12 月底。

上述豁免期届满后，欧盟委员会于 2008 年 3 月再次启动对维萨交换费反垄断调查，2009 年 4 月，欧盟委员会对维萨发布《异议声明》（Statement of Objections），再次认定维萨规定的交换费违反欧盟反垄断法。② 2010 年 12 月，维萨与欧盟委员会达成妥协，维萨同意在 "欧洲经济区"（EEA）内将维萨借记卡交换费率降至 0.2%。③

2012 年 7 月，欧盟委员会对维萨发布《补充异议声明》（Supplementary Statement of Objections），再次提示维萨其规定的贷记卡多边交换费（MIFs）涉

---

① 参见：http://www.foxbusiness.com/industries/2012/07/13/visa-mastercard-banks-in-725b-swipe-fee-settlement/。

② Reference：MEMO/09/151，参见：http://europa.eu/rapid/press-release_MEMO-09-151_en.htm?locale=en。

③ Reference：IP/10/1684，参见：http://europa.eu/rapid/press-release_IP-10-1684_en.htm?locale=en。

嫌违反欧盟反垄断法；①欧盟委员会初步认定，维萨规定的多边交换费加重商户银行卡的受理成本，并最终提高持卡人的支付成本；交换费既限制银行之间的竞争，也违反了欧盟反垄断法（竞争法）对限制性商业行为的禁止性规定。但是，由于欧盟委员会尚无法确认交换费能否提升效率并惠泽商户及消费者，故不能确定交换费是否适用于欧美反垄断法的豁免情形。②

（2）对万事达组织交换费反垄断调查及裁定。欧盟委员会自1992年起即开始对万事达③进行反垄断调查，并于2007年12月19日作出裁决［*Decision C (2007) 6474*］，认定万事达组织自1992年至2007年期间，在欧盟区域内对其（联合）发行的借记卡和信用卡跨境交易收取交换费（Intra – EEA fallback interchange fees），有关行为违反了《欧盟条约》第81条关于禁止竞争限制的规定，遂责令万事达在6个月内取消交换费，否则，将按日对万事达处以其上年度全球日营业额之3.5％的罚款。④ 与前述欧盟委员会对维萨的反垄断调查结论相似，欧盟委员会虽未否认交换费对提升经济效率，促进科技进步并惠泽普通消费者等方面的积极作用，但由于万事达未能在此方面提供充分的证据，故无法予以认定，也无法豁免适用欧盟反垄断法。

2008年3月，万事达向欧盟法院提起申诉（*Case T – 111/08*）。2012年6月，欧盟法院裁定驳回万事达申诉。欧盟法院认为，万事达组织设定的跨行交易交换费，加重了特约商户需支付的商户服务手续费（MSC），该费用将转嫁至持卡人并最终损害消费者利益，构成对竞争的限制，且万事达不能合法证明交换费在万事达银行卡支付系统运行中的客观必要性（objectively necessary），故维持欧盟委员会基于欧盟竞争法对万事达作出的裁定。⑤

---

① *Reference*：IP/12/871，参见：http：//europa. eu/rapid/press – release_IP – 12 – 871_en. htm。
② 根据欧盟反垄断法规定，对于限制竞争行为，如符合以下条件者，可豁免反垄断法的规制：一是经实证分析，限制竞争行为对提升经济效率的正面作用大于其限制竞争的负面作用；二是限制竞争行为的社会利益公平惠及普通消费者；三是尚无其他对竞争限制性更小的经营行为模式；四是未完全消除竞争。
③ 包括万事达（欧洲）的前身Europay International S. A. 。
④ 欧盟委员会2007年12月19日发表之新闻公告（*MEMO/07/590*）：*Antitrust*：*Commission prohibits MasterCard's intra – EEA Multilateral Interchange Fees – frequently asked questions*。
⑤ 欧盟法院（EU General Court）（第七审判庭）关于万事达诉欧盟委员会的裁决：http：//curia. europa. eu/juris/document/document. jsf? text = &docid = 123081&pageIndex = 0&doclang = EN&mode = lst&dir = &occ = first&part = 1&cid = 3915685。

3. 澳大利亚与新西兰对交换费的监管要求

2003年,澳大利亚银行监管当局要求大幅降低信用卡交易交换费率,从原来的0.95%下降至0.5%左右,并要求调整借记卡的交换费率,甚至考虑总体取消银行卡交换费。新西兰政府从2006年11月开始,参照澳大利亚的做法,对银行卡交换费定价机制采取类似的监管措施。

(四) 我国交换费定价机制改革

我国银行卡跨行支付交易中涉及的交换费以下列方式定价:对于占我国银行卡交易绝大部分份额的境内人民币银行卡境内跨行交易所涉交换费,由政府定价;其他类型银行卡跨行交易交换费,由相关银行卡组织自主定价。中国人民银行2004年126号文确定的银行卡收单收入分润机制推行之后,我国部分地方仍时常发生特约商户拒绝消费者刷卡的"罢刷事件"或"银商风波",部分市场主体特别是特约商户对商户手续费(含交换费)标准及收取方式一直以来颇有微词,这说明我国银行卡交易费率(包括交换费,下同)定价的激励机制不足,存在其内在缺陷,确有完善之必要。但令人遗憾的是,中国人民银行2012年11月发布银发〔2012〕263号通知对银行卡刷卡手续费中的收单服务费采取了基准价定价方式,这大大压缩了收单市场主体自主定价空间和权限(仅允许以基准价为基础上下浮动10%)。此举虽有助于规范收单市场的价格竞争秩序,但限制甚至剥夺了有关市场主体的定价权,似有矫枉过正之嫌。

完善我国银行卡跨行交易费定价机制,促进我国银行卡市场的健康发展,可从以下两方面入手。

1. 积极推进以差别定价为核心的交易费定价机制改革

(1) 细分商户类型,根据商户类型确定差异化的交换费率。实际市场中,处于不同行业中的商户对卡支付方式具有不同的受理意愿,不同地区的物价水平与消费者的购买力也存在着很大差异。因此,在市场细分过程中,既要充分考虑商户现有的综合特征,如利润水平、交易规模、银行卡交易的获益水平、交易增长速度等特征,又要考虑对原市场的继承性。

(2) 与交易规模挂钩,按照商户交易规模实施二级差别定价。即对每一类的商户,按照商户交易规模划分区间,根据交易区间实施超额累退制定价方案或者两部制定价方案。

(3) 实行贷记卡、借记卡消费差别定价。我国目前银行卡的交换费率普遍高于国外借记卡的交换费率，低于国外信用卡费率，因此依成本对借记卡和贷记卡消费收取不同的交易价格以及不同的差别交换费水平，有利于深入挖掘产业利润。①

2. 逐步开放银行卡交易费率的市场定价机制

（1）逐步将交易费率定价权交还市场。随着我国银行卡支付市场的开放，银联与其他国际银行卡组织之间的竞争也将随之加剧，在此背景下，监管部门对银行卡交易采取的政府定价方式难以适应市场需求。我国有关监督管理部门应根据国内银行卡市场开放进程，逐步改变政府定价的价格确定方式，将银行卡交易费率定价权交还市场主体。

（2）加强对价格监管和反垄断监管。由于银行卡交易费涉及多方市场主体，应当加强对银行卡交易价格的监管，特别是在将来可能实行市场定价的条件下，更应加强银行卡市场机构监管，借鉴国外银行卡交换费反垄断法律规制的实际经验，并根据我国反垄断法相关规定，加强对银行卡交易定价机制的反垄断审查和监管。

（3）完善银行卡定价程序，增强透明度。不管是政府定价和市场自主定价，银行卡定价决策的现实选择往往最终很难达到最优结果，也许结果只是次优的，但如果能在定价过程中充分尊重利益各方的参与权和议价权，增加决策的透明度，最后的决策才能充分获得不同利益相关者理解，以此不仅可以增强各方配合监管政策的意愿，还有助于减少不必要的纷争。②

---

① 余雪红、甘煜：《银行卡支付平台交换费机制研究与中国实践》。
② 李朝霞、张昕竹：《银行卡产业国际监管动态及其对中国的启示》，载《中国信用卡》，2008（3），22页。

第七章　信用卡违约透支催收与呆账核销法律风险防控

信用卡不同于借记卡，它同时具有循环信贷与支付结算功能。在信用卡持卡人透支消费后，信用卡持卡人与发卡银行即存在债权债务关系；若持卡人未能按照信用卡章程或合约约定及时还款，发卡银行根据风险管理需要，对持卡人及其他连带责任人进行违约透支催收等程序；如持卡人及其连带责任人丧失还款能力或因信用卡欺诈等主客观原因造成坏账风险，发卡银行则根据有关法律法规规定，对信用卡呆账进行核销处理。

本章从信用卡欠款催收及呆账核销两个角度，分析信用卡违约风险管理有关法律问题，并对发卡银行防控欠款催收及呆账核销相关法律风险提出若干建议。

一、信用卡违约透支催收

（一）概述

所谓信用卡违约透支催收（以下简称欠款催收），是指发卡银行（债权人）依据法律规定和信用卡章程及领用合约等约定，要求持卡人（含担保人以及承担连带还款责任的副卡持卡人，下同）对其透支使用信用卡而产生的所有债务（包括透支本金、利息及相关费用等）承担还款义务的法律行为。发卡银行通过发出催收提示和通知等方式，督促持卡人清偿信用卡违约欠款本息。

根据催收是否借助司法途径，信用卡欠款催收可分为司法催收（诉讼催收）和非诉催收：前者是指发卡银行通过法院诉讼等司法途径，请求法院裁定持卡人承担还款义务的法律催收方式；后者是指发卡银行通过法院以外非司法途径，要求持卡人承担还款义务的催收方式。本章所称欠款催收仅包括非诉催收。

第七章　信用卡违约透支催收与呆账核销法律风险防控

1. 信用卡欠款催收的法律依据

信用卡违约透支款项本质上是持卡人对发卡银行承担的债务，持卡人与发卡银行之间的债权债务关系，应受民法通则、合同法、担保法等有关法律规制，并受信用卡章程及领用合约的约束。持卡人应根据法律规定及领用合约等约定，承担还款付息责任，如有担保人的，担保人亦应承担相应担保责任。例如，根据我国《合同法》第二百零六条及第二百零七条的规定，借款人应当按照约定的期限返还借款；借款人未按照约定的期限返还借款的，应当按照约定或者国家有关规定支付逾期利息。信用卡领用合约一般也明确约定，持卡人应承担信用卡（包括副卡）项下发生的全部债务，并在发卡机构规定的还款期限偿还欠款。如持卡人未依约承担还款付息义务，发卡银行有权对持卡人进行催收，既有利于维护交易安全，防范银行卡业务风险，也有利于保护持卡人的正当权益，维系社会诚实信用关系。

2. 信用卡欠款催收的法律效果

（1）引起诉讼时效中断。根据我国《民法通则》第一百四十条的规定，发卡银行在诉讼时效期间内向持卡人主张权利，并提出偿还债务的要求，可以产生诉讼时效中断的法律效果。自诉讼时效中断时起，诉讼时效期间重新计算。因此，发卡银行依据法律规定对持卡人进行欠款催收，可有效保证发卡银行相关债权的诉讼时效利益。

（2）通过非诉程序对持卡人进行催收，程序简便、高效，且有助于维护发卡银行与持卡人的业务关系。根据近年银行催收实践经验看，非诉催收是发卡银行加强与持卡人沟通，并以催收来实现债权的较简便、经济、有效的手段。

3. 信用卡欠款催收基本要件

一般而言，信用卡欠款催收需具备下列要件：（1）由发卡银行或其代理机构向持卡人主张；（2）应明确表明主张债权的意思表示；（3）催收通知应送达债务人或其代理人；（4）催收必须以合法的方式作出；（5）催收应在法定期间内作出。因此，发卡银行向持卡人发送的催收通知单中应包括下列内容：确定的催收对象、确切的催收依据、明确主张债权的意思表示及催收告知时间等。

4. 信用卡欠款催收的主要方式

在实务中，发卡银行根据持卡人资产情况、信用状况及欠款金额、逾期期限等因素综合考虑，因人施策、灵活运用，采取适当的催收方式，对持卡人违约欠款进行催收。

（1）电话、电子邮件、传真、信函、短信催收。发卡银行采取此类催收方式催收时，需留存已收到邮件回执、发送信息、邮局存根等证据材料。根据最高人民法院《关于审理民事案件适用诉讼时效制度若干问题的规定》（法释〔2008〕11号）第十条的规定，发卡银行以发送信件或者数据电文方式主张债权，信件或者数据电文到达或者应当到达持卡人（或其指定第三人）的，应当认定为《民法通则》第一百四十条规定的"当事人一方提出要求"，产生诉讼时效中断之效力。但在实践中，如何证明信函、传真及电邮等催收文件"到达"持卡人，还面临一些实际困难。例如，传真件和电子邮件难以取得持卡人的有效回执，持卡人可能以系统故障未收到催收通知，或收到的邮件、传真内容并非催收内容为由进行抗辩，发卡银行需证明发出的传真或邮件、短信、拨打电话等确实包含催收内容等，存在一定难度或需花费较多精力和费用。通常而言，在初始催收阶段，一般可以采取电话、传真件或电文、短信或电子邮件等方式进行催收。

（2）上门催收。发卡银行经电话、邮件等方式无法联系持卡人时，可选择根据持卡人提供的住址信息，上门催收。通过上门拜访客户，一方面，可以核实持卡人最新的联系方式及住址信息，另一方面，发卡银行也可借此机会直接与持卡人本人或其家属见面，了解持卡人财务状况等最新信息。发卡银行以上门方式催收的，应取得持卡人或其他有权人（如授权代理人等）的签名回执。根据前引最高人民法院法释〔2008〕11号第十条的规定，发卡银行直接向持卡人送交信用卡欠款催收通知书，持卡人本人或同住的具有完全行为能力的亲属或者被授权主体在欠款催收通知书上签字、盖章或者虽未签字、盖章但能够以其他方式证明该文书到达持卡人或其授权人，亦可产生诉讼时效中断之效力。

但是，在催收实务中，若债务人不配合、不签收或无法找到债务人，发卡银行仍难以实现有效的催收。

（3）公证催收。在前述邮件及上门催收等过程中，发卡银行为留存相应的催收证据，有时采取公证方式，对有关催收行为进行公证，以确保催收行为之证据效力。

一是邮件催收公证。发卡银行通过以附寄件回执（如挂号信或特快专递等）的邮寄方式进行催收并进行公证。一般流程如下：第一步，发卡银行工作人员填写公证申请表；第二步，公证员做笔录、公证员审验催收通知书原件并监督金融机构代理人将催收通知书装入信封；第三步，发卡银行在邮局发出催收信函后，公证员收存挂号邮件收据或特快专递详情单；第四步，公证员出具公证书。

二是上门催收公证。上门催收公证是公证机构依发卡银行之申请，证明发卡银行已将欠款催收通知书（包括信用卡逾期还款通知书、担保人履行义务通知书等）法律文书送达持卡人及其担保人的证明行为。当持卡人（受送达人）拒绝签收发卡银行的催收通知书时，公证员现场制作笔录，证明持卡人拒绝收取及有关现场情况，将催收通知留置持卡人住所，并出具送达公证书。

实践中，发卡银行还可通过律师见证催收，见证程序与公证员公证程序基本一致，操作时也可采取两种方式：一是律师对发卡银行通过邮件进行催收的行为予以见证；二是律师对发卡银行的上门催收行为进行见证。

（4）公告催收。公告催收是指发卡银行将持卡人违约欠款的事实通过公众媒体公开曝光，借助社会舆论促使持卡人还款的一种手段。根据前引最高人民法院法释〔2008〕11号第十条的规定，倘若持卡人下落不明，发卡银行在国家级或者持卡人住所地的省级有影响的媒体上刊登具有主张权利内容的公告的，符合发卡银行向持卡人主张权利之要件，并产生诉讼时效中断之效力。从上述司法解释规定可看出，发卡银行以公告催收方式对持卡人进行催收的，须符合下列条件：一是持卡人下落不明；二是应在国家级或者持卡人住所地省级有影响的媒体上刊登公告；三是公告必须有向持卡人主张权利，要求持卡人清偿信用卡违约欠款的意思表示。

（二）信用卡欠款催收应注意的法律限制

信用卡欠款催收涉及发卡银行与众多持卡人的利益，一般而言，持卡人在经济上处于劣势，因此，信用卡监管法律一般对持卡人予以倾斜保护，并要求发卡银行及其代理机构在实施欠款催收行为时，应遵循诚实信用原则，不得违反公共利益，或侵害他人权益。具体而言，主要表现在以下几个方面。

1. 催收中的信息披露要求

银监会《商业银行信用卡业务监督管理办法》第六十九条规定，信用卡催收函件应当对持卡人充分披露以下基本信息：持卡人姓名和欠款余额，催收事由和相关法规，持卡人相关权利和义务，查询账户状态、还款、提出异议和提供相关证据的途径，发卡银行联系方式，相关业务公章，监管机构规定的其他内容。

2. 持卡人正当权益免受侵害之规定

银监会《商业银行信用卡业务监督管理办法》第六十八条规定，发卡银行应当对持卡人本人及其担保人进行催收，不得对与债务无关的第三人进行催收，不得采用暴力、胁迫、恐吓或辱骂等不当催收行为。我国台湾地区《信用卡业务机构管理办法》第五十一条也规定，发卡机构仅能对持卡人本人及其保证人催收，不得对"与债务无关之第三人"干扰或催讨；且不得有"暴力、胁迫、恐吓、辱骂、骚扰、误导、欺瞒或造成持卡人隐私受侵害之不当催收行为"。美国《公平债务催收法》①除禁止催收机构采取不公平、不正当催收行为及使用暴力威胁、骚扰、误导以及其他滥用权利之行为外，还特别禁止以下骚扰性催收行为：（1）在雇主提出异议或者雇员（持卡人或债务人）明确反对的情况下，于债务人工作场所与债务人联系催款事宜。②（2）在非正常或不方便的时间（除早上8点至晚上9点之外的时间段）与债务人电话联系催收事宜。③（3）在债务人书面要求停止与其联系等情况下，催收机构仍与该债务人联系，但下列情形除外：一是通知债务人催收程序终止，二是告知债务人催收机构已就催收款项启动诉讼或其他救济程序。④（4）明知债务人已指定代理律师，仍与债务人本人联系催收事宜。⑤（5）将欠款债务人名单公之于众，但向征信管理机构报送征信信息不受此限。⑥

另外，日本《分期付款销售法》之规定，信用卡公司作为债权人向债务人讨还贷款时，也不得对债务人进行威胁，以及妨碍债务人生活之安宁、债务人隐私以及对债务人人身权益造成损害等不正当之行为。⑦菲律宾《信用卡公司及银行信用卡附属公司条例》也有类似禁止性规定，该条例明确禁止在"信用卡应收账款催收"中采取不公平的操作方式，要求发卡机构（包括银行及其关联机构）及其代理人在向持卡人催收信用卡应收账款时，须遵循诚实信用及方式合理的原则，

---

① 美国《公平债务催收法》（*The Fair Debt Collection Practices Act*，PDCPA），颁布于1978年，后历经多次修订。
② 15 U.S.C. § 1692c (a) (3).
③ 15 U.S.C. § 1692c (a) (1).
④ 15 U.S.C. § 1692c (a) (3).
⑤ 15 U.S.C. § 1692c (a) (2).
⑥ 15 U.S.C. § 1692d (3).
⑦ 孙毅坤、欧阳琛、黄晓艳编著：《银行卡产业监管：国际经验》，85~86页。

并禁止采取不道德或其他可能对持卡人造成不利影响之行为。①

3. 持卡人异议权

银监会《商业银行信用卡业务监督管理办法》第六十八条规定，若持卡人对信用卡催收提出异议，发卡银行应及时对相关信用卡账户进行备注，并开展核实处理工作。美国《公平债务催收法》也规定，若债务人（信用卡持卡人）对催收款项持有异议，并书面拒绝偿付催收款项或书面要求催收机构不得再行联系催收，除个别例外情形外，催收机构不得再对该债务人联系催收事宜。②

4. 违约欠款展期与催收

银监会《商业银行信用卡业务监督管理办法》规定，在特殊情况下，发卡银行确认信用卡欠款金额超出持卡人还款能力且持卡人仍有还款意愿的，发卡银行可以与持卡人平等协商，双方达成一致意见并签署分期还款协议的，发卡银行及其发卡业务服务机构应当停止对该持卡人的催收，持卡人不履行分期还款协议的情况除外。

5. 对信用卡欠款催收的考核要求

为防止催收行为异化为违法行为，损害持卡人正当权益，应当限制催收行为直接或过度与经济利益挂钩，发卡银行不得对催收人员采用单一以欠款回收金额提成的考核方式。

6. 违法催收法律责任

对于发卡银行或其代理机构违法催收，造成持卡人或其他人损害的，发卡银行应当承担民事赔偿责任，监管部门还可对发卡银行实施限期改正、限制业务或暂停相关业务及其他审慎监管处罚措施。例如，我国《侵权责任法》规定，因违法催收行为侵犯他人人身权益造成财产损失的，按照被侵权人因此受到的损失赔偿；如违法催收行为危及他人人身、财产安全的，被侵权人可以请求侵权人承担停止侵害、排除妨碍、消除危险等侵权责任；违法催收行为若侵害他人人身权益，造成他人严重精神损害的，被侵权人还可请求精神损害赔偿。③前引美国《公平债务催收法》也规定，对于催收机构违反该法之不当行为，催收

---

① *Amendment to Circular No. 398 Governing Credit Card Operations of Banks and Subsidiary Credit Card Companies.* 可参阅张炜：《银行业法制年度报告 2004》，115 页，北京，法律出版社，2005。
② 15 U.S.C. § 1692c（c）.
③ 《侵权责任法》第二十条、第二十一条、第二十二条。

机构应承担实际损害赔偿责任并承担诉讼费、律师费等费用；此外，法院还可根据催收机构违法行为性质及违法情节，要求催收机构承担惩罚性赔偿责任（对单个债务人，该赔偿限额不高于1 000美元），该责任为严格责任，债务人无须证明实际损失之发生。①

（三）信用卡欠款催收业务外包有关问题法律分析

信用卡欠款催收外包指信用卡发卡银行委托专业化催收机构对违约欠款持卡人及其担保人通过电话、信函、上门等合法方式进行联系，督促持卡人偿付信用卡欠款的法律行为。

近年来，随着国内信用卡产业的蓬勃发展，违约透支持卡人数量及透支金额规模也不断扩大，但与此同时，发卡银行人力资源相对短缺与欠款催收业务现实需要的矛盾日益凸显，为此，越来越多的发卡银行将信用卡欠款催收工作外包给专业催收机构处理，借助专业催收公司的成本及经验优势，降低信用卡欠款催收成本、提高催收效率及催收效果。但是，我国信用卡欠款催收外包业务中仍存在一些亟须解决的法律问题，主要包括：

1. 催收外包机构的合法性问题

对于债权外包催收的合法性，国家工商总局曾联合其他相关部门分别下发若干文件，对设立讨债公司、开展讨债业务作出禁止性规定②，但有关文件中讨债公司和讨债业务的定义并不明确，操作中也存在着模糊之处和灰色地带，实施效果并不理想。

近年来，随着我国个人贷款以及银行卡业务的迅猛发展，有关主管部门对催收外包业务的监管态度也有些改变。例如，2009年5月，中国人民银行、银监会、公安部、国家工商总局联合印发的《关于加强银行卡安全管理预防和打击银行卡犯罪的通知》中，虽明确禁止将信用卡发卡营销业务外包，但并未禁止信用卡透支债权催收外包；2009年7月，银监会印发《关于进一步规范信用卡业务的通知》中，也对发卡行外包信用卡催收业务提出了具体监管要求。这

---

① 15 U.S.C. § 1692k (a) (2). 但该赔偿限制标准未考虑通货膨胀因素，故为消费者组织所诟病。

② 相关规定主要包括：(1) 1993年国家工商局《关于停止办理公、检、法、司机关所属"讨债公司"登记注册有关问题的通知》（工商企字〔1993〕124号）；(2) 1995年，国家经济贸易委员会、公安部、国家工商行政管理局《关于取缔各类讨债公司严厉打击非法讨债活动的通知》（公通字〔1995〕87号）。

实际上反映出监管部门对催收外包行为的默许。①

实践中，商业银行委托第三方追偿不良贷款债权已属常见，且信用卡违约透支债权本质上与普通不良贷款债权并无不同，如果催收外包公司依法设立、具有代理催收的经营范围，其业务外包主体资格的合法性应受法律保护。

2. 催收业务外包的法律监管

信用卡欠款催收外包业务属于商业银行业务外包之一部分，应遵循银行业务外包相关监管规定。近年来，银监会参照巴塞尔委员会（BCBS）颁布的银行业务外包监管指引②，并结合我国银行业实际，出台了《银行业金融机构外包风险管理指引》（银监发〔2010〕44号），为规范银行业金融机构业务外包活动作了规范；此外，银监会2009年发布的《关于进一步规范信用卡业务的通知》（银监发〔2009〕60号）也专门对发卡银行催收外包风险管理等问题作了明确要求。概括而言，信用卡欠款催收业务外包应主要遵循下列监管要求：

（1）催收业务外包应遵循审慎原则。发卡银行如实施信用卡催收外包行为，应建立相应的业务管理制度，明确催收外包机构选用标准、业务培训、法律责任和经济责任等，选用的催收外包机构应经由发卡银行境内总部高级管理层审核批准，并签订管理完善、职责清晰的催收外包合同，不得单纯按欠款回收金额提成的方式支付佣金。

（2）发卡银行对催收外包机构的监督管理。发卡银行应持续关注催收外包机构的财务状况、人员管理、业务流程、工作情况、投诉情况等，确保催收外包机构按照发卡银行的管理要求开展相关业务。

（3）发卡银行对催收外包机构的外包行为承担责任。对因催收外包管理不力，造成催收外包机构损害信用卡持卡人或其他相关人合法权益的，发卡银行应承担相应的外包风险管理责任。银行监管部门可视情况追究发卡银行及其相关人员责任，并视严重程度采取责令限期整改，限制、暂停或停止其信用卡新发卡业务，以及实施其他相应的行政处罚等审慎监管措施。

---

① 平一：《信用卡催收外包业务纠纷案分析》，载《中国城市金融》，2009（8）（总第275期），48页。

② 巴塞尔委员会2005年1月发布《金融服务外包指引》（*Outsourcing in Financial Services*），并将金融服务外包作为金融机构缓释操作风险的重要工具。2011年6月，巴塞尔委员会修订《关于稳健操作风险管理及监管的若干原则》（*Principles for the Sound Management of Operational Risk and the Role of Supervision*），也对金融机构业务外包政策及风险管理提出了若干要求。可参见：http：//www.bis.org/publ/bcbs195.pdf。

(四) 信用卡欠款催收业务法律风险防控

1. 完善发卡银行信用卡欠款催收管理机制

发卡银行应根据信用卡业务发展形势以及信用卡违约欠款规模及其特点，制定严格缜密的信用卡欠款催收操作流程，建立有效的信用卡欠款催收监督、检查和考核机制，实现违约欠款催收工作常态化、规范化管理。

（1）加强催收团队及机制建设。推进信用卡欠款电子化催收以及人工电话集中催收机制，在信用卡发卡规模及违约欠款金额较大的区域，可考虑设立专职的信用卡违约欠款催收团队；厘清各相关部门的职责界限，并加强对信用卡欠款催收工作的监测、监督和考核。

（2）规范信用卡欠款催收方式及操作流程。根据持卡人逾期天数和违约性质，综合采用短信自动还款提示、短信和语音自动催收、人工电话催收、寄送催收函、上门催收、寄发律师函和公证催收等催收方式，并详细规范各项催收方式具体操作要点，统一催收语言、催收函件文本等。同时，对人工电话催收和电子自动催收无效等异常情况的业务处理流程进行规范。

2. 规范信用卡欠款催收行为准则

发卡银行在实施信用卡欠款催收行为时，应遵循公序良俗、诚实信用的基本准则，尊重并维护持卡人及其相关当事人的正当合法权益。发卡银行应特别注意以下几个问题：

（1）催收债权合法、真实，数据准确。发卡银行在进行每一笔催收前，对拟催收的债权依据、对象等信息应进行认真审核，避免事实或对象错误。

（2）催收中需注意持卡人的名誉权与隐私权的保护。持卡人姓名、住址、电话号码、信用卡交易信息、欠款情况等均属持卡人个人信息，未经法定许可（如持卡人事先授权），发卡银行不得对外提供。在催收实践中，一些发卡银行通过信用卡合约约定，将公告催收的适用对象拓宽至所有违约欠款持卡人；若持卡人违约欠款，发卡银行可视违约情形在公众媒体上公开持卡人违约信息或将拒绝还款持卡人列入黑名单并公之于众，以达催收之效。在未穷尽其他有效催收及法律救济途径的情况下，将持卡人欠款信息向社会公开，可能被认定为对持卡人隐私权的不当侵害，相关合约约定的公平性与合法性均值得商榷，发卡银行应当谨慎为之。

（3）催收方式应符合公序良俗等社会基本规范。发卡银行及其代理机构不得采取暴力、胁迫、恐吓、误导、骚扰或辱骂等方式，不得向持卡人亲属、同事、朋友等第三人催收（有担保责任的除外）；且催收一般应在正常休息时间外进行，并合理安排催收频次；等等。

（4）对保证人的催收。信用卡如涉及保证担保情形，发卡银行对持卡人进行催收的同时，还应同时对保证人进行催收，以维持发卡银行的时效利益。催收函件中应明确载明要求保证人对持卡人违约欠款承担保证责任的声明等相关内容。

（5）对已届诉讼时效期间违约欠款的催收。对超过诉讼时效期间的违约欠款，发卡银行可向借款人发送欠款催收通知，并要求其签字或双方达成新的还款协议，持卡人在通知单或还款协议上签字或盖章的，视为对信用卡违约欠款的重新确认，该债权债务关系应受法律保护。

3. 加强信用卡欠款催收业务外包法律风险管理

发卡银行开展信用卡欠款催收业务外包活动，应根据审慎经营原则，制定外包风险管理制度，加强对外包机构的监督管理。

（1）审慎选择催收公司。发卡银行应严格审核拟合作对象的经营范围是否包含信用卡专业化外包服务、应收账务管理、信用风险管理等债权催收代理相关事项，综合考察其历史催收业绩、从业人员素质、信息安全与信息保密、催收流程设计、操作规章制度、客户投诉反馈、员工劳动合同管理等因素，择优选择实力较强、声誉较好、效果较佳的专业催收机构。

（2）完善委托催收相关合作协议。催收外包服务协议中应明确信用卡欠款催收外包的范围、服务标准、信息保密、安全性安排、审计检查、争端解决机制、协议变更或终止的过渡安排、违约责任等，要求外包催收机构及时通报突发性事件等催收业务有关事项，并约定外包催收机构不得以发卡银行的名义开展活动，发卡银行有权将外包催收机构违约、不良行为通过监管机构向同业披露等。

（3）严格规范外包催收作业标准。例如，要求外包催收机构对持卡人本人及其担保人进行催收，不得对与债务无关的第三人进行催收或骚扰，不得采用暴力、胁迫、恐吓或辱骂等不当催收行为；要求外包催收机构对催收过程应进行录音，并依法定要求保存录音资料，对于催收过程中形成的其他证据材料，亦应规定最低存档年限；建立严格的客户信息保密制度，在合作协议终止后及时返还并销毁催收业务中获得的信息资料，保障客户信息的安全性；不得将外包催收业务转包或变相转包；建立突发事件应急预案和机制，确保外包催收业务活动的正常经营；建立完备的考核体系，外包催收机构不得对所属催收人员采用单一以欠款回收金额提成的考核方式；等等。

（4）切实加强催收监督。发卡银行应健全和完善催收风险管理体系，对催收公司的日常催收业务实行动态监督：一是强化对催收公司的后续管理，借助稽核检查等手段，全面掌握外包催收协议履行情况，并通过培训、考核等方式提高其依法合规催收意识；二是建立完善的客户投诉管理机制，确保持卡人对外包催收机构的投诉及时妥善处理，避免因外包催收机构不当催收行为对发卡银行造成经济损失或不良声誉影响。

（5）完善持卡人授权机制。为合理平衡保护客户信息安全和满足催收外包工作需要之间的关系，发卡银行除了采取相应措施对催收公司信息安全管理进行严格监督外，还有必要在信用卡章程或领用合约中约定发卡银行享有委托第三方催收的权利，并事先获取持卡人授权：发卡银行为催收之目的，可向特定第三方提供持卡人相关信息资料。在具体条款设计上，可考虑采用如下表述方式："持卡人同意发卡行可以自行或委托第三方通过信函、短信、电子邮件、电话、上门、公告或司法渠道等方式向持卡人催收欠款，并由持卡人承担所有合理的收债费用。持卡人同意发卡行可向相关单位或机构提供有关资料，但以提供信用卡有关服务及履行法定义务为限。"①

二、信用卡呆账核销

信用卡业务具有高收益、高风险特点。随着信用卡业务的快速扩张，信用卡不良贷款风险开始显露。为防范经营风险，增强抵御风险能力，客观上需要发卡银行及时计提呆账准备，核销呆账类资产，提高资产质量，如实反映损益情况。

（一）信用卡呆账核销概述

1. 信用卡呆账核销定义

所谓信用卡呆账，是指符合法定条件，由发卡银行承担风险和损失的信用

---

① 平一：《信用卡催收外包业务纠纷案分析》，载《中国城市金融》，2009（8）（总第275期），49页。

卡透支及相关款项等信用卡损失类风险资产[①]；而所谓信用卡呆账核销，则是指发卡银行根据审慎会计原则，对符合呆账认定条件的信用卡债权，按照法定程序和要求，以计提的信用卡贷款损失准备金冲减贷款资产损失的账务处理行为。

信用卡呆账核销是信用卡资产风险管理的重要内容，是发卡银行内部对信用卡损失债权的评估、认定和处置的过程，也是发卡银行提高资产质量，充分实现资产保全，增强发卡银行风险抵御能力，促进信用卡业务健康发展的内在要求。另外，根据我国《企业所得税法》及相关规定，符合法定条件的呆账核销损失，可在税前扣除，可减少发卡银行的总体税负。

2. 信用卡呆账核销与债之抵销

债之抵销是指互负债务的双方当事人，依据合同约定或法定情形，互为充抵债务以致债务消灭目的之法律行为。例如，发卡银行根据信用卡领用合约约定，对持卡人在发卡银行开立的本外币账户扣收相应款项，以清偿持卡人信用卡项下欠款之行为，即属抵销。发卡银行行使抵销权时，应对持卡人履行通知义务。

信用卡呆账核销与抵销不同。呆账核销是发卡银行根据风险资产管理以及税务处理需要，对损失类信用卡资产进行内部账户调整，不涉及对外法律关系；不同于债之抵销，发卡银行不得将核销之事实告知持卡人。

3. 信用卡呆账核销与债之放弃

债之放弃是债权人对债务人作出的免除债务人履行特定义务的单方意思表示，也是债之消灭的法定情形之一。但呆账核销并不等同于债之放弃，发卡银行对符合核销条件的呆账进行核销处理，并不涉及发卡银行对所涉信用卡项下债权的放弃，发卡银行对呆账享有的债权并未随之灭失。信用卡呆账核销后，发卡银行仍可对持卡人行使债权人的相关权利；对已核销的信用卡债权，后又受清偿的，发卡银行有权受领，并计入收入或作增加当期损益处理。

---

① 根据银监会《商业银行信用卡业务监督管理办法》第九十二条与第九十三条的规定，若持卡人未按事先约定的还款规则在到期还款日足额偿还应付款项，逾期天数超过180天，对应风险资产则应列入"损失类"风险资产，并根据有关监管要求，计提准备金，计量风险资产。另外，下列信用卡风险资产，经必要确认后，应直接列入损失类（或可疑类）风险资产：一是持卡人因使用诈骗方式申领、使用信用卡造成的风险资产；二是因内部作案或内外勾结作案造成的风险资产；三是因系统故障、操作失误造成的风险资产。

4. 呆账核销与诉讼时效之关系

诉讼时效是权利人请求法院保护其权利的最长法定期间。根据我国民法通则的规定，诉讼时效届满，债权人丧失胜诉权，但并不丧失对债权的实体权利。

虽然呆账核销与诉讼时效均不涉及对信用卡呆账债权实体权利的处分，但两者性质完全不同。诉讼时效利益之丧失仅是信用卡呆账认定的标准之一，但并非全部标准和条件。因诉讼时效届满导致发卡银行丧失胜诉权，若持卡人无法清偿对应款项，对该笔债权，发卡银行可在符合一定条件下列入呆账范畴，并予以核销。但是，除了诉讼时效条件之外，因其他条件导致持卡人无法清偿信用卡欠款的，相关债权亦可纳入呆账范畴，并予以核销。另外，为确保在呆账核销后对核销债权资产不丧失诉讼时效利益，发卡银行在核销后仍需加强对有关债权的催收和追索。

（二）发卡银行信用卡呆账核销法律风险防控

1. 严格遵循信用卡呆账核销原则

（1）尽职追索。即在申报核销前，发卡银行应充分调查掌握信用卡不良资产相关情况，查找回收线索，采取必要措施和相关法律程序向持卡人及其担保人等还款义务人追索。

（2）责任追究。对拟申报核销的信用卡呆账资产，发卡银行应根据有关监管要求，在查清损失形成原因基础上，对确系主观原因形成的损失，明确相关的责任人，并追究相关责任。

（3）依法合规。信用卡呆账核销应符合监管规定的核销范围、核销条件、资产损失证据等要求，并按照发卡银行内部管理规定，严格授权审批。

（4）对外保密。由于呆账核销仅是发卡银行内部对符合特定要求的信用卡债权资产进行账务处理，不构成对相关债权实体权利的减免或放弃，未经特别审批，该等核销行为不得对外披露。

（5）账销案存。对已作呆账核销处理的信用卡贷款资产，虽不复在银行资产负债表上进行会计确认和计量，但银行与持卡人之间的债权债务关系依然存续，对尚未依法终结债权债务关系或仍具有追索可能的信用卡债权，发卡银行应坚持账销案存的管理原则，依法继续进行追索，最大限度地减少损失。

2. 准确理解信用卡拟核销呆账的认定条件和标准

发卡银行对呆账认定之前，应采取所有可能的追索程序。对特定信用卡违约欠款，发卡银行应根据持卡人违约情况与担保情况，选择采用电话、短信、电子邮件、寄发催收函、媒体公告、上门催收、送达催收通知书、发送律师函、公证催收、扣收抵销、抵质押品处置以及法院诉讼等各种可能方式向持卡人、担保人进行追索，维护信用卡债权。

经采取前述所有可能的措施和实施必要的程序之后，因持卡人主客观情形导致持卡人（及其担保人，如有）无法偿付银行卡透支本金以及透支利息、手续费、超限费、滞纳金等欠款的，如该等欠款符合监管规定的有关条件，则可认定为呆账。财政部《金融企业呆账核销管理办法（2010年修订版）》（财金〔2010〕21号）列举了十类可将信用卡不良欠款认定为呆账的条件，主要包括：（1）死亡失踪类。持卡人和担保人死亡或经依法宣告失踪、死亡，以其财产或遗产清偿后，未能收回的剩余款项。（2）灾害事故类。持卡人遭受重大自然灾害或者意外事故，损失巨大且不能获得保险补偿，或者以保险赔偿后，确实无力偿还部分或者全部债务，发卡银行对持卡人财产进行清偿和对担保人进行追偿后，未能收回的剩余款项。（3）触犯刑律类。持卡人触犯刑律，依法受到制裁，其财产不足归还透支款项，又无其他债务承担者，发卡银行经追偿后无法收回的剩余款项。（4）执行终结或中止类。对持卡人和担保人诉诸法律，经法院判决或仲裁并经强制执行程序后，仍无法收回的透支款项；经法院调解达成和解协议，按和解协议无法追偿的剩余款项。（5）法律不予支持类。对持卡人和担保人诉诸法律后，因持卡人和担保人主体资格不符等原因，被法院驳回起诉或裁定免除（或部分免除）债务人责任；或权利凭证遗失或丧失诉讼时效，发卡银行经追偿后仍无法收回的剩余款项。（6）涉嫌诈骗类。涉嫌信用卡诈骗（不包括商户诈骗），经公安机关正式立案侦查1年以上，仍无法收回的剩余款项。（7）追索类。单户本金余额为2 000元（不含）至2万元（含）（或等值外币或本外币合计）的，逾期后经追索1年以上，并且不少于6次追索，仍无法收回的剩余款项；对于单户本金余额在2 000元（含）以下的，逾期后经追索180天以上，并且不少于6次追索，仍无法收回的剩余款项。追索时间从未还清最低还款额的第一笔催收记录起计算。

但是，下列信用卡债权一般不得列入核销呆账范畴：（1）持卡人或者担保人有经济偿还能力，但发卡银行未按规定履行所有可能的措施和实施必要的程序追偿的债权；（2）发卡银行未向持卡人和担保人追偿的债权，以及未处置质押物的债权；（3）发卡银行不能提供确凿证据证明或者呆账损失责任不落实的债权损失；等等。

3. 认真组织申报核销呆账依据的证明材料

根据财政部《金融企业呆账核销管理办法》，信用卡呆账核销必须遵循严格认定条件，并提供确凿证据；若未能提供规定的证明材料的呆账，则不予核销。发卡银行核销呆账的证明材料主要包括：(1) 对于持卡人（包括保证人，如有）死亡失踪类，应提交死亡或失踪证明和财产或遗产清偿证明。(2) 对于灾害事故类，应提交重大自然灾害或者意外事故证明、保险赔偿证明和财产清偿证明。(3) 对于触犯刑律类，用提交法院裁定证明和财产清偿证明。(4) 对于执行终结或中止类，应提交诉讼判决书或仲裁书或调解书或支付令，以及执行终结或中止裁定书等证明材料。(5) 对于法律不予支持类，须提交法院驳回起诉的证明，或裁定免除持卡人责任的判决书、裁定书或民事调解书；若因权利凭证遗失无法诉诸法律的，提交持卡人相关档案等旁证材料、追索记录、情况说明以及发卡银行内设法律事务部门出具的法律意见书；若因丧失诉讼时效无法诉诸法律的，也需提交法律意见书。(6) 对于涉嫌诈骗类，应提交侦查、检察及审判机关出具的法律证明材料。(7) 对于追索类，应提供透支逾期后，发卡银行追索记录（包括电话追索、信件追索和上门追索等原始记录）和尽职追索认定等文件。

另外，为简化核销程序，降低核销成本，对于以下交叉违约情形，核销须提交的证明材料可作特别处理：(1) 持卡人在发卡银行有多笔贷款，若担保人（如有）和担保条件完全相同，只要其中一笔贷款经过诉讼并取得了法院无财产执行的法院终结或终止（中止）裁定，或虽有财产但难以或无法执行的法院终结或终止（中止）裁定，其余各笔贷款可以依据法院裁定书复印件、发卡银行内部清收报告及法律意见书核销。(2) 持卡人在不同金融机构有多笔贷款，若担保人（如有）和担保条件完全相同，如其他金融机构经过诉讼并取得了法院无财产执行的法院终结或终止（中止）裁定，或虽有财产但难以或无法执行的法院终结或终止（中止）裁定，可依据法院下达的诉讼终结（中止）裁定书复印件、发卡银行内部清收报告及法律意见书等材料核销。

上文所称"法律意见书"应就被核销信用卡债权进行的法律诉讼情况进行说明，包括诉讼过程、结果等；未涉及法律诉讼的，应说明未诉讼理由。

4. 加强核销呆账损失责任认定和追究

为防范呆账核销引发道德风险，有必要加强对呆账核销的内部审核和外部监管。为此，财政部《金融企业呆账核销管理办法》对发卡银行明确提出以下监管要求：(1) 建立呆账损失责任认定和追究制度。发卡银行对核销呆账应查明其成因，对确系主观原因形成损失的，应明确相应的责任人，包括经办人、部门负责人和单位负责人，并应特别查办因决策失误、内控机制不健全等形成损失的案件；对呆账负有责任的人员，视金额大小和性质轻重进行处理。涉嫌违法犯罪的移交司法机关。(2) 完善呆账核销授权机制，明确发卡银行股东大会、董事会和经营管理层职责，要按照有关会计制度和核销的有关要求，健全呆账核销制度，规范呆账核销程序，及时核销已认定呆账，并防范虚假核销；发卡银行须按呆账发生和呆账核销审批的有关情况，建立呆账责任人名单汇总数据库，以加强呆账核销的管理。(3) 建立违规核销责任追究制度。对呆账没有确凿证据证明，或者弄虚作假向审核或审批单位申报核销的，应当追究有关责任人的责任，视金额大小和性质轻重进行处理；虚假核销造成损失的，对责任人给予撤职或降级及以上级别（含降级）的处分，并严肃处理有责任的经办人员；涉嫌违法犯罪的由司法机关依法处置；未经过责任认定程序而予核销的，应当追究批准核销呆账的负责人的责任。

5. 规范呆账核销的税务处理

在信用卡呆账核销中，用于冲抵呆账的准备金①若符合有关监管条件及要求，准予在发卡银行税前扣除。

我国《企业所得税法》、《企业所得税法实施条例》以及税收监管部门有关监管规定②，对于信用卡透支等具有贷款性质的风险资产计提的贷款损失准备金，可准予发卡银行于当年在税前扣除。发卡银行准予当年税前扣除的贷款损失准备金计算公式为

准予当年税前扣除的贷款损失准备金 = 本年末准予提取贷款损失准备金的贷款资产余额×1% – 截至上年末已在税前扣除的贷款损失准备金的余额

若发卡银行按上述公式计算的数额如为负数，应当相应调增当年应纳税所得额。

发卡银行发生的符合条件的贷款损失，应先冲减已在税前扣除的贷款损失准备金，不足冲减部分可据实在计算当年应纳税所得额时扣除。

---

① 关于贷款风险资产准备金计提方式、计提标准及财务处理，可参见财政部于 2012 年 3 月修订的《金融企业准备金计提管理办法》（财金〔2012〕20 号）。

② 例如，财政部、国家税务总局于 2012 年 1 月 29 日发布的《关于金融企业贷款损失准备金企业所得税税前扣除政策的通知》，但该通知执行生效期间为 2011 年 1 月 1 日起至 2013 年 12 月 31 日止。

6. 建立健全已核销信用卡贷款资产管理机制

信用卡呆账核销后，发卡银行仍需根据持卡人相应情况，继续加强对持卡人的追索和催收，维护债权人利益。

（1）健全已核销欠款催收制度。信用卡呆账核销只是银行账面上的处理，并未免除持卡人应向发卡银行承担的还款义务，亦不表明银行放弃债权。对已核销的呆账、贷款表外应收利息以及核销后应计利息等，发卡银行仍应继续催收和追偿，最大限度地保护银行资产少受损失，切实维护银行的合法权益。发卡银行应密切关注已核销贷款的持卡人财务状况和还款能力的变化，指定专人负责催收，使银行的贷款债权始终保持在诉讼时效之内；必要时，发卡银行可通过法律程序对已核销的贷款进行追偿，不能因呆账核销而豁免持卡人的偿债还款义务。

另外，对于超过诉讼时效、担保时效和申请执行期限的信用卡债权的追索。超过诉讼时效、担保时效和申请执行期限的债权，从法律上已经丧失了胜诉权和请求强制执行的条件，但发卡银行并未完全丧失对应债权的实体权利，仍可能通过其他合法方式实现债权，发卡银行仍应当以其他合法方式向持卡人和担保人主张债权。

（2）强化信用卡呆账核销保密工作，切实防范道德风险。信用卡呆账核销作为发卡银行稳健经营的内部管理行为，应当在内部进行运作，做好保密工作。为了有效防止持卡人因知悉发卡银行呆账核销信息而放弃还款意愿或恶意逃废银行债务的道德风险，发卡银行内部应当严格控制呆账核销的知悉范围，并应作为商业秘密严格限制对外披露。除向信用卡业务监管部门和法律、法规规定的部门报送呆账核销的明细情况外，不得以任何方式对外披露有关贷款核销的详细信息。

（3）完善发卡银行内部激励机制和奖惩政策。对发卡银行内部，对于清收已核销呆账信用卡债权的有功单位和个人，应予以奖励；对于怠于主张呆账债权致使呆账债权不能实现，或擅自对外泄露核销呆账保密事项，给发卡银行造成相应损失的，发卡银行应严肃处理责任人。

（三）发卡银行信用卡呆账核销面临的现实困境及监管政策之完善

根据财政部《金融企业呆账核销管理办法》，信用卡呆账核销比照商业银行公司信贷业务及一般抵押贷款设置的核销条件，要求信用卡贷款按照"严格核销条件、确凿证据、逐笔核销"的原则逐户申报、审批。上述规定未顾及信用卡贷款金额小、笔数多、周期短、风险高等特点，存在呆账核销准入门槛高、要求严格、程序繁琐、材料繁杂、外部取证困难等现实障碍，导致大量实际上已形成损失的信用卡违约贷款无法认定为呆账进行核销，即使符合核销条件的贷款也往往导致核销成本大于核销资金，导致信用卡呆账核销工作进展缓慢。例如，根据财政部《金融企业呆账核销管理办法》，信用卡违约透支欠款须经法院诉讼、公安报案等法定程序或追索1年（单户欠款本金余额不超过2万元）以上才符合核销认定条件。由于诉讼一般历时较长，公安报案门槛较高、立案较难，追索效果甚微，如果仅从追索欠款及管理成本等角度考虑，发卡银行一般不会选择诉讼、报案等措施。实务中大量采取诉讼、报案措施，很大程度上是为了遵从核销监管要求获取法定核销材料而不得已为之，造成信用卡呆账核销成本高企，核销效率低下。

信用卡核销困境在于政策性障碍。为推进信用卡呆账核销工作顺利开展，保障信用卡业务健康发展，我国呆账核销监管部门应转变监管思路，淡化严格审批的监管观念，确立发卡行自主核销下的监督机制，制定出符合信用卡业务特点的呆账核销政策，真正发挥出呆账核销机制化解信用卡业务风险、促进信用卡业务健康发展的制度功能。完善信用卡呆账核销政策，须注意以下几个问题：

（1）采取自主核销政策。考虑信用卡业务特性，我国有必要出台专门适用于信用卡核销的相关政策（或在有关管理办法中设专章特别规定），按照"加强监督、强化内控、自主核销"的思路，在强化外部监管和内控管理的前提下，授权符合监管条件要求的发卡银行实施自主核销。

（2）降低呆账核销门槛。考虑信用卡业务风险高、贷款周期短等特点，在核销政策上有别于常规贷款的严格核销原则，降低信用卡核销门槛，对实际已形成损失的信用卡贷款及时进行核销，真实反映贷款资产质量形态，有效化解信用卡经营风险；但是，在降低呆账核销门槛的同时，应加大核销后贷款的管理力度。

（3）明确并简化呆账核销条件。一是取消现行监管规定中"经采取所有可能的措施和实施必要的程序"模棱两可的呆账认定前置条件，增强监管规定的确定性和可操作性。二是取消追索类核销金额限制，单户本金余额在2万元以上符合条件的亦可核销，有效避免发卡银行对此类欠款账户仅为获取核销证明材料而进行诉讼、报案，浪费业务成本，提高核销效率。

（4）解决外部取证难题。除追索类核销材料外，其他类型核销材料均涉及外部职能部门，而职能部门往往以无提供职责为由不愿出具，核销行往往无法取得相关证明材料。因此，信用卡核销政策应考虑实际情况，明确一些更具有可操作性的核销材料，拓宽内部法律意见书在发卡银行无法获取外部证明材料时作为替代补充材料的适用范围。比如，外部取证困难的，可以发卡银行内部法律意见书作为核销证明材料。

（5）简化呆账核销手续。一是在自主核销的政策下，改变层层申报、逐级审批的传统核销模式，采取集中核销的模式，减少核销环节。二是对信用卡共性申报核销材料进行简化，保留申报汇总表和债权证明材料，不需提交调查报告和申报表等材料。三是小额透支呆账采取打包的方式进行核销，以降低核销成本，提高核销效率。[①]

[①] 吴春林、龚民：《信用卡呆账核销的困境及出路》，载《中国信用卡》，2010（10）。

第八章　银行卡业务中的消费者权益保护

近年来,我国银行卡产业发展迅猛,银行卡发卡数量及银行卡交易金额快速增长。根据中国人民银行的统计数据,截至2012年第三季度末,我国国内总共发行银行卡34亿张,其中,借记卡发卡量为30.82亿张,信用卡发卡量为3.18亿张,银行卡渗透率达到46.3%。[①] 银行卡已成为关注日常生活中使用最频繁的非现金支付工具,银行卡持卡人也已成为国内规模最大、社会影响最广泛的消费者群体。与此同时,银行卡消费者的维权意识不断增强,消费者权益保护问题日益受到银行卡监管部门、社会公众的广泛关注。如果银行卡经营机构在银行卡业务中不注意依法保护银行卡消费者权益,将会引发银行卡消费者投诉,乃至引发诉讼法律风险和声誉风险。依法保护银行卡消费者权益,既是银行卡业务经营机构(特别是商业银行以及银行卡组织)的责任和义务,也是银行卡经营机构提升形象和竞争力的内在要求。加强对银行卡业务中的消费者权益的保护,既有利于增强银行卡市场信心,维护金融秩序与社会和谐,也有利于防范银行卡业务风险,避免产生法律风险和法律纠纷,促进银行卡业务发展创新。

本章通过分析银行卡业务中的消费者权益保护相关问题,结合我国消费者权益保护法律体系,从防控银行卡业务法律风险角度,对完善我国银行卡消费者权益保护机制进行研究。

一、银行卡业务中"消费者"之界定

我国以消费者权益保护为宗旨的主要立法是1993年颁布的《消费者权益保

[①] 数据来源:《2012年第三季度支付体系运行总体情况》,可参见中国人民银行网站:http://www.pbc.gov.cn/image_public/UserFiles/goutongjiaoliu/upload/File/2012年第三季度支付体系运行总体情况.pdf。

护法》。虽然《消费者权益保护法》具有普遍适用性，但该法第二条规定，消费者"为生活消费购买商品、接受服务"，其权益受本法保护；本法未作规定的，受其他法律、法规保护。究其性质而言，该条规定仅是对《消费者权益保护法》适用范围之限定，未对"消费者"概念作出明确定义。近年来，我国银行监管部门出台的监管文件中，屡次提及"金融消费者"概念，但仍未对"金融消费者"作出界定。①

随着银行卡业务创新及业务外延的扩张，银行卡业务中所涉交易已突破《消费者权益保护法》所界定的银行卡持卡人为生活消费之需要。例如，持卡人使用银行卡购买基金或理财产品等交易，因此，现行《消费者权益保护法》难以完全适用于银行卡业务等金融产品或金融服务。②在此背景下，若严格以《消费者权益保护法》界定之适用范围，对银行卡交易所涉消费者权益保护问题进行规范，恐有消费者保护不周之困惑。

本书认为，从本质而言，银行卡业务中的金融消费者是消费者概念在银行卡业务乃至金融业务领域的延伸。银行卡业务中的消费者权益保护问题，应受《消费者权益保护法》基本原则及有关要求的约束和规制，但考虑到银行卡作为金融产品和服务的一部分，具有交易复杂、风险高、信息不对称等特殊性，银行卡业务中消费者的弱势地位更加明显，对消费者倾斜保护的必要性和及时性更加突出。较之一般商品交易中的消费者权益保护，银行卡业务中的消费者保护在内涵和外延上应当有所突破。

1. 银行卡消费者与银行卡客户

客户与交易相对人基本同义，银行卡客户可包括银行卡业务中相关的任何交易对象，例如，除持卡人外，发卡银行、收单银行以及特约商户也有可能互为客户关系。从发卡银行与收单银行视角分析，特约商户以及持卡人均可视为银行的客户。而银行卡消费者则是银行卡客户的下位概念，是银行卡客户群体中的一部分，特指与发卡银行、收单银行等银行卡交易主体发生银行卡业务关系的持卡人，而不包括特约商户等银行卡业务主体。

---

① 银监会于2006年12月出台的《商业银行金融创新指引》中首次使用"金融消费者"的概念，第十八条指出，商业银行的金融创新应满足金融消费者和投资者日益增长的需求，"充分维护金融消费者和投资者利益"。

② 张炜：《银行业法制年度报告（2012）》，447页，北京，中国金融出版社，2012。

2. 银行卡消费者与持卡人

根据银行卡特性及其分类，银行卡持卡人包括个人持卡人，还包括商务卡、公司卡等以非个人名义申办的单位银行卡。个人持卡人当属银行卡消费者，似无争议；但单位银行卡是否应纳入银行卡消费者保护范围，则存有争议，有进一步辨析的必要。①从我国《消费者权益保护法》的角度分析，单位卡之消费不具有为生活消费目的，且其主体为非个人（自然人）主体，似不应纳入消费者保护范畴。②若从金融领域的消费者角度分析，公务卡持卡人作为接受银行卡相关产品及服务的主体，与自然人持卡人并无本质区别，应对公务卡持卡人给予同等保护。

本书认为，消费者的保护不应特别区分或强调消费者主体为自然人或法人的法律属性，而更需强调消费者在金融交易风险中的识别能力和承受能力，将具有一定财力及专业能力的自然人和法人排除在消费者特别保护范畴。[1]而相较个人持卡人，单位银行卡等非个人持卡人在银行卡交易中并无特别优势和专业能力，因此，除非监管法律另有规定，银行卡业务中的单位卡的持卡人，亦应纳入银行卡消费者保护范畴。本章下文所称银行卡消费者或金融消费者，除有特别说明，泛指银行卡持卡人，既包括个人持卡人，也可包括商务卡、公司卡等非个人持卡人，在此不作特别区分。

二、银行卡消费者权益保护相关法律问题

（一）银行卡消费者权益保护的基本原则

1. 对银行卡消费者的倾斜保护原则

为维护银行卡交易的公正性，持卡人需要法律伸出援助之手，使其获得应有的倾斜保护，即通过加重银行卡经营机构对银行卡消费者的法定义务和法定责任，并赋予参与银行卡交易的消费者相应权利，矫正银行卡交易中消费者一方（相对于发卡银行等银行卡经营机构）的力量失衡问题。首先，银行卡监管法律应当要求银行卡经营机构向持卡人等消费者承担更高的信息披露和说明义

---

[1] 例如，根据我国台湾地区 2011 年颁行的"金融消费者保护法"的规定，金融领域的消费者即"金融消费者"，是指"接受金融服务业提供金融商品或服务的自然人和法人，但不包括专业投资机构以及经主管机关认定符合一定财力及专业能力标准的自然人和法人"。

务。其次，倾斜性保护原则还要求银行卡经营机构承担更多的程序性义务，并简化银行卡民事责任的构成要件，减轻银行卡消费者举证责任，遵循有利于银行卡消费者的合同解释规则等。最后，从民事责任角度，在符合法定条件下，要求银行卡经营机构对银行卡消费者承担惩罚性赔偿责任。

2. 对银行卡消费者的全面保护原则

全面性保护要求银行卡消费者保护能够覆盖银行卡业务各个环节，并在银行卡业务创新环境下也能遵循消费者保护基本原则要求；除了对已有银行卡产品和服务进行全面规范外，还有必要对将来可能出现的新型银行卡产品及服务给予原则性和概括性的规定，防止银行卡消费者在遭受侵害后处于无法可依的窘境。遵循对银行卡消费者的全面保护原则，意在消除银行卡监管的制度空白和漏洞，并有效应对银行卡业务创新的客观要求。[①]

3. 对银行卡消费者的适度保护原则

法律对银行卡消费者的保护应当是有限度的，即遵循适度保护原则。对银行卡消费者的过度保护可能导致银行卡产品和服务的可获得性及便利性大大降低，并抑制金融市场的活力和内生性发展动力。因此，在对银行卡消费者进行倾斜性保护之同时，应当遵守契约神圣法则，尽可能维护银行卡交易行为的法律效力，维护私法自治及意思自由。银行卡消费者的适当保护原则，应当有效平衡消费者保护与维护市场自由竞争秩序及当事人意思自治之关系；既要充分重视银行卡消费者保护问题，也不可因噎废食，因过度保护而阻碍银行卡业务的创新和发展。

（二）银行卡消费者安全权保护

银行卡消费者的安全权是指银行卡消费者要求发卡银行等银行卡经营机构应依法建立保护机制，保障其人身权（包括隐私权等人格权）、财产权免受伤害或其他不当行为侵害的权利。我国《消费者权益保护法》及《侵权责任法》等法律对银行卡消费者的安全权作了原则性规定。例如，《消费者权益保护法》第十一条规定，消费者因购买、使用商品或者接受服务受到人身、财产损害的，享有依法获得赔偿的权利，该规定也应适用于银行卡消费者。银行卡消费者的安全权可大致细分为财产安全权、信息（隐私）安全权以及人身安全权等。

---

① 何颖：《金融消费者权益保护制度论》，41～42页，北京，北京大学出版社，2011。

1. 财产安全权

发卡银行等银行卡经营机构应当建立有效的银行卡交易保障机制，确保银行卡消费者财产安全，防止欺诈、侵吞、盗用等不当行为发生。在银行卡交易无卡化、网络化的发展背景下，"克隆"银行卡、网络钓鱼、网络欺诈等涉及银行卡欺诈和盗窃行为比较猖獗，直接威胁银行卡消费者的财产安全。如何保障银行卡账户资金安全及银行卡交易安全，关乎银行卡产业的市场信心和整个银行卡产业的健康发展，是银行卡各经营机构需妥善解决的重大问题。

实践中，一些发卡银行或银行卡组织采取积分奖励或赠送礼品等形式反馈银行卡消费者。从法律角度分析，该等积分奖励及赠送礼品等行为应当属于发卡银行或银行卡组织单方面附条件（积分兑换礼品需满足特定条件）、附期限（积分设有效期）的赠与行为，赠与方应当对所赠礼品或服务的质量承担法律责任。虽然部分发卡银行在积分奖励规则中明确声明，并以积分礼品由第三方供应商提供，且发卡银行与供应商之间不存在代理、经销关系等为由，排除对积分活动所涉礼品、礼券及服务承担质量瑕疵担保责任，但这种免责条款的法律效力值得商榷。

2. 人身安全权

银行卡业务（特别是涉及银行卡存款、取现、转账等银行卡业务）发生地大多位于银行机构的柜面、店堂及自助服务终端等金融服务场所，这些场所资金交易频繁，容易发生盗抢等侵害持卡人人身权的不法行为。为此，商业银行等银行卡经营机构应采取必要安全防范措施，保障银行卡消费者人身权益免受不法侵害，这既是银行卡业务经营的基本要求，也是维护商业银行等银行卡经营机构声誉以及银行卡消费者利益的客观要求。

3. 信息安全权

银行卡业务中涉及数以亿计的消费者的交易信息及其他个人信息。银行卡各经营机构（包括发卡银行、收单银行、特约商户及银行卡组织等）均应建立对银行卡消费者交易信息及个人信息的保护机制，规范何种信息能够被收集、使用及向第三方披露，并确保银行卡消费者有权知悉信息共享情况，对错误信息或被非法收集的信息，有权请求更正或删除，消除不当影响。①

---

① 本书第九章将专文讨论银行卡消费者（客户）信息保护问题。

(三) 银行卡消费者知情权保护

银行卡业务中，通过加强银行卡业务信息披露，保障银行卡消费者知情权，是解决消费者与银行卡经营机构信息不对称问题的有效途径，也是保障银行卡交易意思自治的基础和前提。加强银行卡信息披露，有助于银行卡消费者熟悉信用卡协议相关规定，避免消费者由于信息不对称，造成利率、费用成本支出的增加。从银行卡经营机构角度分析，为保障银行卡消费者的知情权，应强化发卡银行等经营机构在银行卡信息披露、风险提示等方面承担的法定说明义务。发卡银行等银行卡经营机构应当真实、准确、完整、及时地向银行卡消费者披露银行卡交易的便利及风险等重要信息，不得欺诈及误导销售，并应在银行卡交易全过程以银行卡账单、银行公告等形式向银行卡消费者持续披露。

1. 银行卡业务信息披露的主要内容

发卡银行等银行卡经营机构应当向银行卡消费者告知或解释银行卡所涉重要信息，确保信息披露的针对性。银行卡业务中所涉重要事项主要包括银行卡申领条件、信用卡信用额度、计息方式、年费（包括年费的减免条件等）及其他费用、违约风险以及银行卡章程及合约重要条款等相关内容；在银行卡资金汇划业务中，受理业务的银行机构应当详尽告知持卡人不同转账汇款方式所对应的不同收费标准、资金到账时间、跨境使用银行卡可能产生的汇率兑换费用以及在汇划差错或转账欺诈等情形下的处理流程等信息。

例如，根据银监会《商业银行信用卡业务监督管理办法》的有关规定，在信用卡申请材料中，发卡银行应向持卡人（申领人）提示信用卡申领基本条件、信用卡计结息规则、年费、滞纳金或超限费收取方式、申请人信息安全保密、非法使用信用卡行为的法律责任和处理措施等重要信息。[1]欧盟《2008年消费者信贷合同指令》（2008/48/EC）第六条则规定，作为先合同义务，贷款人（包括信用卡发卡机构）应向消费者披露信贷合同（包括信用卡合约）重要信息，如信贷总额度、贷款期限、贷款利率及利率调整方式、逾期还款的罚息计算、贷款费用、贷款合同终止条件及程序等。[2]根据日本2006年《贷款业法》第16条（2）规定，贷款业者与借款人缔约前，应向借款人披露如下重要事项：贷款

---

[1] 银监会《商业银行信用卡业务监督管理办法》第三十七条。
[2] Directives 2008/48/EC of the European Parliament and of the Council of 23 April 2008 on credit agreement for consumers and repealing Directive 87/102/EEC. http：//eur‐lex.europa.eu/LexUriServ/LexUriServ.do？uri＝OJ：L：2008：133：0066：0066：EN：PDF。

业者基本信息、贷款金额、利率、还款方式、还款期间以及违约金等赔偿规则，以及监管部门规定的事项。①美国《2009 年信用卡法》② 要求发卡机构提高对银行卡消费者的信息披露标准，例如，发卡机构须向持卡人书面披露最低还款警告，向持卡人披露循环信贷所要承担的所有成本、还款时间长度等信息，告知持卡人不被收取滞纳金的最后期限，并为持卡人提供免费电话，提供信贷咨询和借款管理服务等。

此外，中国银行业协会于 2013 年 2 月修订的《中国银行卡行业自律公约》③也要求各成员银行（发卡银行）采取多种措施，保证客户对银行业务计息、收费标准及相关风险享有充分的知情权（及选择权）：一是要求成员银行加强信用卡业务信息披露，充分揭示信用卡计息规则的涵义，应在信用卡申请表中以突出的字体明确说明计息规则，并通过网站等宣传渠道提供计算规则及模拟案例；二是要求成员银行执行监管规定要求并根据实际情况选择适合自身发展的信用卡息费计收方式和相应的优惠措施，但应将相关信息明确告知信用卡申请人（或持卡人），确保申请人（或持卡人）可以根据自身意愿自主选择；等等。

2. 信息披露说明的主要方式

银行卡业务专业性强，部分规则庞杂且抽象，发卡银行等经营机构应避免使用晦涩难懂的专业术语，而应通过便于银行卡消费者理解的醒目方式和通俗易懂的语言履行说明义务。例如，根据我国台湾地区《信用卡业务机构管理办法》第四十条的规定，发卡机构在办理申请信用卡业务时，应通俗简明地以书面或电子文件告知申请人信用卡所涉费用、利率、权利义务等重要条款，对于"攸关消费者权益之重要事项"，应以显著方式标示。银监会《商业银行信用卡业务监督管理办法》第六十四条也规定，发卡银行若拟变更信用卡章程、产品服务等事项，应以"明确、简洁、易懂的语言"将该等变更事由提前通知持卡人。美国《2009 年信用卡法》也规定，发卡机构对持卡人所作信息披露应采用明确、简洁且醒目之方式，确保能够引起持卡人关注；并强制要求发卡机构开发相关网站，以互联网方式披露信用卡合约等重要文本信息。

3. 银行卡业务营销与信息披露

发卡银行等银行卡经营机构如采用广告、传单等方式通过网络、电视或其

---

① 何颖：《金融消费者权益保护制度论》，90 页。
② 美国《2009 年信用卡法》第二章 "Enhanced Consumer Disclosures"。
③ 参见中国银行业协会网站：http://www.china-cba.net/do/bencandy.php?fid=42&id=10941。

他媒介向银行卡消费者营销银行卡，该等营销材料应使用通俗易懂的语言，且不得包含误导性的信息，避免欺诈性营销行为，否则，应当承担相应的法律责任。我国《合同法》①、《广告法》② 以及银监会《商业银行信用卡业务监督管理办法》均有明确要求。③欧盟《关于规范广告营销行为之指令》④ 以及美国《2009年信用卡法》也有类似规定。2012年10月，美国金融消费者保护署（Consumer Financial Protection Bureau）还就美国运通公司在信用卡营销中存在的信用卡积分奖励计划虚假宣传等违规行为，对运通公司实施处罚。⑤

另外，发卡银行等银行卡经营机构若外包或委托其他中介机构在银行卡经营场所之外地点（如购物中心或大型市场等）开展银行卡业务营销活动，应要求中介机构履行法定信息披露义务，并对中介机构之受托行为承担法律责任。

4. 银行卡不当营销与银行卡激活操作机制

为防止发卡银行等银行卡经营机构不当营销，或以发放赠品等形式诱使消费者申领银行卡，有必要建立银行卡的激活操作机制，赋予消费者阻止银行卡合约生效的权利。例如，在借记卡集体办卡中，借记卡需在持卡人本人到柜面激活后方可正常使用；对新发信用卡，则须激活后才能为持卡人开通使用；除申领人另有特别授权外，信用卡未经持卡人激活，不得扣收任何费用；信用卡未经持卡人激活并使用，不得发放任何礼品或礼券。银行卡激活操作机制除了具有核对持卡人身份信息之功能外，还具有类似于普通商品交易中无条件退货

---

① 《合同法》第四十二条规定，一方当事人故意隐瞒与订立合同有关的重要事实或者提供虚假情况，或有其他违背诚实信用原则之行为，造成对方当事人损失的，应当承担损害赔偿责任。

② 例如，根据我国《广告法》第四条及第三十八条的规定，广告不得含有虚假的内容，不得欺骗和误导消费者，违法发布虚假广告，欺骗和误导消费者，使购买商品或者接受服务的消费者的合法权益受到损害的，由广告主依法承担民事责任；广告经营者、广告发布者明知或者应知广告虚假仍设计、制作、发布的，应当依法承担连带责任。

③ 银监会《商业银行信用卡业务监督管理办法》第三十九条第二款第（一）项规定，在信用卡营销中，营销宣传材料真实准确，不得有虚假、误导性陈述或重大遗漏，不得有夸大或片面的宣传。应当由持卡人承担的费用必须公开透明，风险提示应当以明显的、易于理解的文字印制在宣传材料和产品（服务）申请材料中，提示内容的表述应当真实、清晰、充分，示范的案例应当具有代表性。

④ EU Directive on Misleading and Comparative Advertising 2006/114/EEC. http://eur-lex.europa.eu/LexUriServ/LexUriServ.do?uri=OJ: L: 2006: 376: 0021: 0027: EN: PDF。

⑤ 根据美国金融消费者保护署的裁定指出，美国运通在广告中宣称，消费者只要申办蓝天卡（Blue Sky Card）并且消费积分达到2.25万，就可获得"300美元"奖励，但事实上，消费积分已经达到2.25万的消费者从未收到所称的"300美元"奖励。参见：http://www.consumerfinance.gov/pressreleases/cfpb-orders-american-express-to-pay-85-million-refund-to-consumers-harmed-by-illegal-credit-card-practices/。

及冷静期（Cooling-off）等机制的权利保障作用，消费者可在法定或约定的期限内无条件要求终止或撤销银行卡申请而无须承担赔偿责任。

（四）银行卡消费者的选择权与公平交易权保护

银行卡消费者在与银行经营机构进行银行卡交易过程中，依法享有选择权与公平交易权。如果发卡银行、银行卡组织等经营机构滥用其市场优势地位，则可能损害或剥夺银行卡消费者的选择权以及公平交易权。维护银行卡消费者的选择权与公平交易权，既是银行卡监管机构的重要职责，也是银行卡经营机构应遵循的经营管理原则。完善银行卡消费者选择权与公平交易权的保护，应妥善做好将银行卡营销及银行卡交易等环节的法律监管和规制。如果说，加强信息披露与交易透明要求是对银行卡交易信息不对称的矫正，那么，通过规范银行卡市场竞争秩序，加强对银行卡业务中的合约条款及不正当经营行为的法律规制，则体现了对银行卡经营者与消费者经济地位失衡的法律干预，是消费者倾斜保护原则的核心内容。

1. 捆绑销售或搭售问题

在银行卡营销环节，发卡银行应限制使用捆绑营销或强制搭售等模式，例如，如发卡银行以信用卡申请人购买发卡银行指定的保险产品作为核发信用卡的前提条件，强制申领人购买其本不需要的产品或服务，则势必损害申领人的选择权与公平交易权。若发卡银行将两个或两个以上银行产品或服务捆绑，而不允许持卡人单独购买该类产品或服务，此等行为不仅提高了银行卡消费者的消费成本，限制了银行卡业务竞争，也损害了银行卡消费者选择权和公平交易权。捆绑销售及搭售行为也是有关国家竞争法或反垄断法规制的滥用市场优势地位的不当行为。

2. 银行卡格式条款的法律规制

银行卡业务中大量使用发卡银行以及银行卡组织单方面制定的格式合同条款，例如银行卡的章程或合约，银行卡组织制定的业务规章及争议处理规则等条款，这些格式合同条款是明确银行卡持卡人及发卡银行等银行卡业务主体之间权利义务关系的重要法律文件。银行卡格式条款应遵循合同法格式条款的解释及适用规则。

（1）格式条款的解释规则。根据我国《合同法》第四十一条及合同行政监管部门的相关规定，银行卡格式条款的解释应采取下述解释原则：一是按照通常理解解释。格式条款发生争议时，应以通常的、合理的理解进行解释。格式条款在性质上仍属于合同，因此要采纳一般合同解释所应遵循的原则，如合同解释应考虑合同的目的，按照合同的全部条款解释而不能仅拘泥于个别文字，公平合理并兼顾双方利益，不得违反法律规定等。二是采用对发卡银行等格式条款制定方不利的解释。考虑到银行卡格式条款是由发卡银行等制定方单方面制定，制定方可能会故意使用模糊用语损害银行卡消费者的利益，或者为维持其经济上的优势地位，将不合理的解释强加于消费者，为维护消费者的利益，如格式条款存在不同理解，应采用对发卡银行等制定方不利的解释。三是如格式条款和非格式条款不一致，应采用非格式条款。四是不得剥夺或排除银行卡消费者对格式条款的解释权。

（2）格式条款的适用规则。根据我国《合同法》第三十九条及第四十条的规定，在银行卡业务中，发卡银行应当遵循公平原则确定其与持卡人等当事人之间的权利和义务，在格式条款中不得免除自身应承担的责任（特别是在造成消费者人身伤害或因故意或重大过失造成消费者财产损失时，发卡银行应承担的法律责任），也不得加重持卡人等对方当事人的责任或排除其主要权利，否则，该等格式条款无效。

3. 银行卡收费问题

在银行卡业务中，发卡银行等银行卡经营机构作为市场交易主体，就其提供银行卡相关产品或服务向消费者等服务接收方收取一定费用，本毋庸置疑，但由于银行卡收费涉及面广，且随着银行卡业务创新不断推进，银行卡产品与服务类型以及银行卡收费项目也与日俱增，银行卡业务收费问题容易引起银行卡监管部门及社会公众舆论的争议及普遍关注。关于银行卡收费问题，从发卡银行等银行卡经营机构防控法律风险而言，应处理好以下几方面问题。

（1）银行卡收费应合法合理。关于银行卡收费，我国监管部门规定了政府定价、政府指导价以及银行机构自主定价等模式。对于执行政府定价及政府指导价的银行卡收费项目，应严格依照监管要求，不得擅自收费。例如，对于交通卡、社会保障卡、军人保障卡等银行卡加载特定社会服务功能的特殊银行卡，应严格执行相关政府部门制定的收费标准。对于执行自主定价的银行卡收费项目，发卡银行等银行卡经营机构应根据银行卡有关产品或服务的成本及消费者承受能力，合理定价，并考虑在不同交易模式下执行差别收费，例如，对于通过银行自助柜员机或网络银行办理的银行卡转账业务收取的费用，应低于通过银行普通柜台办理而收取的费用。

（2）增强银行卡收费透明度。银行卡收费项目及种类繁多，发卡银行等银行卡经营机构应通过网站、营业网点公告等便利形式，向银行卡消费者披露公示有关收费项目及具体标准收费，既便于消费者对不同银行卡经营机构作成本比较，也有利于消费者及社会对银行卡经营机构的外部监督。[①]

（3）银行卡收费调整时应保障消费者选择权。银行卡经营机构若调整特别是上调银行卡收费标准，应根据银行卡监管规定，提前以公告等形式告知银行卡消费者，并赋予消费者选择权：即消费者若不同意银行卡收费标准上调，可在约定期限内选择终止与发卡银行等银行卡经营机构的银行卡合约关系。

4. 特殊消费者的特别关注

在保护银行卡消费者的选择权与公平交易权之同时，应当对年轻消费者、残障人士以及高龄持卡人等部分弱势群体的银行卡消费需求给予特别关注。

（1）年轻消费者的特别保护。考虑到年轻消费者收入来源单一，还款能力有限等特点，应加强对年轻消费者信用卡业务的监管。例如，我国银监会《商业银行信用卡业务监督管理办法》以及美国《2009年信用卡法》均对加强学生信用卡业务监管作了相关规定，要求发卡银行不得面向高校学生发行信用卡，除非符合法定例外情形，如获得第三人（如学生父母、法定监护人或其他自然人）书面担保承诺等，另外，要求发卡银行提高与有关高校信用卡业务合作的透明度，保护高校学生免受信用卡激进营销的诱惑等。

（2）老年消费者及残障人士特殊服务需求的保障。针对部分老年消费者或部分残障人士行动不便等特殊情形，银行监管部门要求商业银行根据特事特办、急事急办等原则，采取上门服务、在营业场所提供特殊通道等便利措施，为特殊银行卡消费者提供银行卡服务。

5. 银行卡市场竞争及反垄断规制

正如20国集团2011年发布的《金融消费者权益保护核心原则》[②]所述，改善金融市场竞争，可赋予金融消费者更多的选择权；金融服务提供者在竞争压力中也会加强金融创新、提高服务质量、提供更有竞争力的产品。国际消费者

[①] 为便于了解国内信用卡业务收费情况，本书收集了国内部分发卡银行信用卡部分业务的收费标准并作简单比较，请参见本章文末附表：国内部分商业银行信用卡业务部分收费标准比较。

[②] *G20 High - level Principles on Financial Consumer Protection*，可参见：http://www.oecd.org/dataoecd/58/26/48892010.pdf。

组织（Consumer International）2011年3月还建议20国集团采取必要措施，通过促进竞争提升金融领域的消费者保护，并提请20国集团确认，就金融监管而言，金融稳定之监管目标不应凌驾于维护市场竞争之监管目标。[1]世界银行2012年6月发布的《金融消费者保护良好实践》[2]也指出，金融领域的竞争法律制度应当考虑竞争问题对消费者福祉特别是对消费者选择权可能产生的实际或潜在的限制性影响。

对银行卡市场而言，应规范并加强银行卡发卡市场、收单市场以及银行卡跨行信息转接清算市场的市场准入监管，强化银行卡产业反垄断法律规制，改善银行卡业务竞争市场环境，为保障银行卡消费者的选择权与公平交易权创造外部条件。

三、完善我国银行卡消费者权益保护机制研究

（一）我国银行卡消费者权益保护存在的主要问题

1. 对消费者保护尚未形成普遍共识

我国消费者权益保护工作已经开展十余年，在普通商品和服务领域，有关消费者权益保护的主体、客体、内容、原则、方式以及有关消费者保护组织的运作等已基本成型。但是，包括银行卡消费者权益保护在内的金融消费者权益保护问题还是新近提出的新课题，尚未形成较为成熟的保护体系，相关体制机制还不完善，依法保护银行卡消费者权益的氛围还需进一步培育。

2. 金融消费者保护法制建设相对滞后

在金融消费者权益保护方面，我国迄今为止尚未出台专门针对金融产品、服务与消费者权益保护问题的系统性法律、法规或者规章，相关规定散见于各类法律和监管规定中。一是《民法通则》、《合同法》、《侵权责任法》等基本民事法律尚未就诸如金融领域等特殊行业及业务领域需要的特殊要求作出细致规范，难以体现对消费者的倾斜性和前瞻性的法律保护原则。二是《中国人民银

---

[1] 参见国际消费者组织2011年3月向20国集团递交的报告：*Safe, fair and competitive markets in financial services: recommendations for the G20 on the enhancement of consumer protection in financial services.* 可参见：http://www.consumersinternational.org/media/669846/cifinancialreport2011execsummary.pdf。

[2] *Good Practices for Financial Consumer Protection*，可参见：http://siteresources.worldbank.org/EXTFINANCIALSECTOR/Resources/Good_Practices_for_Financial_CP.pdf。

行法》、《银行业监督管理法》、《商业银行法》以及《价格法》等法律虽对商业银行经营管理中的有关行为进行了规范，但是对金融消费者权益的保护性规定过于原则，缺乏可操作性，且行业监管色彩浓重，不能形成体系。而《消费者权益保护法》中界定的消费者概念与商业银行自然人客户的范围亦不完全契合，并且相关制度设计没有充分考虑银行卡等银行业务的特殊性（如持卡人在银行卡交易中应具有更高的注意义务等），不能完全适用于银行卡业务等银行业务中消费者权益的保护。三是中国人民银行、银监会、国家工商行政管理总局等部门制定的相关部门规章和规范性文件，对于构建消费者权益保护的基本框架而言，存在效力层级低、原则性强、规定分散、适用范围窄、权利义务关系未明确界定等问题。

3. 消费者与银行卡经营机构之间信息不对称

从实践来看，相当数量的持卡人缺乏必要的银行卡业务知识，对银行卡产品及风险认知不足，对自身承受风险的能力估计不客观；同时，银行卡经营机构面对市场竞争压力，需不断加强银行卡业务创新和技术创新，以满足客户要求，但银行卡持卡人等金融消费者对此缺乏全面认识，持卡人在享受日新月异的银行卡创新与技术进步带来的交易便利的同时，并不了解银行卡经营机构特别是商业银行为此付出的巨大成本和承担的风险责任。上述信息不对称的问题有可能导致持卡人与银行卡经营机构之间出现误解和分歧，甚至产生争议和纠纷。[①]

4. 持卡人投诉处理机制不健全

目前，银行卡监管机构尚未制定专门的消费者投诉监管规定，行业性以及银行卡经营机构自身的消费者投诉处理机制均不健全。持卡人与银行卡经营机构发生纠纷后，解决纠纷的手段比较单一。在投诉与诉讼之间缺乏具有缓冲作用的争议处理、调解机制，持卡人往往诉诸媒体，试图通过社会舆论压力促使争议解决结果有利于持卡人，银行卡经营机构则迫于舆论压力，往往以息事宁人的方式，而争议本身的合法性、公平性、合理性则被置于次要地位。长此以往，不但无助于争议的妥善处理，还容易导致纠纷风险扩大和纠纷复杂化。

---

① 张炜：《银行业法制年度报告（2012）》，451~452页。

（二）完善我国银行卡消费者权益保护机制建议

近年来，金融消费者权益的保护已成为当前国际金融监管改革进程中特别受关注的一个重要焦点问题。加强金融消费者合法权益的保护，对维护市场信心和金融稳定，促进经济健康发展具有重要意义。银行卡消费者权益保护应当纳入我国金融消费者保护的监管视野，并作统筹安排。我国立法机关、银行卡监管部门以及商业银行、银行卡组织等银行卡经营机构均应进一步重视和加强银行卡消费者权益保护工作，吸收和借鉴银行卡消费者保护国际法制发展最新动态，推进我国银行卡消费者保护法制建设进程，健全银行卡消费者权益保护机制，依法保障银行卡消费者权益。

1. 加快银行卡消费者保护法律框架建设

根据我国金融业务创新发展实际情况，可以考虑通过修订现有法律法规，逐步健全包括银行卡消费者在内的金融消费者权益保护法律制度框架。

（1）银行卡消费者保护法律体系的主要内容。一是适时修改《消费者权益保护法》，增加金融消费者权益保护的专门章节，对保护原则、范围、金融消费者范围的界定及特殊权利、纠纷解决等内容进行特别规定，确立金融消费者的法律地位。

二是修改和完善现有银行监管法律法规，如修改《中国人民银行法》、《银行业监督管理法》等监管法律，将保护银行卡消费者在内的金融消费者权益纳入金融监管目标，明确消费者和商业银行等金融机构责任；加强对金融消费者公平交易权、自由选择权、知情权等切身利益的保护。

三是尽快出台《银行卡条例》，理顺银行卡业务监管体制，避免监管冲突和监管真空，规范银行卡产业市场准入，厘清中国银联的法律定位，规范市场竞争秩序，强化银行卡消费者的法律保护，明确界定纳入银行卡消费者保护的主体范围、保护原则、权利内容、归责原则、争议处理机制等问题，为保障银行卡消费者合法权益创造有利的外部监管环境。

（2）完善银行卡消费者保护法律规制应注意的问题。一是遵循依法、合理、公平、适度的原则。在遵循依法、合理、公平原则的基础上，对消费者进行倾斜保护和全面保护，以矫正市场交易信息之不对称。同时，尊重市场经济环境下市场主体（包括银行卡经营机构和银行卡消费者）的意思自治，对银行卡消费者贯彻适度保护原则。银行卡消费者应当对其自主决策行为产生的法律后果或风险承担责任，避免因对银行卡消费者的过度保护而阻碍银行卡金融创新和发展。银行卡监管法律对银行卡消费者的保护应当侧重于救济银行卡消费者在交易能力上的弱势地位，以保证银行卡消费者与发卡银行等经营机构在实质公平的前提下发生交易关系，而不应当延伸到银行卡消费者因参与银行卡交易而可能面对的不利结果。保护银行卡消费者权益，即包含有加强银行卡消费者自身责任承担能力和培养成熟的银行卡消费者的基本要义。

二是银行卡监管部门行政干预的合法性及正当性问题。银行卡监管部门为实现保护银行卡消费者利益的监管目标，可能被赋予新的监管权力，对银行卡产品或相关服务进行直接干预。在立法赋权及具体行政执法过程中，应以保障和促进市场竞争，维护公平交易为前提，尊重银行卡经营机构的独立性和自主创新行为，切忌以维护银行卡市场健康发展为名，行特殊保护部分特殊实体之实，确保有关干预行为的合法性、正当性及公正性，切实改善银行卡市场竞争环境。

三是尊重银行卡市场金融惯例的法律效力。从本质上讲，银行卡属于舶来品，银行卡相关业务规章及交易规则已被银行卡市场参与方广泛接受并执行，具有金融惯例性质。对此类银行卡金融惯例，我国立法机关和银行卡监管部门应当予以尊重，并在不违背我国强行法或公共秩序等前提下，确认并保障我国银行卡业务各方市场主体适用该类交易规则的合法性，以减少银行卡金融创新及银行卡交易行为的法律风险。

四是健全银行卡消费者维权渠道。银行卡消费纠纷发生后，应当为持卡人提供多元化的纠纷解决途径，维护银行卡消费者的程序权利。第一，向发卡行投诉。应明确规定发卡行应当建立受理投诉的内部机构和工作机制，给受到损害的持卡人提供高效便捷的协商渠道，将纠纷化解于发卡行与持卡人之间。第二，向第三方机构投诉。应当强化银行业协会、消费者协会等社会组织在消费者保护方面的职责，为银行卡消费纠纷提供自律协调机制和沟通平台。第三，向银行卡消费者权益保护的专门机构投诉。应当赋予有关专门机构监督发卡行遵守与消费者保护有关的法律，受理银行卡消费者的投诉，对违法行为进行行政处罚等职责。第四，向人民法院起诉。应当在证据规则中明确规定对发卡行持有、持卡人难以搜集的证据实行举证责任倒置，更好地维护银行卡消费者的合法权益。[①]

[①] 冉俊：《银行卡消费者权益保护法律问题研究》，载《金融教育研究》，2011，24（2），74~75页。

另外，银行卡监管部门或银行业协会等行业自律组织可根据实际情况，对银行卡消费者投诉受理情况进行汇总分析，并定期向社会公布；对于消费者投诉比较集中的业务或问题，可建议立法机构或有权部门适时修订监管规定。

五是加强对银行卡消费者的金融教育。银行卡监管部门应建立适当的机制，将银行卡消费者乃至金融消费者的教育列入其日常监管工作范畴。建立由商业银行、行业协会、消费者保护组织、银行卡监管机构共同参与的多层次的消费者教育网络，向公众传播宣传银行卡等金融基本知识，开展银行卡消费者教育的普及和推广工作。加强对银行卡消费者的教育，可以增进银行卡消费者对银行卡产品、服务及银行卡市场风险的理解，提高银行卡消费者的理性用卡消费意识，了解银行卡业务纠纷投诉途径，增强银行卡消费者的理性维权意识。对弱势银行卡消费者，还应给予特殊的金融教育机会。

2. 建立健全商业银行对银行卡消费者权益的保护机制

商业银行作为银行卡市场最重要的经营机构之一，应当依据有关法律法规和监管要求，建立健全用卡消费者保护工作体制，并应注意以下问题：

（1）落实银行卡消费者权益保护的全流程管理措施。银行卡消费者权益可能涉及银行卡风险揭示、发卡营销、依法收费、交易安全、银行卡欺诈、客户投诉处理、营业场所安全等多个环节，商业银行可根据业务划分和业务特点，确定各个环节上需要重点关注的与银行卡消费者权益保护相关的法律、法规和监管规则的范畴，对面临的主要法律风险进行梳理和提示，按照相应的要求进行流程控制，落实银行卡消费者权益保护的全流程管理措施，并考虑将银行卡消费者乃至金融消费者权益保护纳入全面风险管理体系和合规评价体系。

（2）建立有效的信息传递和反馈机制。商业银行应建立银行卡消费者权益保护信息管理系统，对本行的整体风险状况进行综合评估，确保总部能够及时、准确、全面获取银行卡业务分支机构的相关信息，形成有效的系统支持和信息传递。对于发展跨境银行卡业务的商业银行，其境内外附属机构和分支机构应及时向总部报告所在地有关监管处罚、诉讼案件以及争议纠纷；总部应评估分析其潜在风险，分析该等纠纷产生的背景与事实、适用法律或监管法规的规定及与纠纷处理相关的法律程序，及时向涉案机构反馈处理应对的基本策略和指导意见，并采取相应防范措施。

（3）建立银行卡消费者权益保护应急处理机制。商业银行应建立银行卡消费者权益保护应急处理机制，对银行各机构（包括境内外附属机构）发生的客户投诉事件等进行监测与管理。对发生影响较大的银行卡消费者争议或发现存在潜在的重大消费者争议的银行机构，应及时向银行卡业务主管部门报告，详细说明事件的原因、发展态势、潜在风险与应对方案。在发生有关纠纷时，充分调动各种有利资源，做好应急处理工作，最大限度地避免事态恶化，避免引发声誉风险。

（4）完善银行卡客户分类和评估标准。商业银行应结合银行卡客户财力及风险承受能力等要素，在遵循监管要求的前提下，制定相应的银行卡客户识别、分类和评估标准，为不同客户提供差异化的银行卡金融服务或产品。

（5）依法规范银行卡中间业务收费。严格规范中间业务收费政策的内部控制流程，确保有关收费的合法性、合规性、合理性及可行性。对于新推出的银行卡新产品的收费项目，应履行必要的监管报备或审批程序，并制订银行卡消费者保护的信息传递、反馈和应急处理预案。银行卡业务收费项目实施后，商业银行还应重视客户体验和客户调查，加强和规范银行卡业务收费管理，切实维护银行卡消费者合法权益。

（6）完善问责机制。对损害银行卡消费者合法权益的行为，商业银行应及时纠正停止侵害，并视情况对相关机构或责任人员问责。

（7）对于发展跨境银行卡业务的商业银行，应要求其境外机构特别注意遵循当地银行卡法律监管规定，重点关注银行卡信息披露与说明义务履行、交易安全、特殊群体持卡人的特别保护规定以及跨境银行卡授信服务等问题，并要求境外机构设立专门机构或明确专人处理银行卡消费者乃至金融消费者权益保护事宜，必要时聘请当地律师对银行卡服务和产品进行消费者权益保护的特别审查。

3. 妥善应对处理银行卡市场消费者保护热点问题

在银行卡业务中，商业银行与银行卡消费者是鱼水关系。商业银行有必要通过市场调查跟踪、受理客户投诉等形式，及时了解银行卡发卡市场与收单市场中市场关注及消费者反映的热点问题，并通过适当方式和途径（如通过电视媒体、网络微博等），及时向社会公众进行必要的沟通解释。这既有助于加强银行与银行卡消费者之间的沟通交流，实现两者良性互动，也有利于加强对银行卡消费者的宣传教育，培育成熟的银行卡消费市场。根据我国银行卡业务发展实际，商业银行应重视并积极协调解决市场关注及消费者反映的下列问题：

（1）发卡营销环节存在的问题。例如，强制搭售（如以申办信用卡作为发卡银行批准贷款申请的前提条件）；以派送礼物等方式诱使消费者申领信用卡；虚假记载、误导性陈述（如未如实告知申领人信用卡年费标准及年费减免条件等）或者重大遗漏等或未充分揭示风险，损害银行卡申领人的知情权和选择权；等等。

（2）信用卡申请及使用中存在的问题。例如，由于发卡银行内部管理的原因，发卡银行在受理申领人的信用卡申请后，未能在合理期间内告知申领人申请是否获批，或是在申领人申请信用卡时给予申领人不当承诺，在信用卡申请被拒后，引起申领人投诉；因信用卡领用合约部分条款约定损害持卡人利益，如全额计息、滞纳金、超限费等约定引起投诉；银行卡预授权引起争议；因商品买卖纠纷引起银行卡争议；等等。

（3）银行卡资金被盗案件及责任认定。近年来，不法分子窃取持卡人银行卡信息和密码，伪造银行卡，使用伪造银行卡盗取持卡人资金，持卡人要求银行赔偿损失的案件，发案势头迅猛。法院在审理伪卡欺诈民事纠纷案件中，存在法院裁判尺度大相径庭、归责原则不明确、举证责任分配机制不完善以及民事程序与刑事程序关系不清等问题[①]，不利于此类案件的妥善解决。从银行角度而言，对于此类案件，应在认清事实的基础上，积极主动与客户沟通协商，灵活应对，妥善处理，避免引发声誉风险；同时，银行也应加强信息系统安全建设，提高客户信息及隐私保护标准，完善内部控制机制，减少客户资金被诈或被盗等风险事件发生的频率及造成的损失。

[①] 刘泽华、王志永：《伪造银行卡欺诈类案件民事责任承担问题研究》，载《中国金融》，2011（21）。

附表

国内部分商业银行信用卡业务部分收费标准比较

（有关数据更新至2012年12月底）

信用卡收费标准	工商银行	农业银行	招商银行	民生银行	花旗银行（中国）	汇丰银行（中国）
年费	(1) 牡丹白金卡主卡2 000元/卡/年；牡丹白金卡副卡1 000元/卡/年。 (2) 牡丹双币贷记卡个人卡：金卡主卡200元/卡/年，金卡副卡100元/卡/年；牡丹人民币贷记卡个人卡：金卡主卡100元/卡/年，金卡副卡50元/卡/年；牡丹准贷记卡个人卡：金卡主卡50元/卡/年，金卡副卡25元/卡/年。 (3) 牡丹双币贷记卡个人卡：普通卡主卡100元/卡/年，普通卡副卡50元/卡/年；牡丹人民币贷记卡个人卡：普通卡主卡50元/卡/年，普通卡副卡25元/卡/年。普通卡副卡12.5元/卡/年。	(1) 本外币合一卡：商务卡200元/年；个人白金卡主卡3 000元/卡/年，副卡2 000元/卡/年；个人金卡主卡200元/卡/年，附属卡100元/卡/年；个人普通卡主卡100元/卡/年，附属卡50元/卡/年。 (2) 人民币卡：商务卡200元/年；个人白金卡主卡2 000元/卡/年，附属卡160元/卡/年；个人金卡主卡80元/卡/年，附属卡40元/卡/年。	金卡：主卡每卡人民币300元，附属卡每卡人民币150元。 普通卡：主卡每卡人民币100元，附属卡每卡人民币50元。	金卡：主卡人民币300元，附属卡人民币150元。 普通卡：主卡人民币100元，附属卡50元。	花旗礼享卡：主卡人民币300元/卡，附属卡：人民币150元/卡。美元卡：免年费〔主附卡合格消费累计满人民币30 000元次年年费（人民币300元）和附属卡次年年费（人民币150元/卡）〕。花旗礼程卡：主卡人民币2 000元/卡，附属卡：人民币1 000元/卡。美元卡：免年费。	港元；汇财普卡300港元，汇财金卡600港元，金卡600港元，普卡300元；美元汇财金卡：80美元汇财金卡：钻石卡1 800港元。

续表

信用卡收费标准	工商银行	农业银行	招商银行	民生银行	花旗银行（中国）	汇丰银行（中国）
挂失费	贷记卡、准贷记卡、国际借记卡20元/卡、专用卡10元/卡。	贷记卡50元/卡（含换卡工本费）。	人民币60元/卡，VISA MINI卡60元/每套或每张。	50元/卡。	免费。	到期前补发信用卡：汇财卡100港元，人民币卡100元，美卡13美元；紧急补卡：汇财卡195港元，其他卡种不适用。
工本费	1. 芯片卡20元卡—40元/卡。2. 牡丹智能卡电子钱包卡续存钱包25元/卡。3. 牡丹智能卡电子钱包卡续存钱包15元/卡。		哆啦A梦卡："神奇现身卡"卡面无工本费，申请办理其他卡面每卡人民币10元；HELLO KITTY粉丝卡：申请办理首张HELLO KITTY粉丝卡免费，第二张及以上每卡人民币50元。	女人花异形卡：10元/卡；欧珀莱晶钻卡20元/卡；ID卡：50元/卡。	换卡手续费：人民币卡免费，美元礼程卡50元/卡；花旗礼程卡免费。	
新发卡/补发卡/换发卡手续费	彩照卡除所依附的卡种收费标准外，另加收50元/卡。	贷记卡损换卡：非彩照卡20元/张；彩照卡或IC贷记卡50元/张（贷记卡到期换卡、挂失补卡时免收）。	损坏换卡手续费：人民币15元/卡，VISA MINI卡15元/每套或每张。	损坏换卡手续费：20元/卡。		
境内取现金（提取超额溢缴款）	跨行ATM取现：4元/笔，异地取现另加收异地取款手续费。	境内本行取现：交易金额的1%，最低1元/笔；境内他行取现：交易金额的1%+2元/笔，最低3元。	境内取现不分同城异地——溢缴款领回手续费：个人卡，汇款金额的千分之五，最低收人民币5元/笔，USD10元/笔；单位卡：汇至本行对公账户，免费；汇至非本行对公账户汇款依照本行最新规定办理。	柜台交易：本行免费，他行按照他行柜面业务相关规定收取；ATM交易：人民币，本行免费，他行1%领回金额，外币，最低3美元领回金额，最低2英镑/4澳元/300日元。	ATM溢缴款领回手续费同预借现金手续费。人民币溢缴款转账手续费为转账金额的1%（不低于人民币10元/笔）；美元柜面溢缴款领回手续费为取现金额的1%（不低于2美元/笔）。	

第八章 银行卡业务中的消费者权益保护

续表

信用卡收费标准	工商银行	农业银行	招商银行	民生银行	花旗银行（中国）	汇丰银行（中国）
预借现金	透支取现：使用信用额度取现及转账的不享受免息还款期待遇，并按每日万分之五支付所用款项从银行记账日起至还款日止的透支利息。	同上。	境内取现不分同城异地——预借现金手续费：境内（含网银及电话预借现金）：预借现金金额的1%，最低收取人民币10元/笔。境外（含港、澳、台）：预借现金交易金额的3%，最低收取人民币30元/笔（美国运通卡最低收取人民币30元/笔或USD3元/笔）。	人民币：预借现金交易金额的0.5%（本行）/1%（他行），最低每笔收取1元人民币；外币：预借现金交易金额的3%，最低每笔收取3美元/2欧元/2英镑/4澳元/4加元/300日元。	预借现金交易收取现金额的3%，不低于人民币30元或5美元。	每项现金贷款交易，收取贷款额2%的现金贷款费及贷款额3%的手续费，最低收费如下： (1) 于柜台提取现金贷款：港元个人信用卡80港元；人民币信用卡不适用；汇财金10美元；银联双币信用卡不适用。 (2) 于自动柜员机或透过任何其他媒道进行现金贷款交易：港元个人信用卡55港元；人民币信用卡7元；汇财金5美元；银联双币账户：港币55港元/人民币账户：人民币55元。

续表

信用卡收费标准	工商银行	农业银行	招商银行	民生银行	花旗银行（中国）	汇丰银行（中国）
境内紧急取现手续费	境内紧急补换卡：牡丹双币贷记卡40元/卡。	挂失后境内柜台紧急取现：提现金额的2%，最低2元；加急办卡：100元/张/次，最高150元/张/次。		快速发卡手续费：60元/卡；卡片加急快递手续费：25元/封。		
境外取现	人民币账户卡跨境ATM取现：按（取现金额的1% + 12元）人民币收取，最低14元/笔，最高112元/笔。	通过国际组织网络的境外取现按交易金额的3%（或等值其他外币），最低3美元；通过银联网络转接的境外取现按交易金额的1% + 12元/笔。		境外预借现金：每笔175美元/125欧元/125英镑/205澳元/205加元。		
境外紧急服务手续费	境外紧急挂失、取现、补换卡手续费按照银行卡合作组织收费标准收取。	境外紧急取现：威士卡175美元（或等值其他外币）/次；境外紧急挂失：35美元（或等值其他外币）/次；境外紧急补卡：威士卡175美元（或等值其他外币）/次；万事达卡148美元（或等值其他外币）/次。	境外补发紧急替代卡手续费：维萨卡（VISA），USD175元/卡；万事达卡（MasterCard），USD155元/卡；美国运通卡（AE），USD125元/卡。	紧急补卡：每卡175美元/125欧元/125英镑/205澳元/205加元/17 500日元。		

第八章　银行卡业务中的消费者权益保护

续表

信用卡收费标准	工商银行	农业银行	招商银行	民生银行	花旗银行（中国）	汇丰银行（中国）
账单服务（补制）	索取2个月（不含）前的对账单5元/月/份。	提供12个月以内对账单收取5元/份；12个月之内的对账单免费。	包括补新卡、挂失补卡、补卡及补纸质账单等：人民币20元/封。	加急：人民币30元/份，每次另收20元邮寄费，邮寄费按次收取；非加急：人民币10元/份（自索取日起前3个月内的账单免费，前12个月内的账单每年可享受第一份免费）。	12个月内（含）的对账单：免费；12个月以上的对账单：人民币10元/份/月（最高收取人民币100元）。	结单副本每张30港元或30人民币/4美元。
滞纳金/逾期费用	1. 牡丹双币贷记卡按最低还款额未还部分的5%收取，最低1美元或1欧元或1港元，最高500美元或500欧元或500港元或100人民币。 2. 牡丹人民币贷记卡按最低还款额未还部分的5%收取，最低1元，最高500元。	最低还款额未还部分的5%。	最低还款额未还部分的5%，最低收取人民币10元或USD1元。	最低还款额未还部分的5%，最低人民币10元/1美元/1欧元/1英镑/1澳元/1加元/150日元。	最低还款额未还部分的5%，不低于人民币50元或8美元。	如持卡人在到期日仍未向本行清付结单所欠的（a）所有款项从到期日起计息直至单结欠款全部还清为止以及（b）所有在到期日前一个结单日后直记志的新交易款项从该交易日期起计息，直至所有款项清缴为止。有关财务费用将会以月息2.50%（相当于下列的实际年利率）按日计算。

续表

信用卡收费标准	工商银行	农业银行	招商银行	民生银行	花旗银行（中国）	汇丰银行（中国）
滞纳金/逾期费用						逾期费用为最低付款额的5%，最低180港元，最高250港元。
持卡人向本人信用卡异地及存款及转账存入	人民币：按金额的0.5%收取，最低2元，最高100元；外币：按金额的0.5%收取，最低3港元或3美元或3欧元，最高100港元或15美元或15欧元（含境内外）。（暂不收取）		本行渠道免费，其他渠道按转出行或其他机构规定收费。			柜台缴付账款手续费：每笔交易20港元。
开具证明文件手续费	对公业务，单位100元/份。	准贷记卡：单位100元/份，最高150元/份，个人50元/份，最高75元/份。	人民币20元/份。	50元/次。		卡证明书：汇丰卓越理财信用卡、汇财金卡等港元个人信用卡-反银联双币信用卡-150港元；人民币信用卡-150元；汇财金卡-20美元。
调单费（持卡人索取交易单据）	国内交易正本50元/份，副本10元/份；国外交易副本5美元/份或5欧元/份。	境内10元/次，境外6美元或等值其他外币/次。	副本：境内人民币20元/笔，境外USD5元/笔。	境内：30元/份；境外：每份8美元/9.6欧元/5.5英镑/9.6澳元/9.6加元/800日元。	调单手续费：人民币30元或5美元/笔；争议核查手续费：人民币50元或8美元/笔。	

第九章 银行卡客户信息保护

近年来，随着我国银行卡业务快速发展，银行卡持卡人数量不断增加，银行卡业务信息量愈益庞大，持卡人的信息范围较之过去大为扩展。持卡人信息作为辨识客户的载体，与持卡人的隐私权等人身权利密切相关，具有人格权的专有属性。在现代商业时代，信息的自由流动则是现代商业社会的基石，持卡人信息还享有越来越重要的商业利益，具有财产权的交换价值。在银行卡业务中，如何收集、使用、对外提供持卡人信息，既涉及到持卡人信息财产权益的正当利用，促进银行卡业务的正常开展，也涉及持卡人人身权等专有权利的保护。近年来，与银行卡业务相关的持卡人信息侵权行为时有发生并见诸报端，引起了社会广泛关注。持卡人信息使用与保护等方面发生不当行为，不仅侵害持卡人的合法权益，也会增加发卡银行等银行卡经营机构的法律风险，加大运营成本，引发严重的声誉风险，应引起我国银行卡经营机构高度重视，依法采取相关措施切实保护客户信息。

本章通过分析银行卡持卡人信息即银行卡客户信息保护相关法律问题，根据银行卡客户信息使用与保护的特点，结合我国银行卡客户信息保护现状分析，从防控银行卡业务法律风险角度，对加强和改进我国银行卡客户信息保护进行研究。

一、银行卡客户信息保护概述

（一）银行卡客户信息之界定

所谓银行卡客户信息，即指银行卡业务中所涉及的个人（自然人）客户信息或资料。关于个人信息（也称为个人资料、个人数据等）的界定，我国法律目前尚无明确标准。借鉴国际上具有较大影响力的个人信息保护监管规范性文件（如经合组织《个人隐私保护与个人信息跨境流动监管指引》①及《1995年欧盟个人信息保护指令》②等）对个人信息（personal data）的界定，可将个人信息或个人客户信息界定为：与自然人相关的身份资料、身体情况、心智状况、经济条件等据以直接或间接识别该自然人的相关信息。中国人民银行《关于银行业金融机构做好个人金融信息保护工作的通知》（银发〔2011〕17号）从保护个人金融信息角度，将个人金融信息界定如下："银行业金融机构在开展业务时，或通过接入中国人民银行征信系统、支付系统以及其他系统获取、加工和保存的个人信息。"

参照上述规定，本书将银行卡客户信息界定为：发卡银行等银行卡经营机构在开展银行卡业务过程中，要求银行卡客户（或称信息主体）提供，或根据客户授权，通过相关征信系统及信用报告机构等途径收集、加工处理及保存得以直接或间接识别该个人客户身份的下列信息或资料：（1）个人身份信息，个人姓名、国籍、身份证件种类号码及有效期限、职业、联系方式、婚姻状况、家庭状况、住所或工作单位地址等；（2）个人财产信息，包括个人收入状况、拥有的不动产状况、拥有的车辆状况等；（3）个人账户信息，包括银行卡账号、账户开立时间、开户行、账户余额、账户交易情况等；（4）个人信用信息，包括信用卡还款情况以及反映其信用状况的其他信息；（5）个人金融交易信息，包括发卡银行在办理其他业务过程中获取、保存、留存的个人信息和客户在通过发卡银行与第三方机构发生业务关系时产生的个人信息等；（6）衍生信息，包括个人消费习惯等对原始信息进行处理、分析所形成的反映特定个人情况的信息；（7）发卡银行等机构在与个人建立业务关系过程中获取、保存的其他个人信息。

银行卡客户信息保护，或简称个人信息保护，是指在尊重客户（或称信息主体）对个人信息享有的法定权利前提下，对银行卡客户信息进行依法保护各种法律规范行为的总称，包括对发卡银行等银行卡经营机构收集、使用、加工及保存客户信息等行为进行规范，并对违法侵害客户信息权益之行为实施制裁

---

① OECD Guidelines on the Protection of Privacy and Trans-border Flows of Personal Data，可参见：http://www.oecd.org/internet/interneteconomy/oecdguidelinesontheprotectionofprivacyandtransborderflowsofpersonaldata.htm#guidelines.

② Directive 95/46/EC of the European Parliament and of the Council of 24 October 1995 on the protection of individuals with regard to the processing of personal data and on the free movement of such data，可参见：http://eur-lex.europa.eu/LexUriServ/LexUriServ.do?uri=CELEX：31995L0046：EN：NOT.

及相关救济机制等。

（二）个人信息保护与隐私权之关系

个人信息保护与隐私权议题近年来逐渐受到社会各界重视。我国 2009 年颁布实施的《侵权责任法》还首次以法律形式将隐私权纳入法律保护范畴。[①] 实践中，客户信息保护与隐私权常被混为一谈，因为倘若客户信息保护不周，则可能发生隐私权侵害问题，但尽管如此，仍有必要厘清两者之异同。

一般而言，隐私权是个人基本权利之一，是指自然人享有的私人生活安宁与私人生活信息依法受到保护，不受他人侵扰、知悉、使用、披露和公开的权利。隐私权的保护范围可分为空间隐私与私密隐私两部分：前者系指保障个人生活私密领域免予他人侵扰及个人信息之自主控制权利；后者则系指保障信息主体决定是否揭露其个人信息，以及在何种范围内、于何时、以何种方式、向何人揭露的决定权，并保障信息主体对其个人信息的使用有知悉与控制权及信息记载错误的更正权等。

根据前述定义，个人信息则是指自然人之姓名、出生日期、身份证号、婚姻、家庭、联络方式、财务情况及其他得以直接或间接方式识别该个人（信息主体）之信息或数据资料；个人信息保护着重于如何确保个人信息之收集、加工处理与利用过程不会侵害到个人隐私权。故可以认为，个人信息保护是维护个人隐私权的手段或方法之一。[②]

从个人信息保护法律演变进程看，个人信息保护法律规制反映了从个人隐私权的绝对保护逐渐发展到兼顾个人权利与公共利益的平衡保护变化历程，在承认隐私权属于基本人权的原则下，基于信息自由、言论自由、社会商业发展及公共利益的需要，逐步对个人信息权利实施必要限制，个人隐私权保护与国家公权力、社会公共利益之间的对抗与消长是影响个人信息保护法律制度演进的主要因素。

[①] 《侵权责任法》第二条规定，本法所称民事权益，包括生命权、健康权、姓名权、名誉权、荣誉权、肖像权、隐私权、婚姻自主权、监护权、所有权、用益物权、担保物权、著作权、专利权、商标专用权、发现权、股权、继承权等人身、财产权益。

[②] 邓永基：《隐私权和个人数据保护的介绍与欧美发展趋势简介》，载《财金信息季刊》第 62 期 (2011/06/09)，http://www.fisc.com.tw/tc/knowledge/quarterly1.aspx?PKEY=ea685431-6453-468c-8f44-6fa25cdc9cd4。

二、银行卡客户信息保护相关法律问题

就法律分析而言,银行卡个人客户(持卡人)信息保护属于广义上的个人信息保护范畴,故有必要从个人信息保护角度分析银行卡客户信息保护相关法律问题。

(一)个人信息保护的基本原则

对个人信息的法律保护,涉及规范何种信息能够被收集、使用及向第三方披露,并确保银行卡持卡人等信息主体有权知悉信息共享情况,在信息错误或被非法收集时有权请求更正等问题,故须兼顾个人信息权利的保护与信息的自由流动,应遵循一些基本理念和原则。例如,经合组织(OECD)《个人隐私保护与个人信息跨境流动监管指引》(以下简称《OECD 隐私保护指引》)明确了个人信息保护的八项基本原则(OECD 八项原则),包括限制收集原则、品质确保原则、目的明确原则、限制目的外使用原则、安全保护原则、公开原则、个人参与原则以及责任明确原则,成为后来有关国家和地区个人信息保护立法的重要参考性原则,影响甚巨。《1995 年欧盟个人信息保护指令》亦指出,个人信息收集、使用及保存等程序应遵循合法、公平、准确、完整、必要适度及透明度[①]等要求。亚太经合组织(APEC)2005 年发布的《隐私权保护框架》[②] 则在前述 OECD 八项原则基础上,提出个人信息保护的九项原则,其中包括避免信息滥用造成伤害原则、信息主体同意原则、数据完整原则、安全维护原则及责任承担原则等。日本也于 2005 年制定了统一的《个人信息保护法》,着力平衡保护客户信息与保障信息自由流动的价值诉求,在遵循尊重个人人格之基本理念的前提下,慎重、正当处理个人信息。[③]综观主要国际组织及国家有关信息保护监管规定,个人信息保护遵循以下原则或理念:

---

① 2012 年 1 月,欧盟委员会发布《关于个人信息保护全面改革方案》,拟制定《欧盟个人信息保护条例》取代欧盟《1995 年个人信息保护指令》,关于信息保护原则,条例增加了"透明度"要求。*Regulation on the protection of individuals with regard to the processing of personal data and on the free movement of such data* (*General Data Protection Regulation*) . 参见:http://ec.europa.eu/justice/data-protection/document/review2012_com_2012_11_en.pdf.

② *APEC Privacy Framework*,可参见:http://www.apec.org/Groups/Committee-on-Trade-and-Investment/~/media/Files/Groups/ECSG/05_ecsg_privacyframewk.ashx.

③ 李朝辉:《个人征信法律问题研究》,78~80 页,北京,社会科学文献出版社,2008。

第九章　银行卡客户信息保护

（1）利益权衡原则。个人信息保护涉及对个人隐私权的部分让渡及信息共享与流动等公共利益之考量，应对不同主体的利益进行有效均衡取舍。在保护个人信息隐私的同时，为促进市场效率、维护社会公共利益、他人利益及信息主体自身利益，应确立持卡人等个人信息在法定范围内的合理流动及共享机制。

（2）对持卡人等信息主体的倾斜保护原则。发卡银行应当对其收集、处理、留存或查询等方式获取的持卡人信息承担保密义务；持卡人信息的收集、查询及使用等活动应受法律严格限制，除非法律另有规定，应以持卡人书面同意或授权为前提，并依据持卡人授权之范围及目的正当使用。发卡银行不得将客户授权或同意其将个人信息用于营销、对外提供等作为与客户建立业务关系的先决条件，但该业务关系的性质决定需要预先相关授权或同意的除外。

（3）保障信息安全准确原则。在信息收集、处理及保存等过程中，发卡银行等信息处理机构应采取合理的安全保障措施，设置合理的信息收集以及留存权限，防止持卡人信息丢失或被非法获取、破坏、盗用或篡改、泄露，并确保持卡人信息的准确性、完整性和及时性，保障持卡人的知情权、异议权和更正权等正当权益。近年来，随着云计算技术的发展，云计算服务对信息安全和控制提出更高要求，否则，有可能导致客户隐私及信息安全方面的风险。[①]在科技日新月异的大背景下，为保障信息安全，发卡银行等机构应使用能减少持卡人信息存储的隐私保护技术、有利于隐私保护的默认设置及隐私确认机制，并在发生信息损害事件时，及时通知持卡人及相关征信机构。

（4）透明度原则。商业银行等信息处理方应明确告知客户（信息主体）涉及信息处理的内容、目的，信息保存期限以及客户的查询权、异议权与信息删改权等。

（5）信息处理的责任承担原则。商业银行等信息处理方在收集、处理及保存个人信息时，应当遵守有关监管规定，并承担相应法律责任；若商业银行将有关个人信息让与第三方，则应获得信息主体的授权，或进行尽职调查，采取必要措施，确保该第三方能遵守相关监管规定，有效保护个人信息。

[①] 2012年7月，欧盟数据保护工作组发布《欧盟云计算技术应用与信息保护指引》（征求意见稿），对云计算服务中客户信息安全及透明度等提出若干监管示范性要求。可参见：*Opinion 05/2012 on Cloud Computing*, *WP196*, http：//ec. europa. eu/justice/data‐protection/article‐29/documentation/opinion‐recommendation/files/2012/wp196_en. pdf.

(二) 持卡人对其个人信息的控制权

在持卡人个人信息保护机制中，基于信息自由流动及其他社会公共利益需要，有必要对银行卡客户等信息主体的隐私权等信息专有权利进行限制或让渡，但在权利义务设定上，应确保持卡人等信息主体对其个人信息的控制权，即除法律另有特别规定外，持卡人有权自主决定并知悉个人信息的占用、使用（包括使用目的、范围及期限）、信息处理、信息保存及信息的对外披露等情况，在发现个人信息存在不准确、错误等情形下，有权提出异议或删改，并寻求法律救济。具体而言，持卡人等信息主体对其个人信息主要享有以下权利。

1. 信息主体的知情权和选择权

从具体立法实践看，由于个人信息保护的理念存在差异，信息主体的知情权与选择权保护模式存在差别，主要包括两种模式：一是信息主体明确授权使用模式（opt-in），二是信息主体可行使拒绝权的选择退出模式（opt-out）。前者以欧盟（包括德国等欧盟成员国）为代表，强调对个人隐私权的保护，在收集、使用或对外披露个人信息前，须告知信息主体收集使用该信息的必要性、目的及范围，并获得信息主体明确同意的授权，并尊重信息主体的真实意愿[1]及自由选择权；信息主体可随时撤销或终止其授权。后者以美国为代表，强调保障信息自由流动的宪法精神，允许持有信息主体信用报告或信息的机构（如银行机构）将信息用于主动营销的交易或与其他机构共享，而信息主体有权拒绝该等行为；除法定情形外，若信息主体明确反对，有关机构不得再将该信息主体的信息用于主动营销或将该信息与其他机构共享。[2]

我国香港特区于2012年7月修订的《个人资料（私隐）条例》，对个人信息用于直销活动的法律监管，也采用选择退出模式：银行机构等信息使用者在首次使用个人客户信息于直销活动时，须告知信息主体，其有权拒绝信息使用者继续将其个人信息用于直销活动。信息主体可要求信息使用者停止在直销活动中使用其个人信息或提供其个人信息予他人作直销活动之用；对于信息主体

---

[1] 如果信息主体与信息处理方之间存在显著失衡（significant imbalance）（如信息主体与信息处理方存在雇用关系），信息主体即使已作出同意的授权，信息处理方的信息处理行为仍可能被认定为无效。参见前引欧盟委员会2012年1月公布的《欧盟个人信息保护条例》（草案）。

[2] 可参见美国1999年《格莱姆法案》（或称《金融服务现代化法》）（Gramm-Leach-Bliley Act, GLB）第502章及美国货币监理署、联邦储备委员会、联邦存款保险公司和储蓄管理办公室于2000年共同制定的《消费者金融隐私保密最终规则》（Final Rules for Privacy of Consumer Financial Information）等规定。

提出的上述要求，信息使用者必须依从。①

2. 持卡人的异议权和删改权

信息使用者（如商业银行、信用报告机构、征信机构等）应及时告知持卡人等信息主体其个人信息被使用情况或向信息主体提供便利的信息查询通道；如果持卡人等信息主体对信息使用者留存的个人信息之完整性、准确性等方面提出异议，信息使用者应对该争议信息进行核实，并根据核实情况采取删除或修改争议信息等应对措施。

3. 持卡人享有被遗忘之权利

除非商业银行等信用使用者留存个人信息具有正当合法理由（如保障言论自由需要，为研究、统计或档案保存之需保存信息等），持卡人等信息主体有权（特别是在信息主体已明确撤销授权或拒绝信息使用者处理相关信息时）要求信息使用者删改所有有关该信息主体的个人资料信息，并确保避免该等信息被继续传播。此外，有关监管法律亦应规定个人信息留存的最长期限，特别是涉及持卡人等信息主体的负面信息，一般留存期限不应长于7年。②

4. 持卡人的救济权

在倘若持卡人个人信息因发卡银行、征信机构等信息使用方非法操作或其他违反个人信息保护的不当行为而受有损害时，有权要求信息使用方予以赔偿（包括直接损害赔偿、精神损害赔偿以及惩罚性赔偿等），并视需要依法接受法律援助。信息使用方除须承担民事赔偿责任外，根据适用法律规定还应承担相应的行政责任和刑事责任。例如，根据前引《欧盟个人信息保护条例》（草案），信息处理方若严重违反信息保护规定，可被处以不高于该信息处理方集团年总营业额2%之罚款；根据我国香港特区《个人资料（私隐）条例》（2012年修订版）规定，非法使用个人信息之行为（包括未经信息使用者同意，擅自取得并披露信息主体的信息资料，以牟取金钱收益或其他财产收益，或导致信息主体

---

① 在香港特区《个人资料（私隐）条例》修订过程（2011年）中，香港各界对此模式存有较大争议。香港个人资料私隐专员对该项修改明确表示反对，认为该项修订"令个人资料的保障，相比于现行条例更形倒退"；而香港特区政府及香港保险业联合会等商界代表则表示，上述安排"可以在保障个人资料私隐和给予商业机构运作空间之间取得平衡"。参见：《〈个人数据（私隐）（修订）条例草案〉个人资料私隐专员的立场》，http：//www.pcpd.org.hk/tc_chi/files/review_ordinance/standpoint_annex_c.pdf；香港立法会 CB（2）371/11－12（03）号文件，http：//www.legco.gov.hk/yr10－11/chinese/bc/bc58/papers/bc581126cb2－371。

② 世界银行：《金融消费者保护良好实践》（*Good Practices for Financial Consumer Protection*）。

蒙受精神损害之行为）属犯罪行为，违法者须被处5年以下监禁，并处100万港元以下罚金。

（三）发卡银行对外披露持卡人信息的法律规制

在银行卡业务中，发卡银行等经营机构出于业务营销、业务合作及风险管理等需要，除要求客户（申领人）提供真实、准确、完整的个人信息之外，一般还要求客户授权发卡银行等机构为特定目的向第三方机构提供银行收集和留存的持卡人的非公开信息。持卡人非公开信息的对外披露，涉及个人客户信息安全与保密等问题，应受法律严格监管和规制。概括而言，持卡人信息对外披露涉及以下情形：

1. 因业务合作等需要向合作方提供持卡人信息

发卡银行等机构为了给持卡人提供综合化服务，可能视情况需要，向其他业务合作机构披露持卡人（申领人及附属申领人）的非公开信息，但该等信息披露亦应获得持卡人（申领人）的事先授权同意，并符合以下前提条件：①发卡银行应事先明确清晰地告知持卡人（申领人）其非公开信息未来可能向第三方披露；②在发卡银行对外披露持卡人（申领人）信息之前，应赋予持卡人拒绝权，并告知行使该拒绝权的方式及途径。但上述限制规定也存在例外情况。例如，根据美国1999年《格莱姆法案》第502章的规定，在下列情形下，银行机构对外披露持卡人等客户信息不受前述客户拒绝权限制：一是银行机构与其他第三方联合营销，或该第三方以代理人身份为银行机构提供相关服务，且该第三方机构与银行机构签署合作协议，告知持卡人等客户该等合作事实，承诺该第三方机构亦须遵守对客户信息的保密义务，并限制转授权；二是为持卡人等客户信息的保密或安全之需；三是为防范欺诈及为解决客户争议需要。

2. 持卡人信用信息报告的报送及查询

一般而言，发卡银行等机构基于法律之规定而对外提供其持有的持卡人个人信息，无须征得本人的同意，如依有权机关查询要求提供持卡人账户交易信息，或向符合法定要求的信用报告机构或征信机构等报告持卡人信用信息。发卡银行作为信用卡贷款机构，应根据征信监管法律规定，向法定的信用报告机构报送持卡人信用信息；发卡银行等机构还可根据法律规定之条件以及有关信息主体之授权，通过信用报告机构查询该主体（被查询人）的信用报告。

但是，发卡银行等贷款机构在向征信报告机构报送持卡人等信息主体的负面信息（如逾期还款或其他违约行为）之前，应通过账单或其他明示方式告知持卡人等信息主体其违约行为将会在信用报告中反映，并可能影响其信用记录。我国《个人信用信息基础数据库管理暂行办法》（中国人民银行令〔2005〕第3号）规定，商业银行应当遵守中国人民银行发布的个人信用数据库标准及其有关要求，准确、完整、及时地向个人信用数据库报送个人信用信息；征信管理中心应确保个人信用信息安全，对商业银行报送的个人信用信息进行客观整理、保存，不得擅自更改原始数据；为确保信用信息报送的准确性，商业银行还应对持卡人等信息主体提起的异议申请进行核实检查，确有错误的，应向征信服务中心报送更正信息或重新报送。2013年3月15日起施行的国务院《征信业管理条例》更是明确规定，除非法律、行政法规另有规定，发卡银行等信息提供者向征信机构提供个人不良信息，应当事先告知信息主体本人；信息主体认为征信机构采集、保存、提供的信息存在错误、遗漏的，有权向征信机构或者信息提供者提出异议，要求更正。①

3. 持卡人信息的跨境流动

随着银行机构跨境经营发展及银行卡业务国际化、网络化，持卡人信息跨境流动问题逐渐受到关注和重视。"网络无国界，但法律管辖有国界"，持卡人等个人信息的跨境流动因涉及信息安全、金融监管以及跨境法律适用与法律冲突等问题，一般需受法律的严格监管和规制。

例如，《1995年欧盟个人信息保护指令》对个人信息向欧盟以外第三国跨境转移作了明确限制要求，即该第三国信息保护标准应符合欧盟认定的充分性要求②，否则，向该第三国移转个人信息当受限制。如果该第三国未满足欧盟信息保护"充分性"要求，发卡银行等信息处理方满足下列条件之一者，可将信息向第三国流转：一是信息主体明确同意、为信息主体利益或基于公共利益之需要。二是制定共同约束公司规则（Binding Corporate Rules），跨国集团公司可以制定符合欧盟要求并适用于整个集团的共同约束公司规则，确保集团内部不同国家分支机构之间信息移转的合法性。该规则可以简化集团内部信息跨境使

---

① 参见国务院《征信业管理条例》第十五条、第二十五条。关于《征信业管理条例》，本章下文还有专门论述。

② 根据《1995年欧盟个人信息保护指令》及2012年欧盟委员会对该指令的修改草案，在评估欧盟之外第三国（包括国际组织）信息保护是否充分时，欧盟应考虑该第三国信息保护的法律制度完善程度、司法执法体系的有效性、是否设立独立有效的信息保护管理机构，该第三国与欧盟及欧盟成员国监管合作机制，以及该第三国加入有关国际条约情况等。

用的法律监管审批及集团内部合同管理流程。三是适用欧盟委员会或欧盟成员国信息保护管理部门制定的信息保护格式条款（standard data protection clauses），以保障欧盟成员国居民在欧盟以外第三国享有与在欧盟区域内相同或相当的个人信息保护。四是通过欧盟与第三国双边协定豁免，例如，根据欧盟与美国签署安全港框架协议及安全港机制（Safe Harbor），美国企业若遵守该协议确定的若干原则[①]，无须欧盟事先授权即可从欧盟成员国内获取个人信息，但尽管如此，欧盟与美国之间仍多次就信息保护与跨境流转问题发生龃龉，甚至引发外交风波。

三、加强我国银行卡客户信息保护研究

（一）我国银行卡客户信息法律保护概述

目前，我国已初步构建由法律及监管规定组成的银行卡客户信息保护法制框架，对相关违法行为规定了相应的民事责任、行政责任及刑事责任，对银行卡客户信息保护范围不断扩大，法律保护力度不断加强。

1. 法律法规规定

（1）《商业银行法》。我国《商业银行法》第二十九条规定，商业银行应遵循为存款人保密的原则，除法律另有规定，对银行卡等个人储蓄账户，商业银行有权拒绝任何单位或者个人查询、冻结、扣划；此外，《商业银行法》还规定了商业银行违反保密义务应承担的法律责任，监管机构有权对商业银行违反《商业银行法》的行为进行行政处罚。《商业银行法》从法律上初步确立了我国银行卡等个人客户信息保护的基本原则和要求。

（2）《刑法》。2009年，全国人大审议通过的《刑法修正案七》增加了非法泄露公民个人信息罪，商业银行等单位的工作人员，违反国家规定，将本单位在履行职责或者提供服务过程中获得的个人信息，出售或者非法提供给他人，情节严重的，处三年以下有期徒刑或者拘役，并处或者单处罚金。该规定是目前对持卡人等个人信息保护最强力的法律规定，对于保障银行卡客户信息安全，

---

① 主要包括通知个人客户原则（notice）、赋予客户拒绝权和选择权原则（choice）、限制转授权原则（onward transfer）、信息安全原则（security）、信息品质确保原则（data integrity）、客户知情原则（access）、有效争议解决原则（enforcement）。参见：Peter K. Yu, AN INTRODUCTION TO THE EU DIRECTIVE ON THE PROTECTION OF PERSONAL DATA。

防止以非法方法获取和滥用持卡人个人信息，均有重要意义。

（3）《侵权责任法》。2009年颁布施行的《侵权责任法》明确将隐私权纳入法律保护范畴。若发卡银行等机构未尽到保护持卡客户信息安全的义务，侵犯持卡人隐私权，持卡人可根据《侵权责任法》的相关规定，向法院依法提起诉讼，通过要求停止侵害、赔礼道歉、恢复名誉、消除影响、赔偿损失等方式来加以救济，或依据持卡人与发卡银行之间的相关合约规定，要求银行承担违约责任。

（4）《关于加强网络信息保护的决定》（以下简称《决定》）。全国人大常委会于2012年12月28日发布实施的《决定》分别在信息保护、垃圾信息、网络身份管理、部门监管等领域对网络信息保护提出了具体的要求和规范。例如，《决定》规定，任何组织和个人不得窃取或者以其他非法方式获取公民个人电子信息，不得出售或者非法向他人提供公民个人电子信息；网络服务提供者和其他企业事业单位在业务活动中收集、使用公民个人电子信息，应当遵循合法、正当、必要的原则，明示收集、使用信息的目的、方式和范围，并经被收集者同意，不得违反法律、法规的规定和双方的约定收集、使用信息；网络服务提供者和其他企业事业单位收集、使用公民个人电子信息，应当公开其收集、使用规则；网络服务提供者和其他企业事业单位及其工作人员对在业务活动中收集的公民个人电子信息必须严格保密，不得泄露、篡改、毁损，不得出售或者非法向他人提供。

（5）《征信业管理条例》。2013年3月15日起实施的国务院《征信业管理条例》旨在为征信活动提供法律依据，规范征信机构、信息提供者和信息使用者的行为，保护当事人合法权益，引导、促进征信业的健康发展，推进社会信用体系建设。《征信业管理条例》规定了开展征信业务须遵守的若干规则：一是要求采集个人信息应当经信息主体同意；二是征信机构对个人不良信息的保存期限限定为自不良行为或者事件终止之日起5年；三是向征信机构查询个人信息，须信息主体书面同意并约定用途；四是特别要求经营个人征信业务的征信机构，应当对其工作人员查询个人信息的权限和程序作出明确规定，要求工作人员不得违反规定查询或泄露个人信息；五是要求征信机构保障对外提供信息的准确性，并规定在中国境内采集的信息的整理、保存和加工，应当在中国境内进行。

为更好地保障信息主体权益，《征信业管理条例》还规定了异议和投诉机制。根据该条例，信息主体认为征信机构采集、保存、提供的信息存在错误、遗漏的，有权向征信机构或者信息提供者提出异议，要求更正；征信机构或者信息提供者应当在收到异议后，限期进行核查，根据不同情况作出更正、取消异议标注或者异议记载等处理，并将结果书面答复异议人。此外，如果信息主体认为征信机构或者信息提供者、信息使用者侵害其合法权益的，可以向国务院征信业监督管理部门相应的派出机构进行投诉，或者直接向人民法院起诉。

此外，《征信业管理条例》还设专章规定了"金融信用信息基础数据库"。《征信业管理条例》规定，从事信贷业务的机构在取得信息主体书面同意后，有义务向基础数据库提供信贷信息；基础数据库向信息主体以外的信息使用者提供金融信用信息查询服务，须取得信息主体的书面同意，而国家机关依法查询基础数据库信息不在此限。基础数据库运行所涉及的个人信息采集、查询、提供以及不良信息保存等，均适用《征信业管理条例》相关的征信业务规则。

2. 银行卡监管部门的监管规定

近年来，人民银行、银监会等银行卡监管部门先后出台了涉及银行卡客户信息保护问题的监管规定。除 2005 年《个人信用信息基础数据库管理暂行办法》外，2007 年制定的《金融机构客户身份识别和客户身份资料及交易记录保存管理办法》第二十八条规定，金融机构应采取必要的管理措施和技术措施，防止客户身份资料和交易记录的缺失、损毁，防止泄露客户身份信息和交易信息等；2009 年出台的《关于加强银行卡安全管理，预防和打击银行卡犯罪的通知》对保护持卡人信息安全也做了专门规定；2011 年《商业银行信用卡业务监督管理办法》要求，商业银行经营信用卡业务，应当依法保护客户合法权益和相关信息安全；未经客户授权，不得将相关信息用于本行信用卡业务以外的其他用途；此外，该办法还对发卡营销以及收单业务环节的客户信息保密与授权使用等提出具体要求。[①]中国人民银行于 2011 年颁布的《关于银行业金融机构做好个人金融信息保护工作的通知》（以下简称《通知》）从规范个人金融信息角度，对银行卡等个人客户信息保护作了比较全面的规定。其主要规定简述如下。

（1）规范个人信息的使用。银行业金融机构在收集、保存、使用、对外提供个人信息时，应当严格遵守法律规定，采取有效措施加强对个人信息保护，确保信息安全，防止信息泄露和滥用。特别是在收集个人信息时，应当遵循合

---

① 《商业银行信用卡业务监督管理办法》第三条、第三十九条及第七十六条。

法、合理原则，不得收集与业务无关的信息或采取不正当方式收集信息。在使用个人信息时，应当符合收集该信息的目的，并不得出售个人信息、向本金融机构以外的其他机构和个人提供个人信息；在个人提出反对的情况下，将个人信息用于产生该信息以外的本金融机构其他营销活动。

（2）加强银行内部控制。银行业金融机构应建立健全内部控制制度，对易发生个人信息泄露的环节进行充分排查，明确规定各部门、岗位和人员的管理责任，加强个人信息管理的权限设置，形成相互监督、相互制约的管理机制，切实防止信息泄露或滥用事件的发生。银行业金融机构应完善信息安全技术防范措施，确保个人信息在收集、传输、加工、保存、使用等环节中不被泄露。

（3）规定个人信息的授权使用规则。《通知》采取了一般禁止、例外许可的严格规范理念。除法定情形外，只有获得持卡人等客户的明确授权，个人信息方可向第三方提供并与第三方共享。《通知》特别强调，通过格式条款取得客户书面授权或同意的，应当在协议中明确该授权或同意所适用的向他人提供个人金融信息的范围和具体情形；同时，还应当在协议的醒目位置使用通俗易懂的语言明确提示该授权或同意的可能后果，并在客户签署协议时提醒其注意上述提示。

（4）对信息跨境移转作了限制性规定。在我国境内收集的个人金融信息的储存、处理和分析应当在我国境内进行；除法律法规及中国人民银行另有规定外，银行业金融机构不得向境外提供境内个人金融信息。上述规定限制了我国国内银行与其境外分支机构之间的银行卡等个人客户信息共享与跨境流动。

（5）严格管理外包业务。银行业金融机构通过外包开展业务的，应当充分审查、评估外包服务供应商保护个人信息的能力，并将其作为选择外包服务供应商的重要指标，与外包服务供应商签订服务协议时，应当明确其保护个人信息的职责和保密义务，并采取必要措施保证外包服务供应商履行上述职责和义务，确保个人信息安全。银行业金融机构应要求外包服务供应商在外包业务终止后，及时销毁因外包业务而获得的个人信息。

（6）规范使用相关信息系统。目前，我国已建立起银行业金融机构之间共享的中国人民银行征信系统、支付系统等有关系统，这些系统中采集和保存了持卡人等个人信息，并向各商业银行提供联网查询服务，为银行开展银行卡等相关业务提供参考。为充分保障个人信息安全，《通知》规定，银行业金融机构应当严格按照规定使用有关信息系统，不得违反规定查询和滥用个人信息。

3. 信息保护国家技术标准

2013年2月1日，我国首个个人信息保护国家标准《信息安全技术公共及商用服务信息系统个人信息保护指南》（以下简称《指南》）正式实施。《指南》最显著的特点是规定个人敏感信息在收集和利用之前，必须首先获得个人信息主体明确授权。《指南》明确要求，处理个人信息应有特定、明确和合理的目的，并在个人信息主体知情的情况下获得个人信息主体的同意，在达成个人信息使用目的之后删除个人信息。《指南》将个人信息分为个人一般信息和个人敏感信息，并提出默许同意和明示同意的概念。对于个人一般信息的处理可以建立在默许同意的基础上，只要个人信息主体没有明确表示反对，便可收集和利用。对于个人敏感信息，则需要建立在明示同意的基础上，在收集和利用之前，必须首先获得个人信息主体明确的授权。《指南》还提出了处理个人信息时应当遵循的八项基本原则，即目的明确、最少够用、公开告知、个人同意、质量保证、安全保障、诚信履行和责任明确。

（二）我国银行卡客户信息保护存在的主要问题

1. 银行卡客户信息保护法律规范不完善

（1）缺乏专门法律规范。我国尚未制定规范包括银行卡信息在内的个人信息保护的专门法律规范性文件，关于个人信息保护原则、信息主体的基本权利、信息处理方的义务、信息跨境移转与保护机制、信息保护管理机构及相关法律救济等方面均缺乏明确的系统性规范。

（2）既有规范系统性不足，操作性不强。我国对于持卡人隐私权的法律保护在法律层面仅对"隐私权"和"银行保密义务"作了原则性的规定，而相关保护条文散见于位阶较低的部门规章。具体而言：一是《商业银行法》仅从保护"存款人"储蓄存款角度，间接地规范银行客户信息保护问题，随着我国银行卡等个人客户信息内容不断丰富，该界定保护范围过于狭窄，规范过于粗略；二是《刑法修正案（七）》虽增设"非法泄露公民个人信息罪"，但实践中对构成犯罪客观方面须"违反国家规定"的认定还比较模糊，操作性有待加强；三是《侵权责任法》虽明确侵犯"隐私权"可以依法通过法院寻求法律救济，但"个人信息保护"的界定与"隐私权"存有差异，是否通过"隐私权"之法律保护规范个人信息保护，还需要在司法实践中明确和完善；四是全国人大常委会颁布的《关于加强网络信息保护的决定》多为带有宣示意味的原则性规定，对银行卡业务及持卡人信息保护的直接适用性较弱；五是国务院《征信业管理条例》虽强调对信息主体尤其是个人信息主体权益的保护，但该条例本身并非专门的信息保护法规，且该条例也未对"个人信息"等法律概念作出明确界定，无助于个人信息的有效保护[①]；六是前引中国人民银行《通知》规范内容虽然比较全面，但效力层级较低，在法律效力及司法适用上存在局限性，且该《通知》关于限制个人信息跨境流转等规定与商业银行业务发展客观需求存在冲突，亟待完善；七是前文提及《信息安全技术公共及商用服务信息系统个人信息保护指南》也仅是保障信息安全与保护的技术性标准，属于自律性规范，不具有法律约束力。

2. 发卡银行持卡人信息保护机制亟待改进和规范

（1）缺乏统一的银行卡客户信息保护管理制度。随着银行卡业务创新和科技水平发展，银行卡业务中客户信息采集、存储、加工、分析、使用等所涉专业领域越来越多。目前，国内发卡银行客户信息保护各自为政、多头管理、无序管理问题比较突出，在持卡人等客户信息保护原则、管理职责、信息使用限制、审批程序以及防火墙机制等方面，普遍缺乏统一的制度规范，难以满足银行卡客户信息保护与风险管理的需要。

（2）缺乏独立的银行卡客户信息使用审批制度。从世界发达国家银行客户信息保护规制来看，银行卡客户信息保护的重点不在于如何限制客户信息的使用，而在于确保相关行为依法合规。我国发卡银行对银行卡客户信息的使用基本依附于银行卡相关业务审批流程，缺乏必要的独立性，难以确保对客户信息保护给予足够重视，也难以保证客户信息使用行为完全符合相关监管要求，避免法律风险。

（3）银行卡客户信息安全及外部欺诈事件频发，对银行声誉造成不良影响。近年来，银行卡客户信息安全以及外部欺诈等操作风险事件频见诸报端，社会反响强烈，该类风险事件的发生，既有银行对持卡人信息疏于管理的问题，也有个别银行员工监守自盗引发的问题，还有外部不法分子非法获取客户信息或克隆银行卡窃取客户资金等外部欺诈问题。从国内外银行卡发展历程来看，银行卡领域客户信息保护面临的外部欺诈等操作风险将伴随银行卡业务发展长期

---

① 《征信业管理条例》第二条在对征信业务界定时，提及企业和个人的"信用信息"，而在"征信业务规则"中多次使用"个人信息"、"企业信息"，前后采用的法律概念有所不同，且对其范围也缺少界定。

存在，对发卡银行等银行卡经营机构的操作风险管理能力和专业水平提出更高要求。

（三）加强我国银行卡客户信息保护对策建议

1. 完善我国个人信息保护法律框架

从法律规范角度看，银行卡客户信息保护应纳入个人信息保护法律体系。加强银行卡客户信息的保护，有赖于我国个人信息保护法律体系的完善。为维护银行卡等个人信息主体的正当权益，保障信息自由流动，促进社会经济的发展，应加快我国信息保护立法进程，尽快消除我国个人信息保护方面的法律真空。在个人信息保护立法中，有必要明确个人信息保护的基本原则、信息主体的权利、信息管理方的义务，并对征信管理、信息跨境流动及其监管等作出规定，具体而言：

（1）关于个人信息保护的基本原则。个人信息保护立法应着力平衡个人信息保护与保障信息自由流动的社会价值。本书认为，随着社会活动及金融交易日益网络化和信息化，信息自由流动对保障经济繁荣、促进社会进步具有重要意义，个人信息保护法律在强化个人信息的法律保护之同时，更应为促进信息自由流动、维护信息交易安全提供法律保障。依此理念，我国个人信息保护立法可参照前引经合组织（OECD）及亚太经合组织（APEC）有关文件规定，明确个人信息（隐私）保护的基本原则，如信息主体同意原则、避免信息滥用、信息准确完整原则、信息安全原则及有效救济原则等。

（2）关于信息主体的权利。对个人信息的法律保护，应确保信息主体在其本人信息被银行机构等信息处理方收集、使用、留存、对外披露等信息处理环节中，均能进行有效控制，除关涉社会公益、国家安全等法定例外情形，信息主体有权拒绝本人信息继续被处理使用。为此，应确保信息主体享有知情权、选择权、异议权、修改权、被遗忘权利及获取法律救济等权利。

（3）关于信息管理方的义务。发卡银行等信息管理方使用个人信息，须征得持卡人等信息主体明确同意，并告知信息主体有关个人享有使用目的、使用范围以及信息主体享有拒绝其信息被使用或以其他方式处理的权利等。对于信息主体是否同意，信息处理方负有举证责任。信息管理方还应确保其收集与处理使用的个人信息准确性、完整性、及时性、关联性及安全性等，加强对信息主体的倾斜性保护，防止信息不当泄露。

（4）对征信管理机构个人信息保护的特别监管。征信管理机构根据法律或有关监管规定之授权,有权收集、处理个人信用信息,并向银行卡经营机构等机构对外提供个人信用信息报告等征信服务。国务院《征信业管理条例》的颁布实施,为我国征信机构的设立、征信业务及相关活动的开展提供了依据,改善了我国征信业发展的法制环境。但是,《征信业管理条例》难以解决我国征信业发展面临的所有问题,其规范本身也有值得推敲之处:一是未能有效切割人民银行征信中心与征信监管部门之间的体制联系,不利于规范和促进征信业务的市场化、多元化发展,不利于保障征信市场的公平竞争。二是宽泛规定国家机关查询权,不利于个人信息保护。《征信业管理条例》规定,国家机关可以依法查询基础数据库的信息,但对"国家机关"、"依法查询"缺少清晰界定,如果放任各种国家机关任意查询基础数据库,可能存在个人信息泄露的隐患,对个人信息保护造成不利影响。三是应进一步规范征信信息跨境查询使用问题,在符合特定要求条件下,境外机构特别是银行集团境外分支机构为开展境外业务,有权查询并使用境内征信信息系统,并明确相关程序及监管要求。

(5) 关于个人信息损害法律救济机制。建立独立的信息保护管理机构,强化其监管职权,确保监管部门及时有效处理个人信息违法行为的相关投诉,开展相关调查,并采取整改措施;加强对信息权利受害人的行政救济与司法救济,尤其是应当允许消费者保护机构等组织代表信息主体个人提起诉讼,寻求法律救济。发卡银行等个人信息管理方应对损害个人信息之违法行为承担相应的民事责任、行政责任乃至刑事责任;造成信息主体损害的,还应承担物质损害赔偿、精神损害赔偿及惩罚性损害赔偿等损害赔偿责任。[①]

2. 建立健全商业银行对银行卡客户信息保护机制

我国商业银行应重视银行卡客户信息保护问题,并将银行卡客户信息保护统一纳入银行客户信息保护管理范畴,通过完善内部管理机制,完善客户信息授权使用制度,加强客户信息保护操作风险管理,妥善处理客户投诉,加强银行卡客户信息的有效保护。

(1) 制定统一的客户信息保护制度。客户信息保护具有较强的专业性和政策性,商业银行应当按照有关法律法规和监管要求,研究制定符合本行实际的客户信息保护管理办法,确保客户信息保护工作的规范化、流程化和制度化。商业银行应明确本行客户信息保护的基本原则、相关职能部门管理职责分工、

[①] 艾茜:《个人征信法律制度研究》,213~217 页,北京,法律出版社,2008。

客户信息使用许可与限制、内部审批流程、境内外机构客户防火墙设置、监督检查及应急处理机制等相关制度规范,强化员工对个人客户信息的保护意识和依法合规操作意识,有效防控相关风险。

(2)完善客户信息授权使用制度。为规范客户信息的使用,应合理界定银行享有的客户信息使用权限范围。在收集客户信息过程中,商业银行应当结合业务情况,在银行卡章程及领用合约等协议文件中明确约定必要的客户信息授权使用条款,或者拟定专门的授权使用条款,客户在办理银行卡等相关业务时,通过客户授权条款,确保银行收集、使用或处客户信息等行为的合法性。授权条款约定的授权事项,可分为强制性授权与任意性授权:前者可以包括授权银行为开展银行卡相关收集、查询或共享客户信息,并依法向有权机关、监管机构及征信管理机构等主体提供客户信息;后者则可结合客户及银行卡等业务发展情况,设定较为宽泛的授权范围,例如授权发卡银行为向持卡人提供更全面金融服务之需而在银行集团内共享客户信息或向第三方代理机构、服务机构披露客户信息,但应充分保障客户知情权和选择权,客户应有权自行选择是否授予银行此等信息使用权利。

(3)建立客户信息使用审查机制。为避免滥用客户信息产生相关法律风险和声誉风险,银行内部应当建立严格的客户信息使用审查机制,对于超出客户信息授权之范围及目的使用客户信息,应交由银行信息保护主管部门进行审核,未经审核同意不得使用:一是权限审查,结合客户签署的相关授权条款,判断银行是否确有权进行该等使用;二是合法合规性审查,审查拟开展的客户信息使用行为是否满足相关法律法规和监管规定的要求;三是利益冲突审查,如涉及银行集团内不同附属机构间共享特定客户信息,银行应当审慎核查此种使用是否存在利益冲突。

(4)加强信息保护操作风险管理。建立健全相关的内部控制制度,对易发生银行卡客户信息泄露的环节进行充分排查,明确管理责任,加强银行卡客户信息管理权限设置,切实防止信息泄露或滥用事件的发生;根据业务必要性原则,银行卡业务人员如工作之需接触和使用客户信息,应获得相应业务授权,银行应确保并将知悉的人员范围、客户信息数量、客户信息内容限定在工作需要的最小范围内,禁止无关人员和超过工作范围接触客户信息;向第三方提供客户信息前,应当与第三方签署客户信息保护协议,或在有关业务协议中设置保密条款,明确第三方保护客户信息的职责、保密义务、归还或销毁客户信息要求、违约责任等内容；银行内部审计部门和内控合规部门应将客户信息保护工作纳入监督范围，对客户信息保护机制的健全性和有效性进行检查评估，并对监督检查中发现的问题提出整改意见和建议。

（5）妥善处理客户投诉，避免法律诉讼风险。由于银行卡客户信息的广泛性和敏感性，一旦客户认为银行不当使用其个人信息，很容易引起社会舆论的普遍关注甚至质疑，引发声誉风险。商业银行应妥善处理客户投诉，防止客户投诉转化为被诉案件，避免引发法律风险和声誉风险。银行分支机构和有关业务部门应认真对待客户投诉，对银行确有责任或过错的，要依照有关规定尽快妥善处理；对客户可能存在误解的，要耐心细致地做好解释工作，力争取得客户的理解，努力将矛盾和纠纷化解在萌芽状态。

第十章 银行卡业务反洗钱法律风险防控

从国际反洗钱经验看,洗钱的主要活动都是在银行系统进行。对洗钱分子来说,通过银行洗钱相对低成本、高效率,有利于犯罪分子对清洗后的金钱进行再利用,银行金融产品的不断发展也给洗钱分子提供了更多机会。当前,作为一种新兴的支付结算工具,银行卡这一金融产品正在得到广泛应用。由于银行卡交易涉及面广、流动性大、客户来源复杂,其支付交易具有隐蔽性,同时由于银行卡取现具有快捷、无纸化特点,突破了时空限制,不法分子可以凭借银行卡利用电子银行系统实现资金的快速转移,加大了反洗钱监测难度,使得银行卡容易被犯罪分子利用从而成为洗钱的工具,并逐渐成为洗钱犯罪的新趋势。如何在银行卡领域中加强反洗钱,有效防控银行卡业务反洗钱法律风险,已成为金融界需要迫切研究解决的新课题。

一、洗钱与反洗钱法律规制概述

(一)洗钱的概念

洗钱(Money Laundering),通常是指隐瞒或掩饰犯罪收益的真实来源和性质,使其在形式上合法化的行为。通俗地讲就是将犯罪所得的"不干净"的非法收入变成"干净"的钱。犯罪收益通常被称为黑钱或脏钱,对犯罪收益进行清洗使之披上合法外衣的活动就被人们形象地称为洗钱。洗钱的真正目的在于掩饰、隐瞒犯罪收益的真实来源和性质,把通过非法手段获得的犯罪收益通过混合,例如投资、存入银行、购买贵重物品等方式,从而达到表面合法化的过程。

洗钱活动的过程相当复杂,其模式也不一定固定。洗钱过程一般有四个特征:第一,洗钱者首先考虑的是隐藏有关犯罪收益的真正所有权和来源;第二,改变有关金钱的形式,例如,将现金变成金融票据;第三,洗钱过程中尽量避免留下明显的痕迹；第四，洗钱者能够控制洗钱的全过程。

典型的洗钱过程通常被分为三个阶段：其一，处置阶段（Placement），指将犯罪收益投入到清洗系统的过程，利用的媒介包括金融机构或非金融机构，主要方法是把非法财产存入银行或转换为银行票据、国债、信用证等。其二，离析阶段（Layering），指通过用复杂多层的金融交易，将非法收益及其来源分开，分散其不法所得，从而掩盖查账线索和隐藏犯罪身份。其三，融合阶段（Integration），又称为归并阶段、整合阶段，被形象地描述为"甩干"，其目的在于为犯罪得来的资金或财产提供表面的合法性。在实际操作过程中，各阶段有时有明显区别，但有时则发生重叠，交叉运用，难以截然分开。

在洗钱与反洗钱中常常要涉及到上游犯罪和下游犯罪的概念。由于洗钱是将通过非法途径如贩毒、走私、抢劫、贪污、诈骗等得来的钱，通过复杂的交易手法变为表面合法的钱或财产，因此，形象地把洗钱称为依附于贩毒、走私等犯罪的下游犯罪，把诸如贩毒、走私、抢劫、贪污、诈骗等称为上游犯罪，在上述上游犯罪中，犯罪收益往往十分巨大，犯罪分子通过简单窝藏或者销赃等活动将犯罪收益消化掉非常困难。因此，犯罪分子往往通过银行或其他金融机构的金融交易以及其他媒介来藏匿犯罪收益。

恐怖融资是与洗钱密切联系的另一个概念。恐怖融资是指恐怖组织和恐怖分子为了筹集保障其生存、发展、壮大和从事恐怖主义活动所需的资金而进行的资金融通活动。虽然恐怖融资与洗钱关系密切，但不能在恐怖融资与洗钱之间简单地划等号。恐怖融资有自身的特点：一是资金来源不同。洗钱活动一定有与其相关联的上游犯罪活动存在，没有上游犯罪产生的犯罪收益，就不会有洗钱活动的存在，即洗钱活动中的清洗对象是犯罪收益。而恐怖融资的资金只有一小部分来源于传统的犯罪活动，恐怖组织既能从自己经营的企业中获取资金，也能得到一些支持其活动的企业的捐助。二是目的不同。洗钱活动的最终目的是让非决的犯罪所得及其收益获得表面上的合法性，掩饰和隐瞒犯罪证据和线索，通过洗钱获得高额的收入。而恐怖活动通常具有非经济目的，其犯罪的目的更多的是寻求政治影响等。三是手段不同。洗钱的主要渠道是通过金融机构，而恐怖融资则更多地采用非正规的资金转移体系。

（二）金融机构与反洗钱

在当今经济及金融全球化的趋势下，金融市场国际化和金融服务信息化成为不可逆转的时代潮流。金融机构为社会提供的方便快捷的服务却逐渐被洗钱分子所利用，成为他们进行洗钱活动的特别通道。国际反洗钱的实践表明：洗钱分子总是千方百计希望通过银行等金融机构将非法所得"转变"为合法收入。金融机构成为洗钱行为大量发生的前沿阵地，金融机构面临着严峻的反洗钱形势。

1. 金融机构是洗钱分子的最佳洗钱渠道

主要体现在以下三个方面：一是通过金融机构洗钱相对低成本、高效率，二是通过金融机构洗钱有利于犯罪分子对清洗后的钱进行再利用，三是金融市场的不断发展给洗钱分子提供了更多的机会。

2. 通过金融机构洗钱的形式

通过银行进行的洗钱活动主要有两种：一是银行及工作人员参与的洗钱活动。主要包括：提供资金账户；协助犯罪分子及其他洗钱分子将犯罪所得及其收益转换成现金或金融票据等；明知是洗钱仍为洗钱分子提供服务转移资金等。二是在银行不知情的情况下，洗钱分子利用银行所进行的洗钱活动。主要包括：开立假名账户或向银行提供不完整的客户资料、虚假资料或银行难以查证的客户资料；利用保管箱业务存入大量的现金，以避免和金融机构直接发生接触，逃避监管；利用银行代客理财业务洗钱，例如将购入的证券交给银行保管；利用银行的离岸业务洗钱等。

3. 金融机构经营中面临的洗钱风险

金融领域内的洗钱活动作为一种非正常的金融活动，涉及的金额大、资金流动性强，会给金融业带来很大的负面影响。巴塞尔银行监管委员会在1998年12月发表的《防止将银行系统用于洗钱目的》的报告中指出：如果银行漫不经心地与犯罪分子卷在一起，由此产生的负面影响会严重损坏公众对银行的信心，从而危及整个银行系统的稳定；同时，银行亦可能因其甄别客户方面的疏忽或其官员与犯罪分子相互勾结而招致严重的损失。

从业务环节看，金融机构面临的风险主要有以下几类：账户开立及收支风险，如开立假名或匿名账户等；贷款业务风险，表现为银行由于贷款业务审核不严，导致贷款被不法分子用于掩饰犯罪收益；兑换业务风险，主要指协助不法客户将非法财产转换为现金；结算业务风险，主要指违反账户管理规定，为不法客户办理违法资金的不同账户间的划转；结售汇风险；信用证业务风险；银行卡业务风险；离岸业务风险等。

4. 金融机构的反洗钱职责

从总体上看，银行等金融领域的反洗钱立足于防范。金融机构不具有执法权，其反洗钱的主要作用是提供反洗钱信息和情报，因此，金融机构的反洗钱核心职能就是金融交易信息报告。为了取得这些报告信息，金融机构就应了解客户，增强自身的识别和判断能力。

第一，"了解你的客户"。金融机构按照规定，在特定的情况下，要求客户提供相应的身份证明文件和资料，对客户的身份等基本信息进行掌握和确认。

第二，记录保存。金融机构应对客户识别等情况加以记录，并连同确认身份时采集的相关资料、证明和记录一并保存，以用做洗钱案件侦查的证据和线索。

第三，交易报告。认真做好大额和可疑交易的定期和非定期报告。

第四，保密义务。金融机构按照规定，向有关部门和机构履行自己的报告义务后，不得以任何方式向客户或其他的第三人泄露所报告的内容或者告知其自己已经向有关部门或机关提供信息的事情，或透露自己知晓的反洗钱调查工作的情况。

第五，加强内控制度。反洗钱内控建设在反洗钱工作中十分重要，可以促使金融机构更好地履行反洗钱职责，增强机构自身对洗钱的"免疫力"，减少因洗钱带来的经营风险，保证金融机构的健康发展。主要包括内控制度的建立健全、组织机构的有力保障和员工反洗钱的持续有效培训机制等。

（三）反洗钱法律规制

目前，我国没有专门针对银行卡业务的反洗钱法律规定，银行卡业务反洗钱的法律依据主要遵循一般的反洗钱法律制度。我国涉及反洗钱内容的法律法规和部门规章主要有三类：第一类是1997年和2001年修订的《刑法》第一百九十一条规定的洗钱罪及其相应定刑惩罚刑事法律规定。第二类是《中国人民银行法》和《反洗钱法》等法律。《中国人民银行法》规定了中国人民银行在反洗钱工作中的职责、权利和对金融机构违反反洗钱规定行为的处罚；《反洗钱法》则规定了反洗钱的基本制度，确立了反洗钱义务主体的权利和义务，旨在通过预防和监控来有效遏制国内日益突出的洗钱活动及其上游犯罪的法律，是目前我国开展反洗钱工作的主要法律依据。第三类是部门规章，即反洗钱行政主管部门制定颁布的反洗钱部门规章制度，主要有《金融机构反洗钱规定》、《金融机构大额交易和可疑交易报告管理办法》、《金融机构报告涉嫌恐怖融资的可疑交易管理办法》和《金融机构客户身份识别和客户身份资料及交易记录保存管理办法》等。

2006年6月29日，十届全国人大常委会审议通过《中华人民共和国刑法修正案（六）》，对《刑法》第一百九十一条洗钱罪规定作出相应修改，修改后的第一百九十一条为："明知是毒品犯罪、黑社会性质的组织犯罪、恐怖活动犯罪、走私犯罪、贪污贿赂犯罪、破坏金融管理秩序犯罪、金融诈骗犯罪的所得及其产生的收益，为掩饰、隐瞒其来源和性质，有下列行为之一的，没收实施以上犯罪的所得及其产生的收益，处五年以下有期徒刑或者拘役，并处或者单处洗钱数额百分之五以上百分之二十以下罚金；情节严重的，处五年以上十年以下有期徒刑，并处洗钱数额百分之五以上百分之二十以下罚金：（一）提供资金账户的；（二）协助将财产转换为现金、金融票据、有价证券的；（三）通过转账或者其他结算方式协助资金转移的；（四）协助将资金汇往境外的；（五）以其他方法掩饰、隐瞒犯罪所得及其收益的来源和性质的。"这次修改扩大了洗钱罪的上游犯罪种类，将清洗贪污贿赂犯罪、破坏金融管理秩序犯罪、金融诈骗犯罪的所得和收益纳入洗钱罪范畴。

2006年10月31日，十届全国人大常委会第二十四次会议表决通过《中华人民共和国反洗钱法》，自2007年1月1日起施行。《反洗钱法》包括总则、反洗钱监督管理、金融机构反洗钱义务、反洗钱调查、反洗钱国际合作、法律责任和附则，共7章37条。制定《反洗钱法》对于我国的反洗钱工作意义重大，主要体现在以下五个方面：一是有利于及时发现和监控洗钱活动，追查并没收犯罪所得，遏制洗钱犯罪及其上游犯罪，维护经济安全和社会稳定；二是有利于消除洗钱行为给金融机构带来的潜在金融风险和法律风险，维护金融安全；三是有利于发现和切断资助犯罪行为的资金来源和渠道，防范新的犯罪行为；四是有利于保护上游犯罪受害人的财产权，维护法律尊严和社会正义；五是有利于参与反洗钱国际合作，维护我国良好的国际形象。

2006年11月14日，中国人民银行依据《反洗钱法》等有关法律对2003年制定的三个反洗钱监管规章进行了修改，并重新颁布《金融机构反洗钱规定》和《金融机构大额交易和可疑交易报告管理办法》，分别自2007年1月1日和2007年3月1日起施行。新的反洗钱监管规章对金融机构反洗钱工作制度及大额交易和可疑交易的报告标准和报告程序等有关规定进行了明确规定和重要修改，依法开展反洗钱成为金融机构在经营管理过程中不可忽视的一项法律责任和义务。

2007年6月8日，为监测恐怖融资行为，防止利用金融机构进行恐怖融资，规范金融机构报告涉嫌恐怖融资可疑交易的行为，中国人民银行根据《反洗钱法》、《中国人民银行法》等有关法律、行政法规，通过《金融机构报告涉嫌恐怖融资的可疑交易管理办法》，对恐怖融资行为、涉嫌恐怖融资可疑交易情形、报告义务主体、报告流程及违反该办法应承担的法律责任进行了明确规定。

2007年8月1日，为预防洗钱和恐怖融资活动，规范金融机构客户身份识别、客户身份资料和交易记录保存行为，维护金融秩序，根据《反洗钱法》等法律、行政法规的规定，中国人民银行颁布实施《金融机构客户身份识别和客户身份资料及交易记录保存管理办法》。该办法重点要求金融机构应当勤勉尽责，建立健全和执行客户身份识别制度，遵循"了解你的客户"的原则，针对具有不同洗钱或者恐怖融资风险特征的客户、业务关系或者交易，采取相应的措施，了解客户及其交易目的和交易性质，了解实际控制客户的自然人和交易的实际受益人。金融机构应当按照安全、准确、完整、保密的原则，妥善保存客户身份资料和交易记录，确保能足以重现每项交易，以提供识别客户身份、监测分析交易情况、调查可疑交易活动和查处洗钱案件所需的信息。

二、利用银行卡洗钱的主要手法

利用银行卡进行洗钱活动往往具有化整为零、手段隐蔽、形式多样的特点，随着银行卡使用的普及，各类银行卡犯罪手法也更加复杂，呈现出规模化、集团化、跨境化、智能化的特点。利用银行卡进行洗钱活动，其资金运作主要有资金处置、离析、融合三个环节，围绕这三个环节主要有以下几种手法：

第一种，利用伪造身份证件开户办卡。洗钱者可能利用伪造的身份证件在同一银行的分支机构或不同银行开立多个银行卡账户，将黑钱分别存入各银行卡中，利用这些银行卡进行短信诈骗、非法融资等活动。

第二种，购买小额实名卡。犯罪分子利用车站、码头或农民工集散地，用几倍于银行卡余额的高额回报，向农民工购买小额实名银行卡（含密码），再利用这些实名卡进行诈骗洗钱。

第三种，利用单位银行卡账户洗钱。目前，利用单位银行卡账户进行洗钱呈现上升势头。洗钱者通过开立合法的公司、企业、店铺等载体，或伪造虚假营业执照等一系列证件，特别是涉及娱乐业、餐饮业、高档服饰店、茶庄等现金收入较多的单位实体，在银行开立单位银行卡账户，将黑钱作为公司的收益存入银行卡中，然后利用网上银行、电话银行、ATM等支付工具在多个银行卡账户之间进行多次跨行转账，使监管机构难以追查资金的真正来源。

第四种，利用多个信用卡账户。目前信用卡市场竞争日趋激烈，各商业银行争相占领市场份额，把信用卡的发卡数量指标落实到各个经办人员，因此在具体业务操作中，为完成业务指标甚至出现了经办人员审查不严、联合作案等问题，为洗钱者通过信用卡进行洗钱创造了可乘之机。例如，洗钱者通过开立合法的公司，并在多个发卡银行取得信用额度较高的信用卡账户，通过信用卡支付开立和运作公司的费用，然后用黑钱支付信用卡账户上的欠款；洗钱者用银行卡在异地进行各种消费，或在监管不严地区进行取现，或与商户勾结以虚构交易方式套取现金，然后分多次用小额资金偿还信用卡账户欠款，实现非法资金的转移。

三、银行卡业务对洗钱风险防控带来新的挑战

1. 交易的虚拟性与广域性，增加了客户身份识别的难度

银行卡与电子银行业务密切联系，依附于银行卡电子银行业务包括POS终端、ATM、电话银行、网上银行、手机银行等。银行卡一旦通过电子银行进行交易，几乎全部由业务处理系统自动完成，不受时间、空间的限制。客户开通电子银行业务后，即可通过计算机、手机、自动柜员机、电话等进行交易。这种认卡不认人的交易特点，使得银行卡备受犯罪分子青睐。银行很难了解银行卡的实际控制人，无法做到持续、有效的客户身份识别。

2. 交易的无纸化和网络化，增加了洗钱风险监控的难度

传统柜面业务一般都有相关凭证等纸质凭据，而银行卡相关的电子银行交易具有无纸化、网络化的特点，银行对交易记录难以实时监控，对交易实际控制人的真实身份难以辨别，无法审查资金的真实来源、性质及用途，因此增加了对可疑行为、可疑交易监控的难度。同时，银行卡账户与其他各种账户、新型支付工具绑定、联合现象也不断增多，如何实现系统的跨账户监测，如何对跨行、异地银行卡进行有效监控等问题，都给反洗钱管理带来新的挑战。

3. 交易的加密性和复杂性，增加了洗钱案件破获的难度

各银行为了银行卡交易安全，采取了越来越复杂的加密技术，加上发达的

网络技术,给执法机关追查犯罪分子及资金、及时破获洗钱案件带来较大难度。随着电子商务的发展,一些机构发行了电子钱包、网上支付宝、储值卡等新型支付工具。这些机构一般没有留存客户的身份证件复印件,即使登记了客户身份,也普遍采用了复杂的加密技术,甚至无法查明资金的使用人、来源及用途。银行卡一旦与这些新型支付工具绑定或发生交易,就很难进行追查和及时跟踪,从而为犯罪分子利用电子货币洗钱提供了可能[1]。

4. 银行卡业务的特殊性,使得风险管理部门无法实施有效监管

目前由于各银行的数据高度集中,反洗钱行政监管部门对银行卡资金交易监管手段与技术落后,无法获取银行卡跨区域(含跨境)、跨系统的资金交易资料,难以对银行卡交易情况实施有效的跟踪与监测,使得银行卡容易成为反洗钱监管的盲区。另外,对目前比较普遍的银行卡虚假交易套现这一严重扰乱金融秩序的问题,尚缺乏相应的法律规范,相关部门难以形成执法合力,实施有效监管存在一定的困难。

四、商业银行银行卡业务反洗钱一般操作规程

2012年7月24日,中国人民银行召开2012年上半年全国反洗钱形势通报会,分析了境内反洗钱风险状况和类型,报告了国际反洗钱发展趋势和境内开展反洗钱资金监测情况,认为当前国内外洗钱活动手法不断演化,给我国金融系统的洗钱风险防范工作带来新的挑战,提升反洗钱工作有效性的任务艰巨。同时,会议还指出风险管理是我国反洗钱工作的趋势和方向,但合规工作仍不能放松,继续严格遵守和执行统一的反洗钱制度是始终有效防范洗钱风险的基础。[2]

鉴于当前我国反洗钱工作面临的形势和挑战,为加强银行卡专业反洗钱工作,建立健全银行卡专业反洗钱内控机制,提高银行卡专业反洗钱管理水平,我国各商业银行根据国家有关反洗钱法律法规和人民银行有关规定制定了本行银行卡业务反洗钱操作规程,按照依法合规、全面连续、严格保密、与司法机关及行政执法机关全面合作的业务处理原则,执行客户身份识别、客户身份资

---

[1] 王卫红:《银行卡业务对反洗钱工作的挑战》,载《西部金融》,2011(2)。
[2] 《人民银行召开2012年上半年全国反洗钱形势通报会》,http://www.gov.cn/gzdt/2012_07/25/content_2191265.htm,2012年11月8日访问。

料和交易记录保存、大额交易和可疑交易报告等反洗钱工作制度,依法合规履行反洗钱职责。

(一)客户身份识别

根据我国反洗钱相关规定,银行卡业务以"了解你的客户"为基本原则,认真落实客户接纳政策、实施客户身份识别的工作流程管理。一般而言,银行卡业务客户身份识别的管理流程和要求具体如下。

1. 受理新客户银行卡申请

个人客户和单位客户因其主体性质原因在申领银行卡规定方面存在一定的区别。例如,个人客户,申请人申办信用卡应具有完全民事行为能力,主卡申请人年龄须在18周岁(含)以上,外籍及港澳台主卡申请人年龄须在25周岁(含)至65周岁(含)之间,副卡申请人年龄须在16周岁(含)以上。申请人工作单位或经常居住地应在发卡机构所在地,并须提供有效身份证件复印件、联系人信息以及已填写个人身份信息并经本人签名的申请表。单位客户,申办商务卡单位的基本条件:具有中国人民银行核发的开户许可证;办公地点和银行基本存款账户在发卡机构所在地;具备法人资格或在有关部门合法登记注册。商务卡指定持卡人的基本条件:年龄须满18周岁,具有完全民事行为能力的自然人,必须为商务卡申请单位的正式员工。

2. 具体业务的客户身份识别要求,则可大致分为八类业务进行管理

(1)存款业务(含现金购汇还款业务)。受理持卡人本人办理的存款业务时,对单笔金额达到或超过人民币1万元或者外币等值1 000美元的无卡存款业务,以及单笔金额达到或超过人民币5万元或者外币等值1万美元的存款业务,应当核对其有效身份证件或者其他身份证明文件。业务办理过程中,如发现异常情况,要进一步通过联网核查公民身份信息系统对客户身份进行核查。

受理代存款业务时,当单笔金额达到或超过人民币1万元或者外币等值1 000美元时,应当同时核对持卡人本人和代办人的有效身份证件或者其他身份证明文件,并登记代办人的姓名、联系方式以及身份证件或者身份证明文件的种类、号码;如果代办人因合理理由无法提供持卡人本人的有效身份证件或者其他身份证明文件,应当对代办人开展相关客户身份识别工作,核对其有效身份证件或者其他身份证明文件,登记身份基本信息(包括姓名、性别、国籍、职业、住所地或者工作单位地址、联系方式,身份证件或者身份证明文件的种

类、号码和有效期限；住所地与经常居住地不一致的，登记经常居住地），留存有效身份证件或者其他身份证明文件的复印件或者影印件，并将其背附在业务传票后。业务办理过程中，如发现异常情况，要进一步通过联网核查公民身份信息系统对客户身份进行核查。

（2）取款业务。凭密码单笔取现金额达到或超过人民币5万元或外币等值1万美元的取款业务，应当核查客户的有效身份证件或者其他身份证明文件。非凭密码取款交易须核查客户的有效身份证件或者其他身份证明文件。

（3）柜面挂失业务。客户办理柜面挂失业务应提供本人有效身份证件，如委托他人代为办理，须提供本人有效身份证件原件和持卡人有效身份证件原件办理。银行柜员应严格核查客户提交的有效身份证件，并通过"联网核查公民身份信息系统"进行核查检验姓名、公民身份号码、照片和签发机关等相关信息，确保证件的真实、有效。如持卡人的证件丢失，须按业务规定提供相关证明办理挂失。

（4）柜面密码重置业务。客户办理柜面密码重置业务应提供本人有效身份证件，如委托他人代为办理，须提供本人有效身份证件原件和持卡人有效身份证件原件办理。银行柜员应严格核查客户提交的身份证件，并通过"联网核查公民身份信息系统"进行核查检验姓名、公民身份号码、照片和签发机关等项目，以确认相关材料的真实性、有效性。

代办重置密码时要通过电话与持卡人核实所办业务是否本人委托；联系不到持卡人时，通过个人客户信息、银行卡个人档案与代办人详细核实持卡人信息，并于当日（最迟不超过次日）电话回访，回访时持卡人称未委托代办，应告知持卡人银行将对卡片进行止付，持卡人无异议后，为持卡人免费补换卡；对电话回访时联系不到持卡人的，使用信函或手机等通知持卡人。

（5）柜面销户业务。涉及现金交易的销户业务，如达到取款业务的反洗钱身份识别的条件，应按照取款业务身份识别要求执行。

（6）柜面客户身份信息维护业务。银行柜员必须严格核查客户提交的身份证件，若对身份证件有疑问，须通过"联网核查公民身份信息系统"进行核查检验姓名、公民身份号码、照片和签发机关等项目，以确认相关材料的真实性、有效性。严禁他人代办此项业务。

（7）与特约商户建立业务关系。商户须符合收单条件并签订银行卡受理协议。商户账号变动须提供有效的单位证明。

（8）非柜台方式业务的客户身份识别。利用电话银行、网上银行、自动柜员机及其他电子化交易方式为客户提供非柜台方式的服务时，采取电话人工核对、静态密码、动态口令卡、客户证书等相应的客户身份认证措施，识别客户身份。

（二）客户身份资料和交易记录保存

银行在银行卡业务反洗钱过程中，须保存的客户身份资料包括记载客户身份信息的资料、反映本行开展客户身份识别工作情况的各种记录和资料等。须保存的交易记录包括每笔交易的数据信息、业务凭证、账簿以及有关规定要求反映交易真实情况的合同、业务凭证、单据、业务函件和其他资料。

各银行应当采取必要的管理措施和技术措施，有效防止银行卡客户身份资料和交易记录的缺失、损毁和泄露。具体保存要求一般规定如下：（1）客户身份资料自业务关系结束当年或者一次性交易记账当年计起至少保存5年。（2）交易记录自交易记账当年计起至少保存5年。（3）如客户身份资料和交易记录涉及正在被调查的可疑交易活动，且调查工作在前款规定的最低保存期届满时仍未结束的，须将其保存至调查工作结束。（4）同一介质上存有不同保存期限客户身份资料或者交易记录的，按最长期限保存。同一客户身份资料或者交易记录采用不同介质保存的，至少按照上述期限要求保存一种介质的客户身份资料或者交易记录。（5）法律法规和行内规章制度对客户身份资料和交易记录有更长保存期限要求的，遵守其规定。

（三）大额与可疑交易报告

1. 银行卡大额交易报告标准

（1）单笔或者当日累计人民币交易20万元（含）以上或者外币交易等值1万美元（含）以上的现金缴存、现金支取、现金结售汇、现钞兑换、现金汇款、现金票据解付及其他形式的现金收支。

（2）商务卡与法人、其他组织、个体工商户账户之间单笔或者当日累计人民币200万元（含）以上或者外币等值20万美元（含）以上的款项划转。

（3）个人卡账户与法人、其他组织、个体工商户、个人账户之间单笔或者当日累计人民币50万元（含）以上或者外币等值10万美元（含）以上的款项划转。

（4）交易一方为个人卡，单笔或者当日累计外币等值1万美元（含）以上的跨境交易。

（5）个人卡账户单笔或者当日累计交易人民币20万元（含）以上或外币等值1万美元（含）以上的消费、POS分期付款业务。

2. 银行卡可疑交易标准

（1）短期内银行卡账户内资金分散转入、集中转出或者集中转入、分散转出，与客户身份、财务状况、经营业务明显不符。

（2）短期内相同收付款人之间频繁发生资金收付，且交易金额接近大额交易标准。

（3）商务卡客户短期内频繁收取与其经营业务明显无关的汇款，或者个人卡客户短期内频繁收取法人、其他组织的汇款。

（4）长期闲置及已收卡未销户的银行卡账户，原因不明地突然启用或者平常资金流量小的账户突然有异常资金流入，且短期内出现大量资金收付。

（5）与来自于贩毒、走私、赌博、恐怖活动严重地区或者避税型离岸金融中心的客户之间的资金往来活动短期内明显增多，或者频繁发生大量资金收付。

（6）没有正常原因的多头开户、销户，且销户前发生大量资金收付。

（7）提前偿还贷款，与其财务状况明显不符。

（8）客户用于境外投资的购汇人民币资金大部分为现金或者从非同名银行卡账户转入。

（9）证券经营机构通过其开立的商务卡指令银行划出与证券交易、清算无关的资金，且与其实际经营情况不符。

（10）保险机构通过银行频繁大量地对同一家投保人的银行卡账户发生赔付或者办理退保。

（11）个人银行卡账户频繁进行现金收付且情形可疑，或者一次性大额存取现金且情况可疑。

（12）多个境内居民的银行卡账户接受一个离岸账户汇款，其资金的划转和结汇均由一人或者少数人操作。

（13）短期内同一银行卡账户在同一或多个商户频繁进行大额消费，与客户身份、财务状况不符。

（14）不同的银行卡账户在同一商户频繁进行大额消费，与客户身份、财务状况不符。

五、我国银行卡业务反洗钱面临的主要法律风险

（一）银行卡反洗钱法律法规体系不完善

由于利用银行卡洗钱在各环节上的表现形式不同，所以需要有专门的法律法规和规章作出配套性规定，才能有效打击银行卡洗钱违法犯罪活动。而目前，我国《刑法》虽然已对信用卡诈骗、伪造信用卡等银行卡犯罪和包括银行卡洗钱在内的提供资金账、协助资产转移、协助资金转移、将资金汇往境外等四种洗钱行为作出原则性规定，但我国《反洗钱法》、《金融机构反洗钱规定》、《金融机构大额和可疑交易报告管理办法》、《金融机构客户身份识别和客户身份资料及交易记录保存管理办法》和《金融机构涉嫌恐怖融资的可疑交易管理办法》等反洗钱法律法规对利用银行卡洗钱的防范和打击方面均未作出有针对性规定。中国人民银行虽然也出台了《银行卡业务管理办法》，对防范利用银行卡洗钱犯罪有一定的作用，但由于规范性文件立法层次较低，使反洗钱行政管理部门难以对银行卡进行有效监管，在一定程度上影响了银行卡反洗钱工作的有效性。

（二）银行卡非面对面的交易给反洗钱工作带来了难度

利用银行卡消费或提取现金、进行银行卡账户跨行转账、通过国际卡转移资金到境外、通过信用退款（如通过订单退款、订单加违约金退款，甚至虚假交易订单退款）、转移资金到境外等方式进行银行卡洗钱活动，可全部通过ATM和POS机具完成，而这些交易往往是非面对面的。银行卡一旦与网上支付工具进行转账交易，就进入了电子支付交易范畴，而电子支付系统主要通过密钥及电子签名的认证来验证交易双方身份，也属非面对面交易，具有脱离银行柜面监控，只认"证"不认"人"的特点，很难对客户身份真实性进行调查，也很难审查支付方资金的来源及性质。加上商业银行存在授信额度控制标准和宽严不一、交易背景信息搜集难度大、信息共享不充分、网上银行业务办理手续未留存客户身份证件和法定代表人授权书等问题，也将给反洗钱的资金交易监测和甄别、可疑支付交易行政调查及执法机关对洗钱犯罪的侦查带来难度。可见，在电子支付交易背景下，如果没有健全的支付交易报告和分析系统，银行无法逐笔审查银行卡支付交易并从中筛选出可疑交易。

第十章　银行卡业务反洗钱法律风险防控

（三）发卡行银行卡管理和洗钱风险管理还存在不足

一是我国现行有关银行卡开户和大客户交易的联网核查规定对于利用假身份证件办理业务可起到防范洗钱的作用，但对于无法通过联网核查的证件，只能通过辅助手段来判别，而对于身份核查规定前开立的银行卡，身份是否真实有效，银行方面清理起来难度也很大。由于发卡行在实名制的甄别、授信等环节的管理和监控方面存在一些薄弱环节，加上一些商业银行存在贷记卡业务授信过于宽松等问题，导致多头和重复办卡，利用自身证件、假身份证件、他人身份证在多家银行多头开立银行卡账户存入赃款进行洗钱的风险随时有可能发生，对利用银行卡洗钱的不法行为可控性较低。二是一些发卡行管理层对银行卡的管理存在"重数量、轻质量、重发展、轻管理"的思想，忽视对洗钱风险的防范。例如，目前一些商业银行制定的信用卡业务考评办法，主要设置了新发卡量、新发展特约商户、卡片启用率、不良透支率、分期付款交易额和附加类作为考核指标，而没有设立资产不良率、发卡收入等风险、收益指标，存在银行卡安全管理、预防银行卡洗钱不到位等问题。

（四）反洗钱系统建设不完善制约了银行卡反洗钱开展

虽然目前已建立中国银联银行卡风险信息共享系统、联网核查公民身份信息系统、个人征信系统等涉及反洗钱系统，各银行业金融机构也建立了反洗钱大额和可疑交易报告系统，但因联网核查公民身份信息系统的一些信息不够准确、全面，信息更新不及时等问题，银行业金融机构无法准确获得申请人的许多相关重要真实信息，加上部分生僻字无法输入，更影响了信息真实性的甄别，使业务办理存在洗钱风险。中国银联银行卡风险信息共享系统也存在对客户、特约商户不良记录和风险客户信息录入不完整和不及时的问题，风险信息共享作用尚未得到充分发挥，故很难甄别用赃款归还银行卡账户透支款等洗钱行为。此外，目前我国个人征信系统建设尚处发展阶段，个人非银行信用信息缺失，因而尚不能有效满足各发卡行了解客户信贷风险和洗钱风险管理的需求，在一定程度上影响了银行卡反洗钱工作开展。

（五）银行卡防伪技术不够高和信息安全问题使银行卡潜藏着洗钱风险

一是银行卡目前均采用磁条读卡方式，科技含量不高，容易失磁和被窃取客户信息，加上银行业金融机构缺乏建立一套完整的银行卡风险预警体系，一些不法分子利用电话或短信诈骗、盗取客户银行卡号、密码和伪造银行卡行骗等方式窃取客户银行卡信息资料，进行银行卡洗钱，给银行卡反洗钱工作带来了挑战。二是一些 ATM 等自助银行设备技术落后。犯罪分子可利用落后的自助银行设备，用银行卡存入假币，在其他自动取款机上支取真币洗钱。三是一些发卡机构、收单机构、特约商户和银行卡清算组织的安全防范体系建设滞后，信息保密意识也较差，也为洗钱活动提供可乘之机。

（六）银行卡反洗钱工作环境有待改善

一是我国虽然加入 FATF（反洗钱金融行动特别工作组），为反洗钱国际合作提供方便，但一些不法分子在反洗钱管理松懈的国家（地区）开立银行卡账户，在跨国间进行洗钱活动，给我国反洗钱国际合作带来了许多困难和挑战。二是银行卡与反洗钱工作涉及诸多单位和部门，协调配合与反洗钱协作存在一定的难度。三是《反洗钱法》等反洗钱法律法规和银行卡反洗钱的宣传力度不够，有许多客户对完善各种银行卡业务办理手续和银行卡反洗钱监管不理解，没有认识到向银行提供有关情况是其法定义务。[①]

六、加强银行卡反洗钱法律风险防控

（一）加快银行卡反洗钱法律法规体系建设

修改现行的《反洗钱法》、《金融机构反洗钱规定》等法律法规和规章，对银行卡洗钱行为和洗钱形式、银行卡反洗钱内控制度、银行卡发卡身份识别、可疑交易报告和监测、银行卡反洗钱协作机制、监督管理和风险监控等作出明确规定。同时，尽快制定《银行卡业务管理条例》，并增加银行卡反洗钱有关规定，建立一套完整的银行卡反洗钱法律法规体系。同时，通过加强立法，严厉打击各类利用银行卡洗钱犯罪行为。

（二）加大银行卡业务反洗钱监管力度

反洗钱行政管理部门应重新审视银行卡在反洗钱工作中的特殊地位，加大研究和监管力度，努力提高对银行卡资金交易的监管手段。通过规范银行卡支付行为，规范银行机构对银行卡的办理和使用，通过技术手段提高信息资料的

---

① 林宏山、陈泉琛：《银行卡洗钱犯罪与反洗钱问题研究》，载《金融会计》，2010（7）。

监控能力，加强交易系统可疑标准的设计，最大限度地减少犯罪分子利用银行卡从事洗钱活动的可能，从而避免银行卡成为反洗钱监管的盲区。监管部门要加强对银行机构的监督和指导，督促银行机构完善反洗钱内控制度，将预防银行卡洗钱活动的要求落实到各相关业务操作流程及岗位职责中。要加强对银行机构履行银行卡业务反洗钱义务的现场或非现场监督检查工作，并将其作为重点监管内容，查清问题，查实情况，查透风险。要加强银行卡及相关业务的调研活动，组织和指导银行机构梳理、归纳银行卡洗钱活动的风险隐患和发展趋势，分析利用银行卡业务进行洗钱等违法犯罪活动的典型案例，编写相关调研报告或案例分析，及时向银行机构和社会公众提示相关洗钱风险，督促银行机构完善反洗钱内控体系，提高公众识别银行卡洗钱活动的意识和能力。

（三）充分发挥商业银行在银行卡反洗钱中的重要作用

商业银行作为发卡机构，是银行卡反洗钱的前沿阵地。充分发挥商业银行在反洗钱工作中的重要作用，不断建立和完善反洗钱工作机制，有助于有效预防、遏制和打击洗钱犯罪，防范相关法律风险和信誉风险，维护金融体系的安全和稳定。

1. 建立严密、有效的银行卡反洗钱内控制度

商业银行等金融机构必须遵循国家有关反洗钱的法律规定和监管要求，建立健全银行卡反洗钱内控制度，并切实保证银行卡反洗钱内控制度的严密性和有效性。严密性要求反洗钱内控制度贯穿于银行卡业务流程之中以及前台、中台和后台，避免存在漏洞和盲区。有效性要求反洗钱内控制度必须实行问责制，并且落实到位，监督有力，奖惩分明，防止相关制度形同虚设或流于形式。

2. 切实了解自己的客户

银行业金融机构的客户数量众多、类型多样，如果不了解客户，很可能被洗钱分子蒙骗利用，使洗钱行为蒙混过关。所以，了解客户不仅是反洗钱制度的一项基本要求，也是有效履行反洗钱职责的第一道关口。根据我国反洗钱相关法规的规定，商业银行等金融机构在为客户开立账户，接受客户申请办理银行卡时，必须依法严格审核客户提交的有关文件、资料和证件；未经审核或不符合有关规定的，应不予开立账户和办卡。对于已经开立账户和办卡的客户，也应继续通过各种方式保持和提高对客户的了解程度，按规定保存相关的交易记录和资料，做到心中有数，为有效防范洗钱行为提供参考。

3. 审慎识别和报告可疑支付交易

洗钱行为虽然十分隐蔽，但也具有一些共同的特征，只要仔细识别就可以发现其真实面目。对于商业银行等金融机构来说，依法审慎识别和报告各种类型的可疑支付交易，是履行反洗钱职责的关键环节。如果金融机构在这个环节上疏忽大意或未尽职责，不仅会给洗钱分子留下可乘之机，还会给银行自身造成严重的法律后果，受到监管机关的制裁和处罚。因此，商业银行等金融机构要把依法识别和报告可疑支付交易作为银行卡反洗钱工作的核心和重点，确保尽职尽责，不出任何纰漏。

4. 努力提高银行卡反洗钱的科技监控能力，降低银行反洗钱工作成本

可疑交易报告是发现洗钱线索的关键，虽然目前我国对大额可疑交易的规定比较详实，但高效准确的筛选软件开发还相对滞后。商业银行银行卡反洗钱工作的高成本压力迫切需要尽快完善自身的银行卡反洗钱监控系统，减少人工操作，增加自动识别和分析功能，提高银行卡反洗钱报送效率和质量。

5. 加强银行卡业务反洗钱培训

我国金融机构开展反洗钱工作的时间不长，相关的知识、技能和经验不足，加强反洗钱培训工作十分必要。根据金融机构的特点和实际情况，开展反洗钱培训应当注意普遍性和特殊性相结合，既要提升各级管理人员和业务经理的反洗钱责任意识和相关知识水平，又要增强基层机构有关岗位负责人和操作人员的反洗钱技能和经验，尤其要注重提高有关岗位人员分析和识别可疑支付交易的能力。鉴于反洗钱工作的长期性和复杂性，反洗钱培训应当有计划地持续进行，并根据实际需要及时调整培训重点，更新培训内容，确保银行卡业务反洗钱培训取得实际效果。

第十一章　银行卡民事欺诈与信用卡犯罪

一、银行卡民事欺诈与法律风险防控

近年来，我国银行卡纠纷民事案件不断增多，特别是不法分子窃取持卡人银行卡信息和密码，伪造银行卡，使用伪造银行卡盗取持卡人资金，持卡人发现资金被盗后起诉银行要求赔偿损失的伪卡欺诈类案件，发案势头迅猛，出现了对银行尤其是发卡行越来越不利的局面。一是欺诈防控难度不断增加。主要表现为不法分子在收单行 ATM 或商户 POS 机安装非法窃取银行卡信息设备，发卡行难以防控客户银行卡信息泄露。持卡人资金被盗取后，目前，法院一般以发卡行与持卡人存在合同关系，未能保障持卡人存款安全构成违约为由，判决发卡行承担全部赔偿责任。二是单笔案件金额不断增大。三是跨境使用伪卡盗取持卡人存款案件时有发生。不法分子使用伪卡在境外 POS 机大额刷卡消费，这类案件发卡行很难搜集证据，也难以追究商户责任来挽回损失。在银行卡民事欺诈方面，本书重点介绍伪卡欺诈与银行法律风险防控。

（一）伪卡欺诈民事案件法律关系分析

对伪卡欺诈民事案件，在发卡行与持卡人之间，一般存在储蓄合同关系或信用卡合同关系。如涉及到跨行交易，还存在发卡行与收单行之间的收单关系。银行或持卡人对资金损失是否应当承担相应责任，应根据各方是否履行相应义务判断。

1. 银行的义务

首先，银行负有提供安全交易环境义务。《商业银行法》第六条规定，商业银行应当保障存款人的合法权益不受任何单位和个人的侵犯。《合同法》第六十条规定，当事人应当遵循诚实信用原则，根据合同的性质、目的和交易习惯履行通知、协助、保密等义务。根据前述规定，银行卡法律关系中，银行负有向持卡人提供安全交易环境，保证服务场所、系统设备的安全适用，足以保障持卡人银行卡信息、密码等信息数据安全等义务。

其次，银行负有对银行卡和密码的审核义务。银行需要对磁条信息和密码与系统留存信息进行核对，如一致，则允许持卡人进行支付结算等操作。核对环节涉及银行对磁条信息和密码的审核义务是形式审核义务还是实质审核义务问题。目前，一些法官、律师和学者认为，与银行对身份证件的审核义务相同，银行对银行卡也负有实质审核义务，主要理由是银行卡是储户户名、账号、开户行等关键信息的载体，即使持卡人身份真实，如没有银行卡，银行也不能直接为储户办理取款手续，因此，银行一方面要审查银行卡的制作材料、文字表述等是否符合发卡行标准，另一方面要通过银行计算机系统验证银行卡记载信息是否与银行计算机系统预留信息一致。

本书认为，诸如ATM等电子银行交易中，银行对银行卡磁条信息和密码仅负有形式审核义务，因为目前绝大多数银行卡通过磁条记录卡号、发卡银行标志代码等信息，现有银行卡磁条加密技术一般是CVV密码校验技术。而由于磁条的物理特性，银行卡磁条信息以磁感应形式存储在磁介质表面，只要通过磁感应器，磁条信息就有可能被读取或记录，通过磁条本身无法对读写操作进行控制，不法分子正是利用了磁条卡的这种特性来制作伪卡。在磁条银行卡发明之初，没有任何其他介质比磁条更适合于作为银行的存储介质，磁条银行卡这种便于制作、成本较低的特性极大地促进了银行卡产业的发展，产生了积极的社会效果。

这里需要强调的是，不管真实银行卡还是伪造银行卡，磁条信息在传输过程中都表现为二进制数字，只有和银行系统存储信息是否相同之分，没有真假之分，银行是没有办法对磁条信息是真实银行卡还是伪卡进行识别的。因此，银行对银行卡只能负有形式审核义务。当然，如持卡人在银行柜面使用银行卡进行交易，那么银行就要对银行卡制作材料、文字表述等真实性进行审核，负有实质审核义务。同样道理，密码本身就表现为一组数字，银行对客户密码也只能负有形式审核义务。

2. 持卡人的义务

一是约定义务。银行通常会在银行卡章程或协议中明确约定："持卡人必须妥善保管银行卡及密码，凡使用密码进行的交易，银行均视为持卡人本人所为，并由持卡人对交易后果承担责任。"根据这一约定，持卡人负有妥善保管银行卡和密码，不得随意出借或泄露密码等义务。

二是法定义务。根据《合同法》第六十二条的规定，持卡人应当履行合同的附随义务,在使用银行卡时应负有一定的注意和谨慎义务,对本人的银行卡账号、密码、身份证件等信息和资料承担保密责任,特别是预留银行密码,作为银行和储户之间确认交易者身份、保障交易安全的重要手段,具有私密性和唯一性的特点,持卡人要严格保密,不能随意告诉他人。

(二) 银行如何承担民事责任

1. 确立谁泄露信息谁承担责任原则

司法实践中,法院一般以发卡行计算机系统未能识别伪卡导致客户资金被盗为由,判决发卡行承担责任。如银行卡信息和密码在发卡行 ATM 泄露,由发卡行承担责任理所当然。如持卡人银行卡信息和密码在收单行 ATM 或 POS 商户泄露,判决由发卡行承担责任则显失公平:第一,发卡行不存在任何过错。如前所述,被复制的磁条信息与原磁条信息没有区别,如磁条信息和密码与银行留存信息一致,则银行尽到审核义务,没有过错可言。第二,由发卡行承担责任容忍了收单行怠于清理 ATM 上非法盗录设备行为,不利于构建安全的用卡环境。第三,未能彻底分清当事人的责任,发卡行承担责任后要起诉收单行或者 POS 商户,增加了当事人诉累,也增加了司法成本,未能达到定分止争的最佳司法效果。

实际上,不法分子伪造银行卡犯罪过程中,存在明显过错的当事人是未能清理 ATM 或 POS 机上非法读卡设备的银行或 POS 商户。银行或 POS 商户未履行安全保障义务,是导致持卡人银行卡信息和密码被不法分子窃取,从而发生存款被盗取后果的直接原因。由泄露信息的当事人承担赔偿责任,较好地解决了跨行交易中由发卡行承担责任不公平、发卡行承担责任后向收单行再次追偿等问题,并能够督促银行或 POS 商户及时清理非法盗录设备。同时,如果持卡人泄露银行卡信息和密码,则持卡人存在过错,应自行承担责任。因此,应确立谁泄露信息谁承担责任原则。

2. 银行以私人密码交易视为本人行为规则抗辩是否有效

在电子银行交易中,私人密码由本人生成且只有本人知悉,其作用在于辨识客户身份及对交易内容的确认,起到数字签名(电子签名)的功能。在银行交易系统中,即使在银行柜台电脑前的工作人员也看不出来,银行中心机房也无法查到持卡人所设密码。因此,在现代商事交易中,逐渐形成了私人密码交易视为本人行为原则,但以下特殊情况除外:一是私人密码使用涉及的软件密级程度过低;二是失窃、失密及时向银行挂失后,有人仍凭此密码交易;三是操作系统受到黑客攻击。

私人密码交易视为本人行为原则是现代商事交易的基本原则。中国人民银行《银行卡业务管理办法》第三十九条间接确立了这一原则，该条规定："发卡银行依据密码等电子信息为持卡人办理的存取款、转账结算等各类交易所产生的电子信息记录，均为该项交易的有效凭据。发卡银行可凭交易明细记录或清单作为记账凭证。"确立这一原则并不是为银行开脱责任，因为银行即使依据该原则要求免除违约责任，如果因未履行安全保障义务导致银行卡信息和密码泄露，应按照谁泄露信息谁承担责任原则，承担相应的侵权责任。因此，法院应尊重这一重要的商事交易原则，不应轻易否定其效力。

3. 发卡行可依据债权准占有人制度要求免责

债权准占有人制度，是指没有得到债权人授权，但持有债权凭证的第三人（债权准占有人）向债务人（银行）主张债权，债务人按照正常的操作规程，尽到合理的注意义务审查第三人递交的债权凭证，善意地相信第三人就是真实的债权人，向第三人支付资金等，从而导致真正债权人的债权消灭，债务人对第三人的给付行为受到法律保护的一项民法制度。债权准占有人制度的关键要件在于，债务人是善意的，不知道且不应当知道非授权人所持债权凭证系伪造。

在伪卡欺诈类案件中，发卡行是无法识别银行卡磁条信息真伪的，如果发卡行没有泄露客户银行卡信息，向不法分子支付了存款，那么就可以认定发行卡是善意的，则发卡行可依据该民法制度要求免责。一些法院已经认同债权准占有人制度，并正确运用。例如，河北邢台市桥西区法院在一起疑似伪卡欺诈类案件民事判决书中认定："某银行作为张某银行卡制作、交付、查验方，应确保其交付的银行卡具有相应的安全性，张某的银行卡信息被盗用，说明其所交付张某作为债权支付凭证的银行卡在技术上不足，导致张某的债权由某银行向第三人履行债务。因 ATM 作为机器设备在现阶段尚无法正确区分债权凭证的真伪，但该技术的不足之处因其具有积极的社会利用效果而被社会广泛接受并使用，该技术不足不能称为缺陷或履行过失。因此张某的债权由某银行向债权准占有人履行应认定为有效履行行为，并产生债权债务关系消灭的法律效果。"

（三）伪卡欺诈案件银行间责任分配问题

近年来，伪卡欺诈类被诉案件呈高发态势，法院一般判决发卡行承担一半或以上责任乃至全部责任。但发卡行在向持卡人承担经济赔偿责任后，如果持卡人信息和密码的泄露是因他行的自助设备被犯罪分子安装测录设备引起的，则发卡行的损失如何在发卡行与该自助设备管理行之间分担呢？目前关于伪卡纠纷中银行间责任的分配存在三种不同意见。

第一，发卡行和自助设备管理行各自承担50%的责任。该观点认为，伪卡纠纷中客户资金损失的原因有二：一是发卡行系统不能识别伪卡；二是自助设备管理行未尽管理义务，导致被安装测录设备盗取了客户银行卡信息、密码，这两个因素缺少任何一个均不能造成客户损失的结果。但是，作为发卡行无法识别伪卡，与作为自助设备的管理行因设备管理不善导致犯罪分子安装了测录设备盗取客户银行卡信息及密码之间，责任孰轻孰重很难判断。我国《侵权责任法》第二十一条规定，对无法确定责任大小的，平均承担赔偿责任。因此，发卡行和自助设备管理行都存在过错，且无法区分责任的大小，应各自承担50%。

第二，由自助设备管理行承担全部责任。该观点认为，虽从表面上看，客户资金发生损失是由于开户行系统无法识别伪卡以及自助设备被安装测录设备两个原因导致的，但是，根据人民银行关于银行卡的标准，磁条银行卡都是采用CVN技术对磁条信息合法性进行验证。CVN以数据形式记载于磁条中，由于磁条的物理特性，磁条信息以磁感应形式存储在磁介质表面，只要通过磁感应器，磁条信息就有可能被读取或记录，通过磁条本身是无法对读写操作进行控制的，这是在最初设计磁条银行卡时无法预见到的。不管真实银行卡还是伪造银行卡，磁条信息在传输过程中都表现为二进制数字，只有和银行系统存储信息是否相同之分，没有真伪之分。因此，站在银行同业的角度，按照现有有关磁条银行卡标准，所有银行生产系统没有办法对磁条信息的真伪进行识别，发卡行未能识别伪造银行卡没有过错。而自助机具的管理行因管理不善导致持卡人银行卡信息及密码泄露是持卡人资金损失的主要原因。因此，持这种观点的人认为应由被安装测录设备的银行承担全部责任。

第三，自助机具管理者承担主要责任，发卡机构承担次要责任。该观点认可第二种观点中发卡机构识别伪卡的技术与水平基本一致的情况，但是认为过分强调银行因技术上无法识别磁条卡因此无须承担任何责任的做法有失公平，这不利于推动发卡机构通过改善和提升银行卡技术，从根源上防范伪卡案件的积极性，发卡机构应当承担相适应的责任。相对而言，自助机具的管理水平及技术水平的优化和升级更为容易，成本也相对较低，因此，在银行卡技术短期内不能有效防范伪卡犯罪的今天，从公平和促进社会进步角度出发，自助机具管理者应该承担主要责任，而发卡机构应该承担次要责任。

（四）当前法院审理伪卡欺诈类民事案件存在的突出问题

1. 法院裁判尺度大相径庭

主要表现为在无法查明案件事实情况下，一些法院判决银行完全胜诉，一些法院推定银行有过错，判决银行完全败诉，还有法院判决持卡人与银行各承担一半的责任。这种同案不同判的现状，有违法律的确定性与可预见性基本原则。

2. 归责原则不明确

有些法院适用过错责任原则，依据银行与持卡人各自的过错、过错程度来划分双方的责任；有些法院适用严格责任原则，认为只要持卡人证明银行机构未履行合同义务构成违约，即判决银行承担责任，无须证明银行在违约时是否具有过错。

3. 举证责任分配机制不完善

法院往往以银行作为专业金融机构具备举证优势为由，适用举证责任倒置规则，责令银行举证证明银行持卡人存在出借银行卡或泄露密码等过错行为，以及银行没有泄露银行卡信息。举证责任倒置对银行明显不公平，因为一般只有持卡人或不法分子知道持卡人是否曾经出借银行卡或泄露密码，若持卡人拒绝承认有过错，或公安机关未将不法分子抓获，银行基本不可能证明持卡人存在过错。同时，证明银行没有泄露银行卡信息则更加困难，因为按照证据法则，证明某事物存在较容易，证明其不存在则非常困难。举证责任倒置大大增加了银行的败诉风险。

4. 民事程序与刑事程序关系不清

多数法院认为此类案件民事程序与刑事程序互不影响，即使有关刑事案件未侦破，或者持卡人未向公安机关报案，径行判决银行承担民事责任。案件事实上未查清即判决持卡人完全胜诉，有可能引发持卡人道德风险，一些没有诚信的持卡人会制造伪卡欺诈假象骗取银行资金。

5. 银行逐渐成为伪卡欺诈的实际受害者

由于上述因素的综合影响，近年来法院越来越倾向于判决银行承担全部责任。这种审判倾向不但否定了私人密码使用视为本人行为原则，而且有可能导致持卡人降低风险防范意识，放松对银行卡密码的妥善保管，将疏忽大意泄露密码的风险转嫁给银行，最终导致银行成为伪卡欺诈交易的实际受害者。

（五）伪卡欺诈类民事案件法律风险防控建议

1. 尽快出台审理伪卡欺诈类民事纠纷案件司法解释

一是明确规定谁泄露银行卡信息谁承担责任原则，银行泄露就由银行承担责任，客户泄露信息就自行承担责任，双方均有过错时要根据过错大小分担责任。二是明确举证责任分配问题，不能一味适用举证责任倒置原则，完全由银行承担举证责任，应在明确持卡人与银行是平等民事主体、合理衡平双方有关利益情况下公平分配举证责任。三是明确民事程序与刑事程序的关系问题。对于通过民事程序能够查明事实真相的案件，法院可直接判决；对于通过民事程序无法查清持卡人、银行或POS商户哪一方泄露银行卡信息的案件，应将民事案件中止审理，将案件移送公安机关立案侦查，待刑事程序查明哪一方泄露银行卡信息后再行判决。

2. 不断完善银行ATM管理等内控机制

银行要完善ATM等自助设备检查巡视制度，及时发现、排查和解决自助服务区域的可疑现象、设备、故障及相关问题，确保金融服务环境安全可靠。不断优化、统一客服热线自助语音系统程序和人工服务程序，注意提高客服电话的接听和处理效率，及时为持卡人提供挂失等应急处理服务。按规定妥善保存自助服务区域相关录像资料，提前安排好相关证据收集和保存工作。同时，银行还可以根据《保险法》有关规定，借助保险机制分散伪卡欺诈可能造成的经济损失。

3. 不断提高持卡人安全用卡意识

银行业监管部门、银行业协会及商业银行可采取适当方式向持卡人提示银行卡交易中可能发生的各种风险，提高持卡人主动防范风险的能力。例如，使用自助设备前应留意周边环境是否安全，自助设备上有无多余的装置；输入密码时应作适当遮挡，避免他人窥视；有问题应拨打银行统一客服电话，不要拨打自助设备周围所显示的可疑电话等。

4. 加快银行卡EMV迁移步伐，彻底解决伪卡欺诈问题

EMV迁移的实质是银行卡从磁条卡向智能IC卡的转换。IC卡增加了读写保护和数据加密保护功能，大大提高了银行卡的安全性。国内有关部门已经确定2015年启动EMV迁移工作，不再发行磁条卡，全部改为IC卡。银行业监管部门、商业银行和持卡人应高度重视此项工作，相互配合，从促进银行卡产业可持续发展角度出发，推动银行卡尽快从磁条卡向IC卡升级，从技术上彻底解决

伪卡欺诈问题。

二、信用卡犯罪及其惩治与预防

（一）当前我国信用卡犯罪总体情况

随着我国银行卡市场快速发展，近年来银行卡犯罪也在逐渐增多。银行卡犯罪已成为影响我国银行卡市场进一步健康快速发展的主要障碍，提升惩治银行卡犯罪的有效性和效率问题日益突出和重要。

1. 信用卡犯罪的概念

根据中国人民银行1999年1月5日颁布的《银行卡业务管理办法》，信用卡和借记卡均属于银行卡。银监会于2011年颁布的《商业银行信用卡业务监督管理办法》第七条规定："本办法所称信用卡，是指记录持卡人账户相关信息，具备银行授信额度和透支功能，并为持卡人提供相关银行服务的各类介质。"而2004年12月29日全国人大常委会通过的《关于〈中华人民共和国刑法〉有关信用卡规定的解释》规定，"刑法规定的信用卡，是指由商业银行或者其他金融机构发行的具有消费支付、信用贷款、转账结算、存取现金等全部功能或部分功能的电子支付卡"，即刑法规定的"信用卡"是个更宽泛的概念，等同于"银行卡"的概念。因此，根据刑法司法解释的规定，信用卡犯罪不仅包括具有透支功能的信用卡犯罪，还包括不具有透支功能的借记卡犯罪。

2. 信用卡犯罪的主要特点

（1）犯罪数量呈日益增多趋势。近年来，公安机关受理信用卡诈骗犯罪案件日益增多，信用卡犯罪案件进入高发态势。中国银行业协会发布的《2011年中国信用卡产业发展蓝皮书》统计显示，2011年我国信用卡欺诈损失1.48亿元，较上年增长25.78%，而通过"天网—2011"专项行动大力整治利用信用卡套现活动中，破获信用卡犯罪案件2.4万起，同比增加16.4%，抓获犯罪嫌疑人1.4万名，同比增加25.4%。随着信用卡的普及和广泛应用，信用卡的发卡量大幅提高，而信用卡犯罪也在逐年增加。

（2）个人作案与集团作案并存，且后者呈现加剧趋势。越来越多的集团作案案例表明，信用卡犯罪越发趋向职业化和团伙化。犯罪分子分工明确，其中有人负责窃取卡片信息、有人负责制作假卡、有人负责套取密码、有人负责持假卡刷卡购物、有人负责销赃获利。从某种意义上讲，信用卡犯罪已出现具有"产、购、销"特点的产业链，参与犯罪人数多，犯罪规模较大。

（3）跨地区、跨国犯罪增多。随着金融机构系统优化，跨区域、跨机构、跨国消费成为现实，业务办理的渠道也逐步拓宽。持卡人可以通过柜台办理业务，也可以通过自助终端机具办理；持卡人既可以在本地办理业务，也可以在国内或境外任何一个与发卡机构建立信用关系的国家或地区的特约机构持卡消费或取现，这给持卡客户带来了便利，但同时也给信用卡犯罪提供了方便。犯罪分子的犯罪行为和犯罪结果可能分别发生在不同的地区、不同的国家，这给金融机构的审核工作和警方的监控带来了不便。

（4）犯罪类型增多，呈现多样化特点。信用卡犯罪的类型已由最初的两三种发展到目前的冒用他人信用卡、账户盗用、虚假申请、恶意透支、商户欺诈、数据泄露、电（邮、网）购、针对自助银行犯罪、内部人员作案等十大类30多个小类。针对一些频发的案件，2005年颁布的《刑法修正案（五）》将一些信用卡犯罪从传统的罪名中分离出来，单独列为一个新的罪名，以加大对信用卡犯罪的打击力度，维护良好的金融管理秩序。

（5）犯罪手段不断更新，犯罪活动日益智能化。由于信用卡科技含量较高，专业性较强，针对信用卡的犯罪活动也呈现智能化、科技化的特征。犯罪分子往往具有较高的文化知识水平，掌握了专门的犯罪技巧，犯罪手段也具有较高的科技含量。如在克隆信用卡过程中，犯罪分子会在ATM或POS机具上安装特殊的道具，复制信用卡信息，利用特殊手段将卡片信息载入假卡中，并通过安装针孔摄像头获取客户信用卡密码，从而实施克隆信用卡犯罪。

（6）信用卡犯罪一般具有预谋过程，社会危害性大。犯罪分子经过事先谋划，实施一系列的犯罪行为，为实现最终的犯罪目的创造条件。如事先进行踩点、精心挑选作案场所和时间、选择作案人群、安装作案工具、通过多种途径获取资料、伪造相关证件进行犯罪等。这些犯罪的预备行为表明信用卡的犯罪具有明确犯罪动机。

（二）我国信用卡犯罪的表现形式

1. 信用卡诈骗罪

根据《刑法》第一百九十六条和《刑法修正案（五）》的规定，有下列情形之一，进行信用卡诈骗活动，数额较大的，构成信用卡诈骗罪：（1）使用伪造的信用卡，或者使用以虚假的身份证明骗领信用卡的；（2）使用作废的信用卡的；（3）冒用他人信用卡的；（4）恶意透支的。据此，信用卡诈骗罪共包括四种行为：

第一，使用伪造的信用卡，或者使用以虚假的身份证明骗领的信用卡。这里的"使用"强调的是能够实现法定的信用卡功能、用途的方式进行使用的行为，包括通过商场 POS 机消费、在银行 ATM 上取现、转账等行为。若行为人利用伪造的信用卡从事其他诈骗活动，如利用伪造的信用卡进行质押担保骗取钱财的，则只成立普通诈骗罪，而不成立信用卡诈骗罪。

第二，使用作废的信用卡。所谓作废的信用卡，指由于法定原因失去效用的信用卡。包括信用卡超过有效期、信用卡办理注销及挂失手续、信用卡担保人要求中途撤保，且卡片无法收回等情况下，信用卡丧失使用效用。这里的"使用"与使用伪造的信用卡同义。

第三，冒用他人信用卡。冒用他人信用卡是指不法分子冒充持卡人身份使用信用卡的行为。2009 年 12 月 15 日，最高人民法院、最高人民检察院印发《关于办理妨害信用卡管理刑事案件具体应用法律若干问题的解释》（以下简称《信用卡刑事案件解释》）进一步明确了实践中冒用他人信用卡的情形，即拾得他人信用卡并使用；骗取他人信用卡并使用；窃取、收买、骗取或者以其他非法方式获取他人信用卡信息资料，并通过互联网、通讯终端等使用。实践中，有特约商户人员利用工作便利，趁顾客不备盗刷顾客信用卡的行为，也属于一种冒用行为，应以信用卡诈骗罪论处。

第四，恶意透支。根据刑法规定，恶意透支，是指持卡人以非法占有为目的，超过规定限额或者规定期限透支，并且经发卡银行催收后仍不归还的行为。根据这一规定，认定恶意透支应同时满足以下条件：一是行为人主观上应有非法占有的目的，二是行为人客观上实施了超过规定限额或者规定期限透支的行为，三是行为人透支后经发卡银行催收后仍不归还。《信用卡刑事案件解释》针对信用卡恶意透支的具体判断标准作出进一步的明确规定，即持卡人以非法占有为目的，超过规定限额或者规定期限透支，并且经发卡银行两次催收后超过 3 个月仍不归还的，应当认定为信用卡诈骗罪中的"恶意透支"（起刑点为 1 万元）。同时，对实践中较难把握的"以非法占有为目的"的问题，详细列举了主要表现形式：明知没有还款能力而大量透支，无法归还的；肆意挥霍透支资金，无法归还的；透支后逃匿、改变联系方式，逃避银行催收的；抽逃、转移资金，隐匿财产，逃避还款的；使用透支资金进行违法犯罪活动的；其他非法占有资金，拒不归还的行为。

2. 妨害信用卡管理秩序罪

妨害信用卡管理秩序罪，是《刑法修正案（五）》增设的一种信用卡犯罪类型。在《刑法修正案（五）》颁布之前，《刑法》第一百七十七条仅规定了伪造信用卡的犯罪行为，而运输、买卖、持有伪造信用卡或伪造的空白信用卡的行为则很难追究刑事责任，增设本罪的目的就是对除伪造信用卡外其他妨害信用卡管理、破坏金融管理秩序行为的立法进行完善，以有效打击犯罪，维护金融管理秩序和交易安全。

《刑法》第一百七十七条规定，有下列情形之一，妨害信用卡管理的，处3年以下有期徒刑或者拘役，并处或者单处1万元以上10万元以下罚金；数量巨大或者有其他严重情节的，处3年以上10年以下有期徒刑，并处2万元以上20万元以下罚金：（1）明知是伪造的信用卡而持有、运输的，或者明知是伪造的空白信用卡而持有、运输，数量较大的；（2）非法持有他人信用卡，数量较大的；（3）使用虚假的身份证明骗领信用卡的；（4）出售、购买、为他人提供伪造的信用卡或者以虚假的身份证明骗领的信用卡的。此外，《信用卡刑事案件解释》细化了妨害信用卡管理罪涉及的"数量较大"和"数量巨大"的认定标准，并明确了"使用虚假的身份证明骗领信用卡"的具体内涵，即违背他人意愿，使用其居民身份证、军官证、士兵证、港澳居民往来内地通行证、台湾居民来往大陆通行证、护照等身份证明申领信用卡的，或者使用伪造、变造的身份证明申领信用卡。

3. 窃取、收买、非法提供他人信用卡信息罪

窃取、收买、非法提供他人信用卡信息罪是《刑法修正案（五）》针对信用卡信息新增设的一种信用卡犯罪类型。《刑法》第一百七十七条规定，窃取、收买或者非法提供他人信用卡信息资料的，依照妨害信用卡管理罪的规定处罚，即以窃取、收买或者非法提供他人信用卡信息资料罪定罪，按妨害信用卡管理罪的法定刑量刑。信用卡信息资料包括主账号、发卡机构标识号码、个人账户标识、校验位、持卡者的个人密码信息，上述信息由发卡银行写入信用卡磁条中，作为持卡人在信用卡终端上使用的凭据。窃取、收买或者非法提供他人信用卡信息资料行为是实施伪造信用卡行为的前提条件，属于伪造信用卡犯罪的预备行为；严格控制此类行为，可以从源头上防止伪造信用卡犯罪活动。由于银行等金融机构工作人员实施这一犯罪行为的危害性更大，银行或者其他金融机构的工作人员利用职务上的便利犯此罪的，从重处罚。

《信用卡刑事案件解释》对本罪的认定标准做了进一步的明确界定,窃取、收买、非法提供他人信用卡信息资料,只要足以伪造可进行交易的信用卡,或者足以使他人以信用卡持卡人名义进行交易,涉及信用卡1张以上的,即可以构成犯罪;涉及信用卡5张以上的,应当认定为"数量巨大"。这里,"足以伪造可进行交易的信用卡"的信息资料,指的是进行有磁交易,如在自助终端和POS机具上进行交易时所需要的信用卡信息资料;"足以使他人以信用卡持卡人名义进行交易"的信息资料,是指进行无磁交易,如网上银行和电话支付等所需要的信用卡信息资料。

4. 伪造金融票证罪

《刑法》第一百七十七条规定,有下列情形之一,伪造、变造金融票证的,处5年以下有期徒刑或者拘役,并处或者单处2万元以上20万元以下罚金;情节严重的,处5年以上10年以下有期徒刑,并处5万元以上50万元以下罚金;情节特别严重的,处10年以上有期徒刑或者无期徒刑,并处5万元以上50万元以下罚金或者没收财产:(1)伪造、变造汇票、本票、支票的;(2)伪造、变造委托收款凭证、汇款凭证、银行存单等其他银行结算凭证的;(3)伪造、变造信用证或者附随的单据、文件的;(4)伪造信用卡的。根据前述规定,伪造信用卡应以伪造金融票证罪论处。关于"伪造"行为的认定标准,《信用卡刑事案件解释》对此作出了明确界定:复制他人信用卡、将他人信用卡信息资料写入磁条介质、芯片或者以其他方法伪造信用卡1张以上的,或者伪造空白信用卡10张以上的,属于《刑法》伪造金融票证罪中"伪造信用卡"的犯罪行为(即伪造1张信用卡就可能构成犯罪)。

5. 盗窃罪

《刑法》第一百九十六条第三款规定:"盗窃信用卡并使用的,按照盗窃罪处罚。"此规定中需要注意三点:一是盗窃的"信用卡"应为真实、有效的信用卡,不包括无效卡、伪造卡、变造卡和涂改卡。如果盗窃的是非真实、有效的信用卡并使用的,应当认定为信用卡诈骗罪。二是盗窃信用卡后有"使用"行为。这里的"使用"是指按照信用卡通常的使用方法予以利用,一般包括用信用卡取现、刷卡购物和享受服务等行为。如果将盗窃来的信用卡进行出租、出售或作为一种资信证明、抵押物来骗取他人的信任从事经济活动的,虽然也"使用"了信用卡,但这种"使用"并非按信用卡自身特有的功能加以利用,因此,不在《刑法》第一百九十六条第三款规定范围内,不能以盗窃罪论处。三是实施"盗窃"的行为人和"使用"盗窃后信用卡的行为人并非同一人的情况认定。如果一个人盗窃信用卡后将卡交与另一人，由他人完成信用卡的"使用"行为，此种情形下，如果盗窃行为人利用不知情的第三者或无刑事责任能力人使用，则成为盗窃罪的间接共犯。如果盗窃信用卡后将真相告诉他人，由他人完成"使用"信用卡的行为，则构成盗窃罪的共犯。

6. 非法经营罪

特约商户违规为持卡人套现是困扰信用卡行业已久的难题。这一问题不仅引发大量信用卡坏账，而且由于缺乏明确的法律处罚依据，在打击信用卡套现行为时，国家相关部门也长期处于无法可依的尴尬境地，通常只能对进行套现的商户做出收回POS机具和停止交易等软性处罚，难以从源头有效遏制套现行为的蔓延。《信用卡刑事案件解释》开创性地解决了这一问题，明确规定"违反国家规定，使用销售点终端机具（POS机）等方法，以虚构交易、虚开价格、现金退货等方式向信用卡持卡人直接支付现金，情节严重的，应当依据《刑法》第二百二十五条的规定，以非法经营罪定罪处罚"。值得注意的是，该解释第七条并未将信用卡套现犯罪的途径局限于POS机，因此，商户通过网上支付平台进行非法套现的，也可能构成非法经营罪。

7. 制作、提供虚假资信证明相关罪名

在信用卡业务中，发卡行对申请人进行发卡审核时，资信证明与身份证明同等重要，是影响发卡行决定是否发卡以及给予多少透支额度的关键因素。协助他人伪造虚假资信证明，代办信用卡的非法中介活动，扰乱了信用卡管理秩序，具有较大的社会危害性。为有效遏制利用虚假资信证明申领信用卡的违法犯罪行为，《信用卡刑事案件解释》规定，为信用卡申请人制作、提供虚假的财产状况、收入、职务等资信证明材料，涉及伪造、变造、买卖国家机关公文、证件、印章，或者涉及伪造公司、企业、事业单位、人民团体印章，应当追究刑事责任的，分别以伪造、变造、买卖国家机关公文、证件、印章罪和伪造公司、企业、事业单位、人民团体印章罪定罪处罚。承担资产评估、验资、验证、会计、审计、法律服务等职责的中介组织或其人员，为信用卡申请人提供虚假的财产状况、收入、职务等资信证明材料，应当追究刑事责任的，分别以提供虚假证明文件罪和出具证明文件重大失实罪定罪处罚。

8. 洗钱罪

根据《刑法》第一百九十一条的规定，明知是毒品犯罪、黑社会性质的组织犯罪、恐怖活动犯罪、走私犯罪、贪污贿赂犯罪、破坏金融管理秩序犯罪、金融诈骗犯罪的所得及其产生的收益，为掩饰、隐瞒其来源和性质，有下列行为之一的，视为洗钱罪：（1）提供资金账户的；（2）协助将财产转换为现金、金融票据、有价证券的；（3）通过转账或者其他结算方式协助资金转移的；（4）协助将资金汇往境外的；（5）以其他方法掩饰、隐瞒犯罪所得及其收益的来源和性质的。随着科技的发展，越来越多的交易通过银行卡完成，而非以现金的形式完成，信用卡也就成为犯罪分子洗钱的途径，如通过信用卡完成转账、协助资金汇往境外等。为了逃避监管，犯罪分子还通过提供虚假资料申领的信用卡进行洗钱，即使洗钱行为被发现，也因为信用卡信息非本人信息而不用承担责任。

（三）当前我国惩治信用卡犯罪面临的主要问题

1. 刑事立法方面

在刑法方面，现行法律规定对信用卡犯罪的惩治存在一定的不足。一是对于新型的信用卡犯罪案件难以定罪。如刑法未对信用卡套现进行规定，虽然有人认为对信用卡套现可以非法经营罪论处，但非法经营罪定罪必须符合"违反国家规定"。而"国家规定"包括全国人大及其常委会制定的法律以及国务院制定的行政规定，不包括人民银行制定的《银行卡业务管理办法》及银监会制定的《商业银行信用卡业务监督管理办法》，因此，对信用卡套现违法行为的定罪量刑存在空白。又如，有关利用信用卡洗钱方面，虽然《刑法》对信用卡诈骗、伪造信用卡等银行卡犯罪和包括银行卡洗钱在内的提供资金转账、协助资产转移、协助资金转移、将资金汇往境外等四种洗钱行为予以原则性规定，但由于实践中利用信用卡洗钱的方式层出不穷，人民银行和金融监管部门在反洗钱工作中经常遇到棘手问题，都因缺少针对性的规定而无法进行有效监管。二是信用卡概念不清。如前所述，金融领域对于信用卡的定义不同于刑法中的规定。虽然为有效惩治信用卡犯罪，刑法方面通过相关立法解释将借记卡犯罪纳入信用卡犯罪，但因刑法领域和金融领域对信用卡界定的范围不同，易造成概念混淆。

2. 行政司法方面

由于信用卡犯罪具有专业性、智能性、隐蔽性等特点，且犯罪分子利用高科技手段跨地区作案，作案时间短，涉案人员较多，司法机关打击信用卡犯罪活动难度较大。由于信用卡犯罪涉及多个领域和部门，而现阶段我国预警机制、信息管理系统等尚不完善，各部门合作机制尚未完全建立，这使得对信用卡犯罪打击力度和效率大打折扣。

3. 商业银行风险管理方面

作为信用卡的发卡机构，商业银行在预防信用卡犯罪方面起着重要作用。然而，在市场竞争压力下，商业银行在信用卡风险管理方面还存在诸多问题。

（1）风险防控体系有待加强。部分商业银行为实现信用卡发卡目标，往往采取"重数量、轻质量"的发卡行为。在风险防控体系不完善的情况下，信用卡数量的急剧增加带来一定的风险，为信用卡犯罪提供了便利。发卡银行在预警监控和风险防范系统上的研发和升级投入参差不齐，应对手段多样的信用卡犯罪活动的能力略显不足。

（2）风险信息共享机制尚不完善。由于各发卡银行各自为政，独立对不良持卡人、不良商户等客户信息进行管理，自成体系地经营信用卡业务，这给一些不法分子可乘之机，造成多家银行出现多头贷款或重复大量恶意透支现象。有效信息管理系统和风险信息共享机制尚未建立，增加了信用卡风险损失。

（3）各利益主体风险意识有待进一步提高。商业银行从业人员风险意识淡薄，在营销信用卡过程中往往出现信用卡风险提示不全面或故意隐瞒风险信息的情况，造成持卡人安全意识不强；信用卡特约商户责任心不强，未尽审核义务，有时还会出现恶意套现的情况；持卡人风险防范及信用意识不强，甚至故意违反协议，恶意透支。

（四）加强我国预防和惩治信用卡犯罪建议

1. 立法方面

由于现行《刑法》对涉及信用卡的犯罪仅进行了原则性规定，并不能涵盖实践中涉及信用卡犯罪的所有违法行为，而《银行卡业务管理办法》和《商业银行信用卡业务监督管理办法》等规章虽然对信用卡的风险管理进行了规定，但因立法层次相对较低，无法满足现实中对防治信用卡犯罪的需要。因此，建议针对信用卡犯罪防治进行相应立法完善。

一是以司法解释弥补立法空白。考虑到修改法律成本较高，历时较长，且存在一定的困难和滞后性，因此，建议通过司法解释的方式对信用卡犯罪进行立法，以弥补法律空白。在立法过程中，应将新型的信用卡犯罪形式纳入刑法司法解释，明确犯罪行为的构成要件和定罪量刑，增强法律的实用性。

二是整合和完善现有规定。信用卡监管部门根据业务需要，制定了相应的规章办法，如《银行卡业务管理办法》、《商业银行信用卡业务监督管理办法》、《金融机构反洗钱规定》和《金融机构涉嫌恐怖融资的可疑交易管理办法》等。由于制定规章的部门不同，这些规定既存在重复情况，也有冲突的地方。因此，目前应对现行有关规定进行全面梳理和有效整合，出台系统性规范，有效进行信用卡风险管理，并进一步完善相关规定。例如，统一信用卡概念，避免因概念不统一造成混乱；明确各类信用卡市场参与主体的责任，特别是第三方服务商、特约商户等在信用卡业务中的责任。

2. 行政司法方面

深化商业银行同公安、检察院、法院等行政、司法部门之间的交流与合作，建立案件通报、联防联查机制，定期开展信用卡犯罪问题研讨，逐步形成多部门联合应对、共同解决的良好局面。同时，不断创新各部门之间案件联动、信息共享的平台，通过建立信息化系统，降低各部门之间的协调成本，提高办案效率。如通过人民法院等有权机关建立"点对点网络执行查控系统"等信息化协助执行系统，在商业银行和公、检、法等部门之间选择合适的对接模式，商业银行通过系统自动为有权机关办理协助执行，保证办案的效率，有利于及时惩治信用卡犯罪。

3. 商业银行风险管理方面

（1）加强宣传教育，提高安全意识。商业银行在防范信用卡犯罪过程中，应加强对利益主体的宣传教育。一是加强信用卡从业人员培训，提高员工的风险意识和法律意识；二是做好信用卡知识宣传，对于申请信用卡、使用信用卡的客户，应详尽披露信用卡在使用中可能遇到的风险，提醒客户在使用过程中注意用卡安全；三是规范特约商户行为，定期对特约商户工作人员进行培训，监督特约商户行为，制定有效的奖惩措施，形成培训、监督、奖惩一体的长效机制。

（2）实现全面、动态的风险管理。商业银行要加大对信用卡预警监控和风险防范系统上的研发和投入，通过科技创新和系统升级，丰富防控信用卡犯罪手段。制定差异化的信用卡客户选取、授信、账户管理、业务交易监测等方面策略，建立动态的调整授信、信用考核机制，完善信用额度管理体系。同时，注重信用卡业务创新，不断升级ATM、POS机等智能刷卡系统防控风险能力。

（3）建立风险信息共享机制。加快推进商业银行风险信息库的建立，并通过搭建信用风险信息、欺诈风险信息、信用卡犯罪信息等多种信用卡风险信息共享平台，实现各家银行信息库的共享，加强信息库的管理，防止重复办卡、连续犯罪情况发生。

第十二章 银行卡纠纷及其解决机制

银行卡纠纷，是指银行卡交易的各民事主体之间在交易过程中，因权利和义务关系而发生的争议。随着我国银行卡业务的发展，银行卡纠纷不仅在数量上越来越多，在类型上也越来越复杂多样。针对不同种类的纠纷，应具体分析具体对待，总体而言，银行风险管理水平的不断提高及相关法律制度的健全完善，是有效解决银行卡纠纷的根本出路和保障。

一、银行卡纠纷概述

当前，由于银行卡业务各方当事人交易过程中存在利益冲突及我国相关法律制度建设滞后等原因，与银行卡业务相关的纠纷越来越多，已经成为制约我国银行卡业务发展的突出问题。

银行卡纠纷有广义理解和狭义理解之分。广义的银行卡纠纷既包括一般的涉及银行卡的民事纠纷，也包括银行卡犯罪；而狭义的银行卡纠纷则专指一般的银行卡民事纠纷，将银行卡犯罪排除在外。银行卡纠纷又以贷记卡或信用卡纠纷最为典型和复杂。基本的信用卡交易主要涉及发卡银行、持卡人和特约商户三方当事人，其运作的一般过程包括以下四个环节：（1）申请人向发卡银行申请领用信用卡，发卡银行根据申请人提交的个人资料及资信情况进行信用审查，在核定一定的信用额度后发给信用卡；信用卡上印有持卡人的姓名、卡号、有效期限等，并留有持卡人预留签名。（2）持卡人凭信用卡到特约商户购买商品或享用服务，特约商户则在审查信用卡及持卡人身份的基础上接受持卡人刷卡消费，持卡人只需在信用卡签购单上签字或输卡密码而无须支付现金。（3）特约商户根据交易金额向发卡银行要求付款，发卡银行则根据双方的约定在扣除一定手续费后付款给特约商户。（4）发卡银行于每月定期寄出明细对账单，通知持卡人偿还其垫付的款项。

可以看出，信用卡交易主要包括三方面的法律关系，即持卡人与特约商户之间的关系、发卡银行与特约商户之间的关系以及持卡人与发卡银行之间的关系。在银行卡交易的四个环节中，任何当事人之间权利和义务的冲突都会导致银行卡纠纷。因此，本书以银行卡主要是以信用卡交易过程中的法律关系为依据，将银行卡纠纷划分为持卡人与特约商户之间的纠纷、银行与特约商户之间的纠纷和持卡人与发卡银行之间的纠纷。对发卡行与代理行以及与银行卡组织之间的纠纷，本书不再赘述。

二、持卡人与特约商户之间的纠纷

信用卡的持有人与特约商户构成了信用卡消费过程中的一对法律关系。在信用卡使用逐渐普及的今天，因信用卡使用时权利和义务界定不清，相关法律不明晰而产生的纠纷越来越多。

案例1：辽宁省锦州市市民杨某的轿车被人撬开，车内提包被人窃走，杨某委托锦州朋友挂失，某银行以不知卡号为由未予办理。等杨某次日赶回锦州办理挂失时，窃者已用窃得的信用卡和身份证在新世界百货商场大肆购物，为此受害人杨某以某银行信用卡部未及时采取有效措施停止该卡在自动划卡系统的使用以及商家审核不严为由要求两家单位承担赔偿责任。

案例2：一天上午，小肖在北京市燕莎友谊商城购物时，发现自己随身携带的银行卡和本人有效身份证一同被窃，小肖大惊失色，赶紧到该商城保卫部门报案。并在当天下午到发卡行——某银行信用卡部办理了挂失手续。当时记入信用卡部电脑的时间为16时50分。但当日下午，有人持小肖的银行卡和身份证分五次在该卡特约商户——北京某商厦购得价值1 755元的商品，共办理了五次压卡和填写签购单手续。某银行信用卡部依照与小肖及北京某商厦分别签订的协议，当即从小肖设在银行的备用金账户内划出1 755元，支付给北京某商厦。

银行卡在被盗后，如果持卡人、特约商户、发卡行（或代办行）及时采取补救措施，即持卡人及时挂失，特约商户认真审查，发卡行及时发出止付通知，那么就不会给冒用者以可乘之机，损失也就不会发生。尽管银行卡损失或被盗，但只要防范措施到位，就不会被冒用，因此，持卡人虽然负有妥善保管银行卡的义务，但并非要对所持银行卡被盗、被冒用所引起的损失承担全部责任。此损失应由能够避免损失发生而未及时采取有效措施的直接责任者承担。关于特约商户在接受 POS 机交易时应负有的义务，中国人民银行于 1996 年 1 月 23 日发布的《信用卡业务管理办法》规定：特约单位经办人员受理信用卡时，应审查下列内容：(1) 确为本单位可受理的信用卡；(2) 信用卡在有效期内，未列入"止付名单"；(3) 签名条上没有"样卡"或"专用卡"字样；(4) 信用卡无打洞、剪角、毁坏或涂改的痕迹；(5) 持卡人身份证或卡片上的照片与持卡人相符；(6) 卡片正面的拼音姓名与卡片背面的签名和身份证上的姓名一致。中国人民银行于 1999 年 1 月 5 日发布的《银行卡业务管理办法》中删除了 1996 年原《信用卡业务管理办法》中规定的特约商户应负担的有关义务的规定。因此，特约商户在接受刷卡这种支付或结算的方式时应负有什么具体义务，主要来自银行卡组织与特约商户之间进行的约定。

实践中，银行卡组织与特约商户之间的协议大都类似于 1996 年原《信用卡业务管理办法》中对特约商户有关义务的规定。如此看来，特约商户对使用银行卡消费负有严格的审查义务，如果认真履行了该义务，信用卡被冒用的结果就不会发生。所以，银行卡被冒用，与特约商户没有认真履行审查义务有直接关系，特约商户对由此产生的损失负有不可推卸的责任。因此，我国在修改《银行卡业务管理办法》或制定《银行卡条例》时应增加特约商户的审查责任，即特约商户有义务核对持卡人在交易凭证上的签字与信用卡、准贷记卡上签名条上的签字是否一致，信用卡、准贷记卡上没有签名、签名无法辨认、签名被涂改或者明显不一致的应拒绝交易；针对持卡人的责任，人民银行《银行卡业务管理办法》有所规定，银行卡遗失或被盗，持卡人应就近向发卡银行或代办银行申请挂失并办理挂失手续，即持卡人有及时挂失的义务。所谓"及时"，是指在银行卡遗失或被盗后，不给冒用者使用的时间就挂失。如果挂失后被冒用，而持卡人及时履行了挂失义务，那么该损失应由特约商户或发卡行按责任承担，持卡人不负责任。如果挂失前被冒用，说明持卡人没有及时挂失，就要与特约商户共担责任。即银行卡挂失后银行卡被冒用所发生的资金损失，持卡人不承担责任；银行卡挂失前被冒用所发生的资金损失，由持卡人承担责任，但发卡银行与持卡人另有约定的除外。在具体的责任分担上，应对发卡银行、特约商户和持卡人的过错进行具体分析，以此确定各个主体应承担的责任。

因此，在案例 1 所涉及的相关法律关系中，杨某在其外出时，对自己随身物品疏于管理，而且作为持卡人对信用卡的基本知识缺乏应有的了解，在信用卡丢失后不能正确运用电话挂失或异地书面挂失的方法，从而给盗窃分子以可乘之机和作案时间，未能及时履行挂失义务，理应自己承担一定责任。鉴于杨某未能及时履行挂失义务，对所造成的损失应由自己承担一定的责任，而新世界百货公司未能尽到审核义务，尤其是对照片的审查不严格导致损失并产生纠纷，新世界百货公司则应依法承担主要的民事赔偿责任。

案例2与案例1如出一辙，都是由于银行卡被盗、被冒用而引起的纠纷，案例1中对特约商户和持卡人的责任界定同样适用于这起纠纷。与案例1不同的是，案例2中的持卡人履行了挂失义务，办理了挂失手续，因此，银行卡被冒用，发卡行也应承担责任。发卡行是银行卡的管理机构。人民银行《银行卡业务管理办法》规定，应在章程或有关协议中明确发卡银行与持卡人之间的挂失责任。该发卡行银行卡《章程》规定，持卡人应妥善保管所持贷记卡卡片，如卡片遗失或被盗，应立即通过发卡银行提供的客户服务电话办理挂失，经发卡银行确认其身份后，自挂失通知到达发卡金融机构时，挂失生效。此后发生的不是由持卡人本人有意所为而造成的债务和损失不再由持卡人承担。解决该纠纷的关键是小肖银行卡被冒用的时间。若银行卡被冒用发生在挂失前，即16时50分之前，其损失应该由特约商户与持卡人共同承担。若发生在挂失后，则说明银行未能及时发送止付通知，而特约商户也未能有效履行审查义务，小肖的损失理应由银行和特约商户承担。因此，根据相关法律规定，本案中主要由发卡行承担责任，同时发卡行可以依法追究冒用人相关赔偿责任。

三、银行与特约商户之间的纠纷

特约商户是与银行之间签有协议接受信用卡支付方式提供商品或服务的商家。随着我国经济与社会文化的发展，及银行卡联网联合工作的深入开展，发卡银行及持卡人会要求更多的商户成为特约商户，也会要求有更多的行业加入受卡行列，相应地也会有更多的商户主动要求成为银行卡的签约单位。但是，至少有以下三个原因可能导致银行与特约商户之间发生纠纷。一是由于银行和特约商户之间存在信息不对称，银行不能有效筛选和监督特约商户，个别特约商户可能存在欺诈行为；二是当持卡人在使用银行卡过程中发生损失时，由于特约商户和银行各自责任难以有效合理区分导致二者之间的纠纷；三是二者在交易过程中，由于利益冲突导致纠纷。

（一）特约商户欺诈风险导致的纠纷

特约商户欺诈风险是指特约商户与持卡人相互勾结，通过真刷卡假消费的手段或受理假卡、伪卡来套取银行资金的风险。

案例3：韩国人崔某与经营代售机票业务的上海馨愿公司（银行的特约商户，有权申请POS机）经理朱某约定：崔某以支付交易金额3%的好处费为条件，在馨愿申购的POS机上刷信用卡，虚构交易（购买机票）。由于崔某使用的是真卡，发放POS机的银行（收单行）就根据"交易信息"把资金打入馨愿公司账上，朱某再将这些非法套现的钱汇入对方指定的账户上。据警方介绍，发现已有133个卡号在馨愿公司POS机上发生545笔交易，总涉金额126万元。

（二）特约商户与银行之间因责任不明确引发的纠纷

当持卡人在使用银行卡过程中发生损失时，由于特约商户和银行各自责任难以有效合理区分导致二者之间产生纠纷。在我国银行卡相关法律制度建设相对不够完善，对持卡人权利保护制度尚不健全的情况下，若发卡银行和特约商户纠纷不断，各执一词，互相推诿，最终的受害者还是持卡人。

案例4：2009年8月23日上午10时，张先生在一商场购物时不慎将尚有人民币2万元余额的银行卡丢失。张先生立即到发卡银行办理挂失手续。他于当天上午11时办妥挂失手续。一周后他去银行更换新卡时发现他的原丢失银行卡只有余额1.2万元。张先生和银行共同查找各特约商户交来的消费单据后发现：第一笔消费发生于23日中午12时共计2 100元，第二笔发生于23日下午3时共2 300元，第三笔发生于24日上午10时共2 000元，第四笔发生于24日中午12时共1 600元，合计为8 000元。后经确认以上消费行为系被他人冒充使用。

（三）银行和特约商户由于在刷卡结算费率确定上存在分歧导致的纠纷

我国POS跨行交易的商户结算手续费收益分配，采用固定发卡行收益和银联网络服务费方式，即每笔商户结算手续费，发卡行获得的固定收益和银联收取的网络服务费执行如下标准：零售业1%、百货业1.5%～2%、珠宝业4%、餐饮业2.5%、娱乐业3%（这一标准目前有变化）。当时，国内的这一收费标准与国际标准基本一致，从银行方面来讲，建设刷卡消费系统投入巨大，目前的费率标准是合理的；从商家的角度来讲，由于市场竞争日益激烈，商户要想降低销售成本，扩大利润空间，必须降低刷卡消费费率。银行与商户之间的费率之争，是银行卡业务纠纷的一个热点问题。

案例5：2004年5月，深圳多家大型商场认为银行卡结算手续费太高，要求降低费率。商户希望从6月1日开始，将手续费率在原有基础上降低0.5个百分点,今后随着刷卡消费额的上升,要按比例降低手续费率;提出具体费率由商户和各银行协商决定。与此同时,银行方面则认为,手续费并无下降的可能性。事实上,银商双方关于手续费问题的谈判,早在当年3月就已经开始。但从3月到5月,经过四轮谈判双方仍未能实现妥协。于是,6月2日和3日出现了部分商户以系统维修为由,联合停止受理银行卡的拒刷事件。这一事件不是真正的突如其来,一些商户在此之前对于刷卡消费已有抵制措施。比如,鼓励消费者以现金结算,持现金购物可享受折扣优惠或者获得赠品。银商之间的这种刷卡纠纷在不到一个月的时间里,迅速波及到成都、宁波、温州、北京等经济发达城市。在成都,某电器营销连锁店以银行卡0.8%的费率太高为由,自11月15日起在成都六家卖场内停用所有POS机,并把机具送还给了提供方相关商业银行。在温州,2004年6月20日,52家餐饮企业宣布拒绝刷卡,鼓励现金消费,它们甚至还专门印刷了拒绝刷卡的海报,对金融行业的收费标准提出了挑战。当年的罢刷事件影响深远,经过多年的研究和讨论,直至2012年8月,国务院提出优化银行卡刷卡费率结构,降低总体费用水平,扩大银行卡使用范围。2012年9月,国家发展改革委下发银行卡刷卡费用征求意见稿,下调幅度为23%~24%[1]。2012年11月25日,中国人民银行印发《关于切实做好银行卡刷卡手续费标准调整实施工作的通知》(银发〔2012〕263号),定于2013年2月25日起全面执行新的银行卡刷卡手续费标准,新银行卡刷卡手续费标准,维持了现行刷卡手续费行业差别化定价,行业分类主要分成餐饮娱乐类、一般类、民生类以及公益类四大类,总体下调幅度为23%~24%。

从商家和银行双方的争执来看,这是不同利益主体讨价还价(博弈)的过程,在市场经济中是正常的现象。从经济学的角度对这一争执可作如下分析:其一,从刷卡消费的需求角度而言,电子货币为消费者提供了一种安全、便利、快捷的支付方式,为社会减少了大量的现金流通,通过即时转账,实现了商家、消费者和银行的清算。刷卡消费本来是件好事,因为这里所涉及到的消费者、商家和银行均在不同的程度上受益,可以说这三大主体都是刷卡消费的需求者。其二,我国银行卡业务的供给方是中国银联,银行和银联是以营利为目的的企业,也要成本核算。提供刷卡消费服务,无疑要通过收取一定的费用,以弥补成本并有一定的利润。刷卡收费到底该收多少,似乎通过目前的刷卡消费市场

---

[1] 参见:http://www.landlist.cn/2012-09-17/8594284.htm,2012年11月13日访问。

还难以决定，因为在这个市场中，供给者仅有银联一家，费用基本上是由供给方说了算的（唯一可以参考的是国外发达国家的收费标准）。

据有关资料反映，银行卡刷卡消费的成本是：一台POS机的市场价格是4 000元左右，打印用的签购单一套一式三份成本在0.1~0.11元，加上网络支持费用、成套计算机系统和大量的清算人员，每收一笔单收1%的手续费，一笔1 000元的单子就是10元手续费。如果不是发卡行，则只能拿到10元中的1元，扣除正常的设备投入、设备维护费用、人员工资，利润已经微乎其微。①

刷卡消费既对应了商家的需求，其供给方的供给价格（费率）又并不高，那么商家为何会出现"罢刷"行为呢？

商家"罢刷"的行为说明，当前的刷卡消费没有提高它们的盈利水平。商家的行为从其自身的角度来看，属于理性行为。例如，一家商户一天营业结束以后，将所收到的现金盘点，清算以后，交由财务于次日早晨存入银行账号内。同样，如果一天的营业额都是刷卡交易的话，假设机具所属行与该商户银行账号并非同一银行，那么在进行结算时就要通过央行的同城交易网络，隔天才能入账。这样反而比现金入账慢了一天，这还不包括离线交易需要交单，然后才能由清算行进行清算的情况。因此，一些商家往往感觉不到刷卡消费究竟便利在何处，也使其对于为什么要向银行支付费率提出了质疑。因此，要想解决费率之争，最根本的是银行提高服务质量，降低刷卡消费的交易成本和风险，营造良好的刷卡环境。在一些国家，由于刷卡消费已十分平常，若商家不接受信用卡消费，将直接影响他的经营业绩。在这样的大环境下，商家宁愿将前期投入的成本计算在自己的开支以内，银行只需坐收手续费提成便可轻松获利，而商家也确确实实觉得自己这笔手续费的付出是物有所值。

我国银行卡监管规定对银行和特约商户之间的相关规定很少，实践中主要由银行和特约商户之间对此进行约定，缺乏具体的法律规定。因此，对银行卡监管办法修改，将来应增加对特约商户和金融机构相关关系的具体规定，明确具体法律关系中银行和特约商户的责任；应由中国人民银行确定向特约商户收费的幅度，指定银行卡联合组织按交易笔数收费的制度，解决争议较大的费率问题；增加特约商户承担由于故意或者过失侵害银行利益所造成的损失，情节严重的，追究相关责任人的刑事责任。当然，规范银行和特约商户之间的关系，

---

① 参见：http://www.wenmi114.com/wenm/zongjie/diaoyanbaogao/2007-09-06/20070906118674.html，2012年11月13日访问。

促进我国银行卡市场的健康发展，应从根本上完善我国银行卡跨行交易费定价机制，应积极推进以差别定价为核心的交易费定价机制改革，逐步开放银行卡交易费率的市场定价机制。

四、持卡人与发卡银行之间的纠纷

持卡人是与银行签有领用合约协议持有信用卡用以消费的自然人、法人或其他组织。持卡人和银行之间的合同是一种附和性合同，即由当事人的一方（发卡银行）提出合同的主要内容，另一方（持卡人）只是作出取或舍的决定，一般没有商议变更的余地。正是因为这样一种格式条款的特点，银行对合同单方面的修改或持卡人对合同任何理解偏差，都有可能导致二者的纠纷。同时，银行卡业务经营过程中的风险，如遗失、被盗、冒用、伪造及技术风险等也都可能引致持卡人与发卡银行间的纠纷。

（一）银行单方面修改合同引起的纠纷

其中，最为典型的莫过于商业银行单方面修改章程，向持卡人收取年费而引起的纠纷。

案例6：2006年初，市民周女士在某银行武汉市洪山支行鲁磨路储蓄所开设了一个储蓄账户，并合同约定凭密码取钱。当年2月18日，为了存取方便，周又在该所办理了和存折配套的一张灵通卡，办卡时，双方签订了合同。2006年11月7日，周女士意外地发现，储蓄所于2008年9月10日以年费名义取走了10元钱。周女士认为，在办理灵通卡时，工作人员并没有告知该卡要收取年费，同时签订的合同中也没有要收取10元年费的规定。而储蓄所自动变更合同，没有告知就单方面以年费名义取走她储蓄账户上存款的做法侵犯了她的财产权，同时也违反了合同法，应该承担违约和侵权责任。2009年11月8日起，周女士多次找鲁磨路储蓄所及其上级部门交涉均未成功。2010年9月24日，周女士将该银行武汉市洪山支行及鲁磨路储蓄所告上法庭，诉请被告赔礼道歉并赔偿因违约和侵权使自身遭受的经济损失500元。庭审中，洪山支行辩称，年费收取是经过监管部门批准的，属于法律授权行政部门的职能行为，合法有效；同时，银行不可能一对一地告知客户修改收费标准，该行已于当年在媒体上做过大量要收取年费的宣传，并在储蓄所内张贴了公告。

（二）持卡人对合同的理解偏差而造成的纠纷

由于银行卡合同是一种附和性合同，在与银行达成契约关系时，持卡人不一定能够透彻理解合同内容。对用卡规则了解不够详尽或者是用卡习惯不得当都是产生纠纷的原因。

案例7：王先生于2010年3月到银行办了一张信用卡，但在使用过程中却遇到一件十分不解的事情：2010年5月30日，他用这张卡在商店消费了1 005元，在银行规定的到期还款日2010年6月23日前归还了1 000元，尚余5元未还。2010年7月4日（即规定到期还款日后的12天），他收到银行对账单，要求其交纳透支利息12.09元。本金只有5元的透支款，仅12天时间就需支付近3倍的利息，这样算来，日利率高达20.15%，与中国人民银行规定的日利率0.05%相差403倍之多。王先生怀疑银行是否把利息计算错了，便到银行去询问。银行工作人员告诉他，利息计算没有错，他们是按照中国人民银行《银行卡业务管理办法》执行的。银行工作人员向王先生出示了《银行卡业务管理办法》，该办法第二十条规定，贷记卡持卡人非现金交易享受银行记账日起到还款日之间免息还款期待遇，最长为60天。持卡人在到期还款日前偿还所有使用全部银行款项，即可享受免息还款期待遇。按此规定，持卡人在到期还款日前未全部偿还透支使用的银行款项，则不能享受免息还款期待遇，应当支付使用该款项的透支利息。王先生因不了解信用卡透支利息的计算方法，而向银行交了冤枉钱。

在以上两个案例中，主要是由于金融机构和持卡人收费问题所引起的纠纷。人民银行《银行卡业务管理办法》规定"金融机构向持卡人收取银行卡费用，应当遵守有关规定"，但并未明确"有关规定"的具体内容。本书认为，金融机构发卡时，应在协议中明确收费项目和标准。发卡行通过修改章程或协议增加持卡人负担的，对原持卡人不适用。因此，在以上两个案例中，银行单方面修改协议对于持卡人并不必然具有效力，但并非绝对无效。原则上应该在持卡人知道或者应该知道该修改协议时生效，但应由银行负责主要的举证责任。

（三）由于银行卡在使用过程中存在诸多风险，一旦发生损失，由于持卡人与银行权利与责任界定不清晰，很容易出现纠纷

案例8：客户张某于2005年在某商业银行某省分行一储蓄所（以下简称省分行）办理存款业务，同时办理7 000元借记卡一张。2010年2月9日晚8时许，省分行设立的服务热线接到张某的电话，张某称其于下午5点多不慎将借记卡、身份证同时丢失，丢失后她立即去办理储蓄业务的储蓄所挂失，但储蓄

所已下班。无奈之下她给热线服务打电话，告之丢失情况，并要求挂失，热线服务人员答复银行总机已关闭，只能等到第二天上午8点半银行上班之后才能办理挂失手续。当天晚上，原告又到当地派出所报案并又同该热线联系，但又得到同样的答复。2月10日上午8时30分，张某到储蓄所申请挂失，但经银行查询后知道在当天上午8时30分已被人取走5 000元（其灵通卡密码为其出生日期），余额尚有2 000元，对于张某的5 000元损失，银行以在挂失前已被他人支取为由拒绝承担责任。遂引发了诉讼。人民银行《银行业务管理办法》规定：发卡银行应当向持卡人提供银行卡挂失服务，应当设立24小时挂失服务电话，提供电话和书面两种挂失方式，书面挂失为正式挂失方式，并在章程或有关协议中明确发卡银行与持卡人之间的挂失责任。显然，本案中的发卡行并没有按照规定设立24小时挂失电话，因银行方面的原因致使原告5 000元不翼而飞，如银行以未办妥挂失手续为由不承担责任对客户显然是不公平的。

五、银行卡纠纷解决机制

对银行卡纠纷的有效防范和管理是一个系统性工程，既有赖于良好宏观经济环境的形成和完善的法律制度建设，又对银行卡交易过程中各微观经济主体的行为提出了更高要求。它既是一个经济问题，更是一个法律问题。具体而言，在我国，可通过以下三个机制，有效解决银行卡纠纷。

（一）客户投诉处理机制

银行作为发卡机构，是银行卡业务的核心。为了保护银行卡持卡人的合法权益，有效化解银行卡纠纷，根据2007年银监会办公厅《关于加强银行业客户投诉处理工作的通知》（银监办发〔2007〕215号）和2012年银监会《关于完善银行业金融机构客户投诉处理机制切实做好金融消费者保护工作的通知》（银监发〔2012〕13号）的规定，各商业银行建立了客户投诉处理和金融消费者权益保护机制。一是设立专门的客户投诉管理部门。为保证客户投诉处理的有效落实，商业银行设立了专门的投诉管理部门，接收客户在使用银行提供的金融产品或服务时因种种原因引发的投诉，并通过内部处理，妥善解决客户的投诉问题。为确保客户投诉处理的有效性，商业银行明确了投诉管理部门和处理部门的职责，建立检查、监督、考核体系，对于客户投诉处理不力，引起大规模客户投诉的，要追究相关管理人员和直接责任人责任。二是建立专门的客户投诉受理渠道。目前，大部分商业银行建立了电话、网络、信函等多维客户投诉受理渠道，在各营业网点、官方网站和自动取款机的醒目位置公布客服电话、网站地址、联系地址等，为客户投诉提供便利。三是优化客户投诉处理的资源配置，保证投诉处理的时效性。随着银行卡功能的开拓，客户在办理和使用银行卡过程中出现了各种新型问题，投诉量也大幅增长。商业银行不断充实客户投诉处理人员的力量，加强负责人员的培训，并在科技及费用方面进行支持，确保投诉处理机制的有效运转。商业银行还根据业务的复杂程度规定了投诉处理的时限，及时对客户投诉作出回应。

大多数银行卡纠纷是由于商业银行和客户之间的信息不对称引发的，如客户不了解信用卡最低还款额而引发的利息纠纷、不知晓银行卡是否收取年费引发的纠纷、因超时操作吞卡而引发的纠纷等。客户投诉机制的建立，是商业银行通过搭建双方交流的平台，掌握纠纷的情况，经过内部处理和结果反馈，以消除因信息不对称引发的纠纷，有效防止了矛盾的激化和纠纷的升级，较好地维护了自身形象。对于客户而言，通过客户投诉处理机制解决纠纷，一方面可以保证纠纷处理的时效性，另一方面可节省纠纷处理成本，有效解决银行卡投诉问题。

（二）行业调解机制

由于银行卡交易的主体主要是发卡银行、持卡人和特约商户，三者之间因银行卡业务产生密切联系。为了保持银行卡相对人之间的融洽关系，建立行业调解机制，通过行业调解成为各方解决纠纷的不错选择。与诉讼方式相比，行业调解具有自治性强、灵活方便、快捷高效和节约费用成本等众多优势。银行卡交易主体如果能够根据不同纠纷案件的情况，灵活运用行业调解机制，积极解决银行卡交易过程中产生的各种问题，既可以节约成本，提高效率，又可以更好地为银行卡的改革和发展提供支持和保障。

当前，我国银行卡行业调解机构主要包括中国银联和中国银行业协会。中国银联是经国务院同意，中国人民银行批准设立的中国银行卡组织，主要从事跨行信息转接、清算数据处理、风险防范等基础性服务，提供银行卡全国性支付清算通道。根据中国银联《章程》的规定，它具有"制定银行卡跨行交易规范以及协调、规划"和"对于银行卡机构业务合作中出现的纠纷进行协调和仲裁"的职能。中国银联之所以具备纠纷协调和仲裁职能，不但因为其提供银行卡基础性服务，还因为其发布的一些行业和领域标准得到各家商业银行和其他发卡机构的遵守，且负责银行卡支付清算业务的管理和协调，承担着部分银行卡业务监管者的职能。因此，如果银行卡交易主体因行业和领域标准、支付清算等方面引发的纠纷，可提请中国银联进行调解。根据中国银联董事会的授权，中国银联成立了银行卡争议处理委员会，负责对加入银联网络的各成员机构在开展跨行业务中通过差错处理不能解决的争议进行裁决和复议。鉴于该委员会是为解决收单行和发卡行之间争议的机构，不涉及发卡行和持卡人及特约商户之间的纠纷解决，因此，为有效解决银行卡纠纷，建议中国银联考虑创新和拓展该委员会职能，为发卡行和持卡人及特约商户之间的纠纷解决提供服务。

中国银行业协会是在民政部登记注册的全国性非营利性社会团体，以促进会员单位实现共同利益为宗旨，维护银行业合法权益，维护银行业市场秩序。目前，商业银行、资产管理公司、农村信用社等金融单位均是银行业协会会员。为了解决会员之间的纠纷，银行业协会制定了《关于建立金融纠纷调解机制的若干意见（试行）》，成立了金融纠纷调解中心。金融纠纷调解中心在当事人自愿、平等的基础上开展调解工作，调解案件的类型以小额标的为主（会员单位与客户的争议金额为5万元以下的案件）。经调解后，双方当事人达成书面的调解协议，该协议具有民事合同性质，当事人可申请公证机关公证，使其具有强制执行的效力。

（三）诉讼和仲裁机制

银行卡交易主体之间产生纠纷，在当事人自主协商不成的情况下，其救济措施往往依赖于法律手段。银行卡纠纷的法律解决途径包括诉讼和仲裁，对于以哪种方式解决纠纷，当事人可以进行事前约定，也可在发生纠纷时经协商确定。

诉讼是银行卡纠纷当事人在未明确约定采用仲裁方式解决争议情况下，一方当事人向法院提起诉讼申请，法院经审理后，以判决的形式解决纠纷的一种方式。诉讼适用于所有银行卡纠纷类型，并具有下列显著优势：一是当事人权利有效保障。我国民事诉讼法不但在实体方面赋予当事人救济权利，而且从程序上保护当事人的合法权利，如规定了举证期限、申请法官回避、上诉和再审等。二是执行功能较完备。民事诉讼法规定了财产保全、先予执行、对妨害民事诉讼的强制措施等，通过国家强制力有效保障了诉讼结果的实现和争议的最终解决。虽然诉讼的结果有国家强制力保护，但因存在种种不便，诉讼并非当事人解决纠纷的首选。首先，诉讼有严格的程序。为保证诉讼的严肃性，现行诉讼法对诉讼申请、法院管辖、审理的方式等都作了严格的规定，很多时候给当事人带来不便。如在法院管辖方面，法律一般规定被告所在地法院有管辖权，如果银行卡客户与银行发生纠纷，客户欲起诉银行，到底是以对卡进行集中管理的卡中心为被告，还是以发卡的营业网点为被告？管辖法院的选择方面存在不确定性。其次，诉讼周期较长。我国诉讼实行两审终审制，普通的诉讼要经过案件受理、文件送达、开庭审理、结果宣判等必经流程，还有可能发生诉讼中止、延期、二审、再审等情况，一个案件少则几个月，多则一年甚至更长，耗时较长，诉讼成本较高。最后，由于法院判决涉及国家主权，所以涉外的银行卡纠纷判决的执行在实践中存在困难。虽然我国民事诉讼法对涉外案件的司法协助进行了规定，但国际层面的合作与保障尚未建立，诉讼判决在境外的执行力较弱。

为了解决管辖权、执行等方面的问题，我国银行卡交易主体有的在银行卡领用合约中加入仲裁条款，选择以仲裁的方式解决纠纷，这种做法与国际商事主体间选择的纠纷解决方式一致。在美国，持卡人与发卡机构之间的争议，主要遵循信用卡领用协议中有效力的仲裁条款来解决（dispute are settled by binding arbitration），法律依据则是《联邦仲裁法》（Federal Arbitration Act, FAA）、美国仲裁协会（American Arbitration Association, AAA）或者其他类似机构的仲裁规则。[①] 不同于基于国家裁判权的诉讼，仲裁过程中当事人的合意起着重要作用，具有较强的自主性，且对于涉外案件来说，仲裁裁决有着较强的执行力。仲裁有如下优势：一是灵活性较强。当事人不但可以协商选择仲裁庭、审理方式、开庭时间、适用法律等，还可以合意选择仲裁庭人员，充分体现当事人的自主性。二是简易性和保密性。仲裁实行一裁终审制，只需要经过一次仲裁审理，即产生具有约束力的裁判，当事人可避免复杂繁琐的程序，节省纠纷解决成本。另外，只要当事人未约定公开，仲裁一般不公开审理，不允许无关人员旁听，可以更好地保护双方的商业秘密。三是涉外裁决具有执行力。目前全世界已有144个国家和地区缔结了1958年联合国《承认和执行外国仲裁裁决公约》（即《纽约公约》），涉外仲裁裁决在境外接受度普遍较高。虽然仲裁具有高效、便捷等特点，但也存在着诸如当事人需决断因素较多、费用成本略高、保全职能缺失等缺点和不足。

---

① Steve H. Nickles, Mary Beth Mathews, payment law and commercial paper, West Group, 2009, pp. 506, 518.

第十三章 银行卡业务典型案例实证分析

典型案例一：全额计收信用卡透支利息纠纷案

一、基本案情

2008年7月14日，艾某在某银行提供的《中国某银行信用卡（个人卡）领用合约》（以下简称合约）上签名，申请某银行提供维萨（双币信用卡）金卡。在合约中约定："除章程或本合约另有约定的情形之外，对持卡人的非现金交易，从记账日起至最后还款日之间的日期为免息还款期，持卡人在免息还款期内偿还全部应还款项的，无须支付当期刷卡消费交易款项的利息，免息还款期的最长期限由本行在有关金融规章许可的范围内确定。持卡人未能于最后还款日前（含当日）足额偿还全部到期应还款项的，不享受免息待遇，并且按照全部应还款项自记账日起按透支利率计算利息。"后经某银行审核通过，双方建立信用卡合同关系，艾某领取了某银行贷记信用卡金卡。2008年11月，艾某使用信用卡透支消费1 861.76元。由于未记准尾数，在该月账单最后还款期前，艾某还款1 800元，剩余61.76元未还。后艾某收到某银行发出的12月账单交易明细：上期透支消费金额1 861.76元，本期已还金额1 800元，循环利息34.72元。艾某认为罚息过高遂与某银行进行交涉，某银行解释为该利息不是以艾某11月实际逾期金额61.76元作为基数计算，而是以全部透支金额1 861.76元作为基数计算。但艾某认为合约中关于未按时全额还款按全部透支金额计算利息的规定属于格式条款，违反了法律法规的有关规定，加重了还款人的责任，显失公平，且某银行未对该条款进行合理提示，因此该条款应属无效条款，故起诉至法院请求判令某银行以实际逾期还款数额61.76元作为基数重新计算罚息；返还34.72元罚息并支付占有上述款项的利息。

一审过程中，某银行答辩认为，艾某与某银行签订的合约是双方在平等自愿的情况下订立的合同，其中关于逾期罚息的条款不属于法律规定的无效情形，银行是否对格式条款履行说明义务，并不必然导致条款无效。全额罚息的规则是一项国际惯例,是银行业用于防范信用卡风险,减少遏制恶意透支和套现的一种风险防范手段。某银行作为独立的公司法人,拥有自主经营的权利,对自己提供的金融服务产品,在法律规定的范围内,有自主定价的权利,艾某可以自愿选择是否接受被告提供的金融产品。

一审法院经审理认定,格式条款是当事人为了重复使用而预先拟定,并在订立合同时未与对方协商的条款。合约中关于还款及利息计算方式的条款,属于格式条款。根据法律规定,提供格式条款一方免除其责任,加重对方责任,排除对方主要权利的,该条款无效。同时,提供格式条款一方,应采取合理的方式提请对方注意免除或者限制其责任的条款,按照对方的要求,对该条款予以说明。本案中,关于还款及利息计算方式的条款,并未超出法律法规的许可范围,同时也是银行业为减少恶意透支及信用卡套现的一种风险防范手段。该条款并没有免除某银行责任,或加重艾某责任、排除艾某权利的内容,故不属于法定无效的条款。因此艾某以某银行未尽到合理提示义务、显失公平为由主张该条款无效,缺乏法律依据,故法院驳回了艾某的诉讼请求。

一审判决后,艾某不服提起上诉。上诉理由主要包括:第一,某银行在信用卡条款中以格式条款方式规定,如果发生逾期欠款,就按照全部透支金额计算罚息,显然加重了持卡人的责任,有违公平原则,为无效条款。第二,原审法院遗漏重要事实。本案所涉及的信用卡为贷记卡,而原审判决在事实查明部分对此未涉及,属于遗漏重要事实。第三,原审法院称全额罚息并未违反法律规定,属适用法律错误。艾某使用贷记卡消费实质为简单的贷款合同,艾某已经按期偿还款项不属于逾期贷款,不应计收罚息。第四,原审法院称全额罚息条款是银行业为减少恶意透支及信用卡套现的一种风险防范手段,没有法律及事实依据。第五,全额罚息要求持卡人对于已经按期偿还的款项按欠款计算罚息,显然剥夺了持卡人上述权利。某银行在二审答辩中则表示同意一审判决,同时认为其收取的是透支利息而非全额罚息,其计收透支利息的规则是银行业的惯例,且不违反中国人民银行的规定。

二审法院审理后认定,某银行与艾某签订的合约主体合格,双方当事人意思表示真实,内容未违反法律、行政法规的强制性规定,属于有效合同,双方均应按照合同的约定,履行各自的义务。该合约明确约定:"除章程或本合约另有约定的情形之外,对持卡人的非现金交易,从记账日起至最后还款日之间的日期为免息还款期,持卡人在免息还款期内偿还全部应还款项的,无须支付当期刷卡消费交易款项的利息，免息还款期的最长期限由本行在有关金融规章许可的范围内确定。持卡人未能于最后还款日前（含当日）足额偿还全部到期应还款项的，不享受免息待遇，并且按照全部应还款项自记账日起按透支利率计算利息。"上述约定与普通贷款不同，既有持卡人按约定履行义务可享受的免息约定，又有持卡人超过约定的最后还款日还款按透支利率计算利息的约定。该约定符合银行业的行业惯例，不构成加重持卡人的责任。某银行依照上述约定向艾某收取透支利息依法有据，艾某的上诉意见缺乏法律依据，二审法院终审驳回上诉。

二、分析与点评

本案的起因是某银行在艾某没有在免息期内全额归还欠款后，以艾某的全部透支金额计收透支利息。双方当事人争议的焦点也在于某银行合约约定的透支利息计收条款是否有效，透支利息计收规则是否加重了持卡人的义务。

（一）透支利息的性质

所谓利息，实际上是借款人因占用款项支付的成本。无论借款人是否按时归还借款，原则上借款人都应当按照约定的利率支付借款使用期限内的利息。而所谓罚息，顾名思义是借款人未能在借款期限届满时足额偿还借款时，需向借款人支付的带有惩罚性质的利息。通常罚息的计算方法和利率由借款人与贷款人在借款合同中进行约定，罚息的利率往往高于约定的借款利率。《贷款通则》也明确规定，只有对逾期贷款银行才有权计收罚息。可见，罚息是借款人不能按时归还借款时的一种违约责任，具有明显的惩罚性，但借款人与贷款人也可以不约定罚息的计收，在借款人未能如期还款时仍按约定借款利率计算利息。应当说，信用卡透支消费实质上也是银行向持卡人提供了短期的消费信贷服务，银行有理由向持卡人收取资金占用期间的利息，并按照约定计收罚息。但不同于传统贷款业务的是，为鼓励持卡人使用信用卡消费，扩展银行业务，银行普遍向贷记卡用户提供附条件的透支消费免息优惠，只要持卡人在规定的免息期内偿还贷记卡内的欠款，即免收持卡人欠款的全部利息。

本案中，持卡人始终认为某银行收取的利息属于罚息性质，某银行则认为自己收取的利息不属于罚息，而是透支利息。按照合约中"持卡人在免息还款期内偿还全部应还款项的，无须支付当期刷卡消费交易款项的利息……持卡人未能于最后还款日前（含当日）足额偿还全部到期应还款项的，不享受免息待遇，并且按照全部应还款项自记账日起按透支利率计算利息"的约定，银行与持卡人仅约定了透支利率及计算方法,并未约定更高的罚息计算方法。持卡人的免息是一种附条件的免息,如果不能满足按期足额还款的条件,则不享受免息待遇,自然应当对占用的资金支付利息,即以全部透支金额为基数计算透支利息。因此,本案艾某主张某银行收取的利息为全额罚息是不符合事实的。

(二)透支利息规则条款的效力

由于信用卡申请人和持卡人数量众多,各家银行的信用卡透支利息规则都是通过《信用卡领用合约》和《信用卡章程》加以约定的,属于为重复使用而预先拟定的格式条款。根据法律规定,格式条款如具有合同法第五十二条(合同法定无效情形)和第五十三条(免责条款法定无效情形),或者提供格式条款一方免除其责任、加重对方责任、排除对方主要权利的,该条款无效。本案中,双方的辩论也始终围绕着《合约》中透支利息规则条款的效力问题进行。

首先,全额计收透支利息的规则并未加重持卡人的责任。如前所述,信用卡持卡人享有的免息优惠是一种附条件的优惠,其条件就是必须在规定的还款日前足额偿还欠款。在不满足条件的情况下,信用卡持卡人不能享受免息优惠,理当就占用全部欠款向银行支付利息。因此,银行约定在持卡人未能按期足额偿还欠款时,按照全部欠款金额计收透支利息并未加重持卡人的责任。本案二审判决也认定某银行《合约》中关于全额计收透支利息的约定未加重持卡人的责任。

其次,全额计收透支利息的规则已经向监管机构报备。银行卡利息规则是银行卡章程中必须载明的内容。中国人民银行下发的《银行卡业务管理办法》(银发〔1999〕17号)第十六条规定:商业银行变更银行卡名称、修改银行卡章程应当报中国人民银行审批。为配合《行政许可法》2004年7月1日开始实施,中国银行业监督管理委员会于2004年6月30日发布《关于银监会行政许可项目有关事项的通知》(银监发〔2004〕48号),取消了银行卡章程报批这一行政许可事项,更改为事后报告,即只要监管机构对商业银行报备的信用卡章程没有提出异议,则可视为该章程内容符合监管要求。本案中某银行在开办信用卡业务时及修改过程中,已经就包含全额计收透支利息规则在内的信用卡章程报送人民银行审批或向监管机构报备,监管机构并未提出异议。因此,本案中某银行的全额计收透支利息规则不违反监管要求。

综上,某银行关于信用卡透支利息规则的条款不具有《合同法》规定的无效情况,既未加重持卡人的责任,也不违反监管规定,合法有效。

三、相关启示

近年来随着银行信用卡业务的迅猛发展，越来越多的人持有并使用信用卡。但信用卡在我国的发展历史相对较短，多数持卡人对信用卡的了解十分有限，难免产生各类信用卡纠纷。其中因信用卡全额计收透支利息引发的纠纷，成为媒体炒作的热点，舆论多站在客户一方批评银行霸王作风。目前，中国工商银行在全国范围内率先取消了该行信用卡全额罚息条款后，中国建设银行和招商银行等已相继跟随对相关条款予以取消，推出"容差还款"，但国内仍然还有大部分银行没有效仿这种做法。本案是法院明确作出实体判决的案件，判决结果具有一定的示范效应，值得商业银行关注。

（一）在制定信用卡计息规则时充分考虑持卡人的接受能力

尽管全额计收透支利息是国际银行业的惯例，国际信用卡组织和国内多家商业银行大多采用此种计息规则，但由于我国信用卡发展历史不长，持卡人对信用卡的认识普遍不足，导致全额计收透支利息的国际惯例出现了水土不服。本案正是由于持卡人对此种计息规则的不理解、不接受而引发的。因此，从促进我国信用卡业务健康、稳定发展的角度出发，商业银行在制定信用卡计息规则等事关广大持卡人利益的格式条款时，不能简单地套用国际惯例，而应当全面考虑当地的实际情况、目标客户的理解和接受能力。为了更好地服务于广大持卡人，目前多家商业银行对信用卡计息规则进行了调整，改为按照未按期偿还的金额为基数计算透支利息或实行容差计息规则，即对低于一定金额（如10元）的未偿还金额不再实行全额计息。

（二）向持卡人充分说明信用卡计息规则

本案中艾某主张某银行全额计息条款无效的一个重要理由是，银行未对该条款进行合理提示。由于信用卡计息规则涉及持卡人的利益，且由银行单方面制定，持卡人对计息规则不能进行修改，因此，商业银行应当就信用卡的计息规则向持卡人进行详细说明和提示，使持卡人真正理解和接受计息规则。例如，银行可以对信用卡申请表所附的信用卡领用合约以及信用卡章程中关于信用卡计息规则的条款和内容，以黑体字的形式进行特别提示。银行信用卡营销人员在对信用卡客户进行亲访亲签时，对申请人所申办信用卡的计息规则进行说明和解释，确保持卡人全面准确了解银行的计息规则。

（三）开办银行卡业务应严格按照监管规定履行相应审批或报备手续

由于商业银行银行卡业务的目标客户群体巨大，银行卡业务涉及商业银行、持卡人、特约单位、银联等多方当事人，监管机构对银行卡业务的监管要求亦较为严格。一旦商业银行未能按照监管要求履行相关审批或报备手续，不但可能被监管机构予以处罚，还将在相关诉讼中处于被动，并带来声誉损失。本案中如果某银行的《合约》属于未履行报批手续的情况，则某银行对艾某计收全额透支利息的行为可能被认定为违反监管规定。因此，商业银行在开办各类银行卡业务时，必须按照监管要求向监管机构进行报批、报备，并注意留存监管机构的批复、接受报备的证明材料，以免在发生相关纠纷时陷入被动。

典型案例二：跨行取款手续费纠纷案

一、基本案情

2010 年 6 月 14 日，曹某到甲银行办理借记卡一张，存入人民币 1 万元。当天，曹某持该借记卡，到同城的乙银行和丙银行的自动柜员机分别取款 3 500 元和 2 800 元。在乙银行 ATM 取款时，由于乙银行 ATM 提示单笔取款最大输入金额为 3 000 元，曹某于是插入卡片，先取款 2 900 元后不取回卡片，继续取款 600 元。上述取款操作完毕后，曹某查询余额及账户交易明细发现，乙银行对此次取款分两笔收取了跨行手续费，每笔 2 元，共计 4 元。此后，曹某到丙银行 ATM 进行取款 2 800 元操作，由于丙银行 ATM 提示单笔取款最大输入金额为 2 500 元，曹某又插入卡片，进行了两笔分别为 2 400 元和 400 元的取款操作，后查询账户交易明细显示，被收取两笔跨行取款手续费，每笔 2 元，共计 4 元。

曹某事后分析认为，《中国银联入网机构银行卡跨行交易收益分配办法》第一条第二款的规定："ATM 跨行取款交易收益分配采用固定代理行手续费和银联网络服务费方式。持卡人在他行 ATM 上成功办理取款时，无论同城或异地，发卡行均按每笔 3 元的标准向代理行支付代理手续费，同时按每笔 0.6 元的标准向银联支付网络服务费。"该规定标明跨行 ATM 取款的手续费受益者是代理行及银联，乙银行和丙银行作为代理行，是被扣跨行取款费 4 元的受益人。在将甲银行的借记卡分别插入乙银行和丙银行的 ATM 跨行取款，只要操作过程中不退出卡片，应当认定是一笔交易，而乙银行和丙银行却按照取款限额计为两笔取款，多收取了一次跨行取款手续费，属于重复收费行为。同时，根据其与甲银行开户时所签订的《个人银行结算账户管理协议》的约定，"甲方（曹某）需按乙方（甲银行）有关规定办理支付结算业务，并支付个人结算、活期存款小额账户管理等服务费"。甲银行作为发卡行收取管理费，则应承担保护客户银行存款不受非法查询、冻结和扣划的义务。而甲银行对其被重复扣款行为未加阻止，应属于未尽到妥善保管客户存款的义务。鉴于以上情况，曹某认为甲银行账户交易系统及乙银行和丙银行的ATM均有存在计量不正确问题，把一笔取款计算为两笔取款，导致其利益受损，于是将甲、乙、丙银行分两案诉至法院，要求甲银行和乙银行、甲银行和丙银行分别向其退还被多收取的跨行取款手续费2元。

二、分析与点评

商业银行服务收费的收费标准和收费方式是否合理，是当前社会的一个热点问题。本案即是因银行收费服务标准引发的诉讼纠纷，其争议的主要焦点是银行按照取款次数作为单笔进行收费的计量标准是否合理。

（一）商业银行收费的法律依据

商业银行是以营利为目的的企业法人，它具有一般企业法人的特征。按照企业法人的要求，商业银行实行自主经营、自担风险、自负盈亏的经营机制。效益性是商业银行经营目标的核心，在业务活动中，商业银行同样以追求最大的利润为目的，所以，商业银行除了可以通过存贷款业务获取利差外，还可以在办理业务、提供服务时收取一定的手续费。为此，《商业银行法》第五十条规定："商业银行办理业务，提供服务，按照规定收取手续费。收费项目和标准由国务院银行业监督管理机构、中国人民银行根据职责分工，分别会同国务院价格主管部门制定。"根据《商业银行法》的规定，中国银行业监督管理委员会会同国家发展和改革委员会在2003年制定发布了《商业银行服务价格管理暂行办法》，其中规定，根据服务的性质、特点和市场竞争状况，商业银行服务价格分别实行政府指导价和市场调节价。实行政府指导价的商业银行服务范围为：人民币基本结算类业务，包括银行汇票、银行承兑汇票、本票、支票、汇兑、委托收款、托收承付，以及中国银行业监督管理委员会、国家发展和改革委员会根据对个人、企事业的影响程度以及市场竞争状况确定的商业银行服务项目。除实行政府指导价服务以外的，实行市场调节价。实行市场调节价的服务价格，由商业银行总行自行制定和调整。由此可见，商业银行提供服务可以依法收费，除法律法规和监管部门规定实行政府指导价的收费项目外，其他服务收费可由商业银行自行制定。

第十三章 银行卡业务典型案例实证分析

（二）跨行取款手续费的分配规定

中国人民银行1993年发布的《银行卡业务管理办法》第二十六条规定，"持卡人在ATM跨行取款的费用由其本人承担，并执行如下收费标准：（一）持卡人在其领卡城市之内取款，每笔收费不得超过2元人民币……从ATM跨行取款所得的手续费，按机具所有行70%，信息交换中心30%的比例进行分配"。2003年发布的《中国银联入网机构银行卡跨行交易收益分配办法》规定，ATM跨行取款交易收益分配采用固定代理行手续费和银联网络服务费方式；持卡人在他行ATM上成功办理取款时，无论同城或异地，发卡行均按每笔3元的标准向代理行支付代理手续费，同时按每笔0.6元的标准向银联支付网络服务费。本案中，乙、丙银行按照每笔2元向曹某收取跨行ATM取款续费，实际上其收取的费用还不能够完全覆盖甲银行所承担的交易成本。

（三）按取款次数作为单笔的计量标准具有一定的合理性

本案之所以产生争议，主要是银行作为服务提供者和取款收费受益者与作为接受服务的原告之间对一笔这个概念的认识不同。2007年，中国人民银行发布的《中国人民银行关于改进个人支付结算服务的通知》规定："提高自动柜员机取款交易上限。借记卡在自动柜员机取款的交易上限由现行每卡每日累计5 000元提高至2万元。各银行可在2万元的限度内综合考虑客户需要、服务能力和安全控制水平等因素，确定本行每卡单笔和每日累计提现金额。"该规定虽然未明确解释一笔的概念，但从表述看，银行有权对每次客户输入的金额进行限制，这个限制的最高额为2万元，也就是一笔取款的上限。本书认为，按取款次数作为单笔的计量标准相对而言具有一定的合理性，理由如下：一是以取款次数为单笔，技术上很容易作出判断。取款成功一次，是一个确定的事实，不成功则不收费，判断标准单一。曹某主张从插卡到取卡过程中无论取款几次均作为一次计算，那么ATM必须计算插卡和取卡的时间、期间是否取款、取款金额是否超过规定上限，如遇卡片取款后被遗忘在机器内，则无法判断是否取款，或取款过程很长，导致ATM长时间处于等待取卡判断状态。二是有利于维护持卡人资金安全，通过设置ATM单次取款限额并收费，有助于引导持卡人减少现金交易，防止大量取现随身携带可能产生的风险。也正因为如此，直到2007年中国人民银行才将1999年规定ATM 5 000元每日累计取现最高标准提升到2万元。三是延伸了银行服务对象。ATM取现功能主要是方便广大持卡人小额取现以及急用现金需求，通过限制单次取款金额并收费，可在一定程度上限制客户过分依赖 ATM 取现功能，在 ATM 装填现金有限制的情况下，能够让其为更多持卡人提供方便服务。

（四）甲银行被诉理由不充分

本案中，甲银行作为曹某的发卡行，并未从曹某被收取的手续费中获得收益，相反还需按《中国银联入网机构银行卡跨行交易收益分配办法》的规定向为曹某提供跨行取款服务的代理行和银联支付代理手续费和网络服务费，相当于间接为曹某提供了跨行取款服务。《银行卡业务管理办法》明确规定跨行交易手续费应由储户本人承担，因此，曹某一旦选择进行跨行取款操作就有义务支付交易手续费，且跨行手续费的收取过程均符合中国人民银行的相关规定，不存在曹某所称的"非法查询、冻结、扣划"情况。曹某以甲银行未尽妥善保管其存款义务为由，在两案中均将甲银行作为被告，并要求甲银行承担归还手续费的责任，其起诉理由缺乏事实和法律依据。

三、相关启示

近年来，商业银行服务收费一直饱受热议。为进一步规范商业银行服务收费项目、收费标准和收费程序，2012 年，中国银监会与国家发展改革委联合对商业银行不规范经营行为进行了集中整治，并着手修订《商业银行服务价格暂行管理办法》，力求商业银行收费服务更加完善合理。现行跨行收费标准规定不明确也是产生本案纠纷的原因之一，商业银行对服务收费问题需要关注和重视。

（一）依法合规开展服务收费

商业银行一般在提供银行中间业务时收取手续费，如办理国内外结算、办理票据承兑、贴现、提供信用证服务及担保、代理收付款项、提供信用卡服务等。但是，商业银行不能随意收取手续费，而是必须按照规定收取。商业银行的收费项目和标准，按照监管的职责，绝大多数由国务院银行业监督管理机构会同国务院价格主管部门制定，一部分则由中国人民银行会同国务院价格主管部门制定，不得私设收费项目或擅自提高收费标准。商业银行制定服务价格，应向监管部门履行报告程序，且至少于执行前 10 个工作日在相关营业场所公告，并按照商品和服务实行明码标价的有关规定，在营业网点公告有关服务项目、服务内容和服务价格标准。

（二）合理设置服务项目和收费标准

作为全中国最大的服务性行业之一，商业银行收费服务的一举一动都会与很多人的生活息息相关。除实行政府指导价的收费服务项目外，对于实行市场调节价的服务项目，商业银行应合理测算各项服务成本支出，充分考虑市场供求、竞争状况、个人和企事业单位的承受能力，合理设置服务项目和收费标准，并提前一段时间在营业场所显著位置、主要媒体和商业银行网站进行公告收费标准，必要时可需书面或电话通知客户。在调整实行市场调节价的服务价格时，应充分考虑和广泛听取社会公众的意见和建议，力求实现平稳收费，避免引发争议。对于涉及普通百姓切身利益的部分服务，需要从企业社会责任高度考虑实际情况，尽可能实行免费服务。

（三）尽快出台商业银行收费服务规范

随着近些年来，商业银行纷纷改制上市，业务品种和服务规模发展很快，能够提供的服务内容越来越多，服务手段也越来越先进，但随之而来的是经营成本也在逐渐扩大。在寻找新的利润增长点的同时，中间业务收入已成为不可或缺的利润来源。现行的《商业银行服务价格管理暂行办法》是 2003 年发布实行的，其中有关规定已与商业银行的经营发展不相适应，迫切需要制定新的商业银行服务收费规范。

典型案例三：信用卡无卡收单业务纠纷案

一、基本案情

1999 年 7 月 24 日，孙某与某银行签订信用卡领用合约，申请准贷记卡一张。双方约定，所有使用密码进行的交易均视为持卡人或副卡持卡人个人所为；如持卡人与特约商户或储蓄所发生交易纠纷，应由双方自行解决，持卡人不得以纠纷为由拒绝偿还使用信用卡而发生的债务。

上海某商务公司（以下简称商务公司）与某银行签订的《邮购结算业务合作协议书》约定，某银行负责对商务公司送交的信用卡扣款清单进行审核、清算并准确划付至商务公司的账户。协议书同时约定，某银行对商务公司误受理过期卡、信用卡被冒用、伪造、持卡人退货、拒付所造成的经济损失不负责任。

2010 年 11 月 8 日，孙某通过商务公司客服电话预定深圳市某酒店 10 间客房，入住时间为 2010 年 11 月 15 日，入住天数为一天。预订同时，孙某同意以其名下某银行的信用卡作为预订担保，并提供了信用卡卡号、发卡行、信用卡有效期、信用卡 CVV 最后三位校验码、持卡人姓名以及持卡人身份证号码等信息。客服人员未要求孙某输入信用卡密码。商务公司客服人员明确告知孙某：

如需修改或取消本次预订，请在2010年11月14日下午4点之前通过电话通知商务公司；如未电话通知也未按照约定入住，商务公司将扣收未入住客房的首晚房费。

2010年11月15日上午9时许，孙某致电商务公司，要求取消全部房间预订，并请求商务公司与某酒店协商免除扣款。经商务公司与某酒店协商，某酒店同意免除3间客房房款，只收取7间客房首晚房费合计9 860元。孙某表示曾致电某银行客服电话作出拒绝付款的指示，但某银行未查到相关记录。2011年1月12日，商务公司分两次向某银行申请从孙某信用卡扣款共计9 860元。扣款同时，某银行通过客服电话向孙某发送了扣款短信息进行提示。

孙某认为，在其与商务公司已明确解除在某酒店预订客房后，商务公司明知其未曾入住，也未享受过其他服务内容的情况下，依然坚持扣划孙某提供的信用卡账户相应金额用以支付房费，违背商业诚信和公平原则，侵犯其财产权利，应返还扣款并赔偿损失。同时，某银行未以"客户利益至上"为原则，在持卡人未输入交易密码，并且已经作出拒绝付款的指示后，擅自从孙某信用卡账户扣款的行为严重侵犯了其权利，应对商务公司的侵权行为承担连带赔偿责任。据此，孙某将某银行、商务公司及某酒店一起诉至法院，要求返还住宿费用人民币9 860元并赔偿损失人民币5 000元。

经审理，一审法院认为，商务公司已经明确告知孙某如修改或取消客房预订，须在2010年11月14日下午4点之前通知商务公司，否则将扣除首晚房费，因此商务公司扣取孙某首晚房费，符合双方约定，并无不当。孙某在预定客房时，明确同意以涉案信用卡提供担保，后与商务公司发生纠纷与某银行无关。据此，判决驳回孙某的诉讼请求。

孙某不服一审判决提起上诉。二审法院经审理后认为，某银行非凭借密码扣款的行为与涉案信用卡凭密码消费的业务规则相冲突，某银行在事先未告知信用卡将进行非凭借密码扣款的情形下，扣划了孙某的信用卡账户款项，存在过错，构成侵权。然而，因孙某在预订酒店前已明确同意以涉案信用卡作为担保，该笔资金的划付是清偿了一笔应付信用卡担保债务，某银行的侵权行为未给孙某造成任何实际损失。据此，2011年5月二审法院判决驳回上诉，维持原判。

二、分析与点评

本案是一起因信用卡无卡收单业务引发的典型案例，涉及的主要问题和争议焦点集中在以下几个方面：一是信用卡无卡收单业务的交易方式及当事人之间的法律关系；二是商务公司能否凭孙某预留的相关信息申请某银行直接扣款；三是某银行采取无卡收单业务方式扣款是否违反其与孙某之间的信用卡合约；四是本案中某银行是否应当返还扣款并承担赔偿责任。

（一）银行无卡收单业务的交易方式及当事人之间的法律关系

无卡收单业务是指，信用卡持卡人通过电话、传真及互联网等渠道向无卡收单业务特约商户主动发起产品订购的支付请求，并提供卡号等相关信息，特约商户按银行规定的数据报文格式，通过 DDN 专线传送的方式向银行发出相关业务请求，经银行主机系统确认后对信用卡持卡人账户进行实时业务处理的交易方式。

现行法律法规以及监管规定对无卡收单业务的规定几近空白，各银行开展该项业务采取的流程大都参照国际惯例，即信用卡非面对面消费时，特约商户只需取得持卡人的信用卡卡号、发卡行、信用卡有效期、信用卡 CVV 最后三位校验码、持卡人姓名以及持卡人身份证号码，便可向银行申请从持卡人账户扣款，无须持卡人输入密码，也无须持卡人签署任何凭证，银行在审查特约商户提交的信息后，为特约商户办理清算和进账手续。本案中，孙某、商务公司以及某银行之间关于酒店预订交易所采取的正是上述无卡收单交易方式。

信用卡无卡收单业务涉及的持卡人、发卡银行和特约商户三个法律主体之间发生以下法律关系：一是持卡人与银行之间基于信用卡功能的多样性形成储蓄法律关系、借贷法律关系以及支付结算法律关系；二是银行与特约商户之间形成委托结算合同关系，银行依据特约商户送交的扣款申请，为特约商户办理清算和进账手续；三是持卡人与特约商户之间的关系，通常情况下二者之间形成消费或服务合同关系，但在无卡收单业务模式下，二者之间还形成担保合同关系，即持卡人以信用卡作为合同担保，授权特约商户在其违约情况下可直接从作为担保的信用卡中扣款。

（二）商务公司能否凭孙某预留的相关信息申请某银行直接扣款

我国《合同法》第十条第一款规定，当事人订立合同有书面形式、口头形式和其他形式。可见，合同形式并不囿于书面形式，口头形式亦属此列。本案中，孙某致电商务公司客服电话委托商务公司帮其预订入住 2010 年 11 月 15 日某酒店 10 间客房的行为属于一项要约。所谓要约，是指一方当事人以缔结合同为目的，向对方提出合同条件，希望对方当事人接受的意思表示。要约发出后非经有效撤回，一旦受要约人承诺合同即告成立。商务公司在接到孙某要约后，表示预订酒店需要提供信用卡作为担保，并且，如孙某未在 2010 年 11 月 14 日下午 4 点之前取消或修改预订也未按时办理入住，商务公司将从孙某提供担保的信用卡账户内扣收首晚房费这一行为事实上系对孙某要约作出的实质性变更，为一项反要约。对于商务公司提出的反要约，孙某明确表示同意，并提供了信用卡相关信息和身份证信息，作出了一项有效承诺。至此，商务公司与孙某之间虽未签订书面合同，但是二者之间的委托合同和担保合同已经成立，合同内容应当与商务公司提出的反要约内容一致。

根据孙某与商务公司之间的约定，孙某如需修改或取消预订，应当于 2010 年 11 月 14 日下午 4 点之前致电商务公司客服电话，否则将承担自其信用卡中扣收未入住客房首晚房费的违约责任。孙某于 2010 年 11 月 15 日上午 9 时许方致电商务公司要求取消全部预订，系对合同约定的违反。因此，商务公司要求扣收孙某未入住客房的首晚房费并无不当。

（三）某银行采取无卡收单业务方式扣款是否违反与孙某之间的信用卡合约

其一，中国人民银行《银行卡业务管理办法》第五十六条规定，银行卡申请表、领用合约是发卡银行向银行卡持卡人提供的明确双方权责的契约性文件，持卡人签字，即表示接受其中各项约定。因此，孙某申请信用卡时填写的信用卡申请书及签署的信用卡领用合约为确定双方权利义务的依据。孙某填写的信用卡申请单上并未印有是否使用消费密码一项，且信用卡领用合约中第十二条约定，乙方（孙某）及其副卡持卡人须妥善保管卡片和个人密码，所有使用密码进行的交易均视同乙方或其副卡持卡人个人所为。据此，应认为某银行为孙某办理的准贷记卡默认为凭密码交易。但是，孙某在使用信用卡办理酒店预订担保业务时，商务公司客服人员并未要求孙某提供或输入信用卡密码，某银行也在未凭密码交易的情况下从孙某账户扣款。其二，孙某填写的信用卡申请书、签署的信用卡领用合约以及某银行的信用卡章程，均未载明无卡收单这种业务规则。某银行扣款的依据为其与商务公司之间签订的《邮购结算业务合作协议书》。该协议书约定，对于商务公司受理的每笔业务，某银行依据商务公司提供的信用卡卡号、姓名、身份证件号码、有效期等要素操作并给出授权号码，某银行不对要素来源的可靠性负责。据此，某银行在审核了商务公司提供的要素后，出具了授权号并从孙某账户上划付款项。然而，合同具有相对性，仅能约束合同当事方。某银行与商务公司之间关于审核要素不包括密码的约定并不能对抗孙某，某银行在办理从孙某账户委托付款业务时仍应当凭密码交易。

综上，某银行在与孙某之间明确约定凭密码交易且双方没有关于无卡收单业务任何约定的情况下，单凭其与商务公司之间协议约定，未凭密码扣款的行为违反了信用卡领用合约。

（四）本案中某银行是否应当返还扣款并赔偿损失

如上所述，某银行进行的无卡收单业务违反了其与持卡人之间信用卡领用合约的约定，应当承担违约责任。这是否意味着某银行就一定应当返还扣款并赔偿损失？本书认为并不尽然。《合同法》规定，当事人一方履行合同违反约定的，应当承担合同约定的违约责任，对违约责任没有约定或约定不明确的应当赔偿损失，损失赔偿额应当相当于因违约所造成的损失。本案中，孙某之所以被扣款系因为其违反了与商务公司之间的委托代理合同和担保合同，所扣款项系其应当承担的违约责任，并非因某银行违约所造成的损失。在此情况下，某银行无须退还款项也无须赔偿损失。

需要注意的是，若孙某并未违反与商务公司的约定或他人假冒孙某使用信用卡进行担保，给孙某造成了实际损失，某银行将不可避免地要承担相应的赔偿责任。当然，某银行在承担赔偿责任后，可依据与商务公司之间的《邮购结算业务合作协议书》向商务公司进行追偿。

三、相关启示

近年来，随着我国信用卡业务的高速发展，信用卡交易方式也呈现多元化发展趋势。信用卡无卡收单这种交易方式，由于其交易途径的便利性被越来越多地应用于酒店、民航、保险等行业，与此同时，法律风险也不断累积。本案所反映出的信用卡无卡交易有关风险值得关注。

1. 明确约定交易规则和权利义务。鉴于商业银行与持卡人之间未对信用卡无卡收单交易及费用进行明确约定，相关法律法规对此亦无明确规定，因此，我国商业银行应在信用卡章程、信用卡领用合约、使用说明以及与特约商户的合作协议等法律文件中周密设计无卡收单交易规则，规定银行、持卡人和特约商户之间三个法律关系相互独立的法律特性，明确发卡银行根据电子交易数据承担无条件付款责任、由特约商户而不是发卡银行承担要素审核义务等特殊制度安排。

2. 充分履行风险提示和告知义务。商业银行不仅应当在通过信用卡章程、信用卡领用合约及使用说明中明确约定无卡收单交易规则，还应当通过适当方式将无卡收单交易规则、权利义务、潜在风险、责任分配以及相关注意事项提前告知持卡人，并注意做好解释和说明工作，确保持卡人在充分知悉有关交易规则的情况下顺利通过无卡收单交易在特约商户完成消费和结算。

3. 进一步完善特约商户审批制度。在无卡收单业务中，商业银行系依据特约商户上报的持卡人信息进行审核并扣款，商业银行无法对持卡人身份及交易的真实性进行审核。如果特约商户误报交易金额、冒充持卡人交易或在持卡人无需付款的情况下仍申请扣款，商业银行扣款后可能会引发法律纠纷。鉴于此，商业银行应当进一步完善特约商户审批制度，除要求特约商户提供营业执照、法定代表人证明等文件外，还应当到特约商户营业场所现场考察，尽量选择规模大、信誉好、业务模式规范的特约商户进行无卡收单业务合作。同时，商业银行还应当督促特约商户认真审核持卡人身份，必要时对特约商户经办人员进行培训，避免伪卡欺诈。

典型案例四：信用卡外卡收单业务纠纷案
一、基本案情

2008 年 12 月，东莞某酒店有限公司（以下简称某酒店）在某商业银行东莞某支行（以下简称某支行）开立尾号为 4123 的基本账户。2009 年 3 月 5 日，某酒店与某支行签订了特约商户协议书，约定，某酒店为受理某商业银行发行的银行卡、他行发行的带有银联标识的银行卡以及境外发卡机构发行的威士达卡和万事达卡的特约商户；某支行为某酒店安装 POS 机具，负责提供相关业务凭证、受理标志并进行业务培训等；某酒店应按某商业银行的操作规程受理银行卡及外汇卡；同时约定某酒店不得违反操作规程，不得协助持卡人使用信用卡套现、不得与持卡人串通诈骗银行资金等。

2010 年 5 月 7 日，M.C 公司的米切尔·布莱西（Michael Blythe）通过邮件方式以四位客人名义向某酒店预订 3 间标准间客房，入住时间为 2010 年 6 月 1 日至 6 月 11 日共 10 天。某酒店答复折扣后总房费为人民币 7 200 元（240 元/天 ×3 间×10 天 =7 200 元），米切尔在预订邮件中表示可接受此价格。随后，米切尔再次发邮件至某酒店，要求以信用卡支付包括房费、机票和船票全部费用，某酒店在扣除房费及刷卡手续费后，将余额汇至米切尔提供的机票和船票代理人的账号。某酒店表示同意，米切尔遂要求在其提供的信用卡上刷取 9 531 美元

（人民币 64 811 元），并随后传真信用卡、支付授权书与确认信回传等资料。2010 年 5 月 9 日，某酒店凭传真资料及客户要求做预授权及确认。5 月 13 日，某酒店通过网上银行查询收到此笔交易金额，在扣除房费及手续费后，提取人民币 53 107.02 元兑换成美元，在他行通过西联汇款汇至米切尔提供的机票和船票代理人账号。

此后，某酒店陆续收到米切尔的两次预订，两次分别以不同三位客人名义预订酒店 3 间标准间客房，预订中说明这三位客人系与第一批客人一起来旅游的，要求房间价格、房型、数量、入住时间、支付方式跟第一次预订相同。某酒店遂按第一次的操作方式凭卡号做预授权及确认，并在确认收到交易资金后，分别在其信用卡上刷取 10 785 美元（人民币 73 950 元）、9 670 美元（人民币 66 220元），在扣除房费及手续费后，提取人民币 60 535.44 元兑换成美元，在他行通过西联汇款汇至对方提供的机票和船票代理人账号。第三次扣除房费及手续费后的余款人民币 67 300.54 元未汇出。

2010 年 6 月 2 日，某支行收到某商业银行东莞分行银行卡中心转发总行，关于 POS 商户某酒店在 2010 年 5 月 9 日至 2010 年 5 月 29 日期间发生大额外卡收单异常交易约人民币 204 981 元的通知，总行在该通知中要求某支行在必要情况下可对该商户采取设置交易控制、暂停商户外卡交易等措施防控风险。2010 年 6 月 2 日，某支行工作人员到某酒店调取 2010 年 5 月 9 日至 5 月 29 日期间发生的大额外卡收单异常交易共计 16 笔，合计交易金额为人民币 204 981 元；2010 年 6 月 10 日，某支行对某酒店 POS 刷卡款项存在异常和风险的交易金额人民币 204 981 元进行了冻结。2010 年 7 月 11 日，某支行对其中的两笔异常刷卡款合计人民币 57 020 元进行扣划，2010 年 8 月 2 日至 9 月 9 日期间又从某酒店的基本账户扣划了 142 836.47 元，合计扣划人民币 199 856.47 元。2010 年 7 月 13 日，万事达卡北京代表处致函某商业银行总行，证实某酒店合计金额为人民币 204 981 元的 16 笔交易为伪卡交易。

某酒店在其基本账户内款项被某支行扣划后，认为某支行在未经其授权同意，且未持任何司法机关法律裁决的情况下，擅自冻结并扣划其基本账户中的人民币 199 856.47 元，严重侵犯其合法权益，遂以存款合同纠纷为由起诉某支行，请求法院判令某支行立即返还存款并赔偿利息损失。

一审法院以存款合同纠纷立案后，某支行认为其扣划某酒店的存款是基于双方签订的《特约商户协议书》，并向法院提供了相关证据材料。最终，法院认为本案实质是原、被告之间的信用卡 POS 交易服务合同纠纷，遂重点对信用卡 POS 交易服务合同关系予以审查。

在案件庭审中，某支行向法院提供了万事达卡北京代表处出具的《关于信用卡伪卡资料查验》、持卡人拒付申明以及《万事达使用手册》等证据文件，用于证明某酒店涉案 16 笔外卡交易为非持卡人授权交易，并均已遭到持卡人拒付。法院认为，某支行提供的证据系在境外形成，根据相关规定必须经过该国公证机构公证及我国驻该国使领馆认证方具备证据效力。鉴于此，一审法院建议某支行与某酒店调解结案。通过积极磋商，某支行与某酒店达成调解协议，由某支行给予某酒店 1 万元补偿后，某酒店不再就此事主张任何权利，同时解除双方之间签订的特约商户协议书，某支行停止某酒店 POS 机的使用。

二、分析与点评

本案为一起典型的外卡收单业务引发的被诉案件，涉及的主要问题和争议焦点包括：一是信用卡外卡收单业务的交易流程及当事人各方的权利义务关系，二是某酒店在本案所涉外卡收单交易中是否存在过错，三是某支行是否有权扣划某酒店账户金额。

（一）信用卡外卡收单业务的交易流程及当事人各方的权利义务关系

信用卡外卡收单业务是指，国际信用卡持卡人在特约商户使用境外银行发行的信用卡作为支付手段购买商品或服务时，特约商户通过安装的 POS 终端机将交易数据传递给收单行，收单行通过国际信用卡组织向发卡行传递交易数据，发卡行在收取持卡人所偿还的交易款项后，将交易款项划拨给收单行的交易方式。

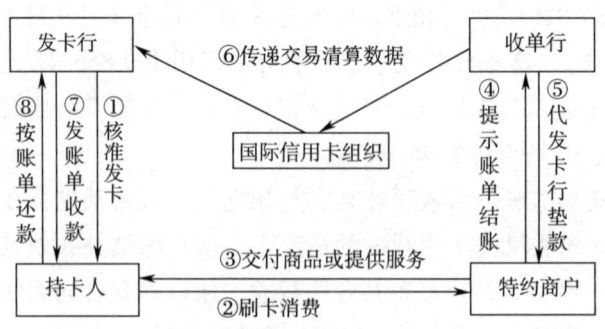

图 13 - 1　外卡收单交易流程图

从图 13 - 1 可以看出，信用卡外卡收单业务涉及收单行、发卡行、持卡人、特约商户以及国际信用卡组织等五方，各方之间发生如下法律关系：持卡人与特约商户之间的买卖或服务合同关系，收单行与特约商户之间的服务合同关系，收单行通过国际信用卡组织与发卡行之间的委托结算关系，以及发卡行与持卡人之间的信用卡法律关系。

在外卡收单涉及的法律关系中，特约商户一方面向持卡人提供商品或服务，另一方面依据收单行信用卡操作规程对持卡人所持信用卡进行审核及受理；收单行一方面负责向特约商户提供收单业务服务，另一方面通过国际信用卡组织清算系统向发卡行传递清算数据，代发卡行提前支付相关款项；发卡行在收到收单行清算数据后，向持卡人发账单收款，并将所收款项支付收单行。在这一交易流程中，收单行在特约商户受理信用卡后需代发卡行垫款，如事后遭遇持卡人拒付，而发卡行又认为持卡人拒付成立，发卡行会将相应款项退回给持卡人，并通过信用卡国际组织申请扣划收单行相应款项。因此，特约商户依照与收单行之间的特约商户服务协议，确保商品或服务交易的真实性，认真履行信用卡受理审查义务，妥善保管签购单特约商户留存联，成为收单行能否免除拒付风险的关键。

（二）某酒店在本案所涉外卡收单交易中是否存在过错

如上所述，特约商户在外卡收单业务中履行的相关义务是否规范，直接决定了收单行是否存在拒付风险。本案中，某酒店与收单行之间双方权利义务关系主要体现在《特约商户协议书》中，判断某酒店是否存在过错，应首先判断某酒店受理国际信用卡是否符合《特约商户协议书》约定。

《特约商户协议书》第二条约定，特约商户在受理外汇卡时，应严格执行某商业银行制订的《特约商户受理外汇卡操作规程》（以下简称《规程》）。根据《规程》，特约商户收银员在受理外汇卡业务时，应当优先选择POS联机交易方式完成，如系统显示"网络不通"或"查询发卡行"时应向授权中心索取授权；交易未能完成的，应通过手工压印卡片处理，压印单作为POS凭证的附件，且每笔交易都必须先行向授权中心索权。本案中，某酒店在受理米切尔提供的外汇卡办理预授权业务时，并未审核外汇卡本身，也未通过POS联机交易或手工压印卡片处理，在操作程序上，完全不符合其与某支行签订的《特约商户协议书》及相关操作规程。并且，某酒店进行的POS预授权金额除用于支付房费外，还包括机票和船票费用，并将机票和船票费用以现金方式兑换成美元，汇至客户指定的账号，该行为明显属于协助信用卡套现的违法行为，违反了《特约商户协议书》第二条第十二项关于协助持卡人信用卡套现属于重大违约行为的相关约定。

事实上，某酒店协助客户信用卡套现的行为，还涉嫌构成犯罪。最高人民法院、最高人民检察院、中国人民银行联合发布的《关于妨害信用卡管理刑事案件具体应用法律若干问题的解释》（法释〔2009〕19号）第七条规定，违反国家规定，使用销售点终端机具（POS机）等方法，以虚构交易、虚开价格、现金退货等方式向信用卡持卡人直接支付现金，情节严重的，应当以非法经营罪定罪处罚。本案中，某酒店在客户未实际入住的情况下，进行预授权，且预授权金额远远超过预订的房费金额，并将扣除房费和手续费后的余额以现金形式汇至客户指定的其他账户，明显属于以虚构交易信用卡套现，如该金额达到法定限额，构成情节严重的，则某酒店应以非法经营罪判处承担刑事责任。

（三）某支行是否有权扣划某酒店账户款项

本案中，发卡行在持卡人拒付后，将相关款项退还给持卡人，并向信用卡国际组织要求退回已垫付款项，信用卡国际组织根据与某商业银行的合作协议，从收单行扣划了垫付金额，最终形成收单行某支行的垫款。《特约商户协议书》第二条第十二项规定，如特约商户发生违反操作规程或进行信用卡套现等严重违约行为的，收单行有权终止协议，并有权拒绝付款或从特约商户账户中扣回违约款项，由此产生的经济损失由某酒店承担。据此，针对某酒店的违约行为，某支行完全有权从其账户中扣除相关款项。

虽然根据双方协议约定，某支行有权从某酒店账户中扣回相关款项并要求某酒店赔偿损失，但是，证明本案系伪卡交易、持卡人拒付以及某支行造成垫款损失的证据文件均来自于中国境外。根据《最高人民法院关于民事诉讼证据的若干规定》（法释〔2001〕33号）第十一条第一款的规定，当事人向人民法院提供的证据系在中华人民共和国领域外形成的，该证据应当经所在国公证机关予以证明，并经中华人民共和国驻该国使领馆予以认证，或履行中华人民共和国与该所在国订立的有关条约中规定的证明手续。因此，本案中，某支行要证明其形成拒付损失，需提供符合上述形式要件的证据文件。考虑到证据形成过程的复杂性以及相关成本，某支行最终与某酒店达成调解协议，适当补偿某酒店，终止《特约商户协议书》并收回POS机。

三、相关启示

随着我国信用卡业务的高速发展，外卡收单作为信用卡业务的重要组成部分也呈现快速发展的势头，该业务在为商业银行带来收益的同时，也潜藏着巨大的垫款损失风险。因此，商业银行应当严格甄选、管理特约商户，加大培训力度，高度重视外卡收单业务风险防控。

1. 提高特约商户准入门槛，加大特约商户监管力度。防控外卡收单业务风险的关键在于选择业务水平过硬、信誉好的商户进行合作，从源头上防止特约商户因人员管理不善、业务水平低下或故意违规等原因给收单行带来损失并引发被诉案件。商业银行应建立有效的特约商户管理机制，提高商户准入门槛，择优选择信誉度高的商户合作；对已建立合作关系的特约商户，应加强对特约商户的监管，要建立对特约商户的现场检查和非现场监控制度，建立商户交易数据库和监控系统，发现有关商户涉嫌违规受理业务要及时调查核实，必要时可暂停与其的合作，以强化对业务市场的风险监控。

2. 加大对特约商户的培训力度，建立完备的商户培训档案。特约商户工作人员是防范欺诈交易的第一道防线。商业银行应通过对特约商户进行业务培训，提升特约商户工作人员业务技能和水平，了解外卡收单操作规程，使其掌握伪卡和真卡的特征区别，能够辨别正是持卡人和犯罪嫌疑人在交易中的不同特点，避免特约商户出现违规操作或人为错漏的现象。同时，应建立完备的培训档案，记录对特约商户的培训时间、地点、业务内容等要素，防止在涉诉时因无法向法院提供履行培训义务方面的书面证据而使收单行处于被动地位的情形发生。

3. 加强与发卡行、特约商户之间的信息沟通，最大限度地避免损失。收单行应注重监测外卡收单交易，对于可疑交易或分单交易，收单行可主动向发卡行发出询问函，以了解真正的持卡人是否确实进行交易。当发生外卡收单持卡人拒付时，收单行应及时保留关于持卡人拒付或发卡行申请国际信用卡组织扣款的相关证据文件，同时应第一时间与特约商户沟通协商，了解交易的真实情况。如判定应由特约商户承担责任时，收单行应严格按照双方协议约定从特约商户账户扣款，并向特约商户出具相关证据文件，在最大限度地收回垫款的同时避免产生争议。

典型案例五：贷记卡计收复利纠纷案
一、基本案情

案例一：2002 年 7 月，郑某在甲商业银行（以下简称甲银行）申领了一张贷记卡，于 2004 年 7 月取现 1 笔形成透支 1 994 元。到 2006 年 10 月，郑某卡内记载透支金额共计8 998.59元，其中本金1 994元、透支利息1 848.64元、滞纳金5 155.95元。由于多次催收未果，甲银行向某县人民法院提起诉讼认为，郑某申领办卡时，双方签订了《××贷记卡领用合约》（以下简称《领用合约》），其中载明：持卡人应遵守《××贷记卡章程》（以下简称《章程》）；持卡人应承担其贷记卡项下发生的全部债务（包括贷记额度内及超贷记额度透支的本息及滞纳金、超限费、年费、手续费等各项费用）；除现金及转账外的交易从银行记账日起至对账单通知到期还款日止为免息还款期，持卡人在到期还款日营业终了前偿还全部应付款项，则无须支付除现金及转账外的交易的贷款利息；持卡人可按照发卡机构规定的最低还款额还款，按最低还款额还款的，发卡机构只对未清偿的部分每日按万分之五计收银行记账日起至还款日止的贷款利息，贷款利息按月计收复利；未能在到期还款日营业终了前偿还最低还款额度的，除应按上述计息方法支付贷款利息外，还应按最低还款额度未还部分的5%支付滞纳金；支取现金或转入个人账户使用贷记额度的，不享受免息还款期待遇，并应按每日万分之五支付所用款项部分从银行记账日起至还款日止的贷款利息；持卡人超额使用发卡机构所批准的贷记额度的，则账户所有的应付款项均不享受免息还款期待遇；若在到期还款日营业终了前未偿还超额部分，应对超额部分按5%支付超限费；上述透支款项均计收复利。郑某取现形成透支1994元后未偿付欠款本息，其透支款除应按日万分之五计付利息外，还应计收复利，另按每月5%计收未付本息的滞纳金，并将滞纳金计入欠款本金，滚动计算欠款本息滞纳金。因此，郑某应偿还欠款8 999.51元。

一审某县人民法院审理认为，甲银行和郑某之间签订的《领用合约》依法有效，双方形成合同关系，《章程》为合同的一部分。根据《章程》中"支取现金或转入个人账户使用贷记额度的，不享受免息还款期待遇，并应按每日万分之五支付所用款项部分从银行记账日起至还款日止的贷款利息"的约定，郑某应偿还甲银行欠款本金1 994元及利息（从2004年7月至2006年10月）。但《章程》还约定，持卡人现金及转账交易不享受免息还款期和最低还款额的优惠条件，中国人民银行《银行卡业务管理办法》（银发〔1999〕17号）也规定免息还款期和最低还款额均属于贷记卡持卡人非现金交易时所享受的优惠条件，《章程》中对持卡人支取现金使用贷记额度的情形没有规定需要计收滞纳金和复利。因此，在《章程》中没有明确规定持卡人现金交易也适用免息还款期和最低还款额的情况下，依据《银行卡业务管理办法》的规定，持卡人现金交易应不适用免息还款期和最低还款额的优惠条件及由此产生的贷款利息、复利、滞纳金计算方法,甲银行要求郑某按最低还款额未还部分的5%支付滞纳金及复利的诉讼请求缺乏法律依据和合同依据,不予支持。遂判决郑某应偿还甲银行欠款本金1994元及从2004年7月至2006年10月的贷款利息。甲银行不服一审判决提起上诉,二审法院审理后维持原判。

案例二:2005年6月,严某向甲银行申办了××贷记卡,信用额度为人民币2 000元,严某承诺保证遵守《章程》,履行《领用合约》。同年7月,严某透支取款1 000元后,一直未能还款。2007年2月,甲银行向法院提起诉讼,要求严某归还因透支产生的本金、利息、滞纳金和超限费累计2 931.65元。

一审某区人民法院审理认为,甲银行要求严某承担偿还透支本金1 000元,具有事实和法律依据,应予以支持。根据《最高人民法院关于贷记卡透支利息可否计算复利问题的批复》(法复〔1996〕18号)规定,甲银行和严某签订的《领用合约》中规定了透支利息为每日万分之五,该透支利率已具惩罚性质,因此,贷记卡透支利息不应该再计算复利。严某应向甲银行偿还利息的计算方法应该是,从其透支之日即2005年7月开始到透支本金1 000元清偿日止,按日万分之五计算。遂判决对甲银行主张的利息部分予以支持(即未将透支利息、滞纳金、超限费计入本金计算复利)。

甲银行不服一审判决提起上诉。二审某市中级人民法院审理认为,《最高人民法院关于贷记卡透支利息可否计算复利问题的批复》是针对中国人民银行《信用卡业务管理暂行办法》(银发〔1992〕298号)相关规定所作出的,该办法已于1996年4月1日废止,因此,该批复不应再予适用,一审判决适用法律错误,应予纠正。根据《银行卡业务管理办法》(银发〔1999〕17号)第二十一条、第二十二条和第二十三条的规定,甲银行对严某透支未清偿款项部分主张计算利息及复利有相应的合同依据和法律依据,遂撤销某区人民法院一审判决,改判支持甲银行全部诉讼请求。同时,某中级人民法院提出司法建议,认为甲银行对贷记卡复利计收范围和计算方法不够透明,一般持卡人难以理解,要求甲银行应以简明的方式向持卡人公布和说明。

二、分析与点评

近几年来,商业银行贷记卡发卡量迅猛增长,但有关贷记卡服务纠纷亦越来越多。其中,持卡人对商业银行计收复利的范围及计算方法容易产生异议,人民法院审理此类纠纷案件也有不同认识。复利纠纷是近年来出现的一种比较新型的贷记卡纠纷，其争议焦点主要集中在贷记卡发生透支后产生的透支利息、滞纳金和超限费等是否转入透支本金计收复利。

(一) 从贷记卡计收复利法律规定方面的分析

复利是指在每经过一个计息期后，都要将所生利息加入本金，以计算下期的利息，即以利生利。中国人民银行《银行卡业务管理办法》（银发〔1999〕17号）第二十一条规定："贷记卡持卡人选择最低还款额方式或超过发卡银行批准的贷记额度用卡时，不再享受免息还款期待遇，应当支付未偿还部分自银行记账日起，按规定利率计算的透支利息。贷记卡持卡人支取现金，不享受免息还款期和最低还款额待遇，应当支付现金交易额或透支额自银行记账日起，按规定利率计算的透支利息。"第二十二条规定："发卡银行对贷记卡持卡人未偿还最低还款额和超信用额度用卡的行为，应当分别按最低还款额未还部分、超过信用额度部分的5%收取滞纳金和超限费。"第二十三条规定："贷记卡透支按月计收复利，透支利率为日利率万分之五，并根据中国人民银行的此项利率调整而调整。"从相关规定可以看出，贷记卡形成透支有两种方式，一种是现金透支，例如透支取现、账户转账，另一种是非现金透支，主要是消费透支。现金透支不享受免息还款期和最低还款额优惠条件，即一旦发生透支就要计收利息。当持卡人选择最低还款额方式按月还款或超过发卡银行批准的信用额度时，其最低还款额以外的未还欠款和超额度使用欠款应计收透支利息。如果持卡人连最低还款额部分也未能按时还款，则对最低还款额未还部分按5%比例再计收滞纳金。对持卡人超过信用额度部分，则按5%计收超限费。贷记卡透支部分应按月计收复利，如果持卡人在发生透支的第一个月内未能按时归还透支利息、滞纳金或超限费，则下一个月会将上月透支利息、滞纳金或超限费计入透支本金，再重新计算透支利息、滞纳金或超限费，如此反复，直至欠款还清为止。

案例一中，某县人民法院认为《银行卡业务管理办法》规定免息还款期和最低还款额均属于贷记卡持卡人非现金交易时所享受的优惠条件，从而推论出郑某现金透支不适用由此产生的贷款利息、复利、滞纳金的计算方法。案例二中，某区人民法院依据《最高人民法院关于贷记卡透支利息可否计算复利问题的批复》（法复〔1996〕18号）规定，认为《领用合约》中约定的每日万分之五透支利率已经有惩罚性质，因而透支利息就不应该再计算复利。最高人民法院的批复是依据《信用卡业务管理暂行办法》（银发〔1992〕298号）作出的，而1996年4月1日中国人民银行颁布了《信用卡业务管理办法》，明确废止了

《信用卡业务管理暂行办法》,1999年1月27日中国人民银行颁布了《银行卡业务管理办法》,同时废止了《信用卡业务管理办法》。严某所持的信用卡为贷记卡,其透支金额应按照《银行卡业务管理办法》"贷记卡透支按月计收复利,透支利率为万分之五"的规定计收复利,因此,某中级人民法院撤销某区人民法院判决符合法律规定。

(二)从贷记卡计收复利合同依据方面的分析

持卡人申办贷记卡时,须与发卡银行签订《领用合约》。《领用合约》具有合同性质,对持卡人和发卡银行之间权利义务作出具体约定,同时约定持卡人签订合约即表示同意遵守发卡银行制定的信用卡章程。由于人民银行《银行卡业务管理办法》对贷记卡的透支利息、滞纳金、超限费以及计收复利等有规定,因此,相关条款亦被我国商业银行纳入《领用合约》。

根据商业银行贷记卡《领用合约》和章程的规定,该方面约定条款主要包括:一是免息还款期条款,持卡人在免息还款期内全额还款的,无须支付透支利息,但透支取现和转账交易除外。二是最低还款额条款,持卡人按照发卡银行规定的最低还款额(不低于透支余额的10%),在到期还款日之前还款的,只对最低还款额以外部分支付透支利息;如果不能按照发卡银行规定最低还款额按期还款,除计收透利息外,还对最低还款额未还部分计收5%的滞纳金。三是超信用额度使用条款,持卡人账户内应付款项超过发卡银行批准的信用额度,则账户内所有信用额度均不享受免息还款期待遇,并对超过信用额度部分的欠款再计收5%的超限费。一般因利息、滞纳金、费用等导致超过信用额度的,均属于超额使用信用额度。四是复利计收条款,发卡银行对贷记卡内所有透支款项,均计收复利。

前述两个案例中,甲银行根据人民银行《银行卡业务管理办法》"贷记卡透支按月计收复利"规定,在贷记卡《领用合约》和《章程》中对透支利息、滞纳金、超限费以及复利计算范围分别作出规定,应视为持卡人和甲银行双方已就该内容作出合同约定。即使人民银行在《银行卡业务管理办法》中未对计收复利范围作出明确规定情况下,甲银行依据合同约定计收复利也是符合法律规定的。因此,某县人民法院和某区人民法院认为甲银行计收复利缺乏合同依据难以成立,而某中级人民法院认定甲银行对透支利息、滞纳金、超限费计算方法符合合同约定,其对计收复利范围的理解符合《银行卡业务管理办法》的制定本意。

三、相关启示

对同一性质和类型的贷记卡纠纷，甲银行获得完全相反的两种判决结果，反映了当前贷记卡计收复利问题仍存在一些争议。从规范贷记卡市场竞争，维护持卡人和商业银行合法权益，保证交易公平的角度出发，本案带来的相关启示值得关注。

1. 银行卡监管部门应尽快修订《银行卡业务管理办法》，明确贷记卡复利计收范围和计算方法。从前述两起案例争议过程来看，持卡人和发卡行对贷记卡哪些费用属于复利计收范围，如何计算复利均存在争议。人民银行《银行卡业务管理办法》仅规定"贷记卡透支按月计收复利"，但对滞纳金、超限费是否计入本金计算复利，透支取现和转账交易是否适用最低还款额并计收滞纳金，以及超限费的计收次数等问题规定不明，造成实践中商业银行和持卡人形成不同理解，法院在审理类似纠纷中也作出不同判决。因此，我国银行卡监管部门应尽快针对出现的贷记卡纠纷，明确计收复利交易规则。

2. 商业银行应充分披露贷记卡复利计收规则，加强对持卡人业务宣传。好的市场经济是建立在公正、透明的规则之上，商业银行在制定贷记卡章程和《领用合约》时，应对贷记卡复利的计收范围和计算方法进行充分说明，让持卡人熟知贷记卡的信用服务内容，避免持卡人因不了解和知悉贷记卡使用规则，导致非主观意识的恶意透支，进而被收取复利形成资金损失和个人不良信用记录。

3. 持卡人要注重培育自身信用风险意识。贷记卡给持卡人带来的最大利益就是在一定的期限内能够获得免息的消费贷款，但作为消费者的持卡人也应当意识到"世上没有免费的午餐"。持卡人在申办贷记卡时，应注意了解商业银行对贷记卡的各种收费规定，形成按时归还透支款的用卡习惯，合理运用免息还款期优惠条件，防止因一时疏忽而忘记还款或对透支收费规则误解导致自身利益受损。

典型案例六："克隆卡"（伪卡）纠纷案

一、基本案情

俞某在某支行开立存折一本，同时申领借记卡一张。2009年8月4日，俞某拟提前归还在某支行的个人住房贷款，某支行同意后，俞某随后将12万元存入该存折中。

第十三章 银行卡业务典型案例实证分析

2009年10月28日，俞某在位于某市某物业管理公司经管所在地的某城市商业银行（以下简称某城市商业银行）ATM以其银行卡从上述存折中取款400元，同时被扣取跨行取款费4元，账户余额为125 630元。后据某城市商业银行提供的监控录像显示：该日18点56分到至18点59分，有两名男子在上述ATM读卡器外安装一个与其颜色相同的盗卡装置，并在上方安装了针孔摄像头同时将密码键盘上的遮挡设备拆除。在非法装置被发现并清除前，有21位储户在该ATM上使用银行卡取款，部分储户在输密码时以手遮挡，俞某在输入密码时未以手遮挡。

2009年10月29日、30日，一男子在某省的另两家银行使用同一卡号的银行卡通过ATM分15次取款，共支取125 577元（其中取现金额为124 988元，异地跨行取款费589元）。

2009年11月7日，俞某持上述存折到银行核实提前还贷情况，补登存折后发现交易不是还贷而是被他人异地取款。俞某向某市公安局某派出所报案，该派出所出具了报警回执。

俞某认为，自己一直谨慎、妥善地保管好自己的存折、银行卡，从未丢失过。某支行、某城市商业银行及对ATM存放场所负管理责任的某市某物业经营管理有限公司（以下简称某物管公司）由于过错，导致其银行卡资料泄密，造成卡内资金被盗，依法应承担赔偿责任，故向某区人民法院起诉，请求法院判决各被告赔偿原告的全部经济损失。

某区人民法院审理后认为，原告俞某在被告某支行开设个人账户，领有借记卡，双方之间的储蓄存款合同关系依法成立。原告以储蓄存款合同纠纷提起诉讼，合同的相对方为开户银行即被告某支行。在通存通兑和银联交易的金融体制下，被告某城市商业银行以及在某市办理异地取款业务的银行与开户银行之间均为业务代理关系，其代理行为的后果应由被告某支行承担。基于原告在被告某城市商业银行办理取款业务前，某城市商业银行ATM已被不法分子安装了盗卡装置及针孔摄像头的事实，此后账户在较短时间内发生多笔异地取款，结合原告获悉其存款被提取后即报警等事实，他人使用"克隆卡"（伪造银行卡）异地支取原告存款的可能性明显大于原告或其委托他人使用真实银行卡交易的可能性，且现无相反证据反驳原告的主张，故本案可以认定原告存款被非法提取的事实。关于被告某支行对原告存款损失是否存在过错及如何承责任的问题。法院认为及时更新技术和设备，有效防范银行卡信息被盗取和识别伪卡是银行应尽的合同义务。作为开户行的某支行未能有效防范银行卡信息被盗取和有效识别伪造的银行卡，在履行合同过程中未尽保障原告存款安全的义务，应负主要责任对原告存款损失承担80%的赔偿责任。

关于原告对其存款损失是否存在过错及如何承担责任的问题。交易密码由储户自行设定，依日常生活经验，除储户本人外他人无法掌握，储户对密码应负有妥善保管和保密的义务。原告输入密码时未采取适当的方式用手遮挡，未谨慎保管密码，对存款被支取存在相应的责任，对其存款损失应自行承担20%的责任。原告以储蓄存款合同纠纷提起本案诉讼，因涉案ATM的所有者某城市商业银行和ATM安放场所的物业管理者某物管公司均非储蓄存款合同的相对方，故原告对其主张缺乏依据，依法予以驳回。

一审判决后，俞某与某支行均不服一审判决，向某市中级人民法院提出上诉。俞某认为，其办理业务的ATM被不法分子安装非法装置，证实某支行不能为其提供安全的交易场所，对此产生的资金被盗后果应该由某支行承担全部赔偿责任，理由如下：第一，根据一审已经查明的事实，犯罪分子利用某城市商业银行管理ATM的过错和俞某疏于保管其密码的过错，通过盗取的银行卡信息及密码制作克隆卡在异地取款致俞某存款损失。在此过程中，某支行没有过错，不应该承担任何赔偿责任。

第二，一审将本案以储蓄合同纠纷定性是错误的。

1. 原审原告的诉讼请求明确要求三被告共同承担损害赔偿责任，不是要求某支行履行储蓄合同项下的合同相对责任。俞某在一审起诉状事实和理由部分称"各被告由于过错，导致原告银行卡资料泄密，造成原告银行卡内125 577元被盗，依法应承担赔偿责任，各被告应依法连带赔偿给原告所造成的全部经济损失"，并没有要求以储蓄合同关系为依据、根据合同的相对性追究某支行的合同责任，体现在诉讼请求中亦是使用了"各被告"、"连带赔偿"等字眼要求原审各被告承担赔偿责任。俞某通过诉讼请求已经固定的法律主张就是要求包括某支行在内的原审三被告共同对其被非法盗取的125 577元存款承担赔偿责任。原审法院对本案的审理已经不在原告的诉讼请求所依据的法律关系（侵权之诉）范围，审判并没有围绕原告的诉讼请求进行，最终错误地将犯罪分子的刑事侵权行为推定为某支行的民事过错，完全违背了本案各方过错行为与损害结果之间的关系，因而是错误的判决。

2. 一审法院错误地以某城市商业银行、某物管公司不是储蓄合同的相对方为由免除其赔偿责任是错误的。其实质是以合同无过错责任代替犯罪分子的侵权责任，不公平地加大了某支行的民事责任。不否认与俞某之间的储蓄合同关系，但俞某125 577元存款被盗取的损害结果是由犯罪行为所产生，是犯罪分子侵犯了被上诉人俞某的财产权，这是产生125 577元损失的最直接的因果关系；而某城市商业银行、某物管公司由于未能提供安全的交易场所，对犯罪分子加装摄像头与非法设施毫不知情、俞某亦未能尽到谨慎保管密码的义务，均有过错，这些过错导致了犯罪分子有机可乘，共同造成了损害结果的发生，因而应由各方共同承担存款被盗的责任。

3. 俞某一审诉讼请求明确，本案不存在请求权竞合问题。《合同法》第一百二十二条规定："因当事人一方的违约行为，侵害对方人身、财产权益的，受损害方有权选择依照本法要求其承担违约责任或者依照其他法律要求其承担侵权责任。"在本案中，俞某与某支行均确认导致125 577元的存款损失的直接原因是犯罪分子非法盗取的结果，作为储蓄合同关系中的一方当事人，某支行并无《合同法》第一百二十二条中规定的违约行为，即本案不存在俞某有权以违约责任或以侵权责任要求责任人承担责任的情形，而俞某并没在诉讼请求中以储蓄合同关系追究原审二被告的责任，所以俞某实际是要求原审三被告承担侵权损害赔偿责任。

4. 一审法院应以财产损害赔偿作为本案案由和审理所依据的法律关系，尊重一审原告的诉讼请求，结合本案案情，依据各方过错程度决定各方需对损害结果承担责任的大小，这样的审理方式也更有效率。

某市中级人民法院审理后认为，俞某与某支行之间的储蓄存款合同关系成立并有效。某城市商业银行未对自己的ATM进行有效监管导致ATM被不法分子安装非法设备，最终导致俞某银行卡信息及密码被盗。由于某城市商业银行与俞某之间不存在相关的合同关系，而与某支行却存在联营协作关系，故应由某支行直接对储蓄存款合同的相对方即俞某就某城市商业银行未能尽到保障储户存款安全的义务而承担责任。俞某取款时未用手遮挡密码存在一定的过错，原审判决俞某承担20%的损失并无不妥，故维持原审判决对俞某与某支行的责任分配。另外，俞某在起诉时请求某支行、某城市商业银行、某物管公司对其损失承担责任，并没有明确要求上述当事人承担侵权责任。原审法院将本案案由确定为储蓄存款合同纠纷，权利人俞某并没有对此提出异议，某支行主张俞某是要求上述当事人承担侵权责任没有事实依据，故对该主张予以驳回。综上，判决驳回上诉，维持原判。

二、分析与点评

（一）原告与发卡行的法律关系

原告在发卡行处开立个人结算账户，申领银行卡，原告与发卡行构成储蓄合同法律关系。储蓄合同法律关系在本质上是债权债务关系。储蓄合同法律关系的客体是金钱，金钱是特殊的种类物，一旦转移占有，所有权即发生转移。储户将金钱的占有权转移给银行，银行即取得原告存入资金的所有权，储户与银行形成债权债务关系，存折、银行卡为双方债权债务关系的凭证。在此合同法律关系中，储户享有要求银行兑付存款本金及利息的基本权利，承担妥善保管银行卡及其密码的义务；银行负有兑付存款本息、保障存款人存款安全、提供安全取款环境的基本义务。此外，储蓄存款合同作为一种特殊的合同，银行和储户双方还必须履行法律法规规定的义务。

（二）发卡行与受理行的法律关系

储户持卡通过 ATM 跨行进行查询、取款等交易，发卡行与受理行之间构成委托代理关系。委托人为发卡行，受托人为受理行。该委托合同关系是因发卡行与受理行均为银联成员行与银联签订入网协议而产生。

我国《商业银行法》第六条规定："商业银行应当保障存款人的合法权益不受任何单位和个人的侵犯。"《合同法》第六十条规定："当事人应当按照约定全面履行自己的义务。当事人应当遵循诚实信用原则，根据合同的性质、目的和交易习惯履行通知、协助、保密等义务。"本案中，俞某与某支行为储蓄合同关系，按储户要求支付存款、提供安全的取款环境、保障储户存款安全是开户行必须履行的义务。俞某持他行卡前往某城市商业银行取款，某城市商业银行作为该行的代理行，其通过 ATM 向俞某支付存款是在履行其作为受托人与被代理行之间的委托合同义务，而提供安全的取款环境、保障储户存款安全是实现储户顺利取款的前提条件，也是其必须履行的委托合同义务。但本案录像显示，某城市商业银行 ATM 被不法分子安装了盗码器、针孔摄影机等非法装置，以致俞某在取款时被窃取了银行卡信息及密码。某城市商业银行未尽到妥善管理 ATM、及时发现并拆除非法装置，为取款人提供安全取款环境的委托合同义务，某城市商业银行具有明显的过错，因而应当承担民事责任。而根据《民法通则》及《合同法》关于委托代理的相关规定，委托人某支行应就受托人某城市商业银行的行为向俞某承担责任，在承担责任后有权向受托人某城市商业银行追偿。

（三）各方责任分配分析

任何一笔取款业务的交易成功，均需具备两个条件，即真实的存折（银行卡）和正确的密码，二者在取款交易中缺一不可，同等重要。真实的存折（银行卡）和正确的密码同时也是商业银行为保护储户存款安全在计算机系统设计的两道重要防护措施。假设银行能识别所有虚假存折（银行卡），即便储户泄露密码，他人也不可能取款成功；同样道理，储户若能妥善保管密码，即使银行未能识别虚假存折（银行卡），取款交易也不可能完成，因此根据存折（银行卡）和密码在取款交易中的作用，银行与储户应各自承担一半的责任。个别法院认为，因为银行识别存折（银行卡）在先，密码输入在后，如果银行先行识别出虚假存折或银行卡，就能有效阻断取款交易的发生。这种观点的错误是因对取款交易中存折和密码的关系认识不清造成的，同时也违背了商业银行要求客户为存款设定私人密码的初衷及储蓄存款合同规定的储户应妥善保管密码的合同义务。

本案有明确证据证明原告的密码因某城市商业银行 ATM 被非法安装盗码器、摄像头而泄露。原告作为普通储户，其可能不具备识别 ATM 设备的基本知识和能力，无法识别安置其上的非法装置，因此银行应承担一定的密码泄露责任。但如若原告采取得当的防范措施，如在输入密码时用手遮挡，就可能防止密码被窃取。原告的过错减轻了银行责任，法院判决原告承担 20% 的责任较为公平合理。当然，由于某城市商业银行对导致密码泄露也存在一定过错，某支行在承担赔偿责任后，还可就相关损失向某城市商业银行行使追偿权。

三、相关启示

随着银行卡的普及，针对银行卡的犯罪也日益猖獗。不法分子通过在银行 ATM 插卡口和键盘上方安装盗码器、摄像头，或通过在 POS 机安装非法装置等手段窃取储户银行卡信息和密码后进而复制银行卡冒领储户银行存款的案件不断发生，应当引起相关商业银行的充分重视。

1. 高度重视自助银行营业场所和自助设备管理。商业银行应当加强对自助设备巡查力度，发现异常情况及时处理，尽量避免在自助营业场所安装非法装置窃取客户账户信息和密码，骗取储户存款案件的发生。

2. 加强 POS 机特约商户管理。商业银行应建立健全 POS 机商户准入制度，严格特约商户准入门槛、资质审查和授信标准，择优选择信誉好的商户合作，同时注意合理安排 POS 机布放，审慎开展相关外包服务；对已与本行建立合作关系的商户，应加强与合作商户的沟通，切实做好特约商户的风险教育和技能培训；建立对合作商户的考察机制，对投诉率高、不能安全使用POS机的合作商户应坚决退出；对与其他银联成员行合作的商户，在发现异常情况时应及时知会POS机安装行，必要时会同银联共同建立商户识别准入制度，以共同防范信用卡欺诈案件的发生。

3.加大对持卡人安全用卡的宣传力度。以适当方式提示客户切勿轻信张贴在银行自助设备上的不明告示；在设置密码时，最好不要将密码设置成生日、电话号码、身份证号码等有关信息；取款时，在将银行卡放进取款机之前，最好用手指将部分卡号压住，特别是在取款期间一定要注意周围是否有人窥探，最好用手或其他遮盖物将密码键盘遮挡；在发生柜员机吞卡或不出钞情况下，应拨打银行对外公布的客服电话寻求帮助或直接向银行工作人员反映相关情况；通过网上银行交易时，尽量避免在网吧和公共场所上网，最好在家中固定电脑上进行买卖、划转和交易。

典型案例七：客户银行卡不良信用记录纠纷案

一、基本案情

1996年，李某曾在某银行A分行（以下简称A分行）申办准贷记卡金卡主卡一张。准贷记卡章程第九条规定：持卡人应在账户中保持足够余额以备支用，如有急需可以在规定的限额内透支，由银行提供信贷服务，透支金额和利息需在30天内归还。金卡账户透支限额5 000元，普通卡透支限额1 000元。透支利息自银行记账日起15天内按日息万分之五计算；超过15天按日息万分之十计算；超过30天或透支超过规定限额的，按日息万分之二十计算。本金或利息未还清又透支的，透支日期连续计算。透支利息按最后期限或最高透支额的最高利率档次计算。

李某申办准贷记卡后开始使用。截至1997年底，李某累计透支9 000元，积欠利息2 000元。经催收，李某于1998年6月归还了本金，但仍积欠利息2 300元（截至1998年6月）。A分行将李某准贷记卡归于长期无法追索零本金类账户管理，于2000年核销。2002年9月，A分行将李某不良信用记录录入某银行总行开发的客户不良信用记录系统，但根据相关管理规定未向人民银行客户征信管理机构报送李某不良信用记录。

2012年初，李某因购买汽车向某银行B分行（以下简称B分行）申请汽车消费贷款，B 分行以李某被列入"黑名单"为由拒绝了其贷款申请。李某询问 B 分行是哪个分行将其列入"黑名单"，B 分行告知李某不良信用记录不是该行录入，但无法查明不良信用记录究竟是哪个分行录入。李某向 B 分行投诉，但问题未解决。2012 年 4 月，李某以某银行总行侵犯其名誉权为由，向法院起诉某银行总行，要求某银行总行停止侵权、消除其在某银行总行系统中的不良信用记录、公开赔礼道歉并赔偿精神损失 2 万元。

一审法院经审理，认为李某不良信用记录是 A 分行上传，其与 A 分行存在法律关系，与某银行总行不存在法律关系，李某起诉某银行总行属于被告主体不适格，裁定驳回李某起诉。李某不服，以某银行总行在"黑名单"系统发布了其不良信用记录，与 A 分行构成共同侵权，某银行总行作为"黑名单"系统建设开发人负有停止侵权义务为由，提起上诉。二审法院裁定驳回李某上诉，维持一审法院裁定。诉讼结束后，李某找到 A 分行偿还了拖欠的利息，A 分行经认真评估删除了李某在客户不良信用记录系统中的有关不良信用记录。

二、分析与点评

近年来，各商业银行纷纷开发建设自己的客户信用信息数据库，商业银行分支机构在办理个人申请信用卡、贷款等业务时，除查询客户在人民银行征信系统中的信用记录外，通常将内部系统个人信用记录作为是否同意客户业务申请的重要判断依据。同时，商业银行还将内部客户不良信用记录系统作为向人民银行征信系统报送客户征信情况的重要数据来源。因此，客户在商业银行内部不良信用记录系统相关信用信息的真实性、准确性和完整性显得极为重要，一旦相关信息发生错误或不完整，就有可能发生法律纠纷。本案即是一起典型的因银行卡交易业务引发的商业银行内部客户不良信用记录诉讼案件，涉及到李某起诉某银行总行被告主体是否适格、某银行是否侵犯了李某名誉权和某银行总行是否应当承担连带责任等三个焦点问题。

（一）关于李某起诉某银行总行被告主体是否适格问题

我国《民事诉讼法》第四十八条规定："公民、法人和其他组织可以作为民事诉讼的当事人。"《最高人民法院关于适用〈中华人民共和国民事诉讼法〉若干问题的意见》第四十条规定："民事诉讼法第四十九条规定的其他组织是指合法成立、有一定的组织机构和财产，但又不具备法人资格的组织，包括……各专业银行设在各地的分支机构。"《中国人民银行关于对商业银行分支机构民事责任问题的复函》（银条法〔1995〕37 号）规定："商业银行的分支机构在总行授权范围内开展业务时，与其他公民、法人和其他组织发生纠纷引起民事诉讼的，应以分支机构作为诉讼主体，而不应以其总行作为诉讼主体。"

本案中，李某于1996年在A银行申办准贷记卡，其所称的不良信用记录也是该行报送，与A银行存在法律关系，与某银行总行不存在法律关系，根据上述法律规定不应将某银行总行列为被告。某银行总行依法设立并领取营业执照的分支机构根据上述规定具有独立的诉讼主体资格，享有独立的诉讼权利，依法可以作为本案当事人参加诉讼，并以总行授权其经营管理的财产承担相应的法律责任。因此，李某将某银行总行列为本案被告属于主体错误。

（二）关于某银行是否侵犯李某名誉权问题

最高人民法院《关于审理名誉权案件若干问题的解答》第七条规定："是否构成侵害名誉权的责任，应当根据受害人确有名誉被损害的事实、行为人行为违法、违法行为与损害后果之间有因果关系、行为人主观上有过错来认定。"根据这一规定，侵犯名誉权需具备四个构成要件，一是受害人有名誉受损后果，二是行为人行为违法，三是违法行为与损害后果之间有因果关系，四是行为人主观上有过错。

第一，李某没有名誉受损后果。名誉权受损，表现为民事主体社会评价的降低。本案中，某银行内部客户不良信用记录系统属于内部系统，不对社会公开，只有某银行特定业务人员、在特定授权允许条件下，办理信贷业务过程中才能查看客户信息，查询后要对客户信息保密。同时，某银行按照人民银行有关规定，没有向人民银行征信系统报送李某欠款信息，其他银行不会看到李某欠款信息，社会公众更不可能知道其欠款信息，不会造成其社会评价的降低。

第二，某银行没有违法。李某申办信用卡后，截至1998年6月，仍欠息2 300元未归还。在李某长期欠款情况下，A银行将其不良信用记录录入客户不良信用记录系统，没有违反任何法律的禁止性规定。

第三，某银行没有过错。民法上的过错包括故意和过失，故意是指行为人明知自己的行为会发生侵权后果，希望或放任结果发生的心理态度；过失是指行为人应当预见自己的行为可能发生侵权后果，因疏忽大意没有预见，或轻信能够避免的心理态度。很显然，某银行没有侵犯李某名誉权的故意。同时，某银行为加强客户信用风险管理，建立客户不良信用记录系统，将李某欠款情况录入该系统，也不存在应当预计自己的行为会侵害李某名誉权的后果，因疏忽大意没有预见或轻信能够避免情况。因此，某银行没有过错。

第四，本案不存在因果关系问题。李某没有名誉受损后果，某银行行为没有违法，谈不上违法行为与损害后果之间的因果关系问题。

（三）关于某银行总行是否应当承担连带责任问题

李某认为，某银行总行发布了其不良信用记录，与 A 分行构成共同侵权，同时，总行作为系统建设开发人也负有停止侵权义务。这两点理由也是李某将总行列为被告原因之一。

关于某银行总行是否发布李某不良信用记录问题。根据汉语词典的解释，发布是指把命令、文告、新闻等公开告诉大家；在百度百科中，发布是指把思想、观点、文章和意见等东西通过报纸、书刊或者公众演讲等形式公诸于众。上述解释均有向不特定主体提供消息的意思。

本案中，某银行总行没有发布李某不良信用记录。首先，客户不良信用记录的知悉范围仅限于某银行特定工作人员。根据某银行客户不良信用记录系统管理办法的规定，系统对用户实行注册管理，相关岗位人员履行用户注册审批手续，获得相关部门批准后方可成为系统用户。这意味着只有经过授权的特定人员才有权查看客户不良信用记录，知悉范围不属于公众。其次，某银行客户不良信用记录系统管理办法规定，工作人员只有在办理信贷和信用卡审批业务时才有权查看客户不良信用记录，其他条件下不得查询客户任何信息。最后，某银行工作人员要对客户不良信用记录进行保密。某银行客户不良信用记录系统管理办法规定，系统信息属于商业秘密，仅供内部控制信用风险使用，相关人员必须对知悉的客户信息保密，不得向客户本人、其利害关系人和其他与控制风险无关人员透露。从上述三点来看，只有某银行特定业务人员、在特定授权允许条件下，办理相关业务过程中才能查看客户信息，查询后要对客户信息保密。因此，某银行总行没有发布李某有关信息。

同时，关于银行客户不良信用记录系统是否会导致客户信息被社会公众知悉问题，最高人民法院公报公布的周雅芳诉中国银行股份有限公司上海市分行名誉权纠纷案（《最高人民法院公报》2012 年第 9 期）给出了明确答案。该案中，法院认为"中国人民银行的征信系统是一个相对封闭的系统。只有本人或相关政府部门、金融机构因法定事由才能对该系统内的记录进行查询，这些记录并未在不特定的人群中进行传播，并且造成周雅芳的社会评价降低，故不能认定存在周雅芳名誉受损的后果"。银行内部客户不良信用记录系统知悉范围远比人民银行征信系统小得多，更不可能造成客户不良信用记录在不特定人群中传播的后果。因此，某银行总行没有发布李某不良信用记录，没有与 A 分行共同侵权。

关于总行作为系统建设开发人是否负有停止侵权义务问题。某银行客户不良信用记录系统管理办法规定，客户不良信用记录信息的维护遵照属地原则，由产生客户不良信用记录的分支机构负责管理和操作。根据这一规定，如 A 分行上传李某不良信用记录存在错误行为，则应由该行负责更正，某银行总行没有相应义务。因此，某银行总行没有义务停止所谓的侵权行为。

三、相关启示

本案中，虽然某银行总行和相关分行均不存在法律上的过错，以某银行总行完全胜诉、A 银行成功收回客户拖欠的银行卡利息告终，有效维护了某银行合法权益。但是，本案对商业银行妥善处理内部系统客户信用信息，加强个人信用征信管理，不断提升客户服务水平，防控相关法律风险仍具有一定启示作用。

1. 加强客户服务管理，妥善处理客户投诉。通常情况下，客户与银行发生纠纷，一般首先会向当事行反映或投诉，要求解决有关纠纷，这是化解有关风险的最好时机。本案中，李某第一步也采取了这种方式。商业银行要高度重视这个处理化解风险的最佳时机，加强客户服务管理工作，想客户之所想，急客户之所急，采取有效措施妥善处理客户投诉。对银行确有责任或过错的，要依照有关规定尽快妥善处理；对银行没有过错的，要耐心细致地做好解释工作，向客户充分说明有关业务的工作流程和银行的角色定位，力争取得客户的理解，将矛盾和纠纷化解在萌芽状态，避免投诉转化为被诉案件，影响银行声誉。

2. 完善商业银行客户不良信用记录系统管理工作，保护客户合法权益。一是加强客户不良信用记录系统建设，发现系统存在缺陷或客户信息不完整的（如本案中某银行系统缺少报送李某不良信用记录信息，导致李某无法查找到哪个分支机构记录了其不良信用记录，无法解决问题），要及时升级或完善系统。二是要加强对客户不良信用记录数据的核实工作。虽然法律法规和监管规定没有规定银行对内部系统中的客户不良信用记录有实质审核义务，但为避免相关纠纷，商业银行要认真核实客户客观上是否确实存在不良信用行为，且该不良信用行为完全是客户自身的行为造成的，防止出现错误不良信用记录，给客户办理业务带来麻烦。三是要加强保密工作管理，凡是知悉客户不良信用记录银行工作人员，都要对客户有关信息保密，维护客户隐私权。

3. 建立个人不良信用信息及时告知机制，充分尊重客户的知情权。商业银行不管是在内部系统记录，还是向人民银行征信系统报送客户不良信用记录，最好采取适当措施及时告知客户，给客户一个纠正不良行为的机会，促使那些主观上没有违约恶意的客户遵照诚实信用原则履行自己的义务，或者采取措施积极改正和弥补。同时，及时通知客户能够避免客户今后在办理银行业务被拒绝时才"突然"发现自己有不良信用记录，给相关经济活动带来不便。

典型案例八：被他人冒领信用卡消费致使信用受损申请精神损害赔偿纠纷案

一、基本案情

2006年9月至2007年8月间，张某在某工程学校担任教师。在此期间，王某在某工程学校学习。2006年9月，张某捡到王某的身份证，在未经王某同意的情况下，擅自利用王某的身份证，同时伪造了王某的收入证明，通过网上认识的李某向某商业银行职员孙某提交了信用卡申请资料。孙某又将该申请资料邮寄给某银行信用卡中心。同年10月，某银行信用卡中心根据张某提供的申请资料，通过电话方式进行了审核，批准并发放了户主为王某、卡号为4392××××××083的涉案信用卡。2007年1月9日，张某用涉案信用卡恶意透支消费2 397.60元，致使王某的姓名被列入银行不良信用记录。王某得知后向公安机关报案，此后张某向银行归还了该笔透支款。2007年10月26日，某银行信用卡中心删除了王某的银行不良信用记录。但王某以被张某冒领信用卡消费使信用受损为由向法院起诉张某及某工程学校，某银行及其信用卡中心，要求法院判令四被告赔偿其名誉损失和精神损害赔偿。

一审期间，王某认为，某工程学校对本校教师管理不严，某银行及其信用卡中心在为张某办理涉案信用卡时没有尽到合理的审查义务，均对本案侵权后果具有过错，侵犯了其合法权益，应当承担相应的责任。请求法院判令四被告共同赔偿其名誉损失8 000元、精神损害抚慰金5 000元、失业保险金5 400元、交通费964元，以上总计19 364元；并要求撤销其在银行的不良信用记录。

经某区法院一审审理，判决原告王某因本案侵权行为遭受的损失包括交通费164元、精神损害抚慰金2 000元，合计2 164元，由被告张某赔偿80%即1 731.2元，由某银行信用卡中心赔偿20%即432.8元；驳回原告王某的其他诉讼请求。

一审宣判后，双方当事人均未提出上诉，一审判决已发生法律效力。

二、分析与点评

本案的争议焦点为：一是被告张某用原告王某的身份证、以王某的姓名办理信用卡，并在使用信用卡时透支消费，导致王某的姓名被列入银行不良信用记录，其行为侵犯了王某的何种权利；二是除直接侵权人张某外，被告某工程学校、某商业银行及其信用卡中心对于王某被侵权的后果有无过错，应否承担法律责任；三是如何确定王某因姓名权被侵犯所遭受的损失。

（一）王某何种权利受到侵犯

我国《民法通则》第九十九条规定："公民享有姓名权，有权决定、使用和依照规定改变自己的姓名，禁止他人干涉、盗用、假冒。"据此，姓名权是指公民自由决定、使用和依照规定改变自己的姓名，并禁止他人干涉、盗用、假冒自己姓名的一项民事权利。姓名权与其他人格权相比，具有基础权利的特征。姓名权被侵犯，可能会随之导致其他权利，诸如名誉权等人格权受到损害。因此，在现代经济活动中，姓名权愈来愈受到人们的重视。

根据本案事实，被告张某在捡到原告王某遗失的身份证后，既未将身份证归还原告，也未征得原告同意，而是擅自使用原告的身份证，以原告的姓名申请办理信用卡，其行为即属于盗用、假冒他人姓名、侵犯他人姓名权的民事侵权行为。尽管从结果看，张某的上述行为还导致王某的姓名被列入中国人民银行征信系统的不良信用记录，而该不良信用记录在王某与其他商业银行发生信贷活动时，其他商业银行均可查阅，必然造成王某的信用污点，增大王某从事商业交易活动和社会活动的成本，可能影响社会对王某作出公正的评价，实际导致王某的名誉受到损害，但结合案情全面分析，这一结果仍是张某侵犯王某姓名权的行为所导致的损害后果，张某的行为不属于以虚构事实或其他侮辱、诽谤、贬损他人人格的手段侵犯他人名誉权的行为。

（二）某银行信用卡中心应当承担相应的法律责任

根据本案事实，被告张某在实施涉案侵权行为时虽系某工程学校的教师，但张某在本案中的行为并非受某工程学校指派而为的职务行为，而是其个人行为，与某工程学校无关。故某工程学校对于原告王某被侵权的后果不应承担法律责任。

被告张某将其伪造的原告王某收入证明等信用卡申请资料交给其网上认识的朋友李某，李某又将该申请资料交给被告某商业银行的职员孙某，孙某又将该申请资料以邮寄方式提交给被告某银行信用卡中心。孙某虽系某商业银行的员工，但其接受和转递涉案信用卡申请资料是出于为朋友帮忙，完全是其个人行为，并非履行某商业银行交办工作的职务行为。虽然孙某出于对朋友李某的信赖，没有对涉案信用卡申请资料进行审核，即直接将该申请资料提交给某银行信用卡中心，但考虑到孙某仅是为朋友帮忙，没有审核的义务，且其个人行为与某商业银行无关，故对于王某被侵权的后果，某商业银行不应承担法律责任。

某银行信用卡中心是接受客户申请，为客户开办信用卡的专门机构，负有审核客户提交的信用卡申请资料的义务。根据本案事实，涉案信用卡并非客户本人持有效的身份证件到柜台办理，而是以邮寄资料方式申请开办信用卡。作为专业的信用卡开办机构，某银行信用卡中心完全应当了解现实生活中存在盗用、假冒他人姓名申办信用卡的情况，在客户本人未到柜台的情况下，应当针对申请资料进行合理、有效的审查。但某银行信用卡中心仅仅通过电话方式进行了所谓的核实，即批准并发放了户主为原告王某、卡号为4392××××083的涉案信用卡。正是由于该信用卡中心没有尽到合理的审查义务，才导致被告张某侵犯王某姓名权的行为得以最终实施成功。因此，某银行信用卡中心对于王某被侵权的后果存在过错。某银行信用卡中心虽然与张某不存在共同侵权的故意，但其未尽合理注意义务的过错行为与王某姓名权被侵犯的后果之间存在因果关系。鉴于某银行信用卡中心与张某在本案侵权过程中既无共同的主观故意，也不存在其他的意思联络，双方也不存在统一的、不可分割的共同利益，故双方应按照各自过错程度的大小，分别承担赔偿责任。

（三）因侵权行为所遭受损失的界定问题

王某提出的赔偿请求包括名誉损失8 000元、精神损害抚慰金5 000元、失业保险金5 400元、交通费964元，以上总计19 364元。同时，要求撤销其在银行的不良信用记录。王某因被告张某、某银行信用卡中心的侵权行为，导致其在银行征信系统存有不良信用记录，该不良信用记录对王某从事商业活动及其他社会、经济活动具有重大不良影响。虽然在查清事实后，某银行信用卡中心已经把王某的不良信用记录删除，但损害已经实际发生，给王某实际造成了精神上的痛苦，妨碍了其内心的安宁，其社会评价也必然因此而降低。因此，某区法院根据最高人民法院《关于确定民事侵权精神损害赔偿责任若干问题的解释》的有关规定，支持了王某在姓名权受到侵犯、导致名誉受损的情况下，提出的精神损害赔偿诉讼请求。并参照最高人民法院《关于审理名誉权案件若干问题的解释》的相关规定，综合考虑侵权人的过错程度、侵权行为的具体情节、给受害人造成精神损害后果以及本地区的平均生活水平等情况，酌定王某的精神损害抚慰金为2 000元；关于王某主张的交通费损失，考虑到王某为解决本案纠纷必然支出一定的交通费用，根据其相应的乘车次数和路线，某区法院酌定其交通费损失为164元。

三、相关启示

1. 加大申请人资信审核力度，加强风险控制与管理。发卡银行应对申请人的资料进行严格的资信审核，通过多种方式核实申请人资料的真实性，加强风险控制与管理。认真审核申请资料和领用合约持卡人署名的真实性，持卡人申请资料和领用合约必须由申请人本人亲笔签名确认，不应在申请人不知情或违背申请人意愿的情况下盲目发卡。对于发卡营销外包服务商或单位批量提交的申请资料，发卡机构应格外加大审核力度。同时，发放信用卡要确保向申请人提供申请表，并包含本人签署的领用合约，避免通过司法途径解决纠纷时银行无法提交有效证据材料，不能通过法律途径追索债权。

2. 完善银行卡风险管理规章制度，提高银行卡风险防范和管理水平。发卡银行应建立健全银行卡风险防控管理制度，并根据有关规章制度，研究制定具体操作流程和实施细则，拟定风险防范策略、风险控制策略、风险转移策略，明确各部门、各岗位人员工作职责，切实做好风险管理，不断提高风险管理水平。

3. 妥善处理投诉纠纷，防控声誉风险。在处理投诉纠纷过程中，发卡银行应当积极配合客户做好情况调查，调取存在争议的交易凭证、营业录像等资料。对于一些互有责任的纠纷事件，可通过小额补偿等合规操作与客户协商解决争议，避免形成被诉案件，有效维护银行权益。同时，在处理纠纷过程中，银行还应注意采取有效措施防范投诉人利用网络、新闻媒体等方式进行恶意炒作，避免造成银行商誉的不良影响。

典型案例九：银行卡账户代理转账纠纷案

一、基本案情

2008年8月，张某在某商业银行某支行（以下简称某支行）申请办理银行卡一张，并开通账户余额变动短信提醒服务。2010年11月26日上午，李某持张某身份证及上述银行卡到某支行，准备为自己办理一张银行卡，再从张某银行卡中向自己新办的银行卡中转入235万元。办卡过程中，经办柜员对李某的二代身份证进行联网核查后，发现"身份证号码与姓名不匹配"，李某表示自己领取二代身份证前曾更改过姓名，后又出示了一代身份证，但一代身份证联网核查结果仍为"身份证号码与姓名不匹配"。对此，经办柜员告知李某，依照某支行业务操作流程，李某须修改客户信息后方能办理银行卡。于是，李某另外取出一张户名为黄某的银行卡，要求直接从张某银行卡中向黄某银行卡中转入235万元。经办柜员在办理该笔代理大额转账业务时，仅对张某（被代理人）的身份证进行了联网核查并复印留存，未再审核、留存李某（代理人）的身份证件，对李某在转账凭证上仅仅签写张某的名字未签代理人名字也未提出异议，使该笔业务表面看来系张某亲自办理。

同日下午，李某持其一、二代身份证又来到某支行，在修改客户信息后成功办理了银行卡。随后，李某从黄某银行卡中向自己新办的银行卡中转入89万余元，向另一案外人王某银行卡中转入50万元，并将黄某银行卡中的剩余金额全部提取现金。

2011年1月5日，张某向公安机关报案称其银行卡资金235万元被盗，并向公安机关陈述以下情节：张某与李某原系生意伙伴，平时往来频繁。2010年11月25日晚，张某因醉酒误将装有本人身份证和银行卡的包遗忘在李某车上，而此前李某曾多次目睹张某持上述银行卡在ATM输入密码操作，可能知悉密码。次日，李某持其卡在银行转账235万元后张某也收到了账户余额变动短信通知，后曾多次向李某索还身份证、银行卡及235万元，李某仅将身份证和银行卡还给了张某，而235万元始终推拖未还。公安机关在调看了张某办理相关业务时的监控录像及凭证，对凭证上"张某"签名进行笔迹鉴定，以及传唤经办柜员及相关人士询问后，未予立案。

2011年8月，张某以某支行在办理代理大额转账业务中未尽到客户身份识别义务、违规操作，造成储户资金损失235万元为由向法院提起诉讼，要求某支行赔偿其资金损失235万元。

经审理，一审法院认为，某支行在办理代理转账业务之前，已经核对了代理人李某提供的其本人与被代理人张某的身份证原件，在李某提供真实有效的银行卡账户及正确的密码之后，某支行办理代理转账业务并无不当。据此，一审法院驳回了张某对某支行的全部诉讼请求。

张某不服一审判决，以某支行在办理转账业务身份证联网核查时存在错误为由提起上诉。二审法院经审理后认为，对于某支行在为李某办理其个人银行卡时发现李某身份证号码一致但二代身份证的名字与银行系统预留信息中的一代身份证名字不一致情况，与本案所涉转账业务无关，亦不影响李某转款行为的效力。据此，二审法院裁定驳回张某上诉。某支行取得本案最终胜诉。

二、法律分析

本案是一起典型的银行卡账户代理转账业务引发的纠纷案件，争议焦点主要集中在三个方面：一是李某是否具有张某银行卡账户转账的代理权；二是某支行办理代理转账业务是否依法合规；三是某支行对张某银行卡账户资金损失是否具有赔偿责任。

（一）李某是否具有张某银行卡账户转账的代理权

我国《民法通则》第六十三条规定："公民、法人可以通过代理人实施民事法律行为。代理人在代理权限内，以被代理人的名义实施民事法律行为，被代理人对代理人的代理行为承担民事责任。依照法律规定或按照双方当事人约定，应当由本人实施的民事法律行为，不得代理。"目前，并无法律另行规定储蓄业务中代理转账不得代办，相反，根据我国金融监管部门相关规定，银行卡账户转账业务是允许代理的。因此，本案李某可以代理张某办理存款转账业务。

我国《合同法》第四十九条规定："行为人没有代理权、超越代理权或者代理权终止后以被代理人名义订立合同，相对人有理由相信行为人有代理权的，该代理行为有效。"在储蓄业务中，存款人对于自己的身份证件、储蓄凭证、介质等未能妥善保管或轻易交予他人，金融机构根据存款人真实、有效的身份证件有理由相信他人已经获得相应授权，从而构成表见代理。因此，金融机构在受理代理业务时履行身份证真伪验证义务后，则可依据表见代理制度为行为人办理相关业务，有关法律后果由存款人本人承担。本案中，李某代办业务时不仅持有本人及被代理人张某有效的身份证件，还持有张某银行卡，并知悉张某银行卡密码，某支行完全可以据此认定李某享有代理权。

（二）某支行办理代理转账业务是否依法合规

金融机构办理银行柜台业务期间是否存在过错，应当以其兑付行为符合法律、法规及规章的规定为前提。中国人民银行《金融机构客户身份识别和客户身份资料及交易记录保存管理办法》第八条规定："商业银行、农村合作银行、城市信用合作社、农村信用合作社等金融机构为自然人客户办理人民币单笔5

万元以上或者外币等值 1 万美元以上现金存取业务的，应当核对客户有效身份证件或者其他身份证明文件。"《中国银监会关于进一步加强银行卡服务和管理有关问题的通知》（银监发〔2009〕17 号）第一条规定，"……5 万元以上（含）取款、挂失申请，代理人提供双方身份证件即可办理"。从上述规定来看，存款人可以委托代理人在金融机构代其办理借记卡的存、取款及挂失申请业务。而《金融机构客户身份识别和客户身份资料及交易记录保存管理办法》中所规定的"客户"显然也包括存款人本人及其代理人。

本案中，某支行在为李某办理转账 235 万元业务之前，已经核对了李某提供的李某与张某的身份证原件，在李某提供真实有效的银行卡账户及正确的密码之后，某支行根据相关规定，将涉案银行卡内的存款金额按照取款人李某的指示，转入其他账户。由于取款人李某输入了正确的银行卡密码，根据密码的专属性，某支行有理由相信李某为存款人合法的代理人，涉案银行卡存款发生变动时，某支行亦通过短信方式向张某履行了告知义务。因此，某支行在办理李某代理取款业务时，并不存在身份识别错误或未核对客户有效身份证明的情形，完全符合法律、法规及规章的相关规定。

对于在某支行为李某本人办理银行卡时，经办柜员曾发现李某身份证姓名与银行系统预留信息中的身份证姓名不一致这一情况，仅是李某不能顺利办理银行卡的直接原因，并不能影响本次转款的行为，亦不能就此推断某支行在办理业务期间对李某身份识别错误或未尽到法律、法规规定的审核义务。事实上，某支行随后在确认李某身份证号码一致，排除并非他人的情况下，及时清除历史记录，又为李某办理了一张银行卡，这更加证明了李某在办理涉案代理转账业务时所持身份证件真实有效，某支行办理的代理转账业务依法合规。

（三）某支行对张某银行卡账户资金损失是否具有赔偿责任

如上所述，本案中，某支行在办理张某涉案银行卡代理转账业务没有违反相关法律、法规以及监管规定，也没有违反双方储蓄合同中关于支付的约定。虽然某支行在联网核查发现其身份证件姓名与银行预留信息不一致后，仍旧为李某办理了代理转账业务，但是该行为并没有导致客户信息识别错误，即没有出现不法分子冒张某或李某之名盗取资金的情况，也不是导致张某账户资金被转的根本原因。李某之所以能代转张某账户 235 万元成功，关键在于其持有张某的银行卡及密码，根据"密码交易即本人交易"的储蓄合同约定，在李某出示双方有效身份证依法享有代理权，并提供真实银行卡和正确密码时，某支行为李某办理转账无可厚非。因此，张某涉案银行卡内金额被转账的相关法律后果应由张某自行承担，与某支行无关，某支行不应承担赔偿责任。

三、相关启示

虽然本案以某支行胜诉结案，但从商业银行切实做好持卡人客户身份识别工作、加强经营业务规范化管理、妥善化解被诉法律风险等角度来看，本案带来的相关启示仍值得关注。

1. 增强风险意识，提高客户身份识别能力。商业银行在业务处理过程中，如果经办柜员未能识别虚假身份证件，不仅不能保证客户存款安全、使客户资金或利益受到损失，还容易引发诉讼案件，给银行资产带来风险或损失，甚至还为不法分子违法犯罪提供了便利条件。因此，商业银行应当进一步强化对客户身份识别重要性的认识，切实提高客户身份识别能力，增强柜员有关客户身份审查方面的风险意识，严格执行人民银行、银监会关于客户身份识别有关制度和规定，采取科学、正确的识别方法，有效避免因客户身份识别问题引发的冒办冒领情况。

2. 严格按照业务流程操作，注重源头治理。商业银行应当着力组织各级管理人员和操作人员对各项业务制度规定和操作流程进行再学习，强化各项规章制度的执行力度，坚决杜绝业务办理过程中不规范操作或以人情、习惯代替制度的错误做法。

3. 周密组织应诉，妥善化解诉讼风险。诉讼案件发生后，商业银行应当审慎调查取证，周密制订应诉方案，及时调整诉讼策略，采取有效应对措施。同时，商业银行还应注重加强对一线工作人员的法律知识培训，提高基层行应对被诉纠纷的能力，在日常业务办理中注重保存对商业银行有利的证据文件，以便于出现纠纷或问题后查清事实，分清责任，避免形成诉讼后在举证中处于不利地位。

典型案例十：丢失银行卡后存款被冒领责任承担纠纷案

一、基本案情

2000年12月3日，聂某和张某到M市招待所与自称为胡某的人签订一份购销20吨电解铜的协议书，双方约定聂某在A银行开设一储蓄账户，存入购货资金备胡某查询，聂某收货并验收后，告知胡某取款密码，并提供聂某身份证复印件，胡某方可取款。签约当日聂某在A银行存入人民币100元，以自己名字申办储蓄折卡合一的银行卡，领取了通存通兑储蓄存折，签收了银行卡和密码信封。聂某返回住所后，于同年 12 月 5 日在 N 市办理异地转存，向之前开立的账户中存入人民币 253 900 元，准备用来购买电解铜。同年 12 月 18 日，聂某因协议到期，仍未见电解铜到货，通过银行查询，得知其账户上的存款已被人领取。根据 A 银行流水账显示，聂某账户中的 250 000 元存款被一个持"李某"身份证的人使用银行卡于同年 12 月 6 日在开户银行一次性领取。账户中余款 3 900元也于同日被人通过自动取款机分四次取完。后经公安局经济侦查大队调查，取款人"李某"所用的身份证是假身份证，而聂某称不认识李某，且在存款被他人冒领前，已剪断银行卡和烧毁密码信封。

聂某在存款被冒领后，分别找 A 银行及公安局要求解决未果，遂于 2001 年 7 月 31 日向 M 市某区人民法院提起诉讼，请求判令 A 银行赔偿其经济损失 250 000元及利息和因此支付的往返费用 4 000 元。

M 市某区人民法院一审审理认为：A 银行工作人员没有仔细审核取款人身份证的姓名是否与存单、存折姓名一致，没有严格执行《中国人民银行关于加强金融机构个人存取款业务管理的通知》等相关规定。在本案中，领款人"李某"的姓名及身份证号码与聂某的姓名及身份证号码明显不一致，且领款人"李某"领取 250 000 元存款，也没有提前一天通知经办银行，"李某"在冒领存款的存单记录中也没有登记聂某的身份证及相应的授权委托书，A 银行的工作人员就轻率地将聂某的 250 000 元给"李某"领走，A 银行具有明显的过错。A 银行提出其工作人员认为是表见代理和聂某授权他人后才给他人领走，其没有过错，经查与本案事实不符，不予采纳。A 银行应对本案 250 000 元存款被冒领承担百分之七十的责任。聂某对自己的银行卡和密码保管不善，也有一定的过错，应对其 250 000 元被他人冒领负 30% 的责任。聂某要求赔偿本金及利息的诉求，应予支持。但要求赔偿往返费用 4 000 元，不予支持，故判决：A 银行应赔偿聂某 175 000 元及其产生的利息。

聂某与 A 银行均不服一审判决，提出上诉。M 市中级人民法院二审认为：一审认定事实清楚，适用法律正确，对双方的责任大小作出承担赔偿数额的处理恰当，因此驳回上诉，维持原判。

A 银行不服二审判决，向省高级人民法院申请再审。省高级人民法院通过审理认为：

1. 聂某向 A 银行申办储蓄折卡合一银行卡，应遵守该业务的有关章程及规定，并妥善保管好自己的银行卡和密码。由于聂某的存款是被他人用其银行卡和密码，分别在银行柜台及自动取款机领取，聂某亦未能举证证实其银行卡和密码从未丢失。因此，应确认聂某从 A 银行领回银行卡和密码信封后，未尽妥善保管责任，丢失银行卡和密码。聂某称存款被他人冒领前，已剪断银行卡和烧毁密码信封，与事实不符，不予采信。依照《A 银行银行卡章程》和中国人民银行《银行卡业务管理办法》规定，密码等电子信息记录均为交易的有效凭据。聂某丢失银行卡和密码，该行为给他人冒领其存款提供了便利和前提条件，具有重大过错。

2. 聂某丢失银行卡和密码，又未向银行提出挂失，本应承担存款被他人冒领的全部责任。但是，A 银行在办理该笔 250 000 元大额取款业务时，疏忽大意，未审核领款人的身份证件姓名是否与存单、存折姓名一致，违反了中国人民银行《关于加强金融机构个人存取款业务管理的通知》的规定，对防范金融风险，保护存款人的合法利益未尽应有的职责。故 A 银行的行为亦有过错，应承担相应的责任。原判未分清双方当事人各自应负的责任，适用法律不当，应予纠正。

据此，省高院判决：撤销一审、二审民事判决，A 银行赔偿聂某 75 000 元。本案案件诉讼费共 26 292 元，由 A 银行负担 7 888 元，聂某负担 18 404 元。权利人可在本判决规定的履行期限届满的最后一日起一年内，向一审人民法院申请执行。

聂某不服省高级人民法院再审判决，向最高人民法院申请再审。最高人民法院经审理认为：聂某与 A 银行建立的储蓄存款关系合法有效，应予保护。对于聂某存款被他人冒领的事实，双方均无异议。聂某丧失对银行卡和密码的占有与 A 银行疏于审核提款人身份共同构成存款被冒领的原因，双方均有过错，但聂某丧失银行卡的过错程度明显大于 A 银行，聂某应承担主要责任。省高院再审判决并无不当，因此维持原判。

二、分析与点评

本案争议的焦点：一是聂某在本案中是否有过错，应否承担责任；二是 A 银行是否有过错，应否承担责任；三是双方应承担的责任比例。

（一）聂某应否承担责任

银行与储户建立存款关系后，银行交付给储户的存折和银行卡等即为合同成立的标志，亦是储户的权利凭证。随着电子信息化的发展，有关储户的信息内容被存储在银行卡中，储户的姓名、身份证件类型和号码、存款数额、取款密码等均存储于该银行卡中，电子信息记录等均为交易的有效凭据，任何人掌握银行卡及密码就可以不通过银行柜台，而直接通过银行提款机自动取款。因此，持卡人丧失银行卡及密码实际上就丧失了对存款的保护，使存款随时处于被他人占有的境地。本案中，聂某虽然提供了有关证言，证明其从未丧失过对银行卡及密码的占有，但事实上确有犯罪嫌疑人利用聂某的银行卡和密码取走存款。且根据省公安厅针对A银行计算机处理系统安全性所做的"储户密码是保密的、安全的"鉴定结论，排除提款人利用虚假银行卡和密码取款的可能。因此，聂某关于其已将银行卡剪断、密码烧毁的举证不能对抗存款被持有其真实银行卡及密码的人冒领的事实。法院判决关于聂某对于银行卡和密码未尽妥善保管责任的认定是正确的。聂某对于存款被冒领明显负有过错，对因此造成的损失，应自负相应责任。

（二）A银行应否承担责任

本案是提款人到银行柜台要求一次性取款250 000元，对于一次性提取现金50 000元以上的存取款业务，中国人民银行《关于加强金融机构个人存取款业务管理的通知》银发〔1997〕363号第六条规定："办理个人存取款业务的金融机构对一日一次性从储蓄账户提取现金50 000元（不含50 000元）以上的，储蓄机构柜台人员必须要求取款人提供有效身份证件，并经储蓄机构负责人审核后予以支付。其中一次性提取现金200 000元（含200 000元）以上的，要求取款人必须至少提前一天以电话等方式预约，以便银行准备现金。"可见，中国人民银行对于涉及50 000元以上的大额取款业务，是作出明确的操作规定的，即要求取款人必须提供有效身份证件，银行予以审核后方能支付。A银行抗辩称，银发〔1997〕363号通知中所要求的银行审核，并未明确审核内容，没有明确要求必须审核取款人的身份证件是否与存单、存折相一致，因此，银行在实际办理取款业务中，仅形式审查取款人的身份证件，并予以登记，并不要求进一步审查取款人是否与存款人一致。而且，以银行卡取款时，在银行电脑首页上并不直接显示卡主姓名（需由柜台人员继续操作，方能显示卡主姓名），无法直接审查取款人是否与存款人一致。此后，中国人民银行虽然在2000年12月14日作出银办函〔2000〕816号《关于个人存取款业务管理有关问题的批复》，对银发〔1997〕363号通知中关于审核含义不清的问题予以了明确，即"审核是指取款人提供的身份证件姓名是否与存单、存折姓名一致"，但该批复下发时，本案所涉存款冒领的事实已经发生,因此,其不存在违规操作、疏于审查的情况,不应承担任何责任。对此,最高人民法院认为,诚然中国人民银行银发〔1997〕363号通知中对于银行办理大额取款业务时应审核什么内容没有明确、具体的规定,但A银行以审核指向不明,其已尽审核之责之说,却难以成立。审核一词应含审查、核实之义,审核所要做的基本工作就是要将提款人提交的资料与银行记载的存款资料相对照,一是审核存款事实是否存在,即对照提款人提交的取款凭证和密码是否真实,与银行记载的存款记录是否相符;二是审核提款人身份,即提款人提交的身份证件是否真实,是否与存款人本人相一致。这两项内容均应包含在审核范围之内。A银行工作人员在实际操作中只审查了取款凭证和密码的真实性,遗漏了对提款人身份的核实,未完全尽到审核之责。银办函〔2000〕816号批复虽晚于本案存款冒领发生后作出,但并不能成为A银行未尽审核之责的理由。A银行对于存款被冒领亦负有过错,应承担一定责任。

(三) 双方承担责任的比例

聂某丧失对银行卡和密码的占有与A银行疏于审核提款人身份共同构成存款被冒领的原因,但聂某丧失银行卡和密码是导致存款被冒领的起始及主要原因,其过错程度明显大于A银行。法院判决根据双方的过错程度判令聂某对于存款被冒领所造成的损失自负70%的责任,A银行承担30%的责任,并无不当。

三、相关启示

1. 不断完善银行内部风险防控机制。银行在内部风险管理方面,应不断完善各类风险防控制度,定期排查内部管理中的重要环节,及时解决制度、流程、系统、设备中发现的各类问题,确保金融服务环境安全可靠。同时,加强对员工的培训和考核,进一步提高员工的风险意识,要求员工严格各类业务操作流程,把握业务的风险点,尽职尽责地为客户提供高质量的服务。

2. 提高银行卡持卡人风险防范意识。作为储蓄存款业务中的一方当事人,银行卡持卡人也要履行约定和法定的义务,主要表现在妥善保管银行卡及密码。实践中,很多持卡人风险防范意识淡薄,对银行卡账号、密码、个人身份等信息未尽到保密义务,导致他人冒领持卡人储蓄存款。银行业监管部门、银行业协会和商业银行应采取相应的措施,向持卡人揭示使用银行卡过程中可能发生的各种风险,如银行卡丢失时应及时挂失,不要将卡随便交与他人,使用自助机具时要留意周边环境,输入密码时适当遮挡等,提高持卡人风险防范意识,提升主动防御风险的能力。

3. 建议制定审理银行卡纠纷的司法解释。随着经济的发展和社会的进步，银行卡成为人们经济生活中必不可少的支付工具，有关银行卡的纠纷逐年增多。目前，在审理银行卡纠纷过程中，法院一般按照《民法通则》、《合同法》等基本法律进行审判。但银行卡不但涉及磁条加密、磁条信息传输等科技技术，还与银行内部的操作流程、风险防控措施等有关，而对于银行卡纠纷中存在的一些特殊问题，现有法律法规并无明确规定。因此，建议最高人民法院尽快出台有关审理银行卡纠纷的司法解释，在举证责任分配、各方当事人责任承担等方面进行详细的规定，避免因不同理解和认识而产生不同的审判结果，保证司法的公正性。

附录 我国银行卡业务相关法律法规、监管规定及规范性文件汇编

1.《商业银行法》

第三条 商业银行可以经营下列部分或者全部业务：

（十）从事银行卡业务；

经营范围由商业银行章程规定，报国务院银行业监督管理机构批准。

2. 中国人民银行《银行卡业务管理办法》（银发〔1999〕17号，1999年1月5日发布）

第一章 总则

第一条 为加强银行卡业务的管理，防范银行卡业务风险，维护商业银行、持卡人、特约单位及其他当事人的合法权益，依据《中华人民共和国中国人民银行法》、《中华人民共和国商业银行法》、《中华人民共和国外汇管理条例》及有关行政法规制订本办法。

第二条 本办法所称银行卡，是指由商业银行（含邮政金融机构，下同）向社会发行的具有消费信用、转账结算、存取现金等全部或部分功能的信用支付工具。

商业银行未经中国人民银行批准不得发行银行卡。

第三条 凡在中华人民共和国境内办理银行卡业务的商业银行、持卡人、商户及其他当事人均应遵守本办法。

第四条 商业银行应在协商、互利的基础上开展信息共存、商户共存、机具共享等类型的银行卡业务联合。

第二章 分类及定义

第五条 银行卡信用卡和借记卡。

银行卡按币种不同分为人民币卡、外币卡；按发行对象不同分为单位卡（商务卡）、个人卡；按信息载体不同分为磁条卡、芯片（IC）卡。

第六条　信用卡按是否向发卡银行交存备用金分为贷记卡、准贷记卡两类。

贷记卡是指发卡银行给予持卡人一定的信用额度，持卡人可在信用额度内先消费、后还款的信用卡。

准贷记卡是指持卡人须先按发卡银行要求交存一定金额的备用金，当备用金账户余额不足支付时，可在发卡银行规定的信用额度内透支的信用卡。

第七条　借记卡按功能不同分为转账卡（含储蓄卡，下同）、专用卡、储值卡。借记卡不具备透支功能。

第八条　转账卡是实时扣账的借记卡。具有转账计算、存取现金和消费功能。

第九条　专用卡是具有专门用途、在特定区域使用的借记卡。具有转账计算、存取现金功能。

专门用途是指在百货、餐饮、饭店、娱乐行业以外的用途。

第十条　储值卡是发卡银行根据持卡人要求将其资金转至卡内储存，交易时直接从卡内扣款的预付钱包式借记卡。

第十一条　联名/认同卡是商业银行与营利性机构/非营利机构合作发行的银行卡附属产品，其所依附的银行卡品种必须是已经中国人民银行批准的品种，并应当遵守相应品种的业务章程或管理办法。

发卡银行和联名单位应当为联名持卡人在联名单位信用卡提供一定比例的折扣优惠或特殊服务；持卡人领用认同卡表示对认同单位事业的支持。

第十二条　芯片（IC）卡既可应用于单一的银行卡品种，又可应用于组合的银行卡品种。

第三章　银行卡业务审批

第十三条　商业银行开办银行卡业务应当具备下列条件：

（一）开业3年以上，具有办理零售业务的良好业务基础；

（二）符合中国人民银行颁布的资产负债比例管理监控指标，经营状况良好；

（三）已就该项业务建立了科学完善的内部控制制度，有明确的内部授权审批程序；

（四）合格的管理人员和技术人员、相应的管理机构；

（五）安全、高效的计算机处理系统；

（六）发行外币卡还须具备经营外汇业务的资格和相应的外汇业务经营管理水平；

（七）中国人民银行规定的其他条件。

第十四条　符合上述条件的商业银行，可向中国人民银行申请开办银行卡业务，并提交下列材料：

（一）申请报告：论证必要性、可行性，进行市场预测；

（二）银行卡章程或管理办法、卡样设计草案；

（三）内部控制制度、风险防范措施；

（四）由中国人民银行科技主管部门出具的有关系统安全性和技术标准合格的测试报告；

（五）中国人民银行要求提供的其他材料。

第十五条　发卡银行各类银行卡章程应载明下列事项：

（一）卡的名称、种类、功能、用途；

（二）卡的发行对象、申领条件、申领手续；

（三）卡的使用范围（包括使用方面的限制）及使用方法；

（四）卡的账户适用的利率，面向持卡人的收费项目及标准；

（五）发卡银行、持卡人及其他有关当事人的权利、义务；

（六）中国人民银行要求的其他事项。

第十六条　银行卡的管理权限和审批程序：

（一）商业银行开办各类银行卡业务，应当按照中国人民银行有关加强内部控制和授权授信管理的规定，分别制定统一的章程或业务管理办法，报中国人民银行总行审批。

商业银行总行不在北京的，应当先向中国人民银行当地中心支行申报，经审查同意后，由中国人民银行分行转报中国人民银行总行审批。

（二）已开办信用卡或转账卡业务的商业银行可向中国人民银行申请发行联名/认同卡、专用卡、储值卡；已开办人民币信用卡业务的商业银行可向中国人民银行申请发行外币信用卡。

（三）商业银行发行全国使用的联名卡、IC卡、储值卡应当报中国人民银行总行审批。

（四）商业银行分支行机构办理经中国人民银行总行批准的银行卡业务应当持中国人民银行批准文件和其总行授权文件向中国人民银行当地行备案。

商业银行分支机构发行区域使用的专用卡、联名卡应当持商业银行总行授权文件、联名双方的协议书报中国人民银行当地中心支行备案。

（五）商业银行变更银行卡名称、修改银行卡章程应当报中国人民银行审批。

第十七条　外资金融机构经营银行卡收单业务应当报中国人民银行总行批准。

银行卡收单业务是指签约银行向商户提供的本外币资金结算服务。

第四章　计息和收费标准

第十八条　银行卡的计息包括计收利息和计付利息，均按照《金融保险企业财务制度》的规定进行核算。

第十九条　发卡银行对准贷记卡及借记卡（不含储值卡）账户内的存款，按照中国人民银行规定的同期同档次存款利率及计息办法计付利息。

发卡银行对贷记卡账户的存款、储值卡（含IC卡的电子钱包）内的币值不计付利息。

第二十条　贷记卡持卡人非现金交易享受如下优惠条件：

（一）免息还款期待遇。银行记账日至发卡银行规定的到期还款日之间为免息还款期。免息还款期最长为60天。持卡人在到期还款日前偿还所使用全部银行款项即可享受免息还款期待遇，无须支付非现金交易的利息。

（二）最低还款额待遇。持卡人在到期还款日前偿还所使用全部银行款项有困难的，可按照发卡银行规定的最低还款额还款。

第二十一条　贷记卡持卡人选择最低还款额方式或超过发卡银行批准的信用额度用卡时，不再享受免息还款期待遇，应当支付未偿还部分自银行记账日起，按规定利率计算的透支利息。

贷记卡持卡人支取现金、准贷记卡透支，不享受免息还款期和最低还款额待遇，应当支付现金交易额或透支额自银行记账日起，按规定利率计算的透支利息。

第二十二条　发卡银行对贷记卡持卡人未偿还最低还款额和超信用额度用卡的行为，应当分别按最低还款额未还部分、超过信用额度部分的5%收取滞纳金和超限费。

第二十三条　贷记卡透支按月计收复利，准贷记卡透支按月计收单利，透支利率为日利率万分之五，并根据中国人民银行的此项利率调整而调整。

第二十四条　商业银行办理银行卡收单业务应当按下列标准向商户收取结算手续费：

（一）宾馆、餐饮、娱乐、旅游等行业不得低于交易额的2%；

（二）其他行业不得低于交易金额的1%。

第二十五条　跨行交易执行下列分润比率：

（一）未建信息交换中心的城市，从商户所得结算手续费，按发卡行90%，收单行10%的比例进行分配；商业银行也可以通过协商，实行机具分摊、相互代理、互不收费的方式进行跨行交易。

（二）已建信息交换中心的城市，从商户所得结算手续费，按发卡行80%，收单行10%，信息交换中心10%的比例进行分配。

第二十六条　持卡人在ATM机跨行取款得费用由其本人承担，并执行如下收费标准：

（一）持卡人在其领卡城市之内取款，每笔收费不得超过2元人民币；

（二）持卡人在其领卡城市以外取款，每笔收费不得低于8元人民币；从ATM机跨行取款所得的手续费，按机具所有行70%，信息交换中心30%的比例进行分配。

第二十七条　商业银行代理境外银行卡收单业务应当向商户收取结算手续费，其手续费标准不得低于交易金额的4%。

境内银行与境外机构签订信用卡代理收单协议，其分润比率按境内银行与境外机构分别占商户所交手续费的37.5%和62.5%执行。

第五章　账户及交易管理

第二十八条　个人申领银行卡（储值卡除外），应当向发卡银行提供公安部门规定的人有效身份证件，经发卡银行审查合格后，为其开立记名账户；凡在中国境内金融机构开立基本存款账户的单位，应当凭中国人民银行核发的开户许可证申领单位卡；银行卡及其账户只限经发卡银行批准的持卡人本人使用，不得出租和转借。

第二十九条　单位人民币卡账户的资金一律从其基本存款账户存入，不得存取现金，不得将销货收入存入单位卡账户。

第三十条　单位外币卡账户的资金应从其单位的外汇账户转账存入，不得在境内存取外币现钞。其外汇账户应符合下列条件：

（一）按照中国人民银行境内外汇账户管理的有关规定开立；

（二）其外汇账户收支范围内具有相应的支付内容。

第三十一条　个人人民币账户的资金以其持有的现金存入以其工资性款项、属于个人的合法的劳务报酬、投资回报等收入转账存入。

第三十二条　个人外币卡账户的资金以其个人持有的外币现钞存入或从其外汇账户（含外钞账户）转账存入。该账户的转账及存款均按国家外汇管理局《个人外汇管理办法》办理。

个人外币卡在境内提取外币现钞时应按照我国个人外汇管理制度办理。

第三十三条　除国家外汇管理局指定的范围或区域外，外币卡原则上不得在境内办理外币计价结算。

第三十四条　持卡人在还清全部交易款项、透支本息和有关费用后，可申请办理销户。销户时，单位人民币卡账户的资金应当转入其基本存款账户，单位外币卡账户的资金应当转回相应的外汇账户，不得提取现金。

第三十五条　单位人民币卡可办理商品交易和劳务供应款项的结算，但不得透支；超过中国人民银行规定起点的，应当经中国人民银行当地分行办理转汇。

第三十六条　发卡银行对贷记卡的取现应当每笔授权，每卡每日累计取现不得超过2 000元人民币。

发卡银行应当对持卡人在自动柜员机（ATM机）取款设定交易上限。每卡每日累计提款不得超过5 000元人民币。

第三十七条　储值卡的面值或卡内币值不得超过1 000元人民币。

第三十八条　商业银行发行认同卡时，不得从其收入中向认同卡单位支付、捐赠等费用。

第三十九条　发卡银行依据密码等电子信息为持卡人办理的存取款、转账结算等各类交易所产生的电子信息记录，均为该项交易的有效凭据。发卡银行可凭交易明细记录或清单作为记账凭证。

第四十条　银行卡通过联网的各类交易的原始单据至少保留二年备查。

第六章　银行卡风险管理

第四十一条　发卡银行应当认真审查信用卡申请人的资信状况，根据申请人的资信状况确定有效担保及担保方式。

发卡银行应当对信用卡的持卡人的资信状况进行定期复查，并应当根据资信状况的变化调整其信用额度。

第四十二条　发卡银行应当建立授权审批制度，明确对不同级别内部工作人员的授权权限和授权限额。

第四十三条　发卡银行应当加强对止付名单的管理，及时接收和发送止付名单。

第四十四条　通过借记卡办理的各项代理业务，发卡银行不得为持卡人或委托单位垫付资金。

第四十五条　发卡银行应当遵守下列信用卡业务风险控制指标：

（一）同一持卡人单笔透支发生额个人卡不得超过2万元（含等值外币）、单位卡不得超过5万元（含等值外币）。

（二）同一账户月透支余额个人卡不得超过5万元（含等值外币），单位卡不得超过发卡银行对该单位综合授信额度的3%。无综合授信额度可参照的单位，其月透支余额不得超过10万元（含等值外币）。

（三）外币卡的透支额度不得超过持卡人保证金（含储蓄存单质押金额）的80%。

（四）从本办法实施之日起新发生的180天（含180天，下同）以上的月均透支余额不得超过月均总透支余额的15%。

第四十六条　准贷记卡的透支期限最长为60天。贷记卡的首月最低还款额不得低于其当月透支余额的10%。

第四十七条　发卡银行通过下列途径追偿透支款项和诈骗款项：

（一）扣减持卡人保证金、依法处理抵押物和质物；

（二）向保证人追索透支款项；

（三）通过司法机关的诉讼程序进行追偿。

第四十八条　发卡银行采取了第四十七条所列措施后仍不足弥补的，将按照财政部《呆账准备金管理办法》执行。

第四十九条　对已核销的透支款项又收回的，本金和利息作增加"呆账准备金"处理。

第五十条　商业银行分支机构出资加入所在城市的银行卡信息交换中心，应当报经其总行批准。

第七章　银行卡当事人之间的职责

第五十一条　发卡银行的权利：

（一）发卡银行有权审查申请人的资信状况、索取申请人的个人资料，并有权决定是否向申请人发卡及确定信用卡持卡人的透支额度。

（二）发卡银行对持卡人透支有追偿权。对持卡人不在规定期限内归还透支款项的，发卡银行有权申请法律保护并依法追究持卡人或有关当事人的法律责任。

（三）发卡银行对不遵守其章程规定的持卡人，有权取消其持卡人资格，并可授权有关单位收回其银行卡。

（四）发卡银行对储值卡和IC卡内的电子钱包可不予挂失。

第五十二条　发卡银行的义务：

（一）发卡银行应当向银行卡申请人提供有关银行卡的使用说明资料，包括章程、使用说明及收费标准。现有持卡人亦可索取上述资料。

（二）发卡银行应当设立针对银行卡服务的公平、有效的投诉制度，并公开投诉程序和投诉电话。发卡银行对持卡人关于账务情况的查询和改正要求应当在30天内给予答复。

（三）发卡银行应当向持卡人提供对账服务。按月向持卡人提供账户结单，在下列情况下发卡银行可不向持卡人提供账户结单：

1. 已向持卡人提供存折或其他交易记录；

2. 自上一份月结单后，没有进行任何交易，账户没有任何未偿还余额；

3. 已与持卡人另行商定。

（四）发卡银行向持卡人提供的银行卡对账单应当列出以下内容：

1. 交易金额、账户余额（贷记卡还应列出到期还款日、最低还款额、可用信用额度）；

2. 交易金额记入有关账户或自有关账户扣除的日期；

3. 交易日期与类别；

4. 交易记录号码；

5. 作为支付对象的商户名称或代号（异地交易除外）；

6. 查询或报告不符账务的地址或电话号码。

（五）发卡银行应当向持卡人提供银行卡挂失服务，应当设立 24 小时挂失服务电话，提供电话和书面两种挂失方式，书面挂失为正式挂失方式。并在章程或有关协议中明确发卡银行与持卡人之间的挂失责任。

（六）发卡银行应当在有关卡的章程或使用说明中向持卡人说明密码的重要性及丢失的责任。

（七）发卡银行对持卡人的资信资料负有保密的责任。

第五十三条　持卡人的权利：

（一）持卡人享有发卡银行对其银行卡所承诺的各项服务的权利，有权监督服务质量并对不符服务质量投诉。

（二）申请人、持卡人有权知悉其选用的银行卡的功能、使用方法、收费项目、收费标准、适用利率及有关的计算公式。

（三）持卡人有权在规定时间内向发卡银行索取对账单，并有权要求对不符账务进行查询或改正。

（四）借计卡的挂失手续办妥后，持卡人不再承担相应卡账户资金变动的责任，司法机关、仲裁机关另有判决的除外。

（五）持卡人有权索取信用卡领用合约，并应妥善保管。

第五十四条　持卡人的义务：

（一）申请人应当向发卡银行提供真实的资料并按照发卡银行规定向其提供符合条件的担保。

（二）持卡人应当遵守发卡银行的章程及《领用合同》的有关条款。

（三）持卡人或保证人通讯地址、职业等发生变化，应当及时书面通知发卡银行。

（四）持卡人不得以和商户发生纠纷为由拒绝支付所欠银行款项。

第五十五条　商业银行发展受理银行卡的商户，应当与商户签订受理合约，受理合约不得包括排他性条款。受理合约中的手续费率标准低于本办法规定标准的不受法律保护。

第五十六条　银行卡申请表、领用和合同是发卡银行向银行持卡人提供的明确双方权责的契约性文件，持卡人签字，即表示接受其中各项约定。发卡银行应当本着权利与义务对等的原则制定银行卡申请表及信用卡领用合约。

附录 我国银行卡业务相关法律法规、监管规定及规范性文件汇编

第八章 罚 则

第五十七条 商业银行有下列情形之一者，中国人民银行应当责令改正，有违法所得的，处以违法所得一倍以上三倍以下的罚款，但最高不超过30 000元；没有违法所得的。按有关法律、规章处以罚款；情节严重的，应当追究直接负责的主管人员和有关直接责任人员的行政责任，情节严重的追究有关领导人的责任：

（一）擅自发行银行卡或在申请开办银行卡业务过程中弄虚作假的；

（二）违反本办法规定的计息和收费标准的；

（三）违反本办法规定的银行卡账户及交易管理规定的。

第五十八条 发卡银行未遵守本办法规定的风险管理措施和控制指标的，中国人民银行应当责令改正，并给以通报批评。

第五十九条 持卡人出租或转借其信用卡及其账户的，发卡银行应当责令其改正，并对其处以1 000元人民币以内的罚款（由发卡银行在申请表、领用合约等契约性文件中事先约定）。

第六十条 持卡人将单位的现金存入单位卡账户或将单位的款项存入个人卡账户的，中国人民银行应责令改正，并对单位卡所属单位及个人卡持卡人处以1 000元人民币以内的罚款。

第六十一条 任何单位和个人有下列情形之一的，根据《中华人民共和国刑法》及相关法规进行处理：

（一）骗领、冒用信用卡的；

（二）伪造、变造银行卡的；

（三）恶意透支的；

（四）利用银行卡及其机具欺诈银行资金的。

第六十二条 外资金融机构擅自经营信用卡收单业务的，中国人民银行应当责令改正，并按照《外资金融机构管理条例》的有关规定予以处罚。

第六十三条 非金融机构、金融机构的代表机构经营银行卡业务的，由中国人民银行依法予以取缔。

第九章 附 则

第六十四条 中华人民共和国境内的商业银行（或金融机构）发行的各类

银行卡，应当执行国家规定的技术标准，但发行带有国际信用卡组织标记的银行卡除外。

单位卡应当在卡面左下方的适当位置凸印"DWK"字样。

银行卡卡面应当载有以下要素：发卡银行一级法人名称、统一品牌名称、品牌标识（专用卡除外）、卡号（IC卡除外）、持卡人使用注意事项、客户服务电话、持卡人签名条（IC卡除外）等。

第六十五条　经中国人民银行批准办理银行卡业务的其他金融机构、境外机构发行的银行卡在境内流通使用本办法。

第六十六条　本办法由中国人民银行负责解释。

第六十七条　本办法从一九九九年三月一日起施行，发卡银行应当在半年内达到本办法有关要求。中国人民银行一九九六年颁布的《信用卡业务管理办法》（银发〔1996〕27号）同时废除；中国人民银行在本办法颁布之前制订的银行卡管理规定与本办法相抵触，以本办法为准。

3. 银监会《商业银行信用卡业务监督管理办法》（银监会令2011年第2号，2011年1月13日发布实施）

第一章　总　则

第一条　为规范商业银行信用卡业务，保障客户及银行的合法权益，促进信用卡业务健康有序发展，根据《中华人民共和国银行业监督管理法》、《中华人民共和国商业银行法》、《中华人民共和国外资银行管理条例》等法律法规，制定本办法。

第二条　商业银行经营信用卡业务，应当严格遵守国家法律、法规、规章和有关政策规定，遵循平等、自愿和诚实信用的原则。

第三条　商业银行经营信用卡业务，应当依法保护客户合法权益和相关信息安全。未经客户授权，不得将相关信息用于本行信用卡业务以外的其他用途。

第四条　商业银行经营信用卡业务，应当建立健全信用卡业务风险管理和内部控制体系，严格实行授权管理，有效识别、评估、监测和控制业务风险。

第五条　商业银行经营信用卡业务，应当充分向持卡人披露相关信息，揭示业务风险，建立健全相应的投诉处理机制。

第六条　中国银监会及其派出机构依法对商业银行信用卡业务实施监督

管理。

第二章 定义和分类

第七条 本办法所称信用卡，是指记录持卡人账户相关信息，具备银行授信额度和透支功能，并为持卡人提供相关银行服务的各类介质。

第八条 本办法所称信用卡业务，是指商业银行利用具有授信额度和透支功能的银行卡提供的银行服务，主要包括发卡业务和收单业务。

第九条 本办法所称发卡业务，是指发卡银行基于对客户的评估结果，与符合条件的客户签约发放信用卡并提供的相关银行服务。

发卡业务包括营销推广、审批授信、卡片制作发放、交易授权、交易处理、交易监测、资金结算、账务处理、争议处理、增值服务和欠款催收等业务环节。

第十条 本办法所称发卡银行，是指经中国银监会批准开办信用卡发卡业务，并承担发卡业务风险管理相关责任的商业银行。

第十一条 本办法所称发卡业务服务机构，是指与发卡银行签约协助其提供信用卡业务服务的法人机构或其他组织。

第十二条 本办法所称收单业务，是指商业银行为商户等提供的受理信用卡，并完成相关资金结算的服务。

收单业务包括商户资质审核、商户培训、受理终端安装维护管理、获取交易授权、处理交易信息、交易监测、资金垫付、资金结算、争议处理和增值服务等业务环节。

第十三条 本办法所称收单银行，是指依据合同为特约商户提供信用卡收单业务服务或为信用卡收单业务提供结算服务，并承担收单业务风险管理相关责任的商业银行。

第十四条 本办法所称收单业务服务机构，是指与收单银行或收单业务的结算银行签约协助其提供信用卡收单业务服务的法人机构或其他组织。

第十五条 商业银行发行的信用卡按照发行对象不同，分为个人卡和单位卡。其中，单位卡按照用途分为商务差旅卡和商务采购卡。

商务差旅卡，是指商业银行与政府部门、法人机构或其他组织签订合同建立差旅费用报销还款关系，为其工作人员提供日常商务支出和财务报销服务的信用卡。

商务采购卡，是指商业银行与政府部门、法人机构或其他组织签订合同建立采购支出报销还款关系，为其提供办公用品、办公事项等采购支出相关服务的信用卡。

第十六条 本办法所称学生，是指在教育机构脱产就读的学生。

第三章 业务准入

第十七条 商业银行申请开办信用卡业务，应当满足以下基本条件：

（一）公司治理良好，主要审慎监管指标符合中国银监会有关规定，具备与业务发展相适应的组织机构和规章制度，内部控制、风险管理和问责机制健全有效；

（二）信誉良好，具有完善、有效的内控机制和案件防控体系，最近3年内无重大违法违规行为和重大恶性案件；

（三）具备符合任职资格条件的董事、高级管理人员和合格从业人员。高级管理人员中应当具备有信用卡业务专业知识和管理经验的人员至少1名，具备开展信用卡业务必需的技术人员和管理人员，并全面实施分级授权管理；

（四）具备与业务经营相适应的营业场所、相关设施和必备的信息技术资源；

（五）已在境内建立符合法律法规和业务管理要求的业务系统，具有保障相关业务系统信息安全和运行质量的技术能力；

（六）开办外币信用卡业务的，应当具有经国务院外汇管理部门批准的结汇、售汇业务资格和中国银监会批准的外汇业务资格（或外汇业务范围）；

（七）符合中国银监会规定的其他审慎性条件。

第十八条 商业银行开办信用卡发卡业务除符合第十七条规定的条件外，还应当符合以下条件：

（一）注册资本为实缴资本，且不低于人民币5亿元或等值可兑换货币；

（二）具备办理零售业务的良好基础，最近3年个人存贷款业务规模和业务结构稳定，个人存贷款业务客户规模和客户结构良好，银行卡业务运行情况良好，身份证件验证系统和征信系统的连接和使用情况良好；

（三）具备办理信用卡业务的专业系统，在境内建有发卡业务主机、信用卡业务申请管理系统、信用评估管理系统、信用卡账户管理系统、信用卡交易授权系统、信用卡交易监测和伪冒交易预警系统、信用卡客户服务中心系统、催收业务管理系统等专业化运营基础设施，相关设施通过了必要的安全检测和业务测试，能够保障客户资料和业务数据的完整性和安全性；

（四）符合商业银行业务经营总体战略和发展规划，有利于提高总体业务竞争能力，能够根据业务发展实际情况持续开展业务成本计量、业务规模监测和基本盈亏平衡测算等工作。

第十九条　商业银行开办信用卡收单业务除符合第十七条规定的条件外，还应当符合以下条件：

（一）注册资本为实缴资本，且不低于人民币1亿元或等值可兑换货币；

（二）具备开办收单业务的良好业务基础。最近3年企业贷款业务规模和业务结构稳定，企业贷款业务客户规模和客户结构较为稳定，身份证件验证系统和征信系统连接和使用情况良好；

（三）具备办理收单业务的专业系统支持，在境内建有收单业务主机、特约商户申请管理系统、特约商户信用评估管理系统、商户结算账户管理系统、账务管理系统、收单交易监测和伪冒交易预警系统、交易授权系统等专业化运营基础设施，相关设施通过了必要的安全检测和业务测试，能够保障客户资料和业务数据的完整性和安全性；

（四）符合商业银行业务经营总体战略和发展规划，有利于提高业务竞争能力，能够根据业务发展实际情况持续开展业务成本计量、业务规模监测和基本盈亏平衡测算等工作。

第二十条　商业银行开办发卡和收单业务应当按规定程序报中国银监会及其派出机构审批。

全国性商业银行申请开办信用卡业务，由其总行（公司）向中国银监会申请审批。

按照有关规定只能在特定城市或地区从事业务经营活动的商业银行，申请开办信用卡业务，由其总行（公司）向注册地监管机构提出申请，经初审同意后，由注册地监管机构上报中国银监会审批。

外资法人银行申请开办信用卡业务，应当向注册地监管机构提出申请，经初审同意后，由注册地监管机构上报中国银监会审批。

第二十一条　商业银行申请开办信用卡发卡或收单业务之前，应当根据需要就拟申请的业务与中国银监会及其相关派出机构沟通，说明拟申请的信用卡业务运营模式、各环节业务流程和风险控制流程设计、业务系统和基础设施建设方案，并根据沟通情况，对有关业务环节进行调整和完善。

第二十二条　商业银行申请开办信用卡业务，可以在一个申请报告中同时申请不同种类的信用卡业务，但在申请中应当注明所申请的信用卡业务种类。

第二十三条　商业银行向中国银监会及其派出机构申请开办信用卡业务，应当提交以下文件资料（一式三份）：

（一）开办信用卡业务的申请书；

（二）信用卡业务可行性报告；

（三）信用卡业务发展规划和业务管理制度；

（四）信用卡章程，内容应当至少包括信用卡的名称、种类、功能、用途、发行对象、申领条件、申领手续、使用范围（包括使用方面的限制）及使用方法、信用卡账户适用的利率、面向持卡人的收费项目和收费水平、商业银行、持卡人及其他有关当事人的权利、义务等；

（五）信用卡卡样设计草案或可受理信用卡种类；

（六）信用卡业务运营设施、业务系统和灾备系统介绍；

（七）相关身份证件验证系统和征信系统连接和使用情况介绍；

（八）信用卡业务系统和灾备系统测试报告和安全评估报告；

（九）信用卡业务运行应急方案和业务连续性计划；

（十）信用卡业务风险管理体系建设和相应的规章制度；

（十一）信用卡业务的管理部门、职责分工、主要负责人介绍；

（十二）申请机构联系人、联系电话、联系地址、传真、电子邮箱等联系方式；

（十三）中国银监会及其派出机构按照审慎性原则要求提供的其他文件和资料。

第二十四条　商业银行应当由内部专门机构或委托其他专业机构进行独立的安全评估。安全评估报告应当至少包括董事会或总行（总公司）高级管理层对信用卡业务风险管理体系建设和相关规章制度的审定情况、各业务环节信息资料的保护措施设置情况、持续监测记录和追踪预警异常业务行为（含入侵事故或系统漏洞）的流程设计、外挂系统或外部接入系统的安全措施设置、评估期等方面的内容。

第二十五条　全国性商业银行筹建信用卡中心等分行级专营机构的，应当由其总行（公司）向中国银监会提出申请。

按照有关规定只能在特定城市或地区从事业务经营活动的商业银行，筹建信用卡中心等分行级专营机构，应当由其总行（公司）向注册地中国银监会派出机构提出申请，经初审同意后，由注册地中国银监会派出机构报中国银监会审批。

外资法人银行筹建信用卡中心等分行级专营机构，应当向其注册地中国银监会派出机构提出申请，经初审同意后，由注册地中国银监会派出机构报中国银监会审批。

信用卡中心等分行级专营机构的开业申请由其注册地中国银监会派出机构受理和批准。

第二十六条　商业银行信用卡中心等分行级专营机构的分支机构，筹建和开业应当按照规定程序报其拟设地中国银监会派出机构审批。拟设地中国银监会派出机构作出批准或不批准的书面决定，并抄送分行级专营机构注册地中国银监会派出机构。

第二十七条　注册地中国银监会派出机构自收到完整申请材料之日起20日内审查完毕并将审查意见及完整申请材料报中国银监会。

中国银监会自收到完整的信用卡业务申请材料之日起3个月内，做出批准或不批准的书面决定；决定不批准的，应当说明理由。

对于中国银监会或其派出机构未批准的信用卡业务类型，商业银行在达到相关要求后可以按照有关规定重新申请。

第二十八条　商业银行新增信用卡业务产品种类、增加信用卡业务功能、增设信用卡受理渠道等，或接受委托，作为发卡业务服务机构和收单业务服务机构开办相关业务，应当参照第二十三条的有关规定，在开办业务之前一个月，将相关材料（一式两份）向中国银监会及其相关派出机构报告。

第二十九条　已实现业务数据集中处理的商业银行，获准开办信用卡业务后，可以授权其分支机构开办部分或全部信用卡业务。获得授权的分支机构开办相关信用卡业务，应当提前30个工作日持中国银监会批准文件、总行授权文件及其他相关材料向注册地中国银监会派出机构报告。

第三十条　商业银行为其他机构（非特约商户）开展收单业务提供结算服务，应当提前30个工作日持中国银监会批准文件、总行授权文件、合作机构营业执照和法人详细信息、合作机构相关业务情况和财务状况、业务流程设计材料、书面合同、负责对合作机构进行合规管理的承诺书、风险事件和违法活动的应急处理制度、其他相关材料向当地中国银监会派出机构报告。

第三十一条　已开办信用卡业务的商业银行按照规划决定终止全部或部分类型的信用卡业务应当参照申请开办该业务的程序报中国银监会及其派出机构审批。

商业银行决定终止全部或部分类型的信用卡业务之前，应当根据需要就拟申请停办的业务与中国银监会或其相关派出机构沟通，说明拟申请终止业务的原因、风险状况、公告内容和渠道、应急预案等，并根据沟通情况进行调整和完善。

第三十二条　商业银行向中国银监会及其派出机构申请终止信用卡业务，应当提交以下文件资料（一式三份）：

（一）拟终止信用卡业务的申请书；

（二）终止信用卡业务的风险评估报告；

（三）终止信用卡业务的公告方案；

（四）终止业务过程中重大问题的应急预案；

（五）负责终止业务的部门、职责分工和主要负责人；

（六）申请机构联系人、联系电话、联系地址、传真、电子邮箱等联系方式；

（七）中国银监会及其派出机构按照审慎性原则要求提供的其他文件和资料。

经中国银监会及其相关派出机构同意后，商业银行应当通过网点公告、银行网站、客户服务热线、电子银行、其他媒体等多种渠道予以公告，公告持续期限自公告之日起不得少于90天。

第三十三条　商业银行终止信用卡业务或停止提供部分类型信用卡业务后，需要重新开办信用卡业务或部分类型信用卡业务的，按相关规定重新办理申请、审批、报告等手续。

第四章　发卡业务管理

第三十四条　发卡银行应当建立信用卡卡片管理制度，明确卡片、密码、函件、信封、制卡文件以及相关工作人员操作密码的生成、交接、保管、保密、使用监控、检查等环节的管理职责和操作规程，防范重大风险事故的发生。

第三十五条　商业银行应当建立信用卡业务申请材料管理系统，由总行（总公司、外资法人银行）对信用卡申请材料统一编号，并对申请材料信息录入、使用、销毁等实施登记制度。

第三十六条　信用卡卡面应当对持卡人充分披露以下基本信息：发卡银行法人名称、品牌标识及防伪标志、卡片种类（信用卡、贷记卡、准贷记卡等）、卡号、持卡人姓名拼音（外文姓名）、有效期、持卡人签名条、安全校验码、注意事项、客户服务电话、银行网站地址。

第三十七条　发卡银行印制的信用卡申请材料文本应当至少包含以下要素：

（一）申请人信息：编号、申请人姓名、有效身份证件名称、证件号码、单位名称、单位地址、住宅地址、账单寄送地址、联系电话、联系人姓名、联系人电话、联系人验证信息、其他验证信息等；

（二）合同信息：领用合同（协议）、信用卡章程、重要提示、合同信息变更的通知方式等；

（三）费用信息：主要收费项目和收费水平、收费信息查询渠道、收费信息变更的通知方式等；

（四）其他信息：申请人已持有的信用卡及其授信额度、申请人声明、申请人确认栏和签名栏、发卡银行服务电话和银行网站、投诉渠道等。

"重要提示"应当在信用卡申请材料中以醒目方式列示，至少包括申请信用卡的基本条件、所需基本申请资料、计结息规则、年费/滞纳金/超限费收取方式、阅读领用合同（协议）并签字的提示、申请人信息的安全保密提示、非法使用信用卡行为相关的法律责任和处理措施的提示、其他对申请人信用和权利义务有重大影响的内容等信息。

申请人确认栏应当载明以下语句，并要求客户抄录后签名："本人已阅读全部申请材料，充分了解并清楚知晓该信用卡产品的相关信息，愿意遵守领用合同（协议）的各项规则。"

第三十八条　发卡银行应当公开、明确告知申请人需提交的申请材料和基本要求，申请材料必须由申请人本人亲自签名，不得在客户不知情或违背客户意愿的情况下发卡。

发卡银行受理的信用卡附属卡申请材料必须由主卡持卡人以亲自签名、客户服务电话录音、电子签名或持卡人和发卡银行双方均认可的方式确认。

第三十九条　发卡银行应当建立信用卡营销管理制度，对营销人员进行系统培训、登记考核和规范管理，不得对营销人员采用单一以发卡数量计件提成的考核方式。信用卡营销行为应当符合以下条件：

（一）营销宣传材料真实准确，不得有虚假、误导性陈述或重大遗漏，不得有夸大或片面的宣传。应当由持卡人承担的费用必须公开透明，风险提示应当以明显的、易于理解的文字印制在宣传材料和产品（服务）申请材料中，提示内容的表述应当真实、清晰、充分，示范的案例应当具有代表性。

（二）营销人员必须佩戴所属银行的标识，明示所属发卡银行及客户投诉电话，使用统一印制的信用卡产品（服务）宣传材料，对信用卡收费项目、计结息政策和业务风险等进行充分的信息披露和风险提示，确认申请人提交的重要证明材料无涂改痕迹，确认申请人已经知晓和理解上述信息，确认申请人已经在申请材料上签名，并留存相关证据，不得进行误导性和欺骗性的宣传解释。遇到客户对宣传材料的真实性和可靠性有任何疑问时，应当提供相关信息查询渠道。

（三）营销人员应当公开明确告知申请信用卡需提交的申请资料和基本要求，督促信用卡申请人完整、正确、真实地填写申请材料，并审核身份证件（原件）和必要的证明材料（原件）。营销人员不得向客户承诺发卡，不得以快速发卡、以卡办卡、以名片办卡等名义营销信用卡。

（四）营销人员应当严格遵守对客户资料保密的原则，不得泄露客户信息，不得将信用卡营销工作转包或分包。发卡银行应当严格禁止营销人员从事本行以外的信用卡营销活动，并对营销人员收到申请人资料和送交审核的时间间隔和保密措施作出明确的制度规定，不得在未征得信用卡申请人同意的情况下，将申请人资料用于其他产品和服务的交叉销售。

（五）营销人员开展电话营销时，除遵守（一）至（四）条的相关规定外，必须留存清晰的录音资料，录音资料应当至少保存 2 年备查。

第四十条　发卡银行应当建立健全信用卡申请人资信审核制度，明确管理架构和内部控制机制。

第四十一条　发卡银行应当对信用卡申请人开展资信调查，充分核实并完整记录申请人有效身份、财务状况、消费和信贷记录等信息，并确认申请人拥有固定工作、稳定的收入来源或可靠的还款保障。

第四十二条　发卡银行应当根据总体风险管理要求确定信用卡申请材料的必填（选）要素，对信用卡申请材料出现漏填（选）必填信息或必选选项、他人代办（单位代办商务差旅卡和商务采购卡、主卡持卡人代办附属卡除外）、他人代签名、申请材料未签名等情况的，不得核发信用卡。

对信用卡申请材料出现疑点信息、漏填审核意见、各级审核人员未签名（签章、输入工作代码）或系统审核记录缺失等情况的，不得核发信用卡。

第四十三条 对首次申请本行信用卡的客户，不得采取全程系统自动发卡方式核发信用卡。

信用卡申请人有以下情况时，应当从严审核，加强风险防控：

（一）在身份信息系统中留有相关可疑信息或违法犯罪记录；

（二）在征信系统中无信贷记录；

（三）在征信系统中有不良记录；

（四）在征信系统中有多家银行贷款或信用卡授信记录；

（五）单位代办商务差旅卡和商务采购卡；

（六）其他渠道获得的风险信息。

第四十四条 发卡银行不得向未满十八周岁的客户核发信用卡（附属卡除外）。

第四十五条 向符合条件的同一申请人核发学生信用卡的发卡银行不得超过两家（附属卡除外）。

在发放学生信用卡之前，发卡银行必须落实第二还款来源，取得第二还款来源方（父母、监护人或其他管理人等）愿意代为还款的书面担保材料，并确认第二还款来源方身份的真实性。在提高学生信用卡额度之前，发卡银行必须取得第二还款来源方（父母、监护人或其他管理人等）表示同意并愿意代为还款的书面担保材料。

商业银行应当按照审慎原则制定学生信用卡业务的管理制度，根据业务发展实际情况评估、测算和合理确定本行学生信用卡的首次授信额度和根据用卡情况调整后的最高授信额度。学生信用卡不得超限额使用。

第四十六条 发卡银行应当在银行网站上公开披露与教育机构以向学生营销信用卡为目的签订的协议。

发卡银行在任何教育机构的校园内向学生开展信用卡营销活动，必须就开展营销活动的具体地点、日期、时间和活动内容提前告知相关教育机构并取得该教育机构的同意。

第四十七条 发卡银行应当提供信用卡申请处理进度和结果的查询渠道。

第四十八条 发卡银行发放信用卡应当符合安全管理要求，卡片和密码应当分别送达并提示持卡人接收。信用卡卡片发放时，应当向持卡人书面告知信用卡账单日期、信用卡章程、安全用卡须知、客户服务电话、服务和收费信息查询渠道等信息，以便持卡人安全使用信用卡。

第四十九条　发卡银行应当建立信用卡激活操作规程，激活前应当对信用卡持卡人身份信息进行核对。不得激活领用合同（协议）未经申请人签名确认、未经激活程序确认持卡人身份的信用卡。对新发信用卡、挂失换卡、毁损换卡、到期换卡等必须激活后才能为持卡人开通使用。

信用卡未经持卡人激活，不得扣收任何费用。在特殊情况下，持卡人以书面、客户服务电话录音、电子签名、持卡人和发卡银行双方均认可的方式单独授权扣收的费用，以及换卡时已形成的债权债务关系除外。

信用卡未经持卡人激活并使用，不得发放任何礼品或礼券。

第五十条　发卡银行应当建立信用卡授信管理制度，根据持卡人资信状况、用卡情况和风险信息对信用卡授信额度进行动态管理，并及时按照约定方式通知持卡人，必要时可以要求持卡人落实第二还款来源或要求其提供担保。

发卡银行应当对持卡人名下的多个信用卡账户授信额度、分期付款总体授信额度、附属卡授信额度、现金提取授信额度等合并管理，设定总授信额度上限。商务采购卡的现金提取授信额度应当设置为零。

第五十一条　在已通过信用卡领用合同（协议）、书面协议、电子银行记录或客户服务电话录音等进行约定的前提下，发卡银行可以对超过6个月未发生交易的信用卡调减授信额度，但必须提前3个工作日按照约定方式明确告知持卡人。

第五十二条　发卡银行应当建立信用卡业务风险管理制度。发卡银行从公安机关、司法机关、持卡人本人、亲属、交易监测或其他渠道获悉持卡人出现身份证件被盗用、家庭财务状况恶化、还款能力下降、预留联系方式失效、资信状况恶化、有非正常用卡行为等风险信息时，应当立即停止上调额度、超授信额度用卡服务授权、分期业务授权等可能扩大信用风险的操作，并视情况采取提高交易监测力度、调减授信额度、止付、冻结或落实第二还款来源等风险管理措施。

第五十三条　信用卡未经持卡人申请并开通超授信额度用卡服务，不得以任何形式扣收超限费。持卡人可以采用口头（客户服务电话录音）、电子、书面的方式开通或取消超授信额度用卡服务。

发卡银行必须在为持卡人开通超授信额度用卡服务之前，提供关于超限费收费形式和计算方式的信息,并明确告知持卡人具有取消超授信额度用卡服务的权利。发卡银行收取超限费后,应当在对账单中明确列出相应账单周期中的超限费金额。

第五十四条 经持卡人申请开通超授信额度用卡服务后,发卡银行在一个账单周期内只能提供一次超授信额度用卡服务,在一个账单周期内只能收取一次超限费。如果在两个连续的账单周期内,持卡人连续要求支付超限费以完成超过授信额度的透支交易,发卡银行必须在第二个账单周期结束后立即停止超授信额度用卡服务,直至信用卡未结清款项减少到信用卡原授信额度以下才能根据持卡人的再次申请重新开通超授信额度用卡服务。

第五十五条 发卡银行不得为信用卡转账(转出)和支取现金提供超授信额度用卡服务。信用卡透支转账(转出)和支取现金的金额两者合计不得超过信用卡的现金提取授信额度。

第五十六条 发卡银行应当制定信用卡交易授权和风险监测管理制度,配备必要的设备、系统和人员,确保24小时交易授权和实时监控,对出现可疑交易的信用卡账户应当及时采取与持卡人联系确认、调整授信额度、锁定账户、紧急止付等风险管理措施。

发卡银行应当对可疑交易采取电话核实、调单或实地走访等方式进行风险排查并及时处理,必要时应当及时向公安机关报案。

第五十七条 发卡银行应当在信用卡领用合同(协议)中明确规定以持卡人相关资产偿还信用卡贷款的具体操作流程,在未获得持卡人授权的情况下,不得以持卡人资产直接抵偿信用卡应收账款。国家法律法规另有规定的除外。

发卡银行收到持卡人还款时,按照以下顺序对其信用卡账户的各项欠款进行冲还:逾期1~90天(含)的,按照先应收利息或各项费用、后本金的顺序进行冲还;逾期91天以上的,按照先本金、后应收利息或各项费用的顺序进行冲还。

第五十八条 发卡银行通过自助渠道提供信用卡查询和支付服务必须校验密码或信用卡校验码。对确实无法校验密码或信用卡校验码的,发卡银行应当根据交易类型、风险性质和风险特征,确定自助渠道信用卡服务的相关信息校验规则,以保障安全用卡。

第五十九条 发卡银行应当提供24小时挂失服务,通过营业网点、客户服务电话或电子银行等渠道及时受理持卡人挂失申请并采取相应的风险管控措施。

第六十条　发卡银行应当提供信息查询服务，通过银行网站、用卡手册、电子银行等多种渠道向持卡人公示信用卡产品和服务、使用说明、章程、领用合同（协议）、收费项目和标准、风险提示等信息。

第六十一条　发卡银行应当提供对账服务。对账单应当至少包括交易日期、交易金额、交易币种、交易商户名称或代码、本期还款金额、本期最低还款金额、到期还款日、注意事项、发卡银行服务电话等要素。对账服务的具体形式由发卡银行和持卡人自行约定。

发卡银行向持卡人提供对账单及其他服务凭证时，应当对信用卡卡号进行部分屏蔽，不得显示完整的卡号信息。银行柜台办理业务打印的业务凭证除外。

第六十二条　发卡银行应当提供投诉处理服务，根据信用卡产品（服务）特点和复杂程度建立统一、高效的投诉处理工作程序，明确投诉处理的管理部门，公开披露投诉处理渠道。

第六十三条　发卡银行应当提供信用卡到期换卡服务，为符合到期换卡条件的持卡人换卡。持卡人提出到期不续卡、不换卡、销户的除外。

对持卡人在信用卡有效期内未激活的信用卡账户，发卡银行不得提供到期换卡服务。

第六十四条　发卡银行应当提供信用卡销户服务，在确认信用卡账户没有未结清款项后及时为持卡人销户。信用卡销户时，商务采购卡账户余额应当转回其对应的单位结算账户。

在通过信用卡领用合同（协议）或书面协议对通知方式进行约定的前提下，发卡银行应当提前45天以上采用明确、简洁、易懂的语言将信用卡章程、产品服务等即将发生变更的事项通知持卡人。

第六十五条　信用卡业务计结息操作，遵照国家有关部门的规定执行。

第六十六条　发卡银行应当建立信用卡欠款催收管理制度，规范信用卡催收策略、权限、流程和方式，有效控制业务风险。发卡银行不得对催收人员采用单一以欠款回收金额提成的考核方式。

第六十七条　发卡银行应当及时就即将到期的透支金额、还款日期等信息提醒持卡人。持卡人提供不实信息、变更联系方式未通知发卡银行等情况除外。

第六十八条　发卡银行应当对债务人本人及其担保人进行催收，不得对与债务无关的第三人进行催收，不得采用暴力、胁迫、恐吓或辱骂等不当催收行为。对催收过程应当进行录音，录音资料至少保存2年备查。

第六十九条　信用卡催收函件应当对持卡人充分披露以下基本信息：持卡人姓名和欠款余额，催收事由和相关法规，持卡人相关权利和义务，查询账户状态、还款、提出异议和提供相关证据的途径，发卡银行联系方式，相关业务公章，监管机构规定的其他内容。

发卡银行收到持卡人对信用卡催收提出的异议，应当及时对相关信用卡账户进行备注，并开展核实处理工作。

第七十条　在特殊情况下，确认信用卡欠款金额超出持卡人还款能力，且持卡人仍有还款意愿的，发卡银行可以与持卡人平等协商，达成个性化分期还款协议。个性化分期还款协议的最长期限不得超过5年。

个性化分期还款协议的内容应当至少包括：

（一）欠款余额、结构、币种；

（二）还款周期、方式、币种、日期和每期还款金额；

（三）还款期间是否计收年费、利息和其他费用；

（四）持卡人在个性化分期还款协议相关款项未全部结清前，不得向任何银行申领信用卡的承诺；

（五）双方的权利义务和违约责任；

（六）与还款有关的其他事项。

双方达成一致意见并签署分期还款协议的，发卡银行及其发卡业务服务机构应当停止对该持卡人的催收，持卡人不履行分期还款协议的情况除外。达成口头还款协议的，发卡银行必须留存录音资料。录音资料留存时间至少截至欠款结清日。

第七十一条　发卡银行不得将信用卡发卡营销、领用合同（协议）签约、授信审批、交易授权、交易监测、资金结算等核心业务外包给发卡业务服务机构。

第五章　收单业务管理

第七十二条　收单银行应当明确收单业务的牵头管理部门，承担协调处理特约商户资质审核、登记管理、机具管理、垫付资金管理、风险管理、应急处置等的职责。

第七十三条　收单银行应当加强对特约商户资质的审核，实行商户实名制，不得设定虚假商户。特约商户资料应当至少包括营业执照、税务登记证件或相关纳税证明、法定代表人或负责人身份证件、财务状况或业务规模、经营期限等。收单银行应当对特约商户进行定期或不定期现场调查，认真核实并及时更新特约商户资料。

收单银行不得因与特约商户有其他业务往来而降低资质审核标准和检查要求，对批发类、咨询类、投资类、中介类、公益类、低扣率商户或可能出现高风险的商户应当从严审核。

第七十四条 收单银行不得将个人银行结算账户设置为特约商户的单位结算账户，已纳入单位银行结算账户管理的除外。

收单银行应当为特约商户、特约商户服务机构等提供安全的结算服务，并承担相应的监督管理职责，确保所服务机构受理信用卡的业务合法合规。

第七十五条 收单银行签约的特约商户应当至少满足以下基本条件：

（一）合法设立的法人机构或其他组织；

（二）从事的业务和行业符合国家法律、法规和政策规定；

（三）未成为本行或他行发卡业务服务机构；

（四）商户、商户负责人（或法定代表人）未在征信系统、银行卡组织的风险信息共享系统、同业风险信息共享系统中留有可疑信息或风险信息。

第七十六条 收单银行对从事网上交易的商户，应当进行严格的审核和评估，以技术手段确保数据安全和资金安全。商业银行不得与网站上未明确标注如下信息的网络商户或第三方支付平台签订收单业务相关合同：

（一）客户服务电话号码及邮箱地址；

（二）安全管理的声明；

（三）退货（退款）政策和具体流程；

（四）保护客户隐私的声明；

（五）客户信息使用行为的管理要求；

（六）其他商业银行相关管理制度要求具备的信息。

收单银行应当按照外包管理要求对签约的第三方支付平台进行监督管理，并有责任对与第三方支付平台签约的商户进行不定期的资质审核情况或交易行为抽查，以确保为从事合法业务的商户提供服务。

第七十七条 收单银行应当严格按照国家法律法规、相关行业规范和业务规则设置商户名称、商户编码、商户类别码、商户服务类别码等，留存真实完整的商户地址、受理终端安装地点和使用范围、受理终端绑定通讯方式和号码、法人（或负责人）、联系人、联系电话等信息，加强特约商户培训和交易检查工作，并真实、准确、完整地传递信用卡交易信息，为发卡银行开展信用卡交易授权和风险监测提供准确的信息。

收单银行要求第三方支付平台提供的交易明细信息，必须包括交易对象在第三方支付平台上的识别编号，以便协助持卡人保护自身合法权益。

第七十八条　收单银行应当确保特约商户按照联网通用原则受理信用卡，不得出现商户拒绝受理符合联网通用管理要求的信用卡，或因持卡人使用信用卡而向持卡人收取附加费用等行为。

第七十九条　收单银行应当建立特约商户管理制度，根据商户类型和业务特点对商户实行分类管理，严格控制交易处理程序和退款程序，不得因与特约商户有其他业务往来而降低对特约商户交易的检查要求。

第八十条　收单银行应当对特约商户的风险进行综合评估和分类管理，及时掌握其经营范围、场所、法定代表人或负责人、银行卡受理终端装机地址和使用范围等重要信息的变更情况，不断完善交易监控机制。收单银行应当对特约商户建立不定期现场核查制度，重点核对其银行卡受理终端使用范围、装机地址、装机编号是否与已签订的协议一致。

对通过邮寄、电话、电视和网络等方式销售商品或服务的特约商户，收单银行应当采取特殊的风险控制措施，加强交易情况监测，增加现场核查频度。

第八十一条　收单银行应当根据特约商户的业务性质、业务特征、营业情况，对特约商户设定动态营业额上限。对特约商户交易量突增、频繁出现大额交易、整数金额交易、交易额与经营状况明显不符、争议款项过高、退款交易过多、退款额过高、拖欠退款额过高、出现退款欺诈、非法交易、商户经营内容与商户类别码不符，或收到发卡银行风险提示等情况，收单银行应当及时调查处理，并及时采取有效措施，降低出现收单业务损失的风险。

第八十二条　对确认已出现虚假申请、信用卡套现、测录客户数据资料、泄露账户和交易信息、恶意倒闭等欺诈行为的特约商户，收单银行应当及时采取撤除受理终端、妥善留存交易记录等相关证据并提交公安机关处理、列入黑名单、录入银行卡风险信息系统、与相关银行卡组织共享风险信息等有效的风险控制措施。

第八十三条　收单银行应当建立相互独立的市场营销和风险管理机制，负责市场拓展、商户资质审核、服务和授权、异常交易监测、受理终端密钥管理、受理终端密钥下载、受理终端程序灌装等职能的人员和岗位，不得相互兼岗。

第八十四条 收单银行应当建立健全收单业务受理终端管理机制，设立管理台账，及时登记和更新受理终端安装地点、使用情况和不定期检查情况。

对特约商户提出的新增、更换、维护受理终端的要求，收单银行应当履行必要的核实程序，发现特约商户有移机使用、出租、出借或超出其经营范围使用受理终端的情况，应当立即采取撤除受理终端、妥善留存交易记录相关证据等有效的风险管理措施，并将特约商户、商户法定代表人（负责人）姓名、商户法定代表人（负责人）身份证件等有关信息录入银行卡风险信息共享系统。

第八十五条 收单银行应当加强对收单业务移动受理终端的管理，确保不同的终端设备使用不同的终端主密钥并定期更换。收单银行应当严格审核特约商户安装移动受理终端的申请，除航空、餐饮、交通罚款、上门收费、移动售货、物流配送确有使用移动受理终端需求的商户外，其他类型商户未经收单银行总行审核批准不得安装移动受理终端。

第八十六条 收单银行应当采用严格的技术手段对收单业务移动受理终端的使用进行监控，并不定期进行回访，确保收单业务移动受理终端未超出签约范围跨地区使用。

第八十七条 收单银行应当确保对收单业务受理终端所有打印凭条上的信用卡号码进行部分屏蔽，转账交易的转入卡号、预授权交易预留卡号和IC卡脱机交易除外。

收单银行和收单服务机构应当确保业务系统只能存储用于交易清分、资金结算、差错处理所必需的最基本的账户信息，不得以任何形式存储信用卡磁道信息、卡片验证码、个人标识码等信息。

第八十八条 收单银行应当与特约商户签订收单业务合同。收单业务合同至少应当明确以下事项：双方的权利义务关系；业务流程、收单业务管理主体、法律责任和经济责任；移动受理终端和无卡交易行为的管理主体、法律责任和经济责任；协助调查处理的责任和内容；保证金条款；保密条款；数据安全条款；其他条款。

第八十九条 收单银行、收单业务服务机构合作应当与特约商户签订收单业务合同，至少应当明确以下事项：收单业务营销主体；收单业务管理主体各方的权利义务关系；各方的法律责任和经济责任；移动受理终端相关法律责任和经济责任、无卡交易相关法律责任和经济责任；协助调查处理的责任和内容；

保密条款；数据安全条款等。

第九十条　收单银行不得将特约商户审核和签约、资金结算、后续检查和抽查、受理终端密钥管理和密钥下载工作外包给收单业务服务机构。

第六章　业务风险管理

第九十一条　商业银行应当制定明确的信用卡业务发展战略和风险管理规划，建立健全信用卡业务内部控制、授权管理和风险管理体系、组织、制度、流程和岗位，明确分工和相关职责。

商业银行可以基于自愿和保密原则，对信用卡业务中出现不良行为的营销人员、持卡人、特约商户、服务机构等有关风险信息进行共享，加强在风险管理方面的合作。

第九十二条　商业银行应当对信用卡风险资产实行分类管理，分类标准如下：

（一）正常类：持卡人能够按照事先约定的还款规则在到期还款日前（含）足额偿还应付款项。

（二）关注类：持卡人未按事先约定的还款规则在到期还款日足额偿还应付款项，逾期天数为1~90天（含）。

（三）次级类：持卡人未按事先约定的还款规则在到期还款日足额偿还应付款项，逾期天数为91~120天（含）。

（四）可疑类：持卡人未按事先约定的还款规则在到期还款日足额偿还应付款项，逾期天数为121~180天（含）。

（五）损失类：持卡人未按事先约定的还款规则在到期还款日足额偿还应付款项，逾期天数超过180天。

在业务系统能够支持、分类操作合法合规、分类方法和数据测算方式已经中国银监会及其相关派出机构审批同意等前提下，鼓励商业银行采用更为审慎的信用卡资产分类标准，持续关注和定期比对与之相关的准备金计提、风险资产计量等环节的重要风险管理指标，并采取相应的风险控制措施。

第九十三条　商业银行应当建立健全信用卡业务操作风险的防控制度和应急预案，有效防范操作风险。以下风险资产应当直接列入相应类别：

（一）持卡人因使用诈骗方式申领、使用信用卡造成的风险资产，一经确认，应当直接列入可疑类或损失类。

（二）因内部作案或内外勾结作案造成的风险资产应当直接列入可疑类或损失类。

（三）因系统故障、操作失误造成的风险资产应当直接列入可以疑类或损失类。

（四）签订个性化分期还款协议后尚未偿还的风险资产应当直接列入次级类或可疑类。

第九十四条　发卡银行应当对信用卡风险资产质量变动情况进行持续监测，相关准备金计提遵照国家有关部门的规定执行。

第九十五条　发卡银行应当加强信用卡风险资产认定和核销管理工作，及时确认并核销。信用卡业务的呆账认定依据、认定范围、核销条件等遵照国家有关部门的规定执行。

第九十六条　发卡银行应当建立科学合理的风险监测指标，适时采取相应的风险控制措施。

第九十七条　发卡银行应当根据信用卡业务发展情况，使用计量模型辅助开展信用卡业务风险管理工作，制定模型开发、测试、验证、重检、调整、监测、维护、审计等相关管理制度，明确计量模型的使用范围。

第九十八条　发卡银行应当严格执行资本充足率监管要求，将未使用的信用卡授信额度，纳入承诺项目中的"其他承诺"子项计算表外加权风险资产，适用50%的信用转换系数和根据信用卡交易主体确定的相应风险权重。

第九十九条　商业银行应当对单位卡实施单一客户授信集中风险管理，定期集中计算单位卡授信和垫款额度总和，持续监测单位卡合同签约方在本行所有贷款授信额度及其使用情况，并定期开展单位卡相关交易真实性和用途适用性的检查工作，防止出现以虚假交易套取流动资金贷款的行为。

第七章　监督管理

第一百条　中国银监会及其派出机构依法对信用卡业务实施非现场监管和现场检查，对信用卡业务风险进行监测和评估，并对信用卡业务相关行业自律组织进行指导和监督。

在实施现场检查和风险评估的过程中，相关检查和评估人员应当遵守商业银行信用卡业务安全管理的有关规定。

第一百零一条　商业银行开办信用卡业务应当按照有关规定向中国银监会

报送信用卡业务统计数据和管理信息。

第一百零二条　商业银行应当定期对信用卡业务发展与管理情况进行自我评估，按年编制《信用卡业务年度评估报告》。

第一百零三条　商业银行《信用卡业务年度评估报告》应当至少包括以下内容：

（一）本年度信用卡业务组织架构和高管人员配置总体情况；

（二）全年信用卡业务基本经营情况分析；

（三）信用卡业务总体资产结构和资产质量；

（四）不同类型的信用卡业务资产结构和资产质量；

（五）信用卡业务主要风险分析和风险管理情况；

（六）信用卡业务合规管理和内控管理情况；

（七）已外包的各项信用卡业务经营管理情况；

（八）投诉处理情况；

（九）下一年度信用卡业务发展规划；

（十）监管机构要求报告的其他事项。

第一百零四条　全国性商业银行《信用卡业务年度评估报告》应当于下一年度的3月底之前报送中国银监会（一式两份），抄送总行（公司）或外资法人银行注册地中国银监会派出机构。

按照有关规定只能在特定城市或地区从事业务经营活动的商业银行、商业银行授权开办部分或全部信用卡业务的分支机构（含营运中心等）应当于下一年度的3月底之前参照第一百零三条的规定将相关材料报送当地中国银监会派出机构。

第一百零五条　商业银行应当建立信用卡业务重大安全事故和风险事件报告制度，与中国银监会及其派出机构保持经常性沟通。出现重大安全事故和风险事件后24小时内应当向中国银监会及其相关派出机构报告，并随时关注事态发展，及时报送后续情况。

第一百零六条　中国银监会对信用卡业务实施现场检查时，应当按照现场检查有关规定组成检查工作组并进行相关业务培训，应当邀请相关商业银行的信用卡业务管理和技术人员介绍其信用卡业务总体框架、运营管理模式、重要业务运营系统和重要电子设备管理要求等。

第一百零七条　商业银行不符合本办法规定的条件，擅自开办信用卡业务的，中国银监会及其相关派出机构应当责令商业银行立即停止开办的信用卡业务，并依据《中华人民共和国银行业监督管理法》第四十五条规定采取相关监管措施。

第一百零八条 商业银行违反本办法规定经营信用卡业务的，中国银监会及其相关派出机构应当责令商业银行限期改正。商业银行逾期未改正的，中国银监会及其派出机构依据《中华人民共和国银行业监督管理法》第三十七条、第四十六条、第四十七条规定采取相关监管措施。

第一百零九条 商业银行在开展信用卡业务过程中，违反审慎经营原则导致信用卡业务存在较大风险隐患、合作的机构从事或被犯罪分子利用从事违法违规活动1年内达到2次的，由中国银监会及其派出机构立即暂停该商业银行相关新发卡业务或发展新特约商户的资格，责令限期改正；逾期未改正或安全隐患在短时间内难以解决的，中国银监会及其派出机构除采取《中华人民共和国银行业监督管理法》第四十六条规定的监管措施外，还可以视情况分别采取以下措施：

（一）责令商业银行、相关分支机构或相关专营机构限制（或暂停）信用卡发卡业务或收单业务；

（二）责令商业银行、相关分支机构或相关专营机构限制（或暂停）发展新的信用卡业务持卡人；

（三）责令商业银行、相关分支机构或相关专营机构限制（或暂停）发展新的信用卡业务特约商户；

（四）责令停止批准增设营运中心等；

（五）责令停止开办新业务；

（六）其他审慎性监管措施。

第一百一十条 商业银行、相关分支机构或相关营运中心整改后，应当向银监会或其相关派出机构提交整改情况报告。银监会或其相关派出机构验收确认符合审慎经营规则和本办法相关规定的，自验收完毕之日起三日内解除对其采取的有关监管措施。

第一百一十一条 商业银行在开展信用卡业务过程中，违反其他有关法律、行政法规和规章的，由中国银监会及其派出机构依据相关法律、行政法规和规章督促整改，并采取相应的监管措施。

第八章 附 则

第一百一十二条 本办法由中国银监会负责解释。

第一百一十三条 本办法颁布之前制定的相关信用卡管理规定与本办法不一致的，以本办法为准。

第一百一十四条 在中华人民共和国境内经中国银监会批准设立的其他银行业金融机构开展信用卡业务，适用本办法的有关规定。

第一百一十五条 本办法自公布之日起施行。此前已开办相关业务且不符本办法规定的，半年内要调整完毕。

4. 银监会办公厅《关于加强银行卡发卡业务风险管理的通知》（银监办发〔2007〕60号，2007年2月26日发）

一、银行卡发卡业务应执行严格的资信审批程序。各发卡银行应遵循"了解你的客户"和"了解你的业务"的原则，注重对银行卡持卡人有效身份的确认，在发卡前必须进行详细的资信调查。银行卡业务人员应尽可能了解客户的主要情况、财务管理的基本状况、消费信贷记录和还款情况等，细分并审慎选择目标客户群体，将必要的核实内容、评估情况和授信情况以适当形式记录保存，为银行卡业务风险管理提供持续稳定的基础。为从源头控制风险，各发卡银行应依法为申请人提供的个人信息保密，对申请人的资信审核工作制定严格的管理制度，并可利用法定身份认证信息系统和其他外部信用信息系统等辅助管理银行卡业务风险。

二、银行卡发卡业务应遵守严格的授信额度管理制度。初始额度审批及其适度调整要遵循审慎原则，根据银行卡申请人的整体资料和财务情况，综合评估其偿还能力后核定各类银行卡的授信额度。对每个无担保客户，应根据对其风险状况的评估进行集中化的银行卡账户最高总授信额度管理。对已持有多家银行发行的多张银行卡的无担保客户，在其账户总授信额度可能超出最高总授信额度时，发卡银行可不予核发新的银行卡。

三、银行卡发卡业务应高度重视合规性管理。各发卡银行应本着审慎经营原则，公开明确告知申请人须提交的主要申请资料及基本要求，并按规定进行认真审核。银行卡发卡业务必须严格执行相关操作规程，申请表必须由主卡申请人本人亲笔签名确认，不得在申请人不知情或违背申请人意愿的情况下盲目发卡。对通过互联网申请的客户，发卡银行应要求客户下载填写申请表并亲笔签名后，将申请表和相关申请资料递交或邮寄到发卡银行，通过适当方式核实客户真实身份后方可发卡。对于代领卡、邮寄卡等非本人领卡的银行卡发放方式，发卡银行应通过适当方式核实持卡人身份，不得激活未经签名确认、未经开卡程序确认等的银行卡。

四、银行机构应充分利用有效的风险管理系统。开展银行卡发卡业务，要及时识别、衡量和控制银行卡账户的各类风险，高度关注银行卡业务风险指标，尤其是呆账率、伪冒损失率等的变动情况。对有信用卡交易无还款记录、涉嫌非法套现行为或已产生违约金和滞纳金等的高风险持卡人，应及时采取积极催收、降低授信额度、紧急止付等审慎措施，必要时应取消其用卡和申领新卡的资格，以有效控制银行卡业务风险水平。

五、银行机构应采取有效方式密切监测和防范银行卡欺诈交易。在向客户发放新的银行卡时，发卡银行必须给持卡人发放"安全用卡须知"，明确告知与客户联络和交易信息传递的方式，向持卡人披露银行卡交易中可能产生的风险。发卡银行应建立有效的防欺诈申请管理机制，对已发现的欺诈申请，建立专门档案管理，防止其再次通过申请审核，形成潜在风险。发卡银行应利用现代化技术手段建立银行卡业务实时监测机制，对出现可疑交易的银行卡账户及时采取必要的管理措施。收单银行应建立健全对特约商户和POS机具的管理机制，密切监测特约商户异常POS交易，协助发卡银行对因虚假申领银行卡进行非法套现行为引发的欺诈风险进行识别和控制。银行业协会应逐步推动建立发卡银行和收单机构之间的不良客户信息共享机制，共同防范银行卡欺诈风险。

六、银行机构应努力提升银行卡业务综合竞争力，在充分考虑成本因素的基础上进行公平竞争。同时，要大力提高银行卡产品创新和服务创新能力，以有特色的产品、个性化的服务和差别化的营销，提升各类客户的满意度和忠诚度，杜绝不计成本和忽视风险管理的恶性竞争。

5. 银监会《关于加强银行卡安全管理有关问题的通知》（银监发〔2004〕13号）

一、各商业银行在建立健全银行卡风险管理制度的基础上，必须建立银行卡违法犯罪案件的内部案情通报制度和案件及时报告制度。

各商业银行应要求涉及银行卡业务的分支机构指定专人负责银行卡违法犯罪案件的上报和内部通报工作；总行必须指定专门的部门和人员负责银行卡违法犯罪案件的收集、分析和报告工作。

各商业银行应要求其分支机构在发现银行卡违法犯罪案件后必须立即（24小时内）上报总行；总行的有关部门在接到报告后，应向涉及银行卡业务的分支机构及时通报案情和部署对策，在3日内以机密件的形式将有关案情、已采取和拟进一步采取的对策措施报银监会。

各商业银行对于有关的银行卡违法犯罪案件，应及时采取相应措施，防止损失的扩大。

二、银监会将根据银行卡违法犯罪案件的性质和内容，决定是否向其他商业银行通报。

其他商业银行在接到中国银监会有关案件的通报后，应积极采取有效的预防措施，防止类似案件在本行发生。

对有关的银行卡违法犯罪信息，各商业银行应注意保密，不得随意扩散。

三、各商业银应加强对银行卡交易密码的管理，交易密码的设置不得少于六位，交易密码的生成方式应采用随机生成或者由持卡人自行输入，并且对密码连续输入错误的银行卡实施账户锁定。

从2004年5月1日起，对于新发行的银行卡，原则上禁止向持卡人发放统一的初始密码；如果仍然发放统一的初识密码，必须由持卡人本人持有效身份证明到商业银行柜台修改密码后才能进行交易；对原来已发行的且采用统一初始密码的银行卡，商业银行必须提醒持卡人及时修改密码。

对于同一银行卡账户进行密码输入操作，一天内连续三次输入交易密码不正确的，应立即实施账户锁定，冻结任何资金交易；银行卡持卡人应持有效身份证明到商业银行柜台或者通过其他身份认证措施申请解除锁定后，才能重新开通账户。在申请解除密码锁定时，如果持卡人仍然记得原来的密码，并且输入的密码是正确的，商业银行必须为持卡人立即开通账户，不得以密码挂失或者其他名义向持卡人收取任何费用。

四、各商业银行应加强对银行卡持卡人账户信息的保护。

各商业银行应在2004年9月30日之前完成对ATM机的改造，增加由持卡人自行选择是否打印凭条的功能，并对凭条上银行卡号码倒数第二至第五位数进行屏蔽。

五、各商业银行应注重对银行卡持卡人有效身份的确认，对于持卡人在 POS 机上进行刷卡消费行为的，应要求商户核对持卡人的签名；在进行电子银行交易时，可以采取动态密码技术和增加持卡人身份号码验证等方法增强交易的安全性。

六、各商业银行应加强对银行卡的挂失管理，做到实时冻结挂失账户，并做好投诉服务。

各商业银行应公布银行卡的挂失电话号码，对合法持卡人及其代理人的挂失请求，应在接到挂失请求并核实挂失人的身份合法性后，立即冻结需要挂失的账户。

各商业银行应公布银行卡的投诉电话号码，对于客户的合理投诉，应及时给予反馈。

七、从 2004 年 5 月 1 日起，各商业银行在发放新的银行卡时，必须给持卡人发放专门的"安全用卡须知"，提醒持卡人安全使用银行卡。

各商业银行应加强对持卡人安全用卡的知识宣传，通过开卡、换卡、日常对账、用卡设备画面、大型宣传活动、新闻媒体等多种渠道进行安全用卡的宣传。

八、各商业银行要加强对 ATM 机和自助银行的定期巡视检查，采取技术防范措施，加强安全监控；对于已安装的摄像监控系统，各商业银行必须进行定期检测，保证系统正常有效运行。

各商业银行必须在 ATM 机等自助设备旁，提供银行卡挂失、投诉服务的联系电话号码，方便持卡人。

九、各商业银行应加强跨行交易数据的安全管理，对于其他商业银行的银行卡信息应尽到充分的保密义务，由于没有尽到充分的保密义务造成信息外泄的，应承担由此给其他银行和其他银行卡持卡人所造成的损失。

对于将有关银行卡的技术和服务外包给第三方的，各商业银行应该制定严格的管理制度，采取有效措施防止外包方接触或泄露有关本行和其他银行的银行卡敏感信息，并明确外包方应该承担的各项义务和责任。

各商业银行应将和外包方签订的有关外包的主要内容、行内制定的对外包方的各项管理制度等相关资料报送银监会。

十、各商业银行应采取卡片验证码校验措施，提高磁条卡的安全性。

为了增强磁条卡的安全性,各商业银行对于新发行的磁条银行卡均应采取卡片验证码校验措施,防止伪造假卡。

对于已发行的磁条卡,各商业银行应在今后逐步通过重新发卡或者补写磁方式,使原有的银行卡具备卡片验证码校验功能并进行校验。

十一、各商业银行可本着自愿原则,实现对银行卡违法犯罪案件、不良持卡人、不良商户等有关风险信息的共享,加强在风险控制和风险防范方面的合作,同时尽到相应的注意义务和保密义务。

十二、开展银行卡业务的邮政储汇局、信用社等金融机构,应按本通知的要求加强银行卡的风险管理和安全管理。

6. 银监会办公厅《关于信用卡套现活跃风险提示的通知》（银监办发〔2008〕74号,2008年5月19日）

一、切实加强对信用卡透支额度的管理。信用卡分期付款业务形成的循环信用账户具有资金杠杆作用,且当期账单仅反映部分透支金额,各商业银行应严格执行《中国银监会办公厅关于加强银行卡发卡业务风险管理的通知》（银监办发〔2007〕60号）,对每个无担保信用卡客户,应根据对其风险状况的评估进行集中化的银行卡账户最高总授信额度管理,将核定信用额度和单张信用卡分期付款业务总额度上限进行统一管理,密切关注和监测持卡人对信用卡分期付款业务的使用情况,不能仅根据当期透支金额判断客户是否超过核定限额。对于交纳一定手续费后当月所有透支金额均可分期还款的信用卡业务,应加大信用风险管理力度。

二、切实加强对签约商户的管理。各商业银行应严格执行《中国人民银行　中国银行业监督管理委员会关于防范信用卡风险有关问题的通知》（银发〔2006〕84号）,严格POS机具布放审查程序,完善与商户签约和与收单外包机构的签约条款,严禁将POS机具布放在个人名下,并对商户交易行为进行不定期抽查。对网上交易商户应设置单笔和单日交易金额上限,并根据反洗钱工作要求设置月累计交易金额上限；对单笔或单日刷卡透支金额达到或超过信用卡核定额度的,应及时与持卡人联系并核对交易行为相关信息,以避免因卡片盗刷引起的持卡人和银行损失；加强对航空客票代售点的管理,应在双方合作协议中明确,对刷卡支付的航空客票的退票操作,应收取退票费并采用退票款项转回银行卡的操作，不得直接提取现金，以堵住套现漏洞。

三、切实加强对持卡人领卡用卡行为管理。各商业银行应加强对持卡人信用卡申领行为管理，发卡营销外包服务商对申请人信息负有保密责任，不得申请成为特约商户，不得将代理营销业务转包其他单位，一旦发现信用卡申请材料属于未与其签订发卡营销外部协议的中介机构递交的，不得受理相关业务。各商业银行应加强对持卡人用卡情况的监控，对已经确认存在套现行为的信用卡持卡人，有权采取降低授信额度、止付、将相关信息录入征信系统和银行间已建立的共享欺诈信息库等措施。

7. 中国人民银行等部门《关于加强银行卡安全管理预防和打击银行卡犯罪的通知》（银发〔2009〕142号，2009年4月27日）

为预防和打击银行卡犯罪，规范银行卡市场秩序，维护持卡人权益和社会公众对银行卡支付的信心，更好地发挥银行卡促进经济增长的作用，现就加强银行卡安全管理、预防和打击银行卡犯罪有关问题通知如下：

一、切实规范银行卡发卡行为

（一）认真落实银行卡账户实名制。发卡机构应严格遵守《中华人民共和国反洗钱法》、《个人存款账户实名制规定》（国务院令第285号发布）、《人民币银行结算账户管理办法》（中国人民银行令〔2003〕第5号发布）、《金融机构客户身份识别和客户身份资料及交易记录保存管理办法》（中国人民银行令〔2007〕第2号发布）、《中国人民银行关于进一步落实个人人民币银行存款账户实名制的通知》（银发〔2008〕191号）等法规制度要求，切实履行客户身份识别义务，确保申请人开户资料真实、完整、合规。要充分利用联网核查公民身份信息系统，验证客户身份信息。未履行责任导致匿名、假名账户开立的，要按反洗钱法予以处罚，造成客户资金损失的，要依法承担责任。联网核查公民身份信息系统运行前开立的银行卡存量账户要逐步进行联网核查，未经核实的，发卡机构要专门标识，采取更严格的风险控制措施。个人代理他人办卡的，发卡机构必须同时核对代理人和被代理人的真实身份。无正当理由不允许个人代理多人办卡。对已在银行大量开户或申卡的持卡人申请办卡，要从严审查，并加强风险防控。

（二）控制信用卡发卡风险。发卡机构可通过查询人民银行征信系统、中国银联银行卡风险信息共享系统、资信调查等方式分析申请人的资信状况，合理确定授信额度。对申领首张信用卡的客户，发卡机构要对客户亲访亲签，不得采取全程自助发卡方式。谨慎发展无稳定工作、收入的客户群体，从严授信。发卡机构不得将信用卡发卡营销业务外包，不得擅自对信用卡透支利率、计息方式、免息期计算方式等进行调整。禁止单位代办信用卡，法律法规另有规定的除外。

三、进一步强化对受理市场的风险控管

（七）严把特约商户准入关，落实特约商户实名制。收单机构发展特约商户要建立严格的实名审核和现场调查制度，充分利用联网核查身份信息系统、人民银行征信系统、中国银联银行卡风险信息共享系统等核查方式，核实商户法定代表人或负责人、授权经办人的个人身份，了解商户的经营背景、营业场所、经营范围、财务状况、资信等，必要时，要向公安部门、工商行政管理部门、商户开户行或其他单位进一步核实。特别要关注批发、咨询、中介、公益类等低扣率、零扣率商户的审查。

（八）建立健全对特约商户的现场检查和非现场监控制度。收单机构要建立商户交易数据库和监控系统，设置可疑交易监控和分析指标，根据特约商户的经营状况和规律，建立风险控制模型。建立对特约商户的定期现场检查制度，对于新签约商户、出售易变现金商品（如珠宝、电脑等）商户，以及发生过可疑交易、涉嫌欺诈交易或涉嫌协助持卡人套现等有不良记录的高风险商户，要提高现场检查频率。严格对消费撤销、退货、消费调整等高风险业务的交易授权管理。

发现有关商户涉嫌违规受理银行卡的行为时，收单机构要及时调查核实，并予以纠正。对有疑似受理伪卡、盗录信息、套现、欺诈行为的，收单机构可暂停其银行卡交易。对确有受理伪卡、盗录信息、欺诈、套现等违法行为的商户，收单机构应立即终止其银行卡交易，并向公安部门报案，将有关情况报告人民银行，将商户和其法定代表人或负责人的相关信息报送人民银行征信系统，并积极向中国银联银行卡风险信息共享系统报送。

对于因管理不善，导致所拓展商户和所布放POS机多次发生故意受理伪卡、盗录信息、套现、欺诈等违法犯罪行为的收单机构，人民银行要予以通报并限期整改。

（九）完善收单协议和商户档案管理。收单机构应与商户签订书面协议，明确各方的权利、义务和责任。协议应包括：收单服务的终止条件、受理机具的使用要求、账户与交易数据保密条款、交易凭证的管理、各类风险损失情况下经济责任的承担等。要建立完备的商户档案，保存商户准入的证明文件复印件、风险评估报告、商户培训、POS机管理、商户信息变化、对商户的现场检查和非现场监控情况等文件资料。要加强对特约商户的培训和风险教育，至少半年一次对商户收银员和相关人员进行义务培训。

（十）严格对收单外包服务机构的管理。收单机构可以委托收单外包服务机构为特约商户提供POS机布放、维修等一项或多项服务。但特约商户的资金清算责任和风险管理责任由收单机构承担。非金融机构作为外包服务机构参与外包服务的，必须具有健全的组织架构、内控制度和业务管理、风险控制措施，有熟悉银行卡相关业务的专业人员担任董事、高级管理职务，必须执行人民银行有关业务、技术标准。

收单机构要协调程序开发商加强POS终端程序的保密管理，不得将POS密钥管理、下载、程序灌装工作委托给外包服务机构，不得允许外包服务机构以商户名义入网。对于涉及客户信息和交易信息处理的外包服务机构，收单机构不得允许外包服务机构存储银行卡卡号以外的信息。由于外包服务机构的过失，造成发卡机构和持卡人资金损失的，应由收单机构先行赔付，再根据外包协议进行追偿。

8. 银监会《关于进一步规范信用卡业务的通知》（银监发〔2009〕60号，2009年6月23日）

一、银行业金融机构应建立科学、合理、均衡的信用卡营销激励机制，严禁对营销人员实施单一以发卡数量作为考核指标的激励机制。

二、银行业金融机构应建立发卡营销行为规范机制，在营销过程中必须履行必要的信息披露，营销人员必须充分告知申请人有关信用卡的收费政策、计罚息政策，积极提示所申请的信用卡产品的潜在风险，并请申请人确认已知晓和理解上述信息。

银行业金融机构应通过适当方式积极为客户提供信用卡账单通知和还款提醒服务。

三、银行业金融机构应规范发卡营销的市场竞争行为，积极维护良好、公平的市场竞争机制。不得以赠送礼品、换取积分、提高授信额度等为条件强制或诱导客户注销他行信用卡。

四、银行业金融机构对本机构在发卡营销过程中获取的客户个人信息负有保护信息安全的义务。银行业金融机构应实行严格的文档管理和客户信息保护制度，妥善管理信用卡申请表等重要文档，对信用卡申请表应实行统一印制，统一保管，统一编号，严格领用，防范仿制。

五、持卡人激活信用卡前，银行业金融机构不得扣收任何费用，持卡人以书面、客户服务中心电话录音或电子签名方式授权银行业金融机构扣收费用的除外。

六、银行业金融机构应遵循审慎原则向学生发放信用卡。不得向未满18周岁的学生发放信用卡（附属卡除外）。向经查已满18周岁无固定工作、无稳定收入来源的学生发放信用卡时，须落实第二还款来源，第二还款来源方应具备相应的偿还能力。银行业金融机构发放信用卡前必须确认第二还款来源方已书面同意承担相应还款责任，否则不得发卡。

银行业金融机构应积极向学生家长或其他有关管理人告知学生申请领用信用卡的相关信息。

七、银行业金融机构应对信用卡申请人资信水平和还款能力进行尽职调查，申请人应拥有固定工作，或稳定的收入来源，或提供可靠的还款保障。申请人不能满足上述条件但确有必要发卡的，银行业金融机构应对发卡适用范围做出明确规定，建立相应的发卡管理机制。申请人必须落实第二还款来源，第二还款来源方应具备相应的偿还能力。银行业金融机构发放信用卡前必须确认第二还款来源方已书面同意承担相应还款责任，否则不得发卡。

八、银行业金融机构对经查在他行已有信用卡授信，但客户个人偿还能力与各行累计授信额度存在较大差距的申请人，应严格控制发卡。

九、银行业金融机构应严格本机构特约商户的管理，就信用卡欺诈、套现风险防范和安全管理责任与特约商户进行必要约定，对特约商户实行持续监测和定期现场检查。对涉嫌协助持卡人套现的特约商户应及时给予警告和纠正，情节严重的应立即停止该商户收单资格。

十、银行业金融机构与非银行机构合作管理的特约商户，由于为此类商户提供清算和结算服务的银行业金融机构承担管理主体责任。银行业金融机构还应与合作的非银行机构就信用卡欺诈、套现风险防范和安全管理责任,以及损失承担责任等事项进行明确约定。

经查发现特约商户有涉嫌套现行为的,承担管理主体责任的银行业金融机构应暂停或停止为该商户提供清算和结算服务。

十一、银行业金融机构应将涉嫌上述信用卡违规操作行为的特约商户信息(含单位和个人信息)记入负面名单,并积极向中国银行业协会报送。中国银行业协会应加强与会员单位的协调沟通,积极推进负面名单共享。

十二、对特约商户的管理主体机构因管理不力或违规提供清算和结算服务造成所管理商户套现活动频繁,在社会上广泛散播套现宣传信息,或与公安机关破获案件有涉案关联的,监管部门将视情况追究相关银行业金融机构和人员责任,视严重程度采取责令限期整改,限制、暂停或停止其信用卡新发卡业务,以及实施其他相应的行政处罚等审慎性监管措施。

十三、银行业金融机构应审慎实施催收外包行为。实施催收外包行为的银行业务金融机构,应建立相应的业务管理制度,明确催收外包机构选用标准、业务培训、法律责任和经济责任等,选用的催收外包机构应经由本机构境内总部高级管理层审核批准,并签订管理完善、职责清晰的催收外包合同,不得单纯按欠款回收金额提成的方式支付佣金。

十四、银行业金融机构应持续关注催收外包机构的财务状况、人员管理、业务流程、工作情况、投诉情况等,确保催收外包机构按照本机构管理要求开展相关业务。

对因催收外包管理不力,造成催收外包机构损害欠款人或其他相关人合法权益的,银行业金融机构承担相应的外包风险管理责任。监管部门将视情况追究相关银行业金融机构和人员责任,视严重程度采取责令限期整改,限制、暂停或停止其信用卡新发卡业务,以及实施其他相应的行政处罚等审慎性监管措施。

9. 银监会《关于进一步加强银行卡服务和管理有关问题的通知》(银监发〔2009〕17号,2009年3月2日)

一、各银行业金融机构要本着以客户为中心的服务理念,切实提高金融服务水平。

对借记卡存款、取款、挂失申请等业务，各银行业金融机构应开放代办业务；5万元以上（含）取款、挂失申请，代理人提供双方身份证件即可办理。

对于因老弱病残、出国、意外事件等特殊原因，无法办理须由持卡人本人亲自办理业务的特殊客户，各银行业金融机构应开设绿色通道，做到特事特办，急事急办，做好柜台延伸服务，必要时可提供上门服务。

各银行业金融机构应建立关于上门核查等柜台延伸服务的管理制度，并根据各类业务建立具体的柜台延伸服务操作规程，提高金融服务质量，确保业务信息安全。

二、各银行业金融机构应当做好投诉服务，妥善解决持卡人用卡过程中出现的问题。持卡人在柜台办理银行卡业务时，出现柜台工作人员难以当场解决的问题，各银行业金融机构应当派专人与持卡人协商，提出妥善处理的办法，及时解决有关问题，不得对持卡人的合理要求置之不理。

三、各银行业金融机构应当加强对银行卡持卡人账户信息的保护，在2012年1月1日前按照各有关银行卡组织的屏蔽规则，完成对POS机打印凭条上银行卡号码相关数位的屏蔽工作。

四、各银行业金融机构应当预防银行卡犯罪，方便和保护持卡人安全用卡。应当通过银行自助设备的电子屏幕显示必要的安全提示和24小时服务、挂失和投诉电话，不再采用其他方式张贴各类说明。

五、各银行业金融机构应当改善对银行卡的密码服务和管理。对于信用卡密码遗忘的，银行业金融机构应当在严格核实确认持卡人身份后，及时为其办理密码重置服务。

对于借记卡密码遗忘的，银行业金融机构当场可以核实确认持卡人本人身份的，应当及时为其办理密码重置服务；当场不能核实确认持卡人本人身份的，应当进行调查核实，确认身份后7日内办理。

六、各银行业金融机构应当加强对银行卡的挂失管理，切实做好挂失服务工作，做到实时冻结挂失卡片。

各银行业金融机构对持卡人本人或其代理人的挂失申请，应在接到挂失申请并核实挂失人的身份后，立即冻结挂失卡片。对持卡人本人提出的解冻申请，应在严格核实持卡人身份后及时办理解冻或补发新卡等挂失后续处理。

七、各银行业金融机构应加强对银行卡收单业务的风险管理，加强对商户的审查和培训，发展POS机业务的同时，培育良好的用卡环境。

10. 中国人民银行等部门《关于促进银行卡产业发展的若干意见》（银发〔2005〕103号，2005年4月24日）

近年来，我国银行卡业务快速发展，发卡量大幅上升，受理环境明显改善，银行卡联网通用的目标已基本实现，由多元化市场主体构成的银行卡产业链初步形成。但是，我国银行卡产业仍处于初级阶段，用卡频率、持卡消费比例、商户普及率等与发达国家相比存在较大差距，同时还存在相关法律制度建设滞后、产业扶持政策缺乏、受理市场不规范等突出问题。为促进银行卡产业快速健康发展，推广普及银行卡，现提出以下意见：

一、银行卡产业发展的指导思想和原则

银行卡产业发展是一项利国利民的工程，对于减少现金流通、降低交易成本、促进消费、扩大税收、促进相关产业发展、加强反洗钱工作和提升国际形象具有重要意义。

银行卡产业发展的指导思想是：按照为全面建设小康社会提供高质量的金融服务的要求，以向全社会提供安全、普遍、快捷、优质的银行卡服务为目标，通过健全法律制度、加大产业扶持力度、提高技术手段、完善用卡环境、加强持卡人权益保护和规范市场秩序，促进银行卡受理市场快速健康发展，有效提升本国银行卡产业竞争力，最大限度地降低风险，使我国银行卡产业步入良性发展轨道。

银行卡产业发展的原则是：政府推动、行业自律和市场机制相结合；统一规划和分步实施相结合；发展和规范相结合；全面发展和重点推进相结合；加强银行卡产业基础设施建设与培育用卡习惯、促进银行卡消费相结合；推进银行卡产业发展和提高银行服务质量相结合；提高银行卡安全风险防范水平和加强持卡人安全教育相结合；维护持卡人合法权益和加快银行卡产业发展相结合。

二、促进银行卡产业发展的工作重点

（一）完善法律体系，营造良好制度环境

国务院正责成有关部门抓紧研究起草《银行卡条例》，要加快业务管理法规建设。有关部门要根据职责权限制定相关配套规章。要明确各参与方的权利、责任和义务，保障当事人合法权益；统一银行卡发行、使用和受理规则，规范银行卡支付行为，明确风险控制和信息安全要求，切实防范支付风险。

(二)面向需求,完善银行卡品种和功能

1. 鼓励推广公务卡。各级政府部门及所属预算单位应积极带头使用银行卡,在行政经费、差旅费等公务支出中使用银行卡支付,提高预算资金支出的透明度,加强对公务支出的监控。

2. 继续促进借记卡发展,稳步发展信用卡。进一步完善借记卡的功能,提升借记卡的服务质量,促进借记卡发展。在有效防范信用卡风险的前提下,稳妥发展信用卡。

3. 拓展银行卡使用空间,推进银行IC卡应用。促进银行卡功能与其他行业应用有机结合,实现资源共享与协调发展。有序规范以银行卡为介质的网上支付、移动支付等电子支付,促进其健康发展。积极开发适合不同群体需求的品种,满足客户个性化需要。人民银行要根据《中国金融集成电路(IC)卡规范》(2005年版)新行业标准,推动银行IC卡应用的发展。

(三)促进受理市场快速健康发展,扩大受理范围

1. 加强受理市场建设。将完善用卡环境、推动银行卡普及应用作为当前银行卡产业发展的核心工作。以市场手段为主,辅之以必要的政府指导,力争至2008年,年营业额在100万元以上的商户受理银行卡的比例达到60%左右,大中城市重点商务区和商业街区、星级饭店、重点旅游景区要全部可以受理银行卡。全国大中城市持卡消费额占社会消费零售总额比例达到30%左右。

2. 规范发展受理市场。明确发卡机构、银行卡清算组织、收单机构、持卡人、特约商户、专业化服务机构等银行卡业务有关市场主体各自的权利义务和责任,按照权利义务相一致的原则,承担相应的风险和责任。加强对收单市场的管理,确保所有发卡机构发行的银行卡被受理。健全专业化服务体系,加强对银行卡业务外包的管理和风险控制,提高专业化服务水平。

3. 建立和完善合理的收费定价机制。坚持银行服务合理收费原则,综合考虑成本、利润和风险因素,兼顾各方利益,建立科学、合理的银行卡定价机制。按照市场化的发展要求,由各收单机构与商户协商定价。为鼓励商户受理银行卡的积极性,各地可根据商户刷卡消费额等因素建立适当的奖励机制。商业银行要科学制定银行卡财务管理制度,严格成本核算,降低成本。

4. 提高商业企业受理银行卡普及率。商务部等有关部门应积极引导商业、旅游、餐饮等零售和服务行业受理银行卡。

5. 扩大银行卡受理范围。有关部门应鼓励公共事业单位积极受理银行卡,

促进银行卡在水、电、气等公用事业缴费领域应用。推动民航、铁路、公路售票以及医院、学校、加油站等与公众生活密切相关和现金使用量较大的领域受理银行卡。

6. 拓展人民币银行卡境外受理市场。研究出台支持人民币银行卡受理网络向境外拓展的有关政策措施，鼓励人民币卡受理业务向具有使用需求的国家和地区拓展，逐步建立人民币卡的国际受理网络。商业银行和银行卡清算组织要积极、稳妥地开拓人民币卡境外受理业务，切实采取措施防范汇率、欺诈、技术等各类风险。

（四）鼓励市场化竞争，增强服务意识

1. 鼓励竞争，建立市场化的运营机制。要充分发挥市场在产业资源配置上的基础性作用，在银行卡发行、受理、信息转接、机具布放等环节引入竞争机制，防止垄断，鼓励符合条件的机构和组织参与银行卡受理市场建设，营造公平竞争的市场环境。商业银行要按照建立现代金融企业制度的要求，探索改革银行卡经营模式，降低成本，提升竞争能力。

2. 强化服务意识，提高服务质量。银行卡业务的相关市场主体，要加强沟通协调，密切合作，并将维护持卡人合法权益作为银行卡服务的重要内容。商业银行要建立满足市场和客户需要的服务标准、服务流程和服务规范，吸引商户受理银行卡和公众使用银行卡。

（五）扩大联网通用范围，提高网络运行效率

1. 巩固和提高联网通用成果。认真总结和推广近年来联网通用工作经验，将联网通用范围进一步扩大到所有地市级以上城市和经济发达的县级市。确保所有银行卡机具都符合联网通用有关规范和标准，严格遵守"一柜一机"原则，实现资源共享。抓紧完善实施我国人民币银行卡技术标准，加大对按照国际规范制定的我国人民币银行卡技术标准的推广力度。商业银行发行新的人民币银行卡必须符合该技术标准，并尽快完成现有非该标准卡的换发工作。

2. 提高交易网络运行质量。银行卡业务的相关市场主体要保证内部网络和跨行交易网络的运行效率，电信运营企业要保证交易网络的通信通畅，力争到2008年，全国跨行交易成功率达到96%以上。不断改进服务水平，加快刷卡消费资金到账时间。建立高效率的差错、投诉和争议处理工作机制，提高差错处理效率，保护持卡人合法权益。

（六）加强银行卡风险管理，建立风险防范机制

1. 有关部门要按照国务院关于社会信用体系建设的总体要求，加快建立个人征信体系，实现银行卡不良信息在人民银行、商业银行以及相关部门之间的资源共享。

2. 人民银行和银监会要根据各自的职责，加强银行卡技术风险管理，建立健全银行卡技术风险管理体系，采取有效的技术措施防范银行卡伪冒和欺诈交易，建立健全银行卡案件的报备、预警及通报制度。跟踪研究国际从银行磁条卡标准向芯片卡标准转移的趋势，按照"积极应对、谨慎实施"的方针制定相关策略，并带动我国电子信息产业的发展。

3. 有关部门要规范银行卡的准入管理，建立健全信用卡风险监管指标体系。要有效防止商业银行无序竞争和盲目发卡，使其发卡数量与风险管理能力和内控水平相适应。

4. 有关部门要加强对银行卡数据处理及相关业务外包的准入和监管，特别是对外资机构在国内从事相关业务的问题要有明确规定，确保交易信息和客户信息安全。

5. 公安部要会同人民银行、银监会、外汇局和商业银行等部门，建立防范和打击银行卡犯罪的情报信息交流机制和案件合作机制，坚持防范和打击并重，规范和治理并举，努力从源头上预防银行卡犯罪的发生。

6. 商业银行要加强内部安全风险管理，从技术手段、业务流程、内控制度、商户管理、培训教育等方面提高风险防范和反欺诈能力。要高度重视信用卡业务开办过程中的信用风险和欺诈风险，可依照有关征信管理法律制度充分发挥社会信用服务机构在防范信用卡风险方面的作用。要将保证持卡人安全使用银行卡作为风险防范的重要内容。

7. 银行卡业务的相关市场主体要根据反洗钱及其他有关规定，切实做好银行卡交易监测和大额可疑交易报告工作，通过完善制度和技术措施，防止不法分子利用银行卡从事洗钱等犯罪活动和跨境转移非法资金。

11. 中国人民银行《关于规范和促进银行卡受理市场发展的指导意见》（银发〔2005〕153号，2005年6月26日）

针对当前银行卡受理市场发展不规范和建设滞后等突出问题，为贯彻实施中国人民银行等九部门《关于促进银行卡产业发展的若干意见》（银发〔2005〕

103号),促进银行卡受理市场健康发展,现就规范和促进银行卡受理市场发展提出如下指导意见:

一、关于银行卡受理市场主要参与方的职责

(一)关于特约商户收单机构。特约商户收单机构指与特约商户(以下简称商户)签约并向该商户承诺付款的金融机构以及有资质的专业化收单机构。其业务范围包括发展商户、POS机具布放和维护、交易处理及交易单据清分、为商户受理银行卡提供授权和结算、交易后的对账查询和差错处理、监控收单交易等。

商户收单机构为其商户提供收单服务,应按照市场化原则,在平等、自愿的基础上签订收单协议,明确双方的权利、义务和违约责任。

(二)关于银行卡清算组织。银行卡清算组织是提供银行卡跨行信息交换和清算服务的法人。

中国银联是目前国内专门从事人民币银行卡跨行信息转接的清算组织,主要职责是建立和运营安全、高效的银行卡跨行信息转换网络,实现银行卡跨行通用。银联应专注于这一主业,切实提高网络服务水平,并加强对"银联"品牌的管理和经营。

中国银联可以根据中国人民银行的相关规定制定由参与机构共同遵守的有关跨行信息交换和业务处理的规范和标准。

中国银联应建立企业化运作机制,进一步完善法人治理结构,建立严格有效的内控制度。要加强对其分支机构的管理,敦促其分支机构严格执行统一的业务规范和技术标准。

(三)关于商户收单业务第三方服务商。第三方服务商是接受商户收单机构委托从事银行卡收单业务中非核心业务的自主经营、自负盈亏的法人企业。

由于银行卡信息交换系统事关金融信息和支付体系的安全,从事银行卡信息交换业务有严格的准入和管理制度,第三方服务商不得从事银行卡信息交换业务。

二、关于商户收单业务开办中坚持的原则

在银行卡商户收单业务的开办过程中,各相关参与主体要坚持平等自愿、公平竞争和联网通用原则。

(一)商户可自主选择商户收单机构签订收单协议。同一商户应遵守"一柜一机"原则,实现资源共享,避免重复投资。

（二）商户收单机构自行布放或委托第三方服务商布放的POS机具应符合联网通用的业务规范和技术标准，张贴统一的"银联"标识，并能够受理所有"银联"标识卡。对不能实现所有"银联"标识卡受理或故意对非本行的银行卡设置障碍的商户收单机构，客户、商户和发卡机构有权向人民银行反映和投诉。

（三）严禁在拓展商户过程中采取不计成本降低商户结算手续费等恶性竞争行为。

三、关于商户收单业务外包规则

商户收单机构可根据自身业务发展情况自主决定是否将机具布放和服务、系统建设和维护、客户服务和培训等非核心业务外包给第三方服务商，但商户收单机构仍是商户协议签约和付款责任主体，也是收单风险的最终承担者。

商户收单机构可根据价格和服务质量自主选择符合人民银行安全管理要求和技术标准的第三方服务商。同时，根据业务需要与第三方服务商签订外包协议，明确双方的权利义务和责任，其中应明确第三方服务商在外包关系存续期间和终结之后对客户信息和交易信息的保密义务。

第三方服务商的收入来源是商户收单机构支付的外包服务费，由双方按照市场化原则协商确定，不得直接参与商户手续费分润。

四、关于商户终端网络连接方式

POS直联和间联是终端机具接入银联信息转接网络的两种基本模式，银联网络应同时支持直联和间联入网。为改善受理环境，促进市场有序竞争，鼓励商户收单机构选择POS直联接入方式。

商户收单机构开展直联POS业务要防范收单风险，加强对直联商户的日常培训工作；开展间联POS业务要符合联网通用的原则，向所有银联卡开放收单机具，严格遵守统一的跨行业务规范和技术标准。

为维护市场秩序，已形成的网络接入格局和存量市场应保持稳定，社会各方新的资源主要投入到增量市场建设中。

六、关于建立人民币银联卡的国际受理网络

人民币银联卡拓展境外受理市场不仅有利于满足境内居民出境旅游需要，增强国际交流和合作，而且是应对经济金融一体化挑战、提升国内银行卡产业整体竞争力的战略要求。国内商业银行和中国银联要向具有使用需求的国家和地区拓展受理业务，逐步建立人民币银联卡的国际受理网络。中国银联要统筹规划境外拓展计划，合理安排对境外受理市场的开发进度和业务开通时间。每开通一个国家的受理业务，要将其业务实施方案和技术方案向人民银行备案。

为促进人民币银联卡尽快实现国际通用，人民银行已按照国际规范制定了我国人民币银行卡的技术标准。商业银行发行新的人民币银行卡必须符合该技术标准，并尽快完成现有非标准卡的换发工作。

双币种信用卡和双币种借记卡在港澳和境外有银联网络的国家和地区使用时，国内发卡银行应支持经银联网络转接，要对银联网络开放人民币账户的交易和清算，其他任何机构不得设置障碍和进行干预。

为获得"银联"品牌的广泛认同度，中国银联要进一步改善对国内发卡行和境外收单机构的网络服务质量，增强交易处理和信息安全能力，形成国际化的运作机制，提高竞争水平。

七、关于增强银行卡跨行网络服务功能

中国银联要切实采取措施提高跨行网络利用效率，完善跨行服务功能。

（一）要确保跨行交易网络的可靠性、安全防范能力和系统管理能力，提高跨行交易成功率。要提高处理跨行交易差错和争议的效率，保护持卡人合法权益。

（二）要开发推广新的业务品种和服务项目，满足商业银行开展银行卡增值业务的需要，不断拓展银行卡应用领域。

12. 中国人民银行《关于银行业金融机构做好个人金融信息保护工作的通知》（银发〔2011〕17号，2011年1月21日发布）

一、本通知所称个人金融信息，是指银行业金融机构在开展业务时，或通过接入中国人民银行征信系统、支付系统以及其他系统获取、加工和保存的以下个人信息：

（一）个人身份信息，包括个人姓名、性别、国籍、民族、身份证件种类号码及有效期限、职业、联系方式、婚姻状况、家庭状况、住所或工作单位地址及照片等；

（二）个人财产信息，包括个人收入状况、拥有的不动产状况、拥有的车辆状况、纳税额、公积金缴存金额等；

（三）个人账户信息，包括账号、账户开立时间、开户行、账户余额、账户交易情况等；

（四）个人信用信息，包括信用卡还款情况、贷款偿还情况以及个人在经济活动中形成的，能够反映其信用状况的其他信息；

（五）个人金融交易信息，包括银行业金融机构在支付结算、理财、保险箱等中间业务过程中获取、保存、留存的个人信息和客户在通过银行业金融机构与保险公司、证券公司、基金公司、期货公司等第三方机构发生业务关系时产生的个人信息等；

（六）衍生信息，包括个人消费习惯、投资意愿等对原始信息进行处理、分析所形成的反映特定个人某些情况的信息；

（七）在与个人建立业务关系过程中获取、保存的其他个人信息。

二、银行业金融机构在收集、保存、使用、对外提供个人金融信息时，应当严格遵守法律规定，采取有效措施加强对个人金融信息保护，确保信息安全，防止信息泄露和滥用。特别是在收集个人金融信息时，应当遵循合法、合理原则，不得收集与业务无关的信息或采取不正当方式收集信息。

三、银行业金融机构应当建立健全内部控制制度，对易发生个人金融信息泄露的环节进行充分排查，明确规定各部门、岗位和人员的管理责任，加强个人金融信息管理的权限设置，形成相互监督、相互制约的管理机制，切实防止信息泄露或滥用事件的发生。

银行业金融机构要完善信息安全技术防范措施，确保个人金融信息在收集、传输、加工、保存、使用等环节中不被泄露。

银行业金融机构要加强对从业人员的培训，强化从业人员个人金融信息安全意识，防止从业人员非法使用、泄露、出售个人金融信息。接触个人金融信息岗位的从业人员在上岗前，应当书面做出保密承诺。

四、银行业金融机构不得篡改、违法使用个人金融信息。使用个人金融信息时，应当符合收集该信息的目的，并不得进行以下行为：

（一）出售个人金融信息；

（二）向本金融机构以外的其他机构和个人提供个人金融信息，但为个人办理相关业务所必需并经个人书面授权或同意的，以及法律法规和中国人民银行另有规定的除外；

（三）在个人提出反对的情况下，将个人金融信息用于产生该信息以外的本金融机构其他营销活动。

银行业金融机构通过格式条款取得客户书面授权或同意的，应当在协议中明确该授权或同意所适用的向他人提供个人金融信息的范围和具体情形。同时，还应当在协议的醒目位置使用通俗易懂的语言明确提示该授权或同意的可能后果，并在客户签署协议时提醒其注意上述提示。

五、银行业金融机构不得将客户授权或同意其将个人信息用于营销、对外提供等作为与客户建立业务关系的先决条件，但该业务关系的性质决定需要预先做出相关授权或同意的除外。

六、在中国境内收集的个人金融信息的储存、处理和分析应当在中国境内进行。除法律法规及中国人民银行另有规定外，银行业金融机构不得向境外提供境内个人金融信息。

七、银行业金融机构通过外包开展业务的，应当充分审查、评估外包服务供应商保护个人金融信息的能力，并将其作为选择外包服务供应商的重要指标。

银行业金融机构与外包服务供应商签订服务协议时，应当明确其保护个人金融信息的职责和保密义务，并采取必要措施保证外包服务供应商履行上述职责和义务，确保个人金融信息安全。银行业金融机构应要求外包服务供应商在外包业务终止后，及时销毁因外包业务而获得的个人金融信息。

八、银行业金融机构通过接入中国人民银行征信系统、支付系统以及其他系统获取的个人金融信息，应当严格按照系统规定的用途使用，不得违反规定查询和滥用。

十二、银行业金融机构及其工作人员违反规定使用和对外提供个人金融信息，给客户造成损害的，应当依法承担相应的法律责任。

本通知自 2011 年 5 月 1 日起执行。

13. 中国人民银行《关于推进金融 IC 卡应用工作的意见》（2011 年 3 月 11 日发布）

二、认真完成推进金融 IC 卡应用的各项任务

（三）主要任务。

1. 优先改造受理环境。

自 2013 年 1 月 1 日起，实现境内所有受理银行卡的联网通用终端都能够受

理金融IC卡。其中，2011年6月底前，直联销售点终端（POS）能够受理金融IC卡；2011年底前，全国性商业银行布放的间联POS能够受理金融IC卡；2012年12月底，全国性商业银行布放的自动柜员机（ATM）能够受理金融IC卡。

在小额快速支付环境中布放的联网通用终端应同时具备受理接触式、非接触式金融IC卡的能力。

银行卡境外受理终端应参照境内终端改造时间安排、结合所在地银行卡风险状况进行迁移。

2. 积极推进卡片发行。

自2015年1月1日起，在经济发达地区和重点合作行业领域，商业银行发行的、以人民币为结算账户的银行卡应为金融IC卡。

自2013年1月1日起，全国性商业银行应开始发行金融IC卡。其中，2011年6月底前，中国工商银行、中国农业银行、中国银行、中国建设银行、交通银行、招商银行和中国邮政储蓄银行开始发行金融IC卡。

地方性商业银行以及外资银行应根据实际情况发行金融IC卡。

3. 切实保障联网通用。

金融IC卡跨行转接与清算系统应根据金融IC卡发展情况，及时补充完善相关规则，扩充系统承载能力，保障转接与清算及时、安全和高效。

4. 大力拓展行业合作。

金融IC卡发卡与受理应注重技术创新和业务创新，重点加强在公共服务领域开展多应用，力争在"十二五"期间实现与公共服务领域2~3个行业的合作。

14. 银监会关于商业银行信用卡业务有关问题的通知（银监发〔2012〕60号，2012年12月27日发布）

一、根据《银行业监督管理法》、《全国人民代表大会常务委员会关于中国银行业监督管理委员会履行原由中国人民银行履行的监督管理职责的决定》第一条及《中国人民银行 中国银行业监督管理委员会公告》（〔2004〕第20号）第一条及附件一等有关规定，《银行卡业务管理办法》（银发〔1999〕17号）仍继续有效，并作为银监会及其派出机构实施监督管理、进行行政处罚的依据。

二、根据《银行卡业务管理办法》（银发〔1999〕17号）有关规定和审慎经营的原则，商业银行个人信用卡（不含服务"三农"的惠农信用卡）透支应当用于消费领域，不得用于生产经营、投资等非消费领域。

三、商业银行应当严格落实《商业银行信用卡业务监督管理办法》（银监会令2011年第2号）等规定，建立有效的内部控制、授权管理和风险管理体系、制度和流程。在风险可控的前提下，商业银行总行可综合考虑客户信用状况、还款能力等因素，适当放宽同一持卡人单笔透支发生额、同一账户月透支余额的限制。对大额客户，应当实行重点监控。

四、信用卡溢缴款部分取现、转账的限额标准参照借记卡相关规定执行。

15. 中国人民银行关于切实做好银行卡刷卡手续费标准调整实施工作的通知（银发〔2012〕263号）

二、发卡银行负责本单位的发卡系统、积分系统、会计系统、清算对账系统等内部系统改造和测试；会同中国银联按计划做好系统联调测试；组织内部人员培训，做好政策和操作规程宣传；继续有效控制银行卡风险，改善服务质量，提高服务水平。

三、收单银行（机构）负责收单系统、商户管理系统等内部系统改造和测试；会同中国银联按计划做好系统联调测试；组织商户入网审核和内部人员培训，对刷卡手续费标准上调商户做好解释工作；积极有序开展商户协议换签工作，按时与商户重新签订或补充签订收单合同，对不再续签收单合同的商户要做好善后工作，切实维护受理市场秩序与稳定。

收单银行（机构）要努力扩大银行卡受理终端布放范围，方便持卡人刷卡消费；要求特约商户在签订收单合同并布放银行卡受理终端后，不得拒绝向持卡人提供刷卡服务；加强对公益类及低费率商户的审核，建立健全对特约商户的实名审核、现场检查和交易监控，加强商户培训和风险教育，强化受理终端管理，防范套现风险。

四、中国银联负责组织成员机构指定刷卡手续费标准调整实施方案，并完成转接清算系统的改造；调整、完善相关业务规则并组织实施；组织成员机构进行系统联调测试；组织制定刷卡手续费标准调整过渡期的业务与技术应急预案，并成立专业支持队伍，协调做好系统联调测试和业务、技术支持工作、确保各成员机构按总体时间要求,如期完成系统切换。从成员机构系统联调测试开始,每周向人民银行报告工程实施进展情况,直至此次调整工作全部完成。

五、中国支付清算协会会进一步加强行业自律管理,加大银行卡市场自律检查力度,及时通报和纠正会员机构的市场违规及不公平竞争行为,对违规违约行为实施自律性惩罚,维护市场竞争秩序和消费者的合法权益;适时会同各发卡银行和收单银行(机构)、中国银联等会员,做好政策宣传工作。

此次刷卡手续费标准调整实施工作,仅涉及境内发卡银行发行的银行卡在境内银行卡受理终端发起的消费交易的相关业务规则修订及系统改造。《中国人民银行关于〈中国银联入网机构银行卡跨行交易收益分配办法〉的批复》(银复〔2003〕126号)中涉及商户刷卡手续费的规定,自2013年2月25日起同时废止。

附表:银行卡刷卡手续费标准(自2013年2月25日起执行)

商户类别	发卡行服务费	银行卡清算组织网络服务费	收单服务费基准价
1. 餐娱类:餐饮、宾馆、娱乐、珠宝金饰、工艺美术品、房地产及汽车销售	0.9%,其中房地产和汽车销售封顶60元	0.13%,其中房地产和汽车销售封顶10元	0.22%,其中房地产、汽车销售封顶10元
2. 一般类:百货、批发、社会培训、中介服务、旅行社及景区门票等	0.55%,其中批发类封顶20元	0.08%,其中批发类封顶2.5元	0.15%,其中批发类封顶3.5元
3. 民生类:超市、大型仓储式卖场、水电煤气缴费、加油、交通运输售票	0.26%	0.04%	0.08%
4. 公益类:公立医院和公立学校	0	0	按照服务成本收取

注:1. 单店营业面积在100(含100)平方米以下的餐饮类商户按一般类商户标准执行;

　　2. 未在表中列出的行业按照一般类商户标准执行;

　　3. 收单服务费标准为基准价,实际执行中可以此为基础上下浮动10%。

16. 银监会《商业银行资本管理办法(试行)》(2012年6月发布,2013年1月1日起施行)

第七十一条 商业银行各类表外项目的信用转换系数

(一)等同于贷款的授信业务的信用转换系数为100%。

(二)原始期限不超过1年和1年以上的贷款承诺的信用转换系数分别为

20% 和 50%；可随时无条件撤销的贷款承诺的信用转换系数为 0。

（三）未使用的信用卡授信额度的信用转换系数为 50%，但同时符合以下条件的未使用的信用卡授信额度的信用转换系数为 20%：

1. 授信对象为自然人，授信方式为无担保循环授信。

2. 对同一持卡人的授信额度不超过 100 万元人民币。

3. 商业银行应至少每年一次评估持卡人的信用程度，按季监控授信额度的使用情况；若持卡人信用状况恶化，商业银行有权降低甚至取消授信额度。

17. 中国人民银行《非金融机构支付服务管理办法》（中国人民银行令〔2010〕第 2 号）

第二条 本办法所称非金融机构支付服务，是指非金融机构在收付款人之间作为中介机构提供下列部分或全部货币资金转移服务：

（一）网络支付；

（二）预付卡的发行与受理；

（三）银行卡收单；

（四）中国人民银行确定的其他支付服务。

本办法所称银行卡收单，是指通过销售点（POS）终端等为银行卡特约商户代收货币资金的行为。

第三条 非金融机构提供支付服务，应当依据本办法规定取得支付业务许可证，成为支付机构。

支付机构依法接受中国人民银行的监督管理。

未经中国人民银行批准，任何非金融机构和个人不得从事或变相从事支付业务。

第四条 支付机构之间的货币资金转移应当委托银行业金融机构办理，不得通过支付机构相互存放货币资金或委托其他支付机构等形式办理。

支付机构不得办理银行业金融机构之间的货币资金转移，经特别许可的除外。

第五条 支付机构应当遵循安全、效率、诚信和公平竞争的原则，不得损害国家利益、社会公共利益和客户合法权益。

第六条 支付机构应当遵守反洗钱的有关规定，履行反洗钱义务。

18.《消费者权益保护法》(1993年10月31日第八届全国人民代表大会常务委员会第四次会议通过，1993年10月31日中华人民共和国主席令第十一号公布，自1994年1月1日起施行)

第二条　消费者为生活消费需要购买、使用商品或者接受服务，其权益受本法保护；本法未作规定的，受其他有关法律、法规保护。

第三条　经营者为消费者提供其生产、销售的商品或者提供服务，应当遵守本法；本法未作规定的，应当遵守其他有关法律、法规。

第四条　经营者与消费者进行交易，应当遵循自愿、平等、公平、诚实信用的原则。

第七条　消费者在购买、使用商品和接受服务时享有人身、财产安全不受损害的权利。

消费者有权要求经营者提供的商品和服务，符合保障人身、财产安全的要求。

第八条　消费者享有知悉其购买、使用的商品或者接受的服务的真实情况的权利。

消费者有权根据商品或者服务的不同情况，要求经营者提供商品的价格、产地、生产者、用途、性能、规格、等级、主要成分、生产日期、有效期限、检验合格证明、使用方法说明书、售后服务，或者服务的内容、规格、费用等有关情况。

第九条　消费者享有自主选择商品或者服务的权利。

消费者有权自主选择提供商品或者服务的经营者，自主选择商品品种或者服务方式，自主决定购买或者不购买任何一种商品、接受或者不接受任何一项服务。

消费者在自主选择商品或者服务时，有权进行比较、鉴别和挑选。

第十条　消费者享有公平交易的权利。

消费者在购买商品或者接受服务时，有权获得质量保障、价格合理、计量正确等公平交易条件，有权拒绝经营者的强制交易行为。

第十一条　消费者因购买、使用商品或者接受服务受到人身、财产损害的，享有依法获得赔偿的权利。

19. 全国人民代表大会常务委员会关于《中华人民共和国刑法》有关信用卡规定的解释（2004 年 12 月 29 日第十届全国人民代表大会常务委员会第十三次会议通过）

全国人民代表大会常务委员会根据司法实践中遇到的情况，讨论了刑法规定的"信用卡"的含义问题，解释如下：

刑法规定的"信用卡"，是指由商业银行或者其他金融机构发行的具有消费支付、信用贷款、转账结算、存取现金等全部功能或者部分功能的电子支付卡。

现予公告。

20. 最高人民法院、最高人民检察院《关于办理妨害信用卡管理刑事案件具体应用法律若干问题的解释》（法释〔2009〕19 号）

为依法惩治妨害信用卡管理犯罪活动，维护信用卡管理秩序和持卡人合法权益，根据《中华人民共和国刑法》规定，现就办理这类刑事案件具体应用法律的若干问题解释如下：

第一条 复制他人信用卡、将他人信用卡信息资料写入磁条介质、芯片或者以其他方法伪造信用卡 1 张以上的，应当认定为刑法第一百七十七条第一款第（四）项规定的"伪造信用卡"，以伪造金融票证罪定罪处罚。

伪造空白信用卡 10 张以上的，应当认定为刑法第一百七十七条第一款第（四）项规定的"伪造信用卡"，以伪造金融票证罪定罪处罚。

伪造信用卡，有下列情形之一的，应当认定为刑法第一百七十七条规定的"情节严重"：

（一）伪造信用卡 5 张以上不满 25 张的；

（二）伪造的信用卡内存款余额、透支额度单独或者合计数额在 20 万元以上不满 100 万元的；

（三）伪造空白信用卡 50 张以上不满 250 张的；

（四）其他情节严重的情形。

伪造信用卡，有下列情形之一的，应当认定为刑法第一百七十七条规定的"情节特别严重"：

（一）伪造信用卡 25 张以上的；

(二) 伪造的信用卡内存款余额、透支额度单独或者合计数额在 100 万元以上的；

(三) 伪造空白信用卡 250 张以上的；

(四) 其他情节特别严重的情形。

本条所称"信用卡内存款余额、透支额度"，以信用卡被伪造后发卡行记录的最高存款余额、可透支额度计算。

第二条 明知是伪造的空白信用卡而持有、运输 10 张以上不满 100 张的，应当认定为刑法第一百七十七条之一第一款第（一）项规定的"数量较大"；非法持有他人信用卡 5 张以上不满 50 张的，应当认定为刑法第一百七十七条之一第一款第（二）项规定的"数量较大"。

有下列情形之一的，应当认定为刑法第一百七十七条之一第一款规定的"数量巨大"：

(一) 明知是伪造的信用卡而持有、运输 10 张以上的；

(二) 明知是伪造的空白信用卡而持有、运输 100 张以上的；

(三) 非法持有他人信用卡 50 张以上的；

(四) 使用虚假的身份证明骗领信用卡 10 张以上的；

(五) 出售、购买、为他人提供伪造的信用卡或者以虚假的身份证明骗领的信用卡 10 张以上的。

违背他人意愿，使用其居民身份证、军官证、士兵证、港澳居民往来内地通行证、台湾居民来往大陆通行证、护照等身份证明申领信用卡的，或者使用伪造、变造的身份证明申领信用卡的，应当认定为刑法第一百七十七条之一第一款第（三）项规定的"使用虚假的身份证明骗领信用卡"。

第三条 窃取、收买、非法提供他人信用卡信息资料，足以伪造可进行交易的信用卡，或者足以使他人以信用卡持卡人名义进行交易，涉及信用卡 1 张以上不满 5 张的，依照刑法第一百七十七条之一第二款的规定，以窃取、收买、非法提供信用卡信息罪定罪处罚；涉及信用卡 5 张以上的，应当认定为刑法第一百七十七条之一第一款规定的"数量巨大"。

第四条 为信用卡申请人制作、提供虚假的财产状况、收入、职务等资信证明材料，涉及伪造、变造、买卖国家机关公文、证件、印章，或者涉及伪造公司、企业、事业单位、人民团体印章，应当追究刑事责任的，依照刑法第二百八十条的规定，分别以伪造、变造、买卖国家机关公文、证件、印章罪和伪造公司、企业、事业单位、人民团体印章罪定罪处罚。

承担资产评估、验资、验证、会计、审计、法律服务等职责的中介组织或其人员，为信用卡申请人提供虚假的财产状况、收入、职务等资信证明材料，应当追究刑事责任的，依照刑法第二百二十九条的规定，分别以提供虚假证明文件罪和出具证明文件重大失实罪定罪处罚。

第五条　使用伪造的信用卡、以虚假的身份证明骗领的信用卡、作废的信用卡或者冒用他人信用卡，进行信用卡诈骗活动，数额在5 000元以上不满5万元的，应当认定为刑法第一百九十六条规定的"数额较大"；数额在5万元以上不满50万元的，应当认定为刑法第一百九十六条规定的"数额巨大"；数额在50万元以上的，应当认定为刑法第一百九十六条规定的"数额特别巨大"。

刑法第一百九十六条第一款第（三）项所称"冒用他人信用卡"，包括以下情形：

（一）拾得他人信用卡并使用的；

（二）骗取他人信用卡并使用的；

（三）窃取、收买、骗取或者以其他非法方式获取他人信用卡信息资料，并通过互联网、通讯终端等使用的；

（四）其他冒用他人信用卡的情形。

第六条　持卡人以非法占有为目的，超过规定限额或者规定期限透支，并且经发卡银行两次催收后超过3个月仍不归还的，应当认定为刑法第一百九十六条规定的"恶意透支"。

有以下情形之一的，应当认定为刑法第一百九十六条第二款规定的"以非法占有为目的"：

（一）明知没有还款能力而大量透支，无法归还的；

（二）肆意挥霍透支的资金，无法归还的；

（三）透支后逃匿、改变联系方式，逃避银行催收的；

（四）抽逃、转移资金，隐匿财产，逃避还款的；

（五）使用透支的资金进行违法犯罪活动的；

（六）其他非法占有资金，拒不归还的行为。

恶意透支，数额在1万元以上不满10万元的，应当认定为刑法第一百九十六条规定的"数额较大"；数额在10万元以上不满100万元的，应当认定为刑法第一百九十六条规定的"数额巨大"；数额在100万元以上的，应当认定为刑法第一百九十六条规定的"数额特别巨大"。

恶意透支的数额，是指在第一款规定的条件下持卡人拒不归还的数额或者尚未归还的数额。不包括复利、滞纳金、手续费等发卡银行收取的费用。

恶意透支应当追究刑事责任，但在公安机关立案后人民法院判决宣告前已偿还全部透支款息的，可以从轻处罚，情节轻微的，可以免除处罚。恶意透支数额较大，在公安机关立案前已偿还全部透支款息，情节显著轻微的，可以依法不追究刑事责任。

第七条 违反国家规定，使用销售点终端机具（POS机）等方法，以虚构交易、虚开价格、现金退货等方式向信用卡持卡人直接支付现金，情节严重的，应当依据刑法第二百二十五条的规定，以非法经营罪定罪处罚。

实施前款行为，数额在100万元以上的，或者造成金融机构资金20万元以上逾期未还的，或者造成金融机构经济损失10万元以上的，应当认定为刑法第二百二十五条规定的"情节严重"；数额在500万元以上的，或者造成金融机构资金100万元以上逾期未还的，或者造成金融机构经济损失50万元以上的，应当认定为刑法第二百二十五条规定的"情节特别严重"。

持卡人以非法占有为目的，采用上述方式恶意透支，应当追究刑事责任的，依照刑法第一百九十六条的规定，以信用卡诈骗罪定罪处罚。

第八条 单位犯本解释第一条、第七条规定的犯罪的，定罪量刑标准依照各该条的规定执行。

21. 最高人民法院、最高人民检察院《关于办理诈骗刑事案件具体应用法律若干问题的解释》（2011年4月8日起施行）

第七条 明知他人实施诈骗犯罪，为其提供信用卡、手机卡、通讯工具、通讯传输通道、网络技术支持、费用结算等帮助的，以共同犯罪论处。

22. 最高人民法院、最高人民检察院关于印发《关于办理商业贿赂刑事案件适用法律若干问题的意见》的通知（法发〔2008〕33号）

八、收受银行卡的，不论受贿人是否实际取出或者消费，卡内的存款数额一般应全额认定为受贿数额。使用银行卡透支的，如果由给予银行卡的一方承担还款责任，透支数额也应当认定为受贿数额。

23. 最高人民法院关于信用卡透支利息可否计算复利问题的批复（法复〔1996〕18号，1996年11月29日）

广东省高级人民法院：

你院（1996）粤高法民第5号请示收悉。关于长城万事达信用卡透支利息是否可以计算复利的问题，经研究，答复如下：

关于信用卡透支利息的计算方法，中国人民银行银发（1992）298号《信用卡业务管理暂行办法》作了规定，应当按该办法规定的方法计算。该办法对透支利率的规定已含有惩罚性质。所以，信用卡透支利息不应当再计算复利。

24. 最高人民法院印发《关于审理抢劫、抢夺刑事案件适用法律若干问题的意见》的通知（法发〔2005〕8号，2005年7月16日）

六、关于抢劫犯罪数额的计算

抢劫信用卡后使用、消费的，其实际使用、消费的数额为抢劫数额；抢劫信用卡后未实际使用、消费的，不计数额，根据情节轻重量刑。所抢信用卡数额巨大，但未实际使用、消费或者实际使用、消费的数额未达到巨大标准的，不适用"抢劫数额巨大"的法定刑。

25. 最高人民法院印发《关于审理诈骗案件具体应用法律的若干问题的解释》的通知（法发〔1996〕32号，1996年12月16日）

七、根据《全国人民代表大会常务委员会关于惩治破坏金融秩序犯罪的决定》第十四条的规定，利用信用卡进行诈骗活动，数额较大的，构成信用卡诈骗罪。行为人实施《决定》第十四条第一款（一）、（二）、（三）项规定的行为，诈骗数额在5千元以上的，属于"数额较大"；诈骗数额在5万元以上的，属于"数额巨大"；诈骗数额在20万元以上的，属于"数额特别巨大"。

"恶意透支"是指持卡人以非法占有为目的，或者明知无力偿还，透支数额超过信用卡准许透支的数额较大,逃避追查,或者自收到发卡银行催收通知之日起 3 个月内仍不归还的行为。恶意透支 5 千元以上的,属于"数额较大";恶意透支 5 万元以上的,属于"数额巨大";恶意透支 20 万元以上的,属于"数额特别巨大"。

持卡人在银行交纳保证金的,其恶意透支数额以超出保证金的数额计算。

26. 最高人民检察院 最高人民法院关于办理利用信用卡诈骗犯罪案件具体适用法律若干问题的解释(高检会〔1995〕11 号,1995 年 4 月 20 日)

为依法惩治利用信用卡骗取财物的犯罪活动,现就办理此类案件具体适用法律的问题解释如下:

一、对以伪造、冒用身份证和营业执照等手段在银行办理信用卡或者以伪造、涂改、冒用信用卡等手段骗取财物,数额较大的,以诈骗罪追究刑事责任。

二、个人以非法占有为目的,或者明知无力偿还,利用信用卡恶意透支,骗取财物金额在 5 000 元以上,逃避追查,或者经银行进行还款催告超过三个月仍未归还的,以诈骗罪追究刑事责任。

持卡人在银行交纳保证金的,其恶意透支金额以超出保证金的数额计算。

三、行为人恶意透支构成犯罪的,案发后至人民检察院起诉前已归还全部透支款息的,可以从轻、减轻处罚或者免予追究刑事责任。

四、对实施上述犯罪行为的银行工作人员,应当依法从重处罚。

27. 最高人民检察院关于拾得他人信用卡并在自动柜员机(ATM 机)上使用的行为如何定性问题的批复(高检发释字〔2008〕1 号)

浙江省人民检察院:

你院《关于拾得他人信用卡并在 ATM 机上使用的行为应如何定性的请示》(浙检研〔2007〕227 号)收悉。经研究,批复如下:

拾得他人信用卡并在自动柜员机(ATM 机)上使用的行为,属于刑法第一百九十六条第一款第(三)项规定的"冒用他人信用卡"的情形,构成犯罪的,以信用卡诈骗罪追究刑事责任。

28. 中国银行业协会《中国银行卡行业自律公约》（2013 年 2 月修订）

第二章　自律约定

第六条　成员单位应严格遵守国家有关法律、法规和规章，建立完善的银行卡业务内部控制和信息管理制度。

第七条　成员单位及其从业人员应自觉遵循商业道德，不得以任何形式诋毁其他成员单位的商业信誉，不得利用任何不当手段干预或影响银行卡业务市场秩序。

第八条　成员单位应加强对从业人员的监督和管理，加强职业操守教育和业务能力培训，不断提高从业人员职业道德水平和业务素质。

第九条　成员单位应树立科学、可持续发展的经营观，共同营造良好的银行卡发展环境，规范银行卡营销行为；加强对外部营销的监督检查，加强授信风险管理，严格按照风险可控原则审批授信。

第十条　成员单位应严格按照相关法律、法规和监管要求，遵循公平、公正、统一的原则发展特约商户，不得通过错配商户类别恶意降低商户结算手续费费率等方式发展商户。

第十一条　成员单位应加强自助设备的安全管理，POS 机具、ATM 等自助设备的布放不得无序竞争，并必须符合联网通用的业务规范和技术标准，定期对特约商户进行 POS 机具管理和操作的培训。

第十二条　成员单位必须依法合规开展催收业务，并建立配套的申诉机制，妥善和及时处理催收相关纠纷。

第十三条　成员单位应加强银行卡使用和风险防范方面的公众宣传工作，保证客户对银行卡业务计息、收费标准及相关风险享有充分的知情权和选择权。

（一）成员单位应加强信用卡业务信息披露，充分揭示信用卡计息规则的涵义，应在信用卡申请表中以突出的字体明确说明计息规则，并通过网站等宣传渠道提供计算规则及模拟案例；

（二）成员单位应执行监管规定要求并根据实际情况选择适合自身发展的信用卡息费计收方式和相应的优惠措施，但应将相关信息明确告知信用卡申请人（或持卡人），确保申请人（或持卡人）可以根据自身意愿选择决定是否接受。

（三）成员单位应于信用卡到期还款日之前至少 3 天通过账单、短信息、电子邮件、电话或信函等方式向持卡人进行还款提示。

（四）成员单位可提供多个账单日供持卡人选择、更改，可限定更改次数。

第十四条　成员单位应努力提升信用卡服务质量，为持卡人提供人性化的用卡服务，倡导各信用卡发卡行建立信用卡还款"容差服务和容时服务"或对贷记卡透支额在免息还款期内已还款部分给予利息减免优惠：

（一）成员单位为持卡人提供"容时服务"，应为持卡人提供一定期限的还款宽限期服务，还款宽限期自到期还款日起至少3天；持卡人在还款宽限期内还款时，应当视同持卡人按时还款。

（二）成员单位为持卡人提供"容差服务"，如持卡人当期发生不足额还款，且在到期还款日后账户中未清偿部分小于或等于一定金额（至少为等值人民币10元）时，应当视同持卡人全额还款。

第十五条　当持卡人在到期还款日（含）前还款金额不足最低还款额时，成员单位可收取滞纳金。滞纳金不应超过国家规定的标准。

第十六条　成员单位应对客户信息严格保密，国家法律、行政法规另有规定的除外。成员单位应建立完善的客户档案管理办法并认真实施。

第十七条　成员单位应建立完善的投诉渠道，加强服务投诉管理，保障客户权益。

第十八条　成员单位应严格遵守国家有关法律法规，科学测算业务成本，合理制定银行卡业务服务收费标准，避免不正当竞争。

第十九条　成员单位应共同促进多层次信用体系建设，在催收、保全、专案管理等方面紧密合作，加强对银行卡违法犯罪案件、不良持卡人、不良商户等有关风险信息的资源共享及银行卡业务风险联动防控。

第二十条　成员单位应建立信息沟通与共享机制，及时向银行卡委员会报送业务数据和信息，促进成员单位间的业务交流及合作。

第二十一条　成员单位愿意积极配合和支持银行卡委员会和监管部门的工作，积极参加银行卡委员会组织的各项工作。

第四章　附　则

第二十九条　本公约经银行卡委员会成员大会审议通过后生效，报中国银行业协会备案，其中第十三条、第十四条、第十五条，自2013年7月1日正式实施。